且浅深行

——一个语文教师专业成长的路径

陈金华 著

首都师范大学出版社
CAPITAL NORMAL UNIVERSITY PRESS

图书在版编目（CIP）数据

足浅深行：一个语文教师专业成长的路径/陈金华著. —北京：首都师范大学出版社，2017.3
ISBN 978-7-5656-3353-9

Ⅰ.①足…　Ⅱ.①陈…　Ⅲ.①中学课文果一教学研究　Ⅳ.①G633.302

中国版本图书馆 CIP 数据核字（2017）第 032513 号

ZUQIAN SHENXING
足浅深行
——一个语文教师专业成长的路径
陈金华　著

责任编辑　王　静
首都师范大学出版社出版发行
地　址　北京西三环北路 105 号
邮　编　100048
电　话　68418523（总编室）　68982468（发行部）
网　址　www.cnupn.com.cn
印　刷　北京九州迅驰传媒文化有限公司
经　销　全国新华书店
版　次　2017 年 3 月第 1 版
印　次　2017 年 3 月第 1 次印刷
开　本　710mm×1000mm　1/16
印　张　19.5
字　数　275 千
定　价　42.00 元

序　言

每一届学生都会问我：怎样才能成为一名优秀的语文教师？这确实是这些师范生——未来的教师需要明确的一个问题。

我以为，“优秀”是一个相对的概念，在不同的团队中，不同的时间段里，不同的情境下，对“优秀”可能会有不同的理解。就一般意义讲，优秀的语文教师首先应该是专业化的语文教师。至少应该包括以下几个方面：

热爱语文教育，有高度职业认同感、职业信念和追求，视语文课堂教学为一种生活，教书育人；自觉提升专业素养，具备足以从事教学活动的专业技能；善于借助教学科研不断优化课堂教学，努力使学生获得最大化的学习收获。

除此以外，优秀的语文教师有面对问题和困难迎难而上的勇气，有敢于在课堂教学实践中探索的胆识，有善于运用智慧克服困难和解决问题的追求，有坚持真理、不断创新的品格。而这些并不是所有语文教师都能做到的。

语文学科跟其他学科相比是有一些特殊性的。没有哪个学科像语文学科这么复杂，有这么多反反复复的争论；也没有哪个学科像语文学科这么被国人关注，有这么多批评、建议。

一百多年来，语文学科从课程内容到教学方式都发生了巨大的变化。已有的一些问题解决了，新的问题又出现了，永远需要去探索、去研究。譬如，关于“语文知识”的问题一直也没有清楚的答案。如果问语文教师：“语文知识有哪些？”回答肯定是模糊的。传统的“字、词、句、篇、语、修、逻、文”，现在不这样提了；课本里只剩下几篇教学生读写的知识短文，其实大多也不管什么用。知识是能力形成的必要因素，任何一门学科都需要有自身的学科知识体系，没有知识体系难以称其为一个学科，但是语文的知识体系并不清晰。语文教师不讲知识而去培养能力，的确是一件难事。

传统的语文学习提倡“多读多写”，客观地说，这是经验之谈，它使许多人从中获益。可是当代的学生面对十几门课程的学习压力，面对多种媒体的诱惑，他们读书的时间少了，看电视、上网的机会多了，动笔写东西的需求少了（尤其是几百字的文章），伙伴之间交流时“快餐文化”的语言多了……面对这样的情形，语文学科教育如何拓展教育内容，改革教学方式方法，做到既能“守正”又能“创新”?

语文教育要前进，就要回答好这些问题，每个问题的答案都离不开语文教学的探索和实践，而这些探索和实践的主体就是语文教师。打造高质量的教师队伍是破解语文教育难题、推进语文教育发展的根本动力。而优秀的语文教师正是这支队伍建设的核心、骨干和领头雁。

怎样成为一名优秀的语文教师？如同回答优秀教师的成长规律是什么，这是多年来研究者一直希望破解的难题，我现在解答不了。

一名优秀语文教师成长、发展的因素有很多。例如，在一些人的认识里，“机遇”是很重要的因素，很多教师难以遇到，而这些优秀的语文教师遇到了。客观地说，机遇是一个因素，但是它青睐“有准备的人”，任何“有准备的人”的努力都不会付之东流。但是，真正优秀的语文教师是不在乎有没有什么“机遇”的，他们追求的是这个职业的价值、自身生命的价值。在他们的心中，这种“追求”就是一种“机遇”，没有这种追求，似乎称不上“优秀”。

一名优秀的语文教师一定是有思想的教师。所谓有思想，就是有自己的信念、有语文教学追求的目标。他的信念、思想一定是符合真理的，也就是符合语文学习规律和语文教育规律的。理解一种理论是一回事，把它转化为课堂教学行为又是一回事。这中间的路有时短暂，多数漫长，需要用许多时间去探索、实践，总结出可行的操作方法。但是无论如何，不得不承认：任何一种教学行为都体现着一种理论或理念，不管行为者自觉不自觉。优秀的语文教师一定会在语文教学的探索和实践中不断自觉学习，提炼自己的观点，形成自己的思想，并将其转化为自己的教学行为。这是一个艰难的过程，因其坚持，才能走向优秀。

一名优秀的语文教师一定是善于积累、习惯自我反思的教师。这里的“善于”和“习惯”两个词不容易做到，都需要下些功夫，而这正是优秀语文教师的必修课。所谓“善于”，指不仅注重积累，而且“会”积累，会用自己的眼光识别有价值的东西，并将之熟记在头脑中。所谓“习惯”，就是已经成为一种自觉，只要上课，之后都会“回想”“总结”其中的优劣得失，坚持那些合理、有效的行为，修正那些不符合学生认知规律和教学规律的做法。

一名优秀的语文教师一定是从课堂走向成功的，离开语文教学的课堂，“优秀”便无所依附。

我认为陈金华老师就属于优秀的语文教师。我是在主持首都师范大学承办的 2012 年至 2014 年北京市农村市级骨干教师高级研修班时，认识金华并不断了解她的。金华对进修学习是非常渴望而有激情的，从延庆坐公交车往返北京城区一趟至少要 4 个小时，将近两年的培训活动她没有请过假。她是首师大建校 60 年评选出的优秀校友，被邀请回校给师范生做报告……其实我不用在这里做什么介绍，这本书就足以证明陈金华是一位立足课堂、扎扎实实不断进取和追求的，会教学、长积累、好学习、善反思的优秀语文教师。衷心祝愿金华在教学、研究上取得更好的成绩！

是为序。

2015 年 6 月于首都师范大学

目　录

上　编　课堂求索

第一章　文本研读

第一节　教师与教材

——备课时转变思维方式

一、教学思考

教书二十三年了，在教书中有快乐，但更多的是困惑。当个语文老师似乎很容易，只要你会说中国话，能看着参考书把教材说明白，能对着答案把试卷说清楚，就可以了，这是一些人对语文学科的认识。而我也常常因数理化及外语在学生心中产生的神秘感、敬畏感而心生羡慕。王云峰老师在中学调研时曾说："语文老师能不能教点儿学生不会的。"这更让我体会到语文学科长期以来面临的尴尬。

近几年，从我带学生进行研究性学习开始，就常常感到一种冲击、一种震撼。原来，如果我们不照本宣科，如果我们能和学生一起阅读思考，学生的头脑中就会产生无数飞速旋转着的风暴。因此，教师要转变思维方式，自如地把握教材，在研读、探究中，有自己独特的思考，真正教学生些他们不会的、他们思考的盲点，为他们的健康成长提供充足的精神营养，才能真正体现语文教师的价值。

而把握教材能力的高低强弱，就成了体现教师指导作用的关键。

备课时，教材与教学参考、教材与作者、教材与其他学科应保持什么样的关系？教材对我们今天的时代、对学生的发展该起到怎样的作用？教师怎样做才能真正吃透教材？教师怎样做才不只有一杯水，而可能有一桶水，或可能有一条不断思考着的思维之河？这些问题都有待我们做深层的思考。

下面我以老舍先生的小说《断魂枪》为例，谈谈我在备课时的做法。

(一)语文教材与教学参考的关系

不要让教参捆住自己的手脚。我们要求学生要有批判和质疑的精神，那我们老师呢？没有敢于否定的教师，哪有敢于大胆质疑的学生？

《普通高中语文课程标准》要求教师，对学生要"鼓励探究性阅读、尊重个性化理解"，培养学生独立阅读的意识，教师更应率先垂范。为此，我给学生印发了教参中的文章，并结合文章内容引导学生大胆质疑。"在时代风潮面前，有人认为，沙子龙抱残守缺、自甘沉沦、愚钝麻木，这种劣根性，当然是一种痼疾。与孙老者相比他不思进取。”对这样的观点，你有何见解？我指导学生在比较后提出自己的看法，敢于向权威、向教参说“不”。

沙子龙恰恰不是这样高大全的人物，他在新旧更迭中有着极为丰富、又极为痛苦的内心世界。在这样的社会环境中，沙子龙、孙老者、王三胜虽都是习武之人，但他们对武术的认识却有很大的差异。沙子龙更清醒地认识到武术的局限性，再也不能承担起自己作为英雄所能承担的社会责任了，他无奈、无助而绝望。孙老者，还痴迷地、麻木地沉迷在武术虚幻的荣耀中，执着地追求着，不问世事，沙子龙就是他人生努力的方向。而王三胜，更是浅薄地把武术作为谋生的工具和炫耀的资本，沙子龙是他崇拜的偶像，当然孙老者很快又会是他的新偶像。沙子龙是个清醒的现实主义者，因为他知道，武术的盛世已经随风而去了，快枪时代到来了，渺小的他无力回天，他对抗不了一个时代，他只得关起门来练枪。他因这份清醒而感到深深的无奈，因周围的麻木愚昧而备感孤独，更因了这份清醒和孤独而有一种不屑于言说的绝望。沙子龙的悲剧是性格悲剧，更是民族悲剧。我们应该让学生真正走近沙子龙的内心世界，感受沙子龙内心的悲苦，对文章做出自己独特的解读。

当然我们老师更应向十几年来语文教学中极“左”或极右的教条式评价（如：刻意寻找“高大全”，没有“高大全”就简单否定）说“不”。意识形态上的泛政治化，常常不自觉地影响我们的思想。如果我们不能走出这些窠臼的话，又怎能指导学生？

然而曾经的思维惯性束缚了我们的手脚，真的要挣脱时，其实很不容易，需要师生付出艰辛的努力。

（二）语文教材与作者的关系

不要让文本束缚了我们的思维。文本是作者的心声，在走近沙子龙内心世界的同时，我们更该走近老舍先生，感受沙子龙的孤独和绝望。在解读文本时，更要尊重作者，才不会有想当然的误读。

我们对老舍先生的认识难道仅停留在他的一篇篇名作上吗？在沙子龙的悲剧中，我们难道不能找到老舍先生人生悲剧的影子吗？清末那种麻木不仁的愚昧和“文革”那种无知与疯狂的愚蠢，又有多大的差别呢？沙子龙选择了沉默，在沉默中悲哀而无奈地埋葬了自己和断魂枪，而老舍先生也在不堪忍受的屈辱中选择了放弃，“士可杀而不可辱”。在他们身上我们看到了宁为玉碎不为瓦全的铮铮傲骨。理解了老舍先生的一腔幽恨，也就解读了沙子龙的满怀惆怅。他们的人生悲剧，难道不能给我们带来更多的思考吗？我们之于老舍先生，之于沙子龙，在解读作品时，把作者与作品真正结合起来，不再简单地否定什么抑或肯定什么。因为优秀文学作品的多义性、模糊性和开放性，也许需要我们几十年，或几代人不懈地研读，才可能接近作品深邃的内涵。而这一过程也正是我们体味作者的人文情怀，涵养我们的精神世界的过程。让我们引领学生真正走出简单的阶级判断、绝对的是非判断、粗糙的情感判断的误区，培养学生的人文素养，从历史唯物主义的高度来认识作品中的人物、理解作者，感受他们丰富而复杂的内心世界。

在与学生共同学习每一部作品时，与作者、作品真诚地对话，能找到这种感觉是非常快乐的，但也是不易的。

(三)语文教材与各学科的关系

不要让本学科捆住了自己的手脚。在《北京市中小学语文学科教学改进意见》中有这样的表述："对文学作品意蕴的把握，允许有多种视角共存：历史的视角、文化的视角、心理学的视角、人类学的视角等。"在教学中，文学并不能简单地等同于语文。

因此，我尝试着从历史唯物主义观点出发，打破学科界限，把不同学科结合起来。在教学中，根据文章内容，我把"文史哲"融为一体。

首先，把武术那跨越千年的风采和清末武术与洋枪洋炮对峙的尴尬结合起来，挖掘传统武术积极的方面，我们民族的武学文化曾经有着丰厚的社会价值和审美价值：它可以抗击外侮、保家卫国、行侠仗义、除暴安良；它可以强身健体、修身养性；还可以培养人们豪爽豁达、勇武刚健的品格，培养人们敢作敢当、忧国忧民的大丈夫情怀。

其次，把清末中国的现状和西方列强的崛起对照起来。在清朝末年，作为变法志士的谭嗣同在《马关条约》签订后，作了这样一首七绝诗——《有感》：世间无物抵春愁，合向苍冥一哭休。四万万人齐下泪，天涯何处是神州！在变法失败后，他引颈受戮。在这样残酷的现实中，谭嗣同难道没有"有心杀贼，无力回天"的绝望吗？我们的镖师沙子龙又何尝不是如此呢？

最后，在这样一个较为宽广的历史背景中，再把沙子龙当年在西北的英武与而今的无奈结合起来。"五虎断魂枪"曾经给他带来的荣耀，此时已成过往，民族的衰亡与人生的无望让他痛苦不堪。我引导着学生，在这样巨大的反差中去感悟人物内心世界的悲凉。如果你是沙子龙，又将如何？我们应从历史唯物主义的角度客观真实地评价一个普通又平凡的镖师，从他的学识和文化背景来理解他，不能要求他成为"民族脊梁"林则徐、鲁迅，也不能要求他成为"武学英雄"霍元甲、黄飞鸿，那样就不是老舍先生的《断魂枪》了。老舍先生给我们描绘的正是当年无数武林前辈的绝望，在少了黄飞鸿、霍元甲的戏剧性之后，沙子龙的形象也许更具普遍性，人物形象也更真实、更典型。

因此，在不同学科的相互渗透中进行探究性学习，培养学生的质疑能力和探索精神，体会文章所包含的民族心理和时代特色，分析沙子龙人生悲剧的社会原因、历史原因、文化原因，培养学生的民族自尊心、自信心以及忧患意识，才能真正理解读沙子龙这一人物形象。

对我来说，读书有限，践行大语文观的理念，并将其真正落实到位，的确很不易，偶尔为之也觉得很吃力，但我还在努力着。

(四)语文教材与时代发展的关系

不要让一个故事、一个时代捆住了我们的思维。教师要站在历史与现实、现实与未来的十字路口，思考我们民族的明天。

引导学生既热爱我们的民族文化，又要思考我们文化的未来，将历史眼光和现代观念结合起来。老舍先生在《断魂枪》中说："这是走镖已没有饭吃，而国术还没被革命党与教育家提倡起来的时候。"老舍先生已离去半个世纪了，今天我们重读这句话，心底坦然吗？反观在国富民强的今天，我们是否已为"沙子龙们"营造了他们应该享有的精神家园呢？难道"国术还没被革命党和教育家提倡起来"吗？还是因为我们怕落后就要挨打，所以才更执着地去追求GDP的增长。国富民强的理想与保护并传承民族文化，再次成为难以化解的矛盾。天津重刀王曹世杰的忧虑、京剧男旦的孤独、皮影戏的无奈、民族文化的未来，使无数的"沙子龙们"再次感到孤独无助，还须继续无奈于传不得其人吗？还须继续无奈于传不得其时吗？沙子龙渴望的、呼唤的不只是一个经济、军事力量强大的民族，更是一个可以复兴民族文化，并使之传承发展的时代。可以说，每个时代都有其自身发展的矛盾与困境，关键是我们要明确什么才是保证民族发展前进的根脉。就个体来说，我们每一个人都与沙子龙一样是渺小的，但是"革命党和教育家"必须要把握时代的脉搏，这样，一个民族才能少走弯路。我想，这也就是我们今天学习《断魂枪》的社会意义，不要让一个个"沙子龙"对我们的时代绝望，让他们魂有所依。

当个"不容易"的语文老师，其中一个非常重要的任务就是要帮助学生营建他们的精神家园。当然，这个精神家园不仅是他们的，也是我们的，更是我们整个民族的。

(五)语文教材与学生成长的关系

在并不神秘的语文教学中，走在研习探究的前列，为其他学科做好开路先锋，在运用与实践、发现与创新中，促进学生的健康成长。

结合现实，找到最佳的研习探究点，既启发学生思考我们民族的历史，又引导学生关注我们民族的未来。这样的研习才更有现实意义，才能更好地激发学生探究的兴趣。在课改中，我们语文教师首先要做到的就是传统与现实的链接，不做一个机械死板的教书匠，而做一个思考我们民族的历史和文化、关注我们的社会生活，有责任感、有担当、有情怀的知识分子，这样，我们才能从圣贤书、从教科书中走出来，与时代共鸣，也以我们的良知，为我们的时代敲响长鸣的警钟。

另外，课程改革要求学生要有15学分的研究性学习成绩。如果每位学生都能切实地在研习中学有所得的话，那对他们的终身发展将非常有益。但学生毕竟才高一，初中的记叙文写作与研究性学习也相去甚远，这就需要高一语文教师在阅读教学和写作教学中能有所作为，才能为各科的研习扫清障碍。这既包括思维形式和思维品质，研究方法和研究技巧，也包括议论文写作的指导，如观点的确立、材料的收集、论据的表述和分析等。在学生个性化阅读的基础上，指导学生"创造性地表达"自己独特的思考，这将是一个艰难的历程。《断魂枪》的学习研讨还只能说是抛砖引玉，我只是希望通过这样的教学形式，让学生感受到课文拓展研讨的一个基本样式，每个学生都可以沿着自己的思维方式做进一步的思考。但最终完成小论文的写作，还远非一日之功。从学生最初的作品看：观点不明确、材料堆砌或根本就没材料、内容空泛、没有思路等，问题很多。后又经过一个月反复地研讨修改，再研讨，再修改，一些学生的小论文才算有了雏形。

高一的学生还是一块块璞玉，还需教师耐心地、慢慢地雕琢，这个过程真的不易。

总之，当语文老师，我常常要在易与不易间徘徊。在研读教材时，教师要处理好以上这五种关系，改变思维方式，不要让自己的手脚捆住自己的思想，捆住我们和学生一起飞翔的翅膀。一位教师可以培育一届届学生，同时一届届学生也在培养我们教师成长。做个普通的教书匠是容易的，但却辜负了帮助我们成长的学生。做个思考着的教书匠吧，虽然辛苦，但却快乐。

二、教学实践

魂兮，归何处

——《断魂枪》教学实录

（一）教学目的

1. 在比较阅读中进行探究性学习，培养学生的质疑能力和探索精神，体会我们的民族心理和时代特色，研讨产生沙子龙人生悲剧的社会原因、历史原因、文化原因。

2. 培养学生的民族自尊心、自信心，培养学生的忧患意识，既要热爱我们的民族文化，又要思考我们文化发展的方向。

（二）教学重点

1. 读全文并仔细体会1—3段，思考其在全文中的作用。

2. 在特定的历史背景和文化氛围中，感悟人物内心世界的苍凉和悲壮。

3. 将历史眼光和现代观念结合起来，思考我们民族的文化，反观国富民强的今天，我们是否为"沙子龙们"营造了他们应该享有的精神家园？

（三）教学难点

1. 感受沙子龙的内心世界，引导学生在比较阅读中进行探究性学习，印发教参中持不同见解的文章，在比较后提出自己的见解。

2. 沙子龙的经历对我们今天的生活有何意义？如果沙子龙生活在今天，我们又为他准备了怎样的精神家园来传承自己的无价之宝？在探究中培养学生的想象能力、思辨能力和批判能力。

(四)教学实录

1. 课文导入

师：今天我们接着学习《断魂枪》，谈到“枪”我们会想到中国历史上、文学中的许多枪，这些枪都曾有过怎样的精魂？

生 1：《隋唐英雄传》中的罗家枪、《三国演义》中赵子龙的一杆银枪，大战长坂坡；还有杨家枪、岳家枪。

师：尤其是岳家枪，用来干什么？

生 2：抗击金兵入侵，保家卫国。

师：正如岳飞所言“直捣黄龙府，与诸君痛饮”。提到这些枪，我们就会想到“威风凛凛，战功赫赫”的英雄形象。而在清朝末年，沙子龙誓不把自己的独门绝艺“五虎断魂枪”传下去，他的武侠豪情将飘向何处？因此老师给这节课起了个题目——魂兮，归何处？老舍先生也把他的小说命名为“断魂枪”，课文中的沙子龙为什么要让自己的枪“断魂”呢？带着这样的疑问，我们一起走进文本。

[评点：从文学、历史角度导入，调动学生的兴趣，使课堂一开始便具“文味”。]

2. 问题研讨：现实的残酷

师：沙子龙为什么不传枪艺？而使自己魂无所依？研读 1—3 段，这是一个怎样的时代？

找学生声情并茂地读课文前三段，筛选重要的句子。这究竟是一个怎样的时代？沙子龙的内心受到怎样的冲击？

生 1：他不传枪艺，是因为觉得没有可传的人，也没有可传的时代。

师：也就是说，沙子龙对枪的社会价值产生了疑问，当时是个怎样的时代？文中哪些句子最能体现那个时代的特色？

生 2：我找的重点句：“沙子龙的武艺、事业，都梦似的变成了昨夜。”“他的事业已被狂风吹走了。”“东方的大梦没法子不醒。”“不大一会儿失去了国土，失去了自由与主权，门外立着不同面色的人，枪口还热着。”作为英雄豪杰，他不能承担自己的社会责任，他痛苦而失落。

生 3：“今天是个火车、快枪，通商与恐怖的时代。”“炮声压下去马来与印度野林中的虎啸。”中国人虽然发明了火药，但我们只能用它来制造爆竹，而洋人用它制造枪炮来侵略我们。作为一个武林中人，五虎枪和“火炮”“快枪”相比，他只有痛苦和无奈了。

师："这是走镖已没有饭吃，而国术还没被革命党与教育家提倡起来的时候"。

[评点：无论怎样深度解读，思维发散、文本理解是基础。]

在历史课上，我们又是如何为这个时期定性的呢？

生 4：半封建半殖民地社会。

师：在外国枪炮的威胁下，夜郎自大、闭关锁国的老大帝国，开始坠入了半封建半殖民地的深渊，哪些不平等条约给你留下了很深的印象？

生 5：《南京条约》《马关条约》《辛丑条约》。

师：其中《辛丑条约》赔款 4.5 亿两白银，4.5 亿两有什么特别的含义吗？

生 6：当时中国有 4 亿多人，一人一两。中国人虽然多，但在侵略者眼中，却只不过是东亚病夫而已。

师：连美国的公民都觉得太过分了，连他们自己都觉得不安和愧疚，美国政府就用庚子赔款的一少部分建了清华大学、燕京大学、协和医院，再让几个学生到他们那儿去学习，如后来归国建京张铁路的詹天佑。

师：看这幅"时局图"，还配有一副对联，上联是"不言而喻"，下联是"一目了然"，帝国主义开始了瓜分中国的狂潮。而中国的那些官吏，有躺着抽大烟的，有搂着姨太太的，有举着大洋钱的，有搜刮老百姓的。内忧外患，这就是当时中国的现状。

师：看《有感》，作者谭嗣同。

世间无物抵春愁，合向苍冥一哭休。

四万万人齐下泪，天涯何处是神州！

谭嗣同(1865—1898)，字复生，号壮飞。这首七绝诗，是在《马关条约》签订后 1896 年作的。世间没有任何事物能抵挡袭来的阵阵春愁，只能向苍天一哭。他为何而愁？帝国主义瓜分中国的狂潮就要到来了，积贫积弱的民族内忧外患，只能向苍天一哭，四万万同胞该从沉睡中醒来啦。两年后谭嗣同在戊戌变法失败时被杀，他放弃了逃生的机会，用自己的一腔热血，唤醒了愚昧麻木的国人。

师：从他的名字上我们能感受到什么？

生 7：谭嗣同，字复生，号壮飞，我们从他的名字中就能体会到他强烈的爱国豪情，希望国家强大起来的迫切愿望。

师：中国的国门为什么会被洋人打开呢？在唐宋时期我们不是很强大吗？在明代郑和下西洋时，我们不是还威震海外吗？

生 8：慈禧太后垂帘听政，闭关锁国，夜郎自大，迫害要求改革的进步人士。

生 9：官吏、百姓沉迷在鸦片的云雾中不能自拔。

师：而西方各国却发生激变。

生 10：进入了资本主义社会，跨进了工业革命的时代。

师：由于生产力和生产关系的变化使他们迅速崛起，于是，古老的封建帝国输给了新兴的资本主义国家，落后的农业国输给了新崛起的工业国，大刀长矛也就自然而然地输给了枪炮！

[评点：引导学生从历史角度审视。]

3. 问题讨论：对比的反差

师：在时代风潮面前，有人认为，“沙子龙抱残守缺、自甘沉沦、愚钝麻木”。与孙老者相比，“他不思进取”，对这些观点，你有何见解？

生 1：沙子龙对自己民族的武术文化不自信，他不传枪艺，体现了他的沉沦。

生 2：不对，我不同意他的看法，因为沙子龙看透了现状，“门外立着不同面色的人，他们的枪口还是热的”，他不传枪艺是不想玷辱了武术，他只想坚守自己心中神圣的武学精神，他因为知道不可为，才选择了沉默，才选择了拒绝，实质上他心中是非常痛苦的。

师：很好。在小说中，老舍先生是怎样来描写沙子龙的眼睛的？

[评点：适时回归文本，通过对文本内容的解读，印证学生观点的正确，又进一步引导并开启学生的心智，通过比较向着更深处探究。]

生 3：“像霜夜的大星”，他把什么都看清楚了，才无奈，才绝望。

生 4：他是个清醒的现实主义者，因为冷兵器时代结束了，枪械时代到来了。而两者冲突的结果必然是冷兵器退出历史舞台。

师：在这样的社会环境中，沙子龙、孙老者、王三胜他们虽都是习武之人，但他们对武术的认识却有很大的差异，谈谈你的看法。

生 5：沙子龙更清醒地认识到武术的局限性，他再也不能承担起自己作为英雄豪杰所能承担的社会责任了，他无奈、无助而绝望。而孙老者，还痴迷地、麻木地沉迷在武术的虚幻的荣耀中，执着地追求着，不问世事，沙子龙是他要学习的榜样。王三胜，更是浅薄地把武术作为谋生的工具和炫耀的资本，沙子龙是他崇拜的偶像。

师：在小说中，沙子龙和孙老者相比，谁的年龄会大些？

生 6：应该是孙老者大。他虽说比沙子龙大，但却对时代没有深刻的认识，更凸显了他的无知。

师：孙老者只是当年驰骋西北的又一个沙子龙而已，至于王三胜，沙子龙不传他枪艺，他也再不敢和孙老者叫板，那孙老者会再次成为“王三胜们”推崇的偶像。他们或不问世事，沉迷于武术的幻影中，利用武术挣扎在生存的边缘，一味地愚昧麻木下去。也许正因为如此，沙子龙才因清醒而无奈，因周围的麻木愚昧而备感孤独，更因了这份清醒和孤独，便有一种不屑于言说的绝望。

［评点：本环节师生处处围绕当时的历史大背景来思考主要人物的心理，精准而贴切。而小结，既总结了学生们探究的成果，又加入了教师的理解与思考，精当而深刻。］

4. 问题讨论：曾经的辉煌

师：让我们从当年的屈辱史追溯我们武术曾有的辉煌。看看在历史上，武术曾有过怎样的社会价值？给我们带来怎样的民族心理、民族性格？通过比较，进一步体会沙子龙内心世界的悲凉。

生1：建功立业，定国安邦。如秦琼，如三国时的"刘关张赵"。

生2：抗击外侮，保家卫国。如岳飞、杨继业、杨延昭、杨门女将。

师：而今外辱就在国门之内，沙子龙又能奈何？武术还有什么功能？

生3：行侠仗义，除暴安良。如武松、鲁智深。

生4：强身健体，修身养性。如太极拳。

师：武术给我们带来怎样的民族心理、民族性格？

生5：豪爽豁达，勇武刚健。

生6：敢作敢当。

生7：忧国忧民。金庸小说中像郭靖、黄蓉那样就会被人敬重，而像东方不败、梅超风那样就会被人唾弃。

师：正是因为武术的社会价值，才使那些拥有这样性格的英雄豪杰，从历史人物变成了文学形象，并进而成为民间偶像，才具有了永恒的生命力，也才具有了更高的审美价值。

［评点：本环节谈的是武术的价值，但在教师的引语中还有两方面内容没有涉及——"给我们带来怎样的民族心理、民族性格？通过比较，进一步体会沙子龙内心世界的悲凉。"应该说这恰恰是本环节的探讨重点。］

5. 问题讨论：比较中的抉择

师："这条枪和这套枪，二十年的功夫，在西北一代，给他创出了'神枪沙子龙'这五个字"，但是，冷兵器时代结束了，枪械时代到来了，他曾经的"豪爽豁达，勇武刚健"都成了过往。武术人的气节风骨，曾经的高傲、高贵也将随风而去。沙子龙选择了什么？

生1：他选择了沉默，宁为玉碎，不为瓦全地沉默。他宁可让断魂枪随他一起断魂，也不愿他的枪艺在现实中受到玷污。所以老舍先生给他起名叫"沙子龙"，失去了江海的痛苦的"龙"。

师：是的，是"龙"困沙丘，是"虎"落平阳。沙子龙的悲剧与老舍先生的人生经历也有相似之处：老舍先生在少年时父亲就去世了，是在八国联军侵入北京时，在守卫城门的战斗中以身殉国的。母亲带着几个孩子艰难度日，他也在母亲那里学会了忍耐和沉默。"文革"时，他不堪其辱，自沉太平湖而死。先生用沉默做了最后的抗争，做了"宁为玉碎，不为瓦全"的最后一搏。

沙子龙不该受到不应有的指责，就像我们没有权利指责老舍先生一样。既然不能高贵地活，就选择悲壮地、悲愤地死。

[评点：文中人物与作者的经历比较，既见老舍先生高尚的人格和不屈的抗争，同时又使我们对沙子龙有了更深刻的理解，理解了他“枪”之断魂的无奈与悲壮。]

师：沙子龙的悲剧只是他个人的悲剧吗？

生2：还是社会悲剧、民族悲剧，也是历史悲剧和文化悲剧。

师：他有无奈的悲凉，他有玉碎的气质，他在悲愤中狠狠地给自己的枪艺画上了句号，就像老舍先生毅然决然地用死来捍卫自己的生命尊严一样。

师：但在19世纪末20世纪初，在历史上，在影视作品中，一些武术大师对人生却有别样的选择。

生3：霍元甲、黄飞鸿。

师：他们都是爱国的武术大师。但你们知道他们都是怎样去世的吗？看资料。

生4读：霍元甲与日本武士比武，大扬国威，却被日本人毒死。去世时只有四十岁。而黄飞鸿，当地的恶势力和英国殖民者内外勾结，纵火烧毁了他苦心经营多年的“医馆”，又阴谋害死了他精通武术的儿子，他才忧郁而亡。

师：可见，覆巢之下无完卵，一个衰微的民族，即使个人有绝世的武功也难逃悲剧的命运。在这一点上，无论是沙子龙的沉默，还是黄飞鸿、霍元甲的抗争，都只有悲剧。

6. 问题讨论：让历史走向未来

师：今天是不是沙子龙所呼唤的时代？假如沙子龙活在今天，他的枪艺能传得其人吗？看我们今天的社会环境可曾为“沙子龙们”营造了良好的精神家园？

生1：沙子龙呼唤的正是我们今天这样的时代，国富民强、发扬国术的时代。

生2：他可以办个“沙子龙”武术馆或武术学校，还可以开到日本、美国、英国去，让外国人也来学“五虎断魂枪”，强身健体，展现我们中华武术的博大精深。

生3：让沙子龙再开个世界武术“连锁店”。

生4：还可以在奥运会上申办枪术、棍术的武术项目，并包揽全部金牌。(学生们都笑了)

师：非常好，现在确实有不少武馆正如雨后春笋一样，在全国各地乃至世界各地传承着我们的武学文化和武学精神，我们有许多工作做得很好，但也还有一些工作不尽如人意。

师：在1000份非物质文化遗产中，“津门刀王”是30份濒危项目的报告之一。

师介绍津门刀王：曹仕杰是回族重刀武术传人。曹仕杰的曾祖父与霍元甲齐名，也是开镖局的。80公斤的大刀在习武者手中上下翻飞，挥洒自如，这身硬功夫是传说还是真有其事？在天津，记者找到这门武学绝技的正宗传人曹仕杰，他能将80公斤的大刀耍出30多个套路。但是今天这门武学绝技却在失传的边缘，他唯一的希望就是十几岁的女儿。但是女儿要去学足球，大刀队训练的场地也面临拆迁，习武40多年的重刀传人还能保住手中这把大刀吗？

师：可见我们还有许多工作要做，非物质文化遗产也需要传承。你还知道哪些"国术"正徘徊在濒危的边缘？

生5：京剧表演中的"男旦"行当。

师：一是现有的男演员没什么市场，缺少登台表演的机会。二是现在无人愿意传承这门艺术，大家觉得不男不女的，有损形象。

生6：女演员也有不少都去唱歌、演电视剧了。

师：还有皮影戏，国家级皮影剧团的设计师的工资才1000多元。看来我们保护非物质文化遗产的力度还远远不够，在这一点上我们还要向韩国学。

师：我们从武林擂台的喧嚣、天津重刀王的忧虑，到京剧的孤独、皮影戏的无奈。民族文化的未来，再次使无数的"沙子龙们"感到孤独，无奈于传不得其人，无奈于传不得其时。为什么还会有这种情况呢？

生7：因为我们的钱都用来发展经济、追求效益了，因为我们怕落后就要挨打。

师：是的，所以才更执着地去追求GDP的增长，国富民强的理想与保存民族文化，再次成为难以化解的矛盾。天津重刀王曹仕杰面临着的拆迁问题，高楼大厦挤压了练武的场地，他的女儿，他的徒弟们为了生活也没有多少时间来训练重刀，只剩下了孤独的曹仕杰还在坚守。

生8：还有我们今天快节奏的生活，也使人们没有耐心去静静地欣赏京剧。

师：很好！沙子龙呼唤的不只是一个经济、军事力量强大的民族，更是一个可以复兴民族文化，并使之传承发展的时代，这才是沙子龙所呼唤的"国术被革命党与教育家提倡起来的时代"，也是沙子龙"魂有所依"的时代。

[评点：至此，文章由历史勾连到现在，并着眼未来，以沙子龙的眼光反观当下社会，提出了在经济社会发展的同时，我们更应该关注我们传统文化的传承与发展。]

师：具体到同学们，也可以做出自己的努力。

生9：了解武术，并试着了解京剧，进而喜欢京剧，另外，还有各种地方戏：黄梅戏、豫剧等。

生10：学一点国画，练练毛笔字，打打算盘，不只是会用计算器。在书香翰墨中增强民族自信心、自豪感。

师：因为我们是中国人，只有民族的，才是世界的。

[评点：结尾由武术到其他“国术”，由沙子龙到学生自身，由文本走向现实人生，引导学生思考：在这样的时代里，我们能为“沙子龙”们做些什么呢?]

7. 课后作业

上网收集资料，任选一题，完成800—1000字左右的杂感或论文。

1. 在宽广的历史和文化背景中思考，中华武术有什么价值？举例阐释。

2. 结合老舍先生的人生经历，以及当时的历史环境，对沙子龙这一形象进行再认识。

3. 今天是不是沙子龙所呼唤的时代？你对保护我们民族的“传统文化”有怎样的思考？

（本文原载《北京市高中课程改革实验版·语文·教学通讯》2008年第6期，评点：张国安）

三、专家点评

整合资源，指导学生感悟传统文化的精神内涵

《北京市中小学语文学科教学改进意见》要求：传承经典，把中华传统文化经典、革命历史题材作为语文阅读和写作教学的基本素材。高中要积极引导学生感悟中华优秀传统文化的精神内涵，加深学生对中华璀璨国学文化、悠久历史文化的了解，教育学生弘扬民族精神，传承民族文化，发扬传统美德。

陈老师的这节课，从根本上诠释了文本教学中如何践行《教学改进意见》，引导学生真正地感悟中华优秀传统文化的精神内涵。

首先，本课勾连历史与现实。在历史与现实的互动中，让学生明了“武术”这一类中华民族优秀传统文化曾经的辉煌以及荣耀，激发学生心底的自豪感；又以这一类文化的“现实之窘”引导学生深入思考：在当今社会，我们应该如何继承与发展我们优秀传统文化的精神内涵？既重视从历史背景的角度理解沙子龙的英雄形象，又能从现实的角度分析沙子龙所遇到的“窘迫”，在对比中认识老舍先生的这一作品所蕴含的深意。

其次，文本内容与课外资源相整合。我们说要理解前代作品的主旨，首先就要引导学生了解文本的历史背景，其次通过有意识地阅读相关的评论文章，来进一步地帮助学生理解作品的主旨。这样才能在整合相关信息资源的

基础上，经过自身的分析、学生间的探究，明了作品所蕴含的深层含义。开篇，陈老师就引导学生唤醒知识积淀，从学生熟知的古典名著导入，生发学生思考的兴趣。中间环节，陈老师又引入谭嗣同的《有感》诗，引导学生体会"现实的残酷"。最后环节，陈老师又引导学生从"武术"拓展到其他诸如京剧、绘画、书法等"国术"的传承与发展问题，引导学生从文本里走出来，关注社会，关注未来，提升自我的思辨力，真正感悟中华优秀传统文化的精神内涵。

所以，我们说，感悟中华优秀传统文化的精神内涵，就要引导学生勾连历史与现在，整合尽可能多的资源，无论是教学参考书上的，还是互联网上的，一律拿来为我所用，在比较与探究中完成"感悟"的目的。

（张国安）

第二节　备生与备课

——备课时入手准、站位高

一、教学思考

教师备课时，如何找到文本解读的最佳切入点？阅读教学时，如何处理整体与局部的关系？这些问题常常困扰着每位教师。

我认为，所谓"切入点"，即解读文本的角度。就如用一块花布做裙子，第一剪子从哪儿下，才能让裙子既好看又不伤花纹，解读文本的"切入点"就是做裙子的第一剪。"切入点"的选择要根据教师所带班级的实际情况，符合学生的学习需求，便于对文本进行深入解读，这才可能是较好的"切入点"。而"最佳"切入点，是教师永远追求的，没有最好，只有更好。

（一）如何选择最佳切入点

1. 从学生的认知需求出发

在学习一篇课文前，通过前测，要了解学生在文本内容、作者情况、创作背景等方面的学习情况，还要了解他们遇到了哪些难题。如：

①作者为什么起这样的题目？

②作者给你印象最深的思考是什么？

③你喜欢文中的哪个人物、事物或景物？说说理由。

④请你用一两句话分别概括内容和主旨。

⑤学习中有什么障碍，请你提一两个问题。

学生哪里有问题，就从哪里入手。如果问题太多，就选择一个能牵一发而动全身的点，这样教学就容易有效率。如鲁迅的《风筝》，对初一学生而言，准确理解不难，深入理解不易。经过学前调查知道，最后三段在理解上最难，那就从这里切入：对于自己犯过的错，当别人怨无可怨，恕无可恕时，我们每个人都会有大赦的感觉，但在先生看来，在“无怨的恕中”解放自己，那是在“说谎罢了”，他是永远不能原谅自己的，“我还能希求什么呢？我的心只得沉重着”。先生在告诫我们：用爱，用宽容和理解，去珍惜人生的每个瞬间，有时“后悔药真的没处买的”。带着先生这份沉重的忏悔，引导学生读全文，就能在小小的风筝中读出一份宝贵的人生经验。又如鲁迅的《范爱农》，对高一学生而言，准确理解的困难更大了，学生不懂作者为什么要给这样一个怪人作文，在那个时代，范爱农的人生有什么意义？这也正是全文的重心，也可以作为教师上课的切入点。

2. 从学生的情感体验出发

如果文本内容与学生的日常生活感受相通，在课上教师要先激发学生这种感受，再接触文本，效果就好得多。如朱自清的《背影》，当作者看到父亲的背影时曾两次落泪，结尾回忆父亲的背影时再次落泪，学生对此体会不深就很难触动心灵。教师如果能从第 5 段中看到作者心灵的成长，就找到了解读文本的最佳切入点。在父亲和脚夫讲价钱时，“我那时真是聪明过分，总觉他说话不大漂亮”；在父亲托茶房照顾“我”时，“我心里暗笑他迂；他们只认得钱，托他们只是白托——唉，我现在想想，那时真是太聪明了!”结合学生日常的生活体验：一些学生在父母照顾自己时，也会有父母很迂而以为自己很聪明的感觉。组织学生交流这种感受，学生能说出许多感人的瞬间。有了这样的情感积淀，再解读《背影》，学生才会心有灵犀。

3. 从学生的知识衔接出发

让学生在温故中开启知识积淀。读鲁迅的《从百草园到三味书屋》认识了阿长，了解了鲁迅那本珍贵的影写“绣像”册，再学《阿长与山海经》，解读先生为什么说“她确有伟大的神力”，为什么说“《山海经》是他‘最初得到，最为心爱的宝书’”？在温故中学生就会找到答案：没有阿长这四本粗糙的《山海经》，也许就没有三味书屋中成册的绣像，也许就不会有先生一生对绘画艺术的热爱，也许就不会有先生对中国美术事业的巨大贡献。鲁迅身上也有伟大的神力，而长妈妈是这神力的激发者。

4. 从学生的学习方式出发

在语文学习中，学生常用的学习方式，如听说读写、圈点评注、小组讨论、演讲辩论等，关键看哪个更适合。在学习《春》《紫藤萝瀑布》《安塞腰鼓》这些散文时，就可以从朗读入手，在朗读中体会情境，联想画面，指导学生充分调动各种感官，通过语言想象事物的声、光、色、态、形，读出气势来，以更好地鉴赏文本的各种表现手法，感受汉语艺术的魅力。如《秋天的怀念》《我与地坛》，就要从默读开始，让学生在安安静静的默读中渐渐地走进作者的内心世界，体会作者内心的酸甜苦辣。

5. 从文本内容入手

鲁迅的《社戏》，为什么作者最后说“一直到现在，我实在再没有吃到那夜似的好豆，——也不再看到那夜似的好戏了”？六一公公给妈妈送来的豆，不如那晚的好，以前在鲁镇看的戏更不如赵庄的好，更不要说“一直到现在”了。因为这戏、这豆，都源于“那乡、那土、那时、那人、那景、那情”，教师引导学生从“那”字切入，解读“那戏”“那豆”，就从容多了。老舍的《断魂枪》，就从沙子龙“魂无所依”开始，从国粹“还没有被革命党和教育家重视起来”、从沙子龙要给“五虎枪断魂”开始引入，再深入挖掘这背后的原因。

6. 从语言细节入手

最小的语言标志——“标点”，名篇中每一个标点都是智慧的眼睛。教师要有意识地指导学生品读标点，提高学生解读文本的能力。如《孔乙己》中最后一段“我到现在终于没有见——大约孔乙己的确死了”，可以从“破折号”切入解读全文。到了年关，掌柜的说“孔乙己还欠十九个钱呢!”第二年的端午又说一遍，“叹号”也用了两次。这些标点的使用，让我们感受到人情的冷漠，甚至冷酷。而《变色龙》中省略号的使用更是经典，27段就用了七次省略号，把奥楚蔑洛夫这个势利小人的嘴脸刻画得入木三分。

还有一些修辞的使用。如鲁迅的《忆韦素园君》，先生说在回忆往事时，“记忆好像被刀刮过了的鱼鳞”一样痛，“有几片还会翻腾，闪烁，然而中间混着血丝”，先生和韦素园之间，有怎样一份常人难以理解的忘年交、真挚情？

教师指导学生对这些标点的使用、修辞意义的鉴赏进行探究，就是很好的切入点。

7. 从文本主题入手

《从百草园到三味书屋》的课后习题3设计得就很好：前两个选项是“用百草园的快乐来衬托三味书屋的枯燥无味”“对束缚儿童身心发展的教育的不满”，第三个选项是“表现作者儿童时代对自然的热爱，对知识的追求，以及天真、幼稚、欢乐的心理”。文本到底表达了作者怎样的思想感情？从主题入手，让学生在阅读中自己品味，摆脱教育强加的极“左”观念，让生硬的概念远离学生，使学生自主、真切地阅读。

切入的方法还有很多，课文的一人、一情、一景、一物，文本写作的背景、对现实的意义，还有不同版本的比较，对编者删节内容的再思考等，都可以成为入手点，关键是看这样的切入能否最大限度地调动学生学习的兴趣，切合学生的学习需要，拉近学生与文本的距离，提高学习效率。凡能达到这些目的的，都是最佳的切入点。

而选择了一个好的切入点，正如写文章才有了一个好的开头一样，后面更要设计好整节课。还要注意在讲完新课后，课堂“小结”力求能与“切入点”首尾呼应，给学生一个完整的思维链条，不能“虎头无尾”，留下瑕疵。

(二)如何处理整体与局部的关系

1. 整体与局部关系的相对性

在阅读教学中，如何处理整体与局部的关系？教师备课时确立恰当的切入点，就是文本解读的局部之一。品读局部，是为了升华出对整体的准确认知，而对整体的准确把握，又能更好地指导局部鉴赏。

在单元导读中，每篇课文前的阅读指导，都是从整体上指导学生如何阅读文本，而在学生解读文本时的圈点批注、分段分层、概括思考等，又是对局部的鉴赏。而整体，也是相对而言的。一篇文章是一个整体，一个单元是一个整体，节选课文的全本也是一个整体，研习探究中一组文章构成的专题也是一个整体。教师在教学中要根据学生的实际情况适度延展，从一个最为恰当的整体视角更好地指导学生的局部理解。

在《智取生辰纲》中，晁盖、吴用等之所以能"智取"成功，直接原因在于1—5段中杨志的所作所为：一路走来，杨志张口骂人，用藤条打人。当他第五次举起藤条时，他与众人的矛盾已达到顶点，众军汉已经不买账了，老都管也不留情面地训斥了他。此时，白胜来了。如果说上次丢了花石纲是天灾的话，那这次丢了生辰纲就是人祸了，而这"人祸"里有一部分该由杨志自己负责。对他而言，他的不幸除了天下大乱的社会原因外，他的性情、他对仕途的执着，也是重要原因。小说中交代，他是杨家将的后代，想光宗耀祖，丢了花石纲也不落草，因名利之心未死。在京城卖刀时又与泼皮牛二争执被发配，才给梁中书押送生辰纲。也许正是杨志太看重这个翻身的机会了，所以才那样急切地想成功，但詈骂和藤条怎能拢住人心？结果把队伍带成一盘散沙，体现了他急于事功而不得的尴尬。从杨志的一生看，丢生辰纲，使他从此失去了再度崛起的机会，只得上二龙山，这也成了他人生的转折点。而"智取生辰纲"这回更成了众英雄走上梁山的导火索，也可以说是《水浒传》这部小说的"根"，有了这"根"才有了枝繁叶茂的108位英雄好汉的大聚会。这样，把整体与局部联系起来，把局部的书读活了，才能激发学生继续阅读的积极性，也才能更好地理解《水浒传》"逼上梁山"的主题。

2. 整体与局部的辩证性

在文本研读中，如果整体阅读出现错误判断，那局部阅读也就没有立足点了。

如《从百草园到三味书屋》的主题理解，如果我们认同这样的主旨："用百草园的快乐来衬托三味书屋的枯燥无味""体现了作者对束缚儿童身心发展的教育的不满"，那在文本中就很难找到恰当的依据。在三味书屋读书的小樟寿，也未见他有什么厌烦的情绪，"先生最初这几天对我很严厉，后来却好起来了"，先生的戒尺"是不常用的"，"普通总只不过瞪几眼"，大声道"读书"。连先生入情入境的吟咏，少年时的小樟寿都"疑心这是极好的文章"。还曾因为上学迟到被先生批评，在书桌上刻过一个“早”字，以提醒自己。小樟寿的学习成绩也很好，寿镜吾老先生也非常欣赏他。我们很难从孩子的眼里看到束缚，看到不满。如果我们脱离那个时代，用今天素质教育的理念来批判三味书屋的教学，就违背了历史唯物主义的原则。

总之，在阅读教学中，教师切入点要选得准，整体把握要站位高，局部研读要品得深，才能指导学生真正走进文本，走近作者。

(三)张弛有度，疏密有序

教师课堂教学节奏的快慢与文本内容的疏密是什么关系？

语文课堂既要有听说读写的训练，以帮助学生提高运用语言的能力；又要有思想的交流、智慧的碰撞，以帮助学生提高认识水平，培养人文情怀，这些是语文课堂教学的基本任务。这就要求教师在课堂上控制好教学节奏，把握好内容的疏密，处理好情感的收放。

1. 决定课堂节奏的因素是多方面的

毫无疑问，课堂教学的节奏与教师讲解和点拨的多少、快慢，与学生交流活动的多少、快慢，与教学环节的连贯与否，都有直接关系。

而如何控制教学节奏，还必须考虑教学内容的难易、教学目标的高低、学生学习程度的好与差，而课堂节奏的张弛舒缓，又要在具体的教学环节中灵活把握。

在学习《杨修之死》时，一位教师用20分钟滔滔不绝地介绍曹操，还有一位教师用25分钟细致全面地反馈学前调查。这是大水漫灌式的教学，完全没了节奏，一节课结束了，水还在地头儿呢。课堂的时间是宝贵的，没有计划、没有目标的慢节奏，就是浪费所有学生的生命。当然，也有节奏太快的，学生读完课文，就概括段意，然后把文章主题一说了事，比如：《孔乙己》中孔乙己是科举制度的牺牲品，《从百草园到三味书屋》是作者对戕害儿童的旧教育的批判。只有硌牙的骨头，没有丰满的血肉，这样的教学，节奏是快了，时间也节约了，但这节约得没有意义。这种粗放式的学习同样是浪费生命，学了和没学一个样。合理的教学节奏应该是快慢有序、张弛有度、重点突出。

2. 张弛有度的课堂节奏一定与教学内容的疏密适度有必然联系

我欣赏过两节教学内容或疏或密，但教学节奏清晰流畅、课堂气氛轻松欢快的好课：

一节是宁鸿彬老师讲的示范课“皇帝的新装”(借班教学)，45分钟，宁老师完成了这些内容：

(1)指导学生记关于安徒生的文学常识。(7分钟，师生概括方法，学生记)

(2)读全文，订正两个字音。(18分钟)

(3)讨论，在“皇帝”前加一个词，并说明理由。(12分钟，有十多个学生

发言，教师点拨）

(4)用一个字来概括这是一个怎样的故事。(8分钟，有十多个学生发言，教师点拨）

另一节是我校老教研组长张翠苹老师讲的说明文《中国石拱桥》(用本班教学)，46分钟，张老师完成了这些内容：

(1)教师说话示例，学生听老师哪儿没说清楚，并修改。(3分钟，教师说，学生听并改错）

(2)检查字词的预习。(1分钟，师问生答）

(3)解读题目“中国石拱桥”。(1分钟，师问生答）

(4)学生厘清全文思路。(3分钟，学生梳理）

(5)讨论问题：本文写了什么？怎样写的？前后段的关系如何？(29分钟，有十多人发言，教师适时点拨）

1—5段(20分钟)，6—8段(6分钟)，9段(3分钟)(详略有序，重点突出）

(6)总结全文特点。(2分钟，学生小结）

(7)质疑问难。(7分钟，5人发言，质疑文本，质疑板书，师生讨论）

从这两节课看，第一节，节奏舒缓，板块清晰，教学内容与第二节相比密度小；第二节，节奏紧凑，内容丰富，教学密度大。但我觉得，这疏有疏的道理，密有密的缘由。《皇帝的新装》是起始课，对七年级学生而言，课文内容较长，课上用较多的时间来熟悉文本是恰当的，两个讨论环节，用时分别是12分钟、8分钟，学生活动充分，教师点拨及时，为下节的深入分析做好了铺垫。而《中国石拱桥》是八年级课文，张老师安排的就是一节课，学生课前预习充分，教师的教学节奏也轻快流畅，节奏很快。整节课环节虽多，但详略得当，师生讨论交流用了29分钟，重点突出，更为难得的是，这样大的教学密度，还能有7分钟的质疑问难。这两节课，都疏密自如，可谓各有千秋。

在调控节奏方面，宁老师做得从容自如：

以一个细节为例：当学生在“皇帝”前加了“爱穿新衣的”时，宁老师说：“爱穿新衣不好吗？难道我们都爱穿脏衣、破衣、旧衣不成吗？看我都六十多了，还穿西服打领带呢，我也爱穿新衣呀！”学生立刻调整了自己的答案：“爱穿新衣成癖的皇帝。”在这里宁老师将教学节奏放缓，对学生进行适时的追问、点拨，使学生更好地理解人物形象，课堂气氛轻松幽默，师生关系和谐融洽，缓解了借班上课给学生带来的紧张情绪。接下来设计的两个问题：“为皇帝加一个怎样的词来形容他，并说明理由。”“用一个字来概括这是一个什么样的故事”，更是一石激起千层浪，学生思想的火花被点燃了，开始深入解读文本。这种对节奏的控制、对内容的把握，是由教师对文本内容的深度解读和对教学目标的合理设置决定的。

而张老师让学生质疑时，那瞬间的犹豫，更显出课堂教学节奏调控的真实性，更见张老师应变的能力：

有一个学生说：第2段第一句话应该删掉。作为听课人，我当时就一愣。我们看一下课文前3段：

石拱桥的桥洞成弧形，就像虹。……说拱桥是“卧虹”“飞虹”，把水上拱桥形容为“长虹卧波”。

石拱桥在世界桥梁史上出现得比较早。这种桥不但形式优美，而且结构坚固，能几十年几百年甚至上千年雄跨在江河之上，在交通方面发挥作用。

我国的石拱桥有悠久的历史。《水经注》里提到的“旅人桥”，……

张老师立刻说：“这个问题我们课下再讨论。”能看出来，张老师想调控一下节奏，毕竟学生的胆子有点儿大。但只一瞬，张老师好像又犹豫了一下，接着问：“你要删掉这一句吗？”学生稍微停顿了一下说：“可以调到第3段开头，然后把第2段内容调到第1段结尾，三段变两段。”我明白了，这显然是一个很好的想法，张老师非常高兴，同学们也很兴奋。张老师又亲切地说：“你讲得很好，我们课下再进一步研究。”看来课下需要和作者、编者商量了，可否这样改：

石拱桥的桥洞成弧形，就像虹。……说拱桥是“卧虹”“飞虹”，把水上拱桥形容为“长虹卧波”。这种桥不但形式优美，而且结构坚固，能几十年几百年甚至上千年雄跨在江河之上，在交通方面发挥作用。

石拱桥在世界桥梁史上出现得比较早，而我国石拱桥更是历史悠久。《水经注》里提到的“旅人桥”，……

在处理学生对教材的质疑时，张老师那一贯亲切和蔼的微笑给学生以勇气和力量，而张老师那一瞬间的犹豫，而后又再次追问，给学生充足的发言时间，更体现了她对学生质疑问难的鼓励和欣赏。有这样的教师，当然就有这样大胆的学生。学生这个问题，为这节课增色不少。

这两节课，两位教师的教学语言都亲切、柔和，语速不快也不慢，且都幽默诙谐，让学生有如沐春风之感。

总之，两节课在节奏上或快或慢，在内容上或疏或密，都很好地完成了教学任务，而这种调控能力恰恰源于两位教师对教学内容的准确把握、对教学形式的巧妙安排，更有张老师对学生的充分了解。课堂如风行水上，行于当行，止于当止。而宁老师借班上课，且能上得如此节奏明快，生动活泼，他那深厚的教学功底和丰富的教学经验更起到了决定性作用。

（四）情感收放，从容自如

情绪调控在诗歌教学中尤为重要。读辛弃疾的《破阵子·为陈同甫赋壮词以寄》、苏东坡的《江城子·密州出猎》，太昂扬了不好。感情放得太开，语气、语调就生硬，走不进诗人复杂的内心世界。苏东坡、辛弃疾虽都是豪放派，但苏东坡豪放中有两分洒脱一分感伤，辛弃疾豪放中有两分激愤一分沉郁。他俩的豪放与毛泽东的豪迈有很大差别，读毛泽东的《沁园春·雪》《沁园春·长沙》，词中有对壮丽山河的赞美，有主宰命运、挑战困难的豪情，更有词人革命的乐观主义精神和坚定的革命意志。读毛泽东的诗词，就是在感受一个民族昂扬向上的力量；读毛泽东的诗词，要激昂奔放，读出他作为政治家的胸襟和气魄。而读苏东坡、辛弃疾的词则不同，太激昂了就表达不出他们丰富的内心世界，就少了韵味。而朗读时，对这种情感收放节奏的精准把握，正在于我们对政党领袖与文坛领袖在不同时代所演绎的不同人生的准确理解。

因此，教师指导阅读时要把握好情感收放的尺度，读得恰到好处，亦如东家之子，增之一分则太胖，减之一分则太瘦。这样才能指导学生品出诗人饱满的形象，领略诗人多彩的内心世界。

教学形式千变万化，无论是切入点如何选择，教学节奏如何调控，还是教学内容怎样安排，等等，都万变不离其宗，所谓“宗”，就是要努力提升教师对教材的解读能力，这是解决许多问题的一把金钥匙。

二、教学实践

生命的跫音，心灵的回响

——从《我与地坛》的景物描写，看史铁生的心路历程

（一）教学目标

1. 指导学生以各种不同方式阅读（有感情地诵读，默默品读，筛选关键语句研读），引导学生走进地坛，走进作者的内心世界。

2. 以师生对话的形式，品读文本。在含英咀华中，鼓励学生有个性、有创造性地解读课文。

（二）教学重点

通过品读语言、咀嚼文字，让学生和史铁生一起走进地坛，解读自然万物的无限生机，解读史铁生的内心世界，体会他内心挣扎的痛苦、顽强求索的力量。

（三）教学难点

指导学生通过鉴赏品味语言，感受史铁生的语言风格，感受他的简单、质朴，感受他的深沉、深邃，感悟他对人生睿智的思考。

（四）教学实录（节选）

1. 文本导入，选择切口

师：上课，同学们好，今天我们一起学习《我与地坛》。

看 PPT 上史铁生的照片：他坐在轮椅上，灿烂地笑着，生命里满是旭日阳光。他是如何才达到这样的人生境界的？让我们一起来品读《我与地坛》，共同探寻史铁生的生命历程。

同学们已经读过全文，请大家再仔细品读描写地坛景物的这部分，用简洁的语言概括一下你的感受。

生 1：我感受到史铁生自省的精神，地坛给了他力量。

生 2：我感受到史铁生思想的深度与情感的力量。

生 3：史铁生生病后，他在想自己为什么活着。我们遇到困难时，也会像他一样绝望，但他却完成了自我救赎。

师：是的，他完成了自我拯救，那他的生命历程是怎样的？

双腿刚残疾时，他在想"我"为什么活着，活着有什么意义，有什么价值？残疾后的史铁生苦苦地思考着这些问题，那时他一定是一脸的苦相。而此时照片上的他微笑着面对我们，这之间他经历了什么？

[评点：开篇，从激活学生的情感体验入手，高屋建瓴地引导学生思考作者的心路历程。]

2. 文本赏析，情景交融

师：史铁生把自己的文章定位为散文，那么散文的特点是什么？

生 1：形散而神不散，情景交融。

板书设计：

双腿残疾了的史铁生

《我与地坛》{ 情　我为什么活着？暴怒焦躁 / 景　古老的地坛　镇静从容 } 见证我的成长

师：看课文第 3 段，有感情地朗读。

师：想一想，作者与地坛有哪些相同与不同的地方？筛选文中的重要信息。

生 2：地坛：剥蚀了琉璃，淡褪了朱红，坍圮了高墙，散落了玉砌雕栏。作者：残废了双腿，失魂落魄，而地坛的老柏树却愈见苍幽，野草荒藤也茂盛得自在坦荡。

生 3：相似的地方：地坛是荒芜的，而"我"也残废了。不同的地方："我"失魂落魄，地坛的生灵却"自在坦荡"。（投影）

师：失魂落魄的史铁生是怎样的心情？

生 4：脆弱、消沉、迷茫、绝望。

师：于是有了史铁生在轮椅上的思考："为什么活着？"带着这种"迷茫"，我们和史铁生一起去解读地坛的生灵，看它们是如何的"自在坦荡"。看第 5 段，读景物描写的部分。

师：地坛的生机勃勃、自在坦荡的生灵给迷茫的史铁生带来了怎样的生命启示？找重点词句，谈自己的想法。

生5："露水在草叶上滚动，聚集，压弯了草叶轰然坠地摔开万道金光"，这说明人的一生不一定都是辉煌的，关键是那一刻，那一刻是最美丽、最灿烂的。

生6："像蜂儿、蚂蚁、瓢虫、蝉等小昆虫"，都快乐地生活着，"满园子都是草木竞相生长弄出的响动，窸窸窣窣的片刻不停"，这些都告诉史铁生，他还有生的希望，有生的必要。

师：你说得很好，生的必要性，正是他要思考和面对的，此时绝望的史铁生正徘徊在死亡的边缘。而露水的轰然坠地又意味着什么？

生7：死亡。

师：摔开万道金光意味着什么？

生8：意味着生命的重生，在毁灭的瞬间得到重生，在绝望中寻找希望。

师：很好，刚走进地坛的史铁生立刻能体会出地坛的盎然生机吗？看课文"我把轮椅开进去，把椅背放倒，坐着或躺着，看书或者想事，撅一杈树枝左右拍打，驱赶那些和我一样不明白为什么要来这世上的小昆虫"。失魂落魄的史铁生为什么会有这样的感受？表现了他怎样的心理特征？

生9：迷茫，看不到地坛的勃勃生机，干什么都心不在焉。

师：小昆虫的"小"强调了什么？

生10：自己和这些小动物一样渺小和卑微。

生11：史铁生从撅树杈拍打小昆虫的茫然，到对露珠摔开万道金光的感悟，他开始体会出地坛的生机与活力，这之间是有一个艰难而痛苦的心路历程的。

[评点：从地坛中景物的特点分析，一步步地引导学生由迷茫到清晰，理解作者的心路历程，尤其"炼字"手法的熟练运用、追问技巧的连续使用，值得点赞。]

师：我们再看看作者是怎样评价地坛的？

生12："园子荒芜但并不衰败"，残而不破，衰而不败，这启发他要活着，不要绝望。

师：他"安心"多了，开始思考怎样活的问题。

师：默默品读第7段，画出重要词语，看地坛的生灵又给他带来什么生活启示？

师生交流：譬如，落日，灿烂，在什么情况下灿烂呢？雨燕，高歌，在什么情况下高歌呢？

落寞的时候高歌，且叫喊得苍凉；看苍黑的古柏，没日没夜地镇静地站在那里；秋风忽至，落叶，飘摇歌舞，坦然安卧。

园中有微苦的味道，微苦的味道像什么呢，像他的人生，也像我们的人生。

味道是最说不清楚的。味道不能写只能闻，要你身临其境去闻才能明了。味道甚至是难于记忆的，只有你又闻到它，你才能记起它的全部情感和意蕴。

[评点：完全可以放手让学生去寻找，去思考，因为经过前面环节的铺垫，学生的认知水平提高了，指导该去找些什么，该怎么去找以及找到后该怎么去思考。]

师：灿烂中生出绚丽，苍凉中蕴涵着悲怆，镇定中蕴涵着执着。

看投影，史铁生的心路历程：从迷茫到安心，到主动品味生命的意蕴，地坛的生灵给了他怎样活着的理性的认识。

师：当史铁生读懂了母爱的时候，当史铁生悟透了自己为什么写作的时候(课文第二部分)，我们再看看他又是怎样解读地坛的，让我们的思绪飞到1989年5月作者写这篇文章时。

再看第3段，齐读。

师：再想想，坦荡是什么意思?

生14：自由自在、无忧无虑。

师：自由自在、无忧无虑意味着心地纯洁、心胸宽广。地坛作为四百岁的老人，在与他对话，地坛是怎样理解自己昔日的灿烂与辉煌的?筛选重要词。

生15：剥蚀了古殿檐头浮夸的琉璃，淡褪了门壁上绚丽的朱红。

师：这说明了什么?

生16：把一切外在的浮华去掉了，留下的只是四百多年来的心灵的历程。

师：这种心灵历程是什么呢?

生17：洗尽铅华之后留下的真实、质朴。

师：他在地坛中又悟出了生命的深层含义：生命的本质和生命的韧性。

生18："那时，太阳循着亘古不变的路途正越来越大，也越红。"这说明时间是永恒的。在永恒的时间中，四百多年的地坛也是渺小的，也只是一瞬，地坛的生灵和史铁生也是渺小的，也是一瞬。

师：但我认为这一瞬也可能是永恒的?为什么呢?

生19：生命的长度只是一瞬，但生命的宽度、厚度，生命的质量、生命的意义却是永恒的。

师：是的。你说得非常好。作者是在写地坛，同时也是在写自己，写自己十多年来对生命和生活的感悟。因此史铁生和地坛老人达到了心灵的契合。散文的最高境界是什么?是情景交融，物我两忘。

板书设计：

心路历程

- 《我与地坛》
  - 景（生灵）
    - 生机勃勃
    - 灿烂苍凉
    - 镇静坦然
  - 情（我）
    - 自醒
    - 自省
    - 自觉
- 物我两忘
- 从容淡定
- 平和宁静

[评点：地坛在与作者对话，师生在与文本、作者对话。对话中，学生体味出了地坛唤醒了作者生命的意义，正是四百年的地坛的“灵性”启发了作者，使他开启新生命的征程。对话是彼此了解、理解的最佳途径。]

3. 整体感知，究本探源

师：史铁生寻找心路的内在动力是什么？

生：母亲、地坛。

师：含蓄而深沉的母爱给了他活下去的勇气和动力，博大而幽深的地坛给了他怎样生活的灵性和悟性。此时他才真正读懂了地坛，也读懂了母亲的期盼，他才超越了疾病、超越了生死、超越了名利，达到了从容、淡定、平和、宁静的人生境界。

在满园弥漫的沉静光芒中，一个人更容易看到时间，并看见自己的身影。他不仅是在写散文，而且是在总结自己的人生。

师：看了投影上的照片，史铁生微笑着，笑得很灿烂，从坐在轮椅上痛苦地想自己为什么活着，到微笑着坦然面对生活。他知道“死亡也是一个必然会到来的节日”，急什么呢？要尽情地享受多彩的百味人生。可以说，正是苦难孕育了史铁生灿烂的生命之花，他不仅坚忍，而且质朴、从容。轮椅囚禁了他的肢体，但他却让自己的心灵插上了飞翔的翅膀，史铁生是普罗米修斯，他为自己“盗”来了生命之火。

（原载《语文报·教师版》“课堂寻真”栏目，2005年10月1日，评点：张国安。）

三、专家点评

文本解读，从“读”文本开始

文本解读，还是要从“读”上下功夫，由“读”到“解”，这是普遍的规律。

陈老师这节课的内容主要是引导学生理解作者史铁生的心路历程，主要通过三种“读”来引导学生完成解读文本的任务。

第一，诵读。有感情地诵读。比如环节二，第三段的诵读。对写景的散文片段来说，“诵读”就要读出作者在文中写了哪些有特点的景物，“有感情地”就是要用自己的情感揣摩作者的情感，读出作者在“此景”中所附着的“此情”，理解作品“情景交融”的手法。通过“有感情地诵读”，我们看到，学生读出了有特点的景物：“地坛：剥蚀了琉璃，淡褪了朱红，坍圮了高墙，散落了玉砌雕栏”。通过陈老师的引导，学生更读出了作者的情感：脆弱、消沉、迷茫、绝望。此情此景，作者蓦然，师生感喟，这一切在诵读中都变得清晰起来。

第二，品读。就是对作者描写的部分进行赏析，在赏析中读出“文”之美好，读出“人”之美好，在“美好”的氛围中完成师生人格的塑造与升华。品读第七段时，学生品味到的是地坛“灿烂中生出绚丽，苍凉中蕴涵着悲怆，镇定中蕴涵着执着”的“品性”，这既是地坛的“心境”，也是作者的心境。这样的结论，只有在默读细品中才能品味体味到。

第三，研读。对学生感到疑惑或者把握不当的地方，就可以采用研读的方式，引导学生思考讨论，在思想碰撞中激发个性的火花。课堂最后一个环节，陈老师引导学生勾连“地坛”与“母亲”，其中的关键点就是作者。通过研读三者的关系，指导学生分析作者心路发展的内在动力，完成了对史铁生心路历程的理解。

当然，这节课在研读方面做得还不是很足，如果能够引导学生通过互动方式对文本内容进行研读，那么效果会更好。

（张国安）

第三节　语文与人文

——教学中返璞归真

一、教学思考

回归语言、文字的本真，远离语文课堂的热闹与喧嚣，让语文课更踏实更实在，还语文以“璞”，这是我们语文教师在不断的语文教学实践中得出的最为真切的感受，任何的花样文章，都可能是对语文的最大的伤害。另外，还要追求语文的“质”，刘宇新老师在北京市教师基本功培训“从理想课程到现实课堂”的讲座中谈道，语文教学要“最大限度地实现文学的育人、立人功能，追寻语文课堂的理想境界”。

下面以《哦，香雪》的课堂教学实践为例，谈谈我对理想课堂的认识。

(一)语文课应是读“文”课，让“读”归来

要培养学生读的习惯，如通读、美读、品读、研读等，更好地体现语文中“语”的功能。没有语感能力的培养，语文的学习成效也就很有限。在小学、初中阶段，学生书声琅琅，听课人常有震耳欲聋之感。而到了高中阶段，学生集体读书的声音有时甚至没有教师一个人的声音大，课上也不给各种形式的阅读预留时间，好像教师总有说不完的话。学生年龄大了不好意思读，教师则认为朗读是小儿科，可有可无，师生都陷入了语文学习的误区。孙和平老师的调查更让人警醒：“学生在学新课前都能预先认真完整地阅读课文的仅占被调查者的21.4%，问及课文已经学过而没有真正读完的竟达74.8%。”① 我们在忙着让楼高入云天时，却突然发现没有奠基，这岂不可怕？

在讲《哦，香雪》前我布置了这样的阅读任务：

第一遍通读，了解情节；第二遍美读，选自己喜欢的段落，体会形象，也可以分角色朗读；第三遍默读、品读，边读边做圈点，对自己喜欢的语句或段落做三十处评点，并研讨质疑，提交疑问。

教师如果让学生把预习研讨工作全放到课下，这是不现实的，第二遍美读和第三遍默读、品读就在课上做，指导学生读、品、思、疑。这样，学生都能思考了，我们教师才可能有“无为而无不为”的从容。

课堂教学是学生自主学习的过程，而“读”进去，是一切语文教学行为的前提。课改后，师生课上都很忙，“忙的起点”——读却被忽视了。

(二)语文课应是品“言”课，不能让热闹与喧嚣冲淡了对文字的“品”

从一定意义上讲，语文课不要让太多的图片、音频、视频干扰学生对语言的欣赏，语文的本真就是“语言”“文字”，语文课不能上成音乐课、美术课，表面的华美热闹，会影响学生的联想、想象和创造能力的提高。如今的高中生，本来就是读图的一代，如果语文课也要在热闹中迎合学生的趣味，孩子们会更浮躁。坐不下来、静不下去的一代是可怕的，而语文老师的任务，就是通过文字，帮学生品读形象，质疑探究。如：

香雪用四十个鸡蛋换她心仪已久的铅笔盒是她虚荣心很强的表现吗？

我没有草率地表态，而是指导学生查阅字典看何为虚荣，再引导学生思考：香雪要得到铅笔盒的目的是什么？推想一下香雪在得到这个铅笔盒后想做什么，她也会在同学间炫耀吗？还是她想努力学习，使学业有成，将来建设家乡？她想将来的“台儿沟一定会是‘这样’的”！“这样”是什么样呢？当学生解决了这些问题，自然也就能明白香雪是不是虚荣了。

这是我们师生的课下交流：

生1：“那时台儿沟的姑娘不再央求别人，也用不着回答人家的再三盘问。

① 孙和平：《让学生多积累阅读的经历》，《中学语文教学》，2011年第2期。

火车上的漂亮小伙子都会求上门来，火车也会停得久一些，也许三分、四分，也许十分、八分。它会向台儿沟打开所有的门窗，要是再碰上今晚这种情况，谁都能从从容容地下车。”

生 2：“这样”是对平等的尊严与平等的权利的呼唤。她是一个自尊心、上进心都很强的女孩，央求别人，被人盘问，让她受伤；凤娇的牺牲式的爱，让她受伤，她渴望姐妹们能拥有“漂亮小伙求上门来的”尊严与荣耀；火车只停一分钟，她夜色中独自走了三十里，让她受伤，她渴望家乡不只美丽富有，与城里人相比，乡下人也想活得有尊严。

生 3：台儿沟人不再像自己那个木头铅笔盒一样寒酸，被“北京话”轻视、被“火车”歧视。

生 4：能拥有美丽的铅笔盒，她是为了改变自己，再改变家乡。

师：我们每个人都有虚荣心，香雪的虚荣心符合一个小女孩的心理特征，关键是这份虚荣心能否成为激发人上进的动力，焕发强烈的责任感。

师：当香雪把“本我”与家乡的发展的“大我”结合起来时，她因个人自尊受伤的痛而产生的争强好胜的虚荣心也就得到了升华，而这正是渴望改变贫穷落后面貌的农村青年的人生追求。铁凝说，在人物形象的塑造上，她追求“穿越复杂的单纯”。有点儿虚荣的香雪，更真实、更可信，也更可爱了，我们看到了香雪性情中“复杂的单纯”。

这样，关于香雪是不是虚荣的问题，就迎刃而解了。通过对香雪的解读，学生对文学作品中塑造人物的方法、技巧，也有了更具体的感知。

课堂教学是学生自主研读的过程，教师引导学生自己“品”，才能提高学生的阅读和鉴赏水平。课改之后，课堂更热闹了，我们忙着延伸到课外，延伸到其他领域，然而作为常识的“品文”，却容易被我们忽视，或只是蜻蜓点水。语文，正是要指导学生从品味语言开始，去领略人物形象的美，去鉴赏文学艺术的美。

(三)语文课要指导学生参与教学过程，转变学习方式，在主动参与、乐于探究、勤于思考中提高学生的逻辑分析能力和语言表达能力

在现代文的阅读教学中，体会语言风格，品评人物性情，把握文本主旨，延展比较探究，展示个人独特的阅读感悟，正是课改后要重点考查的。教师要引导学生自主获取知识，从对知识的被动接受，走向对知识的主动理解与建构。

在《哦，香雪》的学习过程中，在整合了学生提出的十几个问题之后，我和课代表、小组长讨论商定了这样一组学习任务，构建思维链条，步步深入地引导学生探究人物形象，挖掘小说主旨。

(1)在人物塑造上，铁凝说“我追求穿越复杂的单纯”，因而单纯的香雪，也是一个矛盾的统一体。从文本中找依据，谈谈你的理解。

(2)铅笔盒在文中有什么作用？请结合文本分条阐述。

(3)在你眼中香雪是一个怎样的女孩？从文中寻找细节鉴赏，不少于100字。

(4)香雪只是一个文学形象，但在现实生活中，像香雪这样纯真的人会变吗？为什么？

(5)在香雪身上，什么样的品质需要我们永远坚守？联系生活实际谈谈你的看法。

这篇小说比较长，如何组织学生在短时间内迅速把握人物性格以及小说主旨是问题的关键。我们师生从两个方面学习思考：一是人物鉴赏，感受人物形象的魅力；一是延展探究，“寻找永恒的香雪”“为香雪护航”。在对文本的研习中，力求入文本时有深度，出文本时有高度。这样，在师生与作者交流、与文本交流的过程中，才能真正感受到心灵契合的愉悦。

而在完成这些学习任务时，学生能根据自己的圈点评注，按要求组织语言，多数学生能做到思路清晰，能有意识地为自己的观点寻找论据，使理、据、析融为一体，这对提高学生的语言运用能力和提升学生的思维品质是非常有益的。而“分条表达”的要求看似简单，实质上这只是“解剖麻雀”而已，学生能在这样的训练中触类旁通，那作文的基本框架就有了，阅读与写作的训练本没有严格的界线。如：在你眼中香雪是一个怎样的女孩？学生能“从容貌上，美丽纯洁；从性格上，胆小文静；从品质上，真诚善良、自尊自强、坚毅执着，有理想、有追求”分点阐述。完成这一学习任务时，就是在列写作提纲、写人物评论。而(4)、(5)小题的设计，又与高考探究题的考查有相似之处，可以让学生在课下完成200字的小作文，以充分展示学生个性化的文本解读能力。

语文教材中练习的设置与其他学科相比，常有大而无当之感(课改后，京版、人教版都有了可喜的变化)。考试时，学生常常对阅读检测题不知所措，这就要求教师要在日常教学中有意识地帮学生填补这些不足。课改后，教师在一些研究课、公开课上常常羞于谈应试，好像一谈这个就不是课改，就格调不高。其实，在学生独立自主或合作研习地完成各种学习任务时，教师要有意识地提升学生的分析、理解与表达能力，充分调动学生阅读思考的积极性，从根本上解决平时语文课堂懒散懈怠，而考场上却手忙脚乱的问题，切实让学生在每节语文课上都有收获。

课堂，尤其是公开课、研究课，教师在讲解中绝不能一味地在文学、文化、人文上下功夫，以彰显教师的个人风采，却忽视了学生在主动参与课堂教学中，积极提升语言文字的运用能力和鉴赏能力的基本训练，在课堂上，要力求鱼和熊掌兼得，这才是一节好的语文课。

(四)语文课要在阅读中“立人”，培养学生审美和探究能力、质疑与批判的精神

教师的任务就是帮学生营建一个“对话场”，让学生的思想在这里交会融通，“探究作品中蕴含的民族心理和时代精神”，“树立积极向上的人生理想”。①

语文课堂上，创设和谐宽松的课堂氛围，加强师生与作者的情感交流与沟通，从而拓展文化视野，开拓思维空间，提升文化品位，构建师生的精神乐园。让语文课堂有历史感，有现代感；让学生有责任感，有使命感，有忧患意识。课改后，对教师的要求更高了，远非一个普通的教书匠所能及。

1. 教师要能以一种全新视角俯视学生的心灵需求，俯视自己的生命历程，以一颗真诚的心与学生交流沟通。只有真诚才能赢得真心，才能赢得真情，才有亲师信道的和谐

在谈到铅笔盒的价钱时，学生不能理解四十个鸡蛋的价值。我讲了自己当年在困窘中艰难求学的事儿，因为这样的铅笔盒也曾是我渴求已久的：

记得在读小学五年级时，我被评为三好生，学校奖给我这样的铅笔盒：是粉色的，在盒盖的边沿上也有一块磁铁，自动合上时也会发出“啪啪”的响声。捧在手里，就像捧个宝贝似的。我舍不得用，可弟弟妹妹要用，我坚决抗议。结果我们三个人谁也没用上，被我妈锁在一个木头匣子里。这匣子装着家里的所有证件，我一有空儿就央求我妈打开匣子，把铅笔盒拿出来看一看，摩挲把玩一番。就这样，渐渐的，(学生都笑了)这个铅笔盒不再时髦了，直到把它玩旧了、玩坏了。对这个铅笔盒的价钱我也有印象，在 20 世纪 80 年代初，这样的一个铅笔盒要两块八毛钱，是我得了这个铅笔盒后特意到商店看的，所以印象深刻。那时我一年的学费才两元钱，这是我一年多的学费。而那时一斤鸡蛋六七毛钱，香雪的四十个鸡蛋约五斤，大约正是这个价钱。

对于这些“90 后”而言，他们怎能理解改革开放对中国农村的意义？而我的讲述，拉近了学生与那个时代的距离；我的坦诚，更有利于学生走近历史，走进铁凝的内心世界。语文课堂，一定不能只是教授语文知识的课堂。师生在这里共同品味人生、认识社会，反思自己的生命历程，感恩于我们的时代，从而提升彼此的人生境界。这不只是对学生进行情感态度与价值观的教育，更是师生精神共融的乐园。

2. 教师要能站在一个相对宽广的时空，引导学生与作者、与文本对话，加强师生对话，促成生生对话。以强烈的时代感、使命感，培养学生的责任意识、忧患意识，让语文课成为心灵沟通、思想碰撞的平台

铁凝在写《捍卫人类精神的健康》时，她已经对火车带来的“文明”有了深

---

① 《语文学科教学指导意见和模块学习要求(试行)》，第 19、21 页。

深的忧虑，“倘若我们跳出香雪当年仰望火车时的一片深情，我们是火车上的一名乘客或者我们是火车，也许我们会发现火车它其实也是一种暴力——，虽然它的暴力意味是间接的，不像它所携带的文明那么确凿和体面，并且它带给我们的积极的惊异永远大于其后产生的消极效果”。① 这忧虑已超越了“香雪”这一形象，这是作者对“纯洁善良的品格”最为冷静的理性的思考，“我们梦想着在物欲横流的生存背景下用文学微弱的能力捍卫人类精神的健康和心灵的高贵”②。当教师引导着学生读懂了作者的思考时，也就在思索我们将如何来捍卫“香雪”！在今天这样一个满是浮躁与喧嚣的时代，纯美确实常常藏于深山，可是随着山也不再深，林也不再密，我们曾经的美就真的要消失了吗？或是说只能用山深林密来为纯美保鲜吗？我们有什么权利让“香雪们”永远贫穷呢？因此我们设计了“香雪的什么品格需要我们永远坚守”“寻找生活中的香雪”这样的学习任务，组织学生研讨，指导学生发现我们身边的美，引导学生从文本中走出来，思考我们的现实生活，思考自己未来的人生之路。这样的探究与思考对“完善自我人格，提升人生境界”，对学生的终身发展，会有深远的影响。

有学生介绍了铁凝，PPT 上有她的照片(“真漂亮”“太美了”，学生赞叹着)。

她 27 岁成了中国作协有史以来最年轻的理事，39 岁成了中国作协成立以来最年轻的副主席，49 岁又当选为中国作家协会主席。年轻，在众人看来是一个亮点，而她对写作的坚持才是真亮点。铁凝常挂在嘴边的除了微笑，还有这句话：“写作是我的立命之本。”铁凝做到了，她的智慧正在于对家乡大地的热爱和对文学 30 多年的坚守。

这些介绍引起了学生热烈的讨论：

生：铁凝就是香雪，铁凝人美，她的心灵更美。她以自身的成就，以质朴的本真，捍卫了自己对文学的执着追求，也为我们从另一个角度诠释了永恒的香雪。

师：铁凝的写作贯穿了整个新时期文学，算是名满天下的作家，但她永远能够自如明澈地生活和写作，面对纷纭的世界保持一颗美丽而诚朴的心。③

师：成就永远的香雪是我们每个人的责任，我们要和铁凝一起来捍卫“纯美”，从现在做起，成就一个永不褪色的香雪。

鲁迅曾说：“文艺是国民精神所发的火光，同时也是引导国民精神前进的

---

① 铁凝：《捍卫人类精神的健康》，《教师教学用书·选修二、三(北京市高中课程改革实验版)》，北京：北京出版社，2009 年版，第 215 页。

② 同上书，第 216 页。

③ 陈超：《铁凝·写作者的魅力(代序)》，北京：人民文学出版社，2001 年版，第 1 页。

灯火。"[1]文学不是简单的娱乐、消闲，鲁迅要做一个"人的灵魂的伟大的审问者"，先生的一生，就是不断地拷问自己、审问国民的一生。而我们作为教师，在引导着学生鉴赏每一篇作品时，又何尝不是这样一个过程？当我们在不断地追问"香雪"是否会变时，又何尝不是在拷问我们自身？何尝不是在拷问我们的时代为可爱的"香雪们"准备了怎样的社会环境，使他们做一个"永远的香雪"而无怨无悔！这里有扪心自问的勇气，也有抬头问天的责任。

在语文课上"育人""立人"，促进人的全面、和谐、健康的发展，是语文课最基本的常识、最恒久的命题。

教材，抑或文本，需要我们每位教师、每位学生用自己对生命的感悟、对人生的体验来解读。而师生个性化的独特理解，则是对教材或文本的又一次丰富与创造，这也是最大限度地追寻作者创作意图或延展作者创作空间的过程。而理想课堂的教学过程，也是师生、生生与作者、文本间"对话场"的生成过程，是多重交流的精神碰撞和心灵契合，这才是我们探究文本的最高境界。

语文的理想课堂应是朴素的，语言文字是永恒的载体，我们要在品"言"中指导学生领悟文学的魅力，在研讨中提高学生分析鉴赏和审美探究的能力；语文的理想课堂又应该是真诚的，是多侧面交流沟通的平台，它使我们感时伤事、忧国忧民，它让我们在认识世界的同时也认识自我、发展自我。

最后，让我用梁捷老师对自己学生说的话作结：我不是教师，只是你的旅伴，你向我问路，我为你指出我们俩前进的方向。

二、教学实践

用一生，为香雪护航

——《哦，香雪》教学实录

(一)教学目标

1. 通过对语言文字的品读，解读香雪的形象，思考铅笔盒的象征意义，把握小说主旨。体会作者在塑造人物中所追求的"穿越复杂的单纯"，提高学生的文学鉴赏力。

2. 指导学生在研习探究中追寻人生的意义，通过对"香雪会不会变"的研讨，探究香雪的现在和将来，指导学生寻找身边的香雪，思考在今天这个喧嚣的时代，我们应坚守什么品格，才能守卫"永恒的香雪"，把握自己的人生方向。

① 钱理群：《与鲁迅相遇：北大演讲录之二》，北京：生活·读书·新知三联书店，2003年版，第113页。

(二)教学重点

文本研读：品味语言和细节，把握人物形象和小说主题。

(三)教学难点

研读思考：坚守香雪的美好品格，为我们的人生护航。

(四)教学实录

1. 课堂导入

师：今天我们继续学习铁凝的小说《哦，香雪》。看投影：

孙犁曾这样评价这篇小说：二十多年里，我确实相信曹雪芹的话，他借宝玉之口，说“女儿是水做的骨肉，男人是泥做的骨肉。我见了女儿，便清爽，见了男子，便觉浊臭逼人”。孙犁先生也说：“女孩子们心中，埋藏着人类原始的多种美德！”我们在上节课的学习中也深有感触，香雪、凤娇，那纯朴的美、纯净的美，让我们如沐春风，香雪这一形象也给我们带来很多思考。

2. 初识香雪

师：我们先来分析香雪的形象，看投影：

在人物形象塑造上，铁凝说“我追求穿越复杂的单纯”，因而单纯的“香雪”，也是一个矛盾的统一体！铁凝为什么这么说？谈谈你的理解，表达上要有理有据。

生 1：86 页上数第二行谈到“香雪总是第一个出门，隔壁的凤娇第二个就跟了出来”。

师：朗读相关段落，筛选重点词进行分析。

生 2：“总是”“第一个”这些词说明了她对外来事物、对新鲜事物的好奇心。

[评点：学生读文，对关键信息抓得准。]

师：那她在看火车时也一定是跑到离火车最近的地方去看了。

生 3：不是的。第 6 段中谈到“看火车，她跑在最前边；火车来了，她却缩到最后去了”。跑在最前边，说明她对新鲜事物的好奇；躲在最后边，说明她对陌生事物的恐惧，这一前一后正体现了她的矛盾心理。香雪的年龄在这些女孩中是最小的，这种对比就更显出她的稚气和单纯。

[评点：香雪之窘。]

师：很好。我们再看这几句：“她有点害怕它那巨大的车头，车头那么雄壮地喷吐着白雾，仿佛一口气就能把台儿沟吸进肚里。它那撼天动地的轰鸣也叫她感到恐惧。在它跟前，她简直像一叶没根的小草。”说明她很自卑很胆小，但统观全文，香雪一直是这样的人吗？（学生：不是的。）

师：因此我们更真切地体会出了作者所说的“穿越复杂的单纯”。从她的第一次露面，我们看到了香雪性情的起点。我们继续看下文，思考香雪有哪些变化，要有理有据的陈述你的观点。课前我要求同学们做三十处点评，看你能否从这些地方找到答案。大家可以讨论一下。

生 4：在 87 页“香雪平时话不多，胆子又小。但做起买卖却是姑娘中最顺利的一个”，这说明她已经不再像以前那样只是躲在后边了，她已经尝试着与人交往，后来又主动向车上的人打听外面的事，“北京的大学要不要台儿沟的人”“配乐诗朗诵是怎么回事”，这些都说明香雪在变。

生 5：她还为了问铅笔盒的价钱追火车。

生 6：为了换铅笔盒上火车。

师：好，我们都体会到了香雪性格的动态变化，我们再来看香雪换铅笔盒这部分。

生 7：课文第 66 段香雪下了火车之后，“她胳膊上少了那只篮子，她把它悄悄塞在女学生座位下面了”，“台儿沟再穷，她也没白拿过别人的东西”，她穷得有骨气，穷得很自信，质朴的她坚强起来了，也说明香雪很有主见，用自己的方式换回了向往已久的铅笔盒。在这里没有了那个胆小的香雪，她表现得那么勇敢而坚定。

[评点：品文，潜移默化中对学生进行“育人”“立人”教育。]

师：这是换铅笔盒的部分，我们再看刚上火车的香雪，那时她是这样吗？

生 8：不是，胆小害怕。

师：请同学们读课文第 62 段，筛选重点词。

生朗读课文。

[评点：又读文。]

师：请把你读的这部分分析一下。

生 9：我觉得有几个对比的点：没有人提醒她车门是开着的，她不知怎的就朝车门跑过去了。我觉得这是一种感觉、一种意念在驱使着她。以她先前的个性是绝对不敢向车门跑的，但为了铅笔盒她奋不顾身地上了火车。另外，如果说跑的时候还有些犹豫，但并不妨碍她轻巧地跃上踏板，可见铅笔盒在她心中的分量有多重。(老师点评：很好，你非常敏锐地抓到了这两个点进行对比。)另外，在这之前我们读文章知道，这个铅笔盒价格昂贵，香雪因而很自卑，而这次她之所以会这么勇敢、这么自信地冲上火车，是因为她有四十个鸡蛋。

[评点：又品文。]

师：她一共找到了三个可比点。从这些信息中我们可以更清晰地感受到香雪性格的变化，我们也更能感受到这个铅笔盒的魅力。

师：我对这样的铅笔盒也有很深的印象，我也曾有过一个。记得那是在我读小学五年级时，我被评为三好生，学校奖给我一个这样的铅笔盒：是粉色的，在盒盖的边沿上也有一块磁铁，自动合上时也会发出“啪啪”的响声。

捧在手里，就跟捧个宝贝似的。我舍不得用，可我的弟弟妹妹要用，我坚决抗议。结果我们三个人谁也没用上，被我妈锁在我们家的一个木头匣子里。这个木头匣子装着我们家的所有证件，我一有空就央求我妈打开匣子，把它拿出来看一看，摩挲把玩一番。就这样，渐渐的，（学生都笑了），这个铅笔盒不再时髦了，直到把它玩旧了、玩坏了。对这个铅笔盒的价钱我也有印象，在20世纪80年代初，这样的一个铅笔盒要两块八毛钱，是我得了这个铅笔盒后特意到商店看的，所以印象深刻。那时我一年的学费才两元钱，这是我一年多的学费。而那时一斤鸡蛋六七毛钱，香雪的四十个鸡蛋大约五斤，大约正是这个价钱。

[评点：前有香雪故事的“育人”“立人”，在此又有教师自身故事的“育人”“立人”，学生在对故事的品味中完成人格的塑造。]

师：我们再看看这一部分，哪些词语说明了香雪不再胆小？

生10：“断定”“果断”“打算”“以最快的速度”，这些都说明她不胆小，而且是一个很有主意的小女孩。

师：但她真的就是一个永远都很有主意的小女孩吗？（学生：不是的。）我们再看课文第63段，当火车真的把她带走时，她害怕了，她立刻就又没有主意了，这才向想象中的凤娇求助，“凤娇！我可怎么办呀，我可怎么办呀！”从这点上我们再次看到了香雪性格的复杂性。我们来齐读下面这一段，看火车把她带走之后她自己能怎么办。

生齐读：三十里……就像刚才果断地跃上去一样。

师：圈上关键词（学生：有两个“果断”），请同学们分析一下。

生11：她为了心中的铅笔盒“果断地上火车，可当她觉得心里很紧张很害怕时，她又果断地下了火车，说明她对新鲜事物是恐惧的，要赶紧离开火车。

师：我们再读读下面的第66段，看是这样吗？

生12：不是的。“北京话”说他有个亲戚，让香雪到那儿去过夜。

师：但香雪去了吗？（学生：没有。）为什么她不去，却要“果断”地跳下火车呢？

生13：因为香雪感到心里很委屈，“替凤娇委屈，替台儿沟委屈”，她心里受了伤（老师：俺凤娇对你那么好，你却有了媳妇儿，太对不起凤娇了。）（同学们也笑了）香雪觉得台儿沟被人骗了，被人瞧不起，心里非常难过。所以她才不愿意住在“北京话”的什么亲戚家，才“果断”地跳下火车。（老师：这是一个“果断”，那另一个“果断”呢？）是指香雪“果断”地上火车，正说明她对铅笔盒的向往，这才有这么大的勇气，这么大的动力，她才会不顾一切。

生14：两个“果断”的含义不太相同。但都说明了她是一个勇敢坚强的小姑娘，第一个“果断”是不怕陌生的火车，第二个“果断”是不怕漆黑的夜幕；第一个“果断”是为了铅笔盒，第二个“果断”是为了自己和台儿沟的尊严。

［评点：细节抓得准，分析得正确。］

师：很好，从这些情节中我们看到香雪由胆儿小变得胆儿大了，她的自尊心虽然一次次地受到伤害，而她却把这种伤害变成了动力，变得勇敢而坚定。由此看来香雪的形象确实是复杂的，但她更是单纯可爱的。

生 15：香雪还是迟钝而敏感的呢。

师：为什么？

生 16：我们看课文开头部分，别的姑娘看到“妇女头上别的金圈圈”，香雪却说“我怎么看不到呢？”对这些美丽的饰物，香雪很迟钝，但是香雪能看到姑娘们看不到的“皮书包”，这又符合她是村里唯一的初中生的身份。

师：她还说了什么？

生 17：问“你们城市里一天吃几顿饭”。

师：香雪为什么要问这个问题？

生 18：课文第 53 段中有学生故意一遍又一遍地问她“你们那儿一天吃几顿饭”，实际上是在嘲笑她，嘲笑台儿沟的贫穷，而老实的香雪还在一次次地回答他们，说明香雪太善良了，反应迟钝。这次，香雪想从“北京话”的口中得到印证，城里人到底一天吃几顿饭，说明迟钝的香雪也敏感，她被人嘲笑，她心里受了伤害，才会下意识地问火车上的人，来证明城里人是否真的不只吃两顿饭。

师：香雪为什么要追着火车问铅笔盒的价钱呢？根源在哪儿？

生 19：在课文第 57 段，她的小木头铅笔盒被同学们嘲笑。（老师：要抓关键词。）“笨拙”“陈旧”“羞涩地畏缩在桌角”，而同桌有“宽大的泡沫塑料铅笔盒”，有“吸铁石”“哒哒乱响”。与之相比，香雪的小木头铅笔盒让她的自尊心受到伤害，所以她才会追火车问铅笔盒的价钱。

师：从这些句子中我们看到，纯洁、朴实的香雪受了伤，而这伤害又极大地激发了她的自尊心，使她不断地追寻新的事物。

师：铁凝要把人物塑造得“复杂而单纯”：她既犹豫又果断，既胆小又胆大，既迟钝又敏感。这样有什么好处？

生 20：人物形象越丰富、越复杂，才更值得我们去探究，若人物单薄乏味，也就没有了探究的情趣了。

生 21：体现了香雪心灵的成长，这样使人物形象更真实可信，更生动感人。

师：中国当代文学从六七十年代小说、样板戏中高大全的英雄，到 80 年代丰富多彩的人物，这是我们文学的进步。文学即人学，这正是作者对人物心灵的挖掘、对人性真实的探求，这才是文学的魅力。正是这种单纯的复杂，我们才能更加鲜明地感受到香雪的美丽可爱、美丽可信。

［评点：在读文、品文——品味语言、对话中，师生围绕着“复杂而单纯

的"香雪性格的发展变化，探寻人物的心理，探寻作者的创作意图，也在探寻中感受、体验主人公的心境，并在体验中塑造自己的"人格"。]

3. 解读香雪的宝盒

师：香雪的美，还美在她对铅笔盒的渴求上，这也是她与其他女孩最大的不同。看 PPT，分条表述铅笔盒在文中的作用。

生 1：铅笔盒推动了情节的发展，另外突出了人物形象，使香雪的形象更饱满。

师：为什么呢？请从课文中找到依据。

生 2：她为了问铅笔盒的价钱追火车；她为了换回铅笔盒上火车；她拿到铅笔盒后自尊心受了伤害，又勇敢地下火车；下了火车后她胆小害怕，捧着那漂亮的铅笔盒的她平添了胆量和自信。"她站了起来，忽然感到心里很满，风也柔和了许多"，她觉得"大山原来是这样的！月亮原来是这样的！核桃树原来是这样的！"

师："这样的"后面省略了什么词呢？（学生：美、壮美、秀美。）

师：很好。但在第 67 段中这山原来是什么样的呢？

生 3：她"害怕四周黑幽幽的大山"，她又"害怕小树林发出的窸窸窣窣的声音"。山还是那个山，树还是那棵树，但因为这美丽的铅笔盒，她不再害怕了，她有了信心和力量。

[评点：精神力量、支柱。]

生齐读第 70 段。

师：请同学们分析"台儿沟一定是这样"的，"这样"有什么内涵？

生 4：此时的台儿沟，就像香雪那个笨拙寒酸的木头铅笔盒，隔了一层贫穷的迷雾，而将来的台儿沟会像香雪手里的精美的铅笔盒一样，一定会是美丽、富裕，有尊严的。台儿沟人就像香雪一样，由渴求物质生活到追求精神生活。

生 5：将来没有人看不起台儿沟人，姑娘们能很自信地与城里人交往，并且他们还"都会"求上门来，"凤娇"们的爱情也将会建立在地位平等、人格平等的基础上。

师：再也不是凤娇与"北京话"之间的剃头挑子一头热，再也不是凤娇自我牺牲式的爱、不敢有所渴求的爱。香雪自己渴望得到知识，用知识来改变命运，她更希望小姐妹们都得到自己的爱，得到属于自己的幸福，这就是我们可爱的香雪。

生 6："火车也会停得久一些"。台儿沟不再是只能停一分钟的小站，而是能停上十分钟八分钟的大站。（老师：为什么呢?）穷乡僻壤，没有人上下车才会只停一分钟，而如果是旅游风景区，就会停得时间长，而香雪渴望的正是将来的台儿沟能成为一个优美的、富足的地方。那时她再有什么事上了火车，就能从从容容地、有尊严地下车，再也不会有今天的狼狈了。

师：我们的香雪在被火车带了三十里后独自走回来，在这个过程中她对人生、对未来有了更深的思考。我们看第 71 段最后几行是怎样描写铅笔盒的，齐读这部分。

师：在香雪眼中，铅笔盒与芝麻糖是不一样的，这次她要骗妈妈，说这是个宝盒，那这宝盒里又装着什么呢？

生 7：这里面装着香雪的誓言，她在对母亲发誓，当她真的用上这个铅笔盒后，她就一定要努力，一定要上大学。这铅笔盒给她动力，她要先改变自己，再改变台儿沟。

[评点：分析得很到位，铅笔盒在她心中就是宝盒，是能给自己力量的宝盒。]

生 8：也就是说，这个宝盒里装着香雪的未来，也装着台儿沟的未来。

师：我们从哪些角度分析了铅笔盒的作用？

生 9：在结构上，它是线索，推动了情节的发展；同时它还象征着文明，象征着先进的事物。

师：它还是学习用具呢。

生 10：它还象征着知识，香雪对铅笔盒的渴求，也正代表着她对知识的追求。

师：这正是香雪比台儿沟其他女孩可贵的地方。铅笔盒也使香雪的形象更丰富、更饱满。昨天我与咱们班的王睿交流看法，他说渴望得到这样的铅笔盒，也体现了一个小女孩的虚荣心，你们怎么理解？

生 11：如果买这么贵的铅笔盒是为了向同学炫耀，那就是虚荣，如香雪的那个同学。当香雪把它视为宝盒，觉得里面不只有自己的未来，也有台儿沟的明天时，这就不再只是一个小女孩的虚荣、一个小女孩的自尊心的问题了。

师：香雪代表着农村青年在新的时代大潮中渴求知识，渴望进步，希望通过知识改变命运的一种时代精神。她再也不只是那个虚荣的女孩了，香雪长大了，成熟了。

师：我们看课文第 75 段，看这样的铅笔盒对香雪有怎样的影响。

师范读："她忽然觉得心头一紧，不知怎的就哭了起来，那是欢乐的泪水，满足的泪。面对严峻而又温厚的大山，她心中升起一种从未有过的骄傲。她用手背抹净眼泪，拿下插在辫子里的那根草棍儿，然后举起铅笔盒，迎着对面的人群跑去。"香雪为什么要拿下头上的草棍儿呢？草是做什么的？

生 12：用来避邪的，有了铅笔盒，香雪心中有了力量，再也不用那草棍儿了。

师：从作者安排的这个细节中，我们再次体会到人物形象"复杂的单纯"。

此时在香雪"心中升起一种从未有过的骄傲"，为什么呢？

生13：为拥有铅笔盒，自己战胜了一个又一个困难，并平安回到台儿沟，所以她为自己感到骄傲。

生14：还因为她心里想明白了，在不远的将来，台儿沟一定会改变贫穷落后的面貌，她也会有更美好的未来。

［评点：铅笔盒在主人公形象的塑造过程中起了很重要的作用。］

4. 探究香雪的形象

师：在你眼中香雪是一个怎样的女孩？可以从不同的角度分条概括，有理有据。

生1：从容貌上：她长得很白净，天生一副"好皮子"，比"北京话"还白，这话有浓郁的乡土气息，生动形象。

生2：她很美丽，有"洁如水晶的眼睛""宛若红缎子似的嘴唇"。

生3：在性格上，与凤娇相比，"话不多胆子又小"，说明她很文静。

生4："洁净得仿佛一分钟前才诞生的面孔"，说明她脸很嫩，更说明她的心灵非常的纯洁、纯净，没有受过任何污染。她外表很美，内心也很美，所以她的买卖才做得最顺利，使车上的顾客不自觉地受到她的熏陶和感染，连"爱计较的人也会变得慷慨大度"。

生5：这说明她的纯真、善良。

师：但与凤娇她们最大的不同是什么？

生6：她有很强的自尊心，有很强的上进心，有理想有目标，且能执着地追求目标。

师：这些不同又是由什么决定的？

生7：由身份、学识决定的，她有文化，是村里唯一的初中生，她要通过知识来改变命运，改变山村落后的面貌。因此她才能代表山里人的渴望，代表时代精神。

［评点：这也是作者铁凝着力塑造的完美形象。］

5. 香雪会变吗？

师：思考一个问题："香雪"只是一个文学形象，但在现实生活中，像香雪这样纯洁的女孩，会随着年龄的增长而改变吗？（学生：会变的；不会变的。）为什么？

师：孙犁觉得她们会变的，看投影：

随着她们年龄的增长，随着她们为生活而操劳，这些美好的东西，会逐渐减少，直至消失。我，直到晚年，才深深感到其中的酸苦滋味。曹雪芹也觉得会变，在《红楼梦》第五十九回中，春燕转述贾宝玉的话时说："女孩儿未出嫁，是颗无价之宝珠，出了嫁，不知怎么就变出许多的不好的毛病来，虽是颗珠子，却没有光彩宝色，是颗死珠了，再老了，更变得不是珠子，竟是鱼眼睛了。”这是宝玉骂大观园那些仗势欺人的婆子们的。

师：铁凝也发现了这种变化。看投影：

20年前，在北京与河北交界处的一个贫穷而偏僻的小村庄——苟各庄（台儿沟的原型），你会看到村口破败的小学。没有玻璃，没有窗纸，教室门窗大敞着，一群衣衫褴褛的小学生正在黄土院子里做着手势含混、动作随意的课间操，几头黑猪就在学生的队伍里穿行，一斤挂面可以换一只肥鸡。这里拮据而寒酸，滞重而封闭。20年后，这里已是河北省著名的旅游风景区野三坡的一部分了。香雪们的眼光从容而自信，衣着干净而时新。但是也有了坑骗游客的事、出售伪劣商品的事，还有因了“懒和虚荣”，而出卖自己身体的。也许我们会发现火车不再只是一种文明的象征，其实也是一种暴力。

——铁凝：《捍卫人类精神的健康》

师：有些“香雪”丢失了什么？

生1：她们丢失了本性，丢失了善良和纯真。

师：也丢失了人的尊严，她们的理想也变成了无尽的物质欲望。

生2：我们课文中还是初中生的香雪，她上了大学之后又会怎样呢？

师：你问得好，带着这样的疑问，我们一起读这则材料：

不可否认，现在的大学生有许多心理问题，工作上的失业可怕，但更可怕的是心灵上的失业，冷漠、自私、孤僻，对生活失去信心，有时甚至会做出极端的举动，比如此前中国政法大学学生手刃老师之事。

——郎咸平：《中国的希望在哪里》

师：你们还知道哪些事？

生3：轰动全国的马加爵事件，还有大学生用硫酸泼熊的事件。

师：这样的事情还有很多，自杀的、杀人的、虐待动物的，等等，不胜枚举。不可否认，这些学生在小学、初中时或许都曾是单纯而善良的香雪，他们长大了，他们变了，他们又丢失了什么呢？

生4：丢失了理性、良知和正义。

师：丢失了纯真的自我，失去了对美好生活的追求和向往。丢失了这些，他们就不爱自己了，一个不爱自己的人，一个想毁灭自己的人，就会去毁灭别人。所以在香雪身上，什么样的品质需要我们永远坚守？（教师板书）

人要有理想——翅膀

人更要有尊严——脊梁

人更要不失赤子之心——双脚，如“人”字的一撇一捺

师：如果说我们的理想、追求是我们心灵飞翔的翅膀的话，那自尊心就是我们的脊梁，而我们的纯净之心、真诚之心、仁爱之心就是我们的赤子之心，就像这“人”字一撇一捺的两只脚，这是我们最坚实的人生足迹。我们应该用一生来坚守这样的人格理想，用一生来为我们的香雪护航。如果我们丢

失了这些美好的东西，我们的理想就会变成无尽的欲望，变成勃勃的野心，这将是多么可怕的事。

[评点：在人物形象的分析之后，教师又引领学生进一步探讨一个“未来”的问题——香雪会变吗？对这一问题的探究，使学生明了社会的“复杂”与“人”的单纯，明了在复杂的社会中，“人”要保持一点“单纯”，不能把最本质的东西——理想、尊严、赤子之心丢掉。至此，“育人”“立人”的目标基本完成。]

6. 寻找香雪

师：同学们上网查了铁凝的相关资料，我们一起看PPT。我们一起来寻找永远的香雪：铁凝的照片(真的很漂亮呀！学生一片赞叹声。)

请同学们读一读。

生齐读：铁凝人生中有三次重大改变：27岁成了中国作协有史以来最年轻的理事，39岁成了中国作协成立以来最年轻的副主席，49岁又当选为中国作家协会主席。年轻，在众人看来是一个亮点，而她对写作的坚持才是真亮点。铁凝常挂在嘴边的除了微笑，还有这句话：“写作是我的立命之本。”铁凝做到了，她的智慧正在于对家乡大地的热爱和对文学30多年的坚守。

师：作家铁凝，没有迷失在繁杂的官场中。请同学们接着读：

生齐读：在我的众多诗人作家朋友中，铁凝是让我真正佩服的少数人之一。她虽然名满天下，但她似乎永远能够自如明澈地生活和写作，面对纷纭浮躁的世界，保持着一颗美丽而诚朴的心。她是一个纯正而快乐的写作者，一个好人，足矣。而另外一些朋友呢？在“成功”之后，不但失去了写作的快乐，还迷失了自我。在人前，签名签得都快忘了自己姓什么了，而独处时却焦虑、痛苦，疲惫不堪。

——陈超：《写作者的魅力》

师：好人铁凝，没有迷失在著名作家的光环中。通过这些材料我们更了解铁凝了，对塑造香雪的铁凝也多了几分敬佩。再回到我们的现实生活，“香雪”在我们身边吗？做好香雪的“现在时”，才能像铁凝一样，做好香雪的“将来时”。在咱们班、咱们年级，有没有你发自内心欣赏的同学？

生1：李倩就是香雪。与她在一起，你会觉得心里特别踏实，你会不自觉地想和她说心里话，属于挺交心的那种。她学习特别努力，她家庭条件不好，从来不与其他同学比吃比穿，你也从不会感到她有丝毫自卑，而她对你的帮助永远都是无微不至的。总之，与她在一起，你就会觉得心里特踏实。

师：知道李倩是哪个乡的吗？(学生：大榆树乡的。)我也是大榆树乡的。(学生们都笑了)我也很欣赏这个女孩，她现在是文科班“老大”，每次考试都稳拿第一，香雪不是问火车上的乘客“北京的大学要不要台儿沟的人吗”？那“北京的大学”一定会要我们延庆的可爱的李倩。我也非常喜欢她，喜欢她的执着和坚韧，还喜欢她的微笑，喜欢她阳光般灿烂的笑脸。每次在楼道看见我她总要打声招呼，还要说句体贴的话。有时，我经过她们班跑操的队伍，她也要冒着“违纪”危险，悄悄地跟我摆摆手。（我高一时教过她，后去了文科班。）她很阳光，很执着，有理想，有追求。我想有她做榜样，咱们班的好多同学也能跨入重点大学的校门。做好香雪的“现在时”，将来你们进入高校，会成为那所高校的延庆的香雪；将来你们迈出国门，会成为在英国、在美国求学生活的香雪，这才是你们父母和老师的心愿。

师：看投影，这是我的一点感慨：

让我们用一生
守雪的洁白
守心的芬芳
直到永远。

师：这是师长的期待，让我们用一生为香雪护航，这句话说来容易，但做起来却很难，这也正是对我们一生人品的检验，同学们要坚持呀！

（至此，通过对“那时”的香雪、“现在”的香雪以及“身边”的香雪的分析，师生与作者和香雪一起成长，圆满完成了“育人”“立人”的目标。）

7. 课后作业（三选二）

1. 片段补叙：香雪回家后父母有什么表情？她怎样说服父母，让父母认为这铅笔盒是个宝盒？运用联想和想象写 300 字的片段。

2. 心灵独白：与香雪比，与铁凝相比，与父母、师长相比，我身上还少些什么？写一篇随笔。

3. 人物专访：访问一个有香雪品质的学生，或访问一个 35 岁以上的成年人（我个人认为，人在 35 岁以后才能相对成熟），写一篇记叙文，要选两三件事，自拟题目。

（原载北京出版社出版的《北京市高中课程改革实验版·语文·教学通讯》2009 年第 5 期，评点：张国安。）

三、专家点评

立言立人 求真求善
——呵护我们内心的理想家园

对高中生来讲，在当今社会，至纯、至美、至善的理想境界已经难以追寻，但是这不妨碍我们去追寻那一缕心中美好的朝霞，让它照亮心中的阴霾，唤醒自身的善念，始终指引自己前行的方向。

陈老师这节课，最大的特点就是通过对人物形象的分析、对细节的把握，引导学生发现“香雪”的至纯、至美、至善，用语文的方式完成学生“立人”的目的，很好地诠释了语文学科“工具性”与“人文性”的辩证统一。

首先，形象的分析。这里我们不说香雪的形象，只说“铅笔盒”就够了。因为它是作者着力打造的一个“道具”，蕴含着作者、人物甚至读者美好情感的“物件”。在师生的品读中，我们能够清晰地感受到这一“宝盒”对香雪的意义或价值。因为它能给予香雪力量。因为它关乎着香雪的未来，更关乎着台儿沟的未来。从主人公对“宝盒”的呵护中，我们能感受到这一点，它在主人公形象的塑造中起着关键性作用。在陈老师的引导下，学生在品读鉴赏铅笔盒的作用时，逐步走进了香雪的内心世界。

其次，通过师生互动的方式由文本延伸至课外，由主人公延伸至作者，延伸至学生自身。通过寻找身边的“香雪”，加深学生对“美好”的理解与信念。这一环节，使学生对香雪至纯、至美、至善的境界的理解更具体可感，因为这样的美好就在自己身边，至此通过反复的“立言”完成了“立人”目的。

最后，陈老师还通过布置作业的方式，把阅读和写作结合起来，通过课后写作的方式，巩固学生的阅读成果，使学生心中至纯、至美、至善的信念更加牢固。

如何把“人文”寓于语文“工具”中，让学生在“工具”的学习中得到“人文”精神的熏陶，陈老师为我们做了理想课堂的诠释。

（张国安）

第二章　专题研读

第一节　研读与比较

——阅读中开拓教学空间

一、教学思考

从小学到初中，学生就怕学鲁迅的文章，《范爱农》是学生升入高中后学习的京版语文教材必修一第一课，此篇还是《朝花夕拾》的压卷之作，教学难度很大。多年的语文教学实践让我对鲁迅先生怀着无限的崇敬，在《范爱农》的备课过程中我就在思考："爱农白眼人间留遗恨，鲁迅横眉万象荐轩辕"，学生要理解这份情怀不容易，而作为教师，如何才能把这份沉甸甸的爱传给学生？这让我寝食难安。经过一组鲁迅文章的专题教学，实现了多年来我一直坚持的教学梦想。下面以《范爱农》为例，谈谈我是如何在对比研读中开拓教学空间、整合教学资源的。

首先我做了课前调查：学生不喜欢范爱农，觉得他很怪；不了解他生活的时代，不理解他为什么活不下去；更不明白鲁迅为什么要写这样一个与社会格格不入的人。

学生的问题就是教学的起点。为了分解教学难度，我决定运用比较阅读的方法，为学生搭建思维阶梯，指导学生走近鲁迅，探究范爱农的性格特点、人生选择和生命意义。

就阅读来说，理解是核心。"完成阅读理解的过程，就是读者头脑中的'已知'与阅读材料建立联系的过程"①，但我们不能幻想在"无为"中学生就能有宽广的阅读积累，而是要积极地帮助学生激活旧有的阅读经验，开阔新的阅读视野，并在此基础上进行比较。俄国的教育家乌申斯基说过："比较是一切理解和思维的基础。"文学、史学相融的延展比较阅读，能帮助学生拓展思维空间，使学习资源更丰富，而对"比较点"的深入探究，更有利于提高学生的认知水平。

① 张彬福：《怎样成为一名优秀的语文教师》，上海：华东师范大学出版社，2013 年版，第 8 页。

(一)在与文本的对话中比较：把范爱农与中国古代仕途不如意的文人相比，体会他的性格传承与人格超越

范爱农传承了古代知识分子的精神品质，但又有所超越，表现出一种现代精神。在火车上他因座位的尊卑“雍容揖让”，这有礼教的影子；而他白眼视人，则彰显着阮籍桀骜不驯的品格。他的白眼已洞穿了清廷的腐朽，才说“有个屁用”的话；他爱自己的恩师，才那么愤怒、那么绝望。从日本回国后，范爱农马上跌进了陈腐的旧生活的深渊，“躲到”乡下去教几个学生糊口，“几乎无地可容”，直到后来“寄食”“飘浮”，仍不改秉性招致更多的迫害，但他绝不妥协。这种倔强，已超越了古代知识分子“穷则独善其身、达则兼济天下”的圆融，我们看到了他用生命坚守人生选择的无畏，“盖吾辈生成傲骨，未能随波逐流，惟死而已”。所以，他与故作“青白眼”的阮籍不同，“中国古代文人无论怎样自视清高，但他在本质上与封建生活是相和谐的。虽然人们常常批评其怪癖，却可保护他龟缩在生活的夹缝里孤芳自赏，并取得学业上的成功”①。阮氏的“酒精人生”达到了很好的社会效果，而范爱农却不是这种旧文人，他一点怪癖都没有，就连他喝的那点小酒，也是在表达革命低潮时的愤懑，在“微醉中自沉沦”。“他的愤世既不是出于清高也不是因为迂腐；而是以现代眼光审视中国的腐朽文化和丑恶现实时所产生的感情反应”。② 在他身上，我们看到了现代精神、独立意识、自由人格的觉醒。而无数个范爱农式的中国知识分子正是思索着“路在何方”的天问，完成了从古代向现代的精神涅槃。

在古今文人的对比中我们看到，鲁迅已经深入到对范爱农人格意义的思考。

(二)在与作者的对话中比较：把范爱农放到鲁迅对他二十年绵绵不绝的思念中思考，进一步体会鲁迅对范爱农人生价值的认识

鲁迅为什么在有生之年对范爱农那样情深意笃？先生在 1912 年范爱农去世十余天就写了感人肺腑的《哀范君三章》，1926 年又写了《范爱农》，1933 年又在给朋友的信中说：“三十年来，年相若与小于我一半者，所存无几，因悲而愤，遂往往自视为轻尘”③，又让人想起“旧朋云散尽，余亦等轻尘”的诗句。虽然二十多年过去了，鲁迅早已名满天下，但范爱农的早亡，依然令先生痛彻骨髓，而更多的牺牲也让鲁迅对自己不满，所以仍以“轻尘”自视。我们看到的是先生的伟大，而先生却常常看到自己的渺小，感到挚友离去的无奈与哀伤。

---

① 摩罗：《耻辱者笔记・走向悲剧》，http：//moluokj. blog. 163. com/blog/static/121270629200962112037920/。

② 同上。

③ 孙郁编著：《走进鲁迅世界・诗歌卷・哀范君三章》，北京：北京工业大学出版社，1995 年版，第 48 页。

另外，我们用“互文”的方式来解读悼念范爱农的诗与文，会看到作者将范爱农作为一种人格典型与另一种典型相比较，更能体会到他对范爱农人生的深刻认识。“奈何三月别，竟尔失畸躬”，“畸躬”，畸人。“《庄子·大宗师》‘畸于人而侔于天’，指为人行事不偶于人，不合于俗，而合于天”①，这正是范爱农的人生选择。而“鸡虫”“狐狸”“桃偶”，也正与文本中的傅力臣、王金发相应，还有历史上臭名昭著的何几仲、袁世凯，也包括当时那些所谓的“较为有为的青年”。通过对比，突出了范爱农居于庸人之上、居于势利小人之上、居于消沉的革命者之上的人格内涵。

鲁迅先生还将范爱农与自己相比，觉得他死得可惜，自己活着也没有价值，此后持续几年的抄古碑的自我麻醉与这一经历有直接关系。我们再联系初中、高中的另外两篇课文《未有天才之前》《忆韦素园君》，范爱农、韦素园在先生心中都是一块块奠基的石、一抔抔培育天才的土，他们很普通，但他们的生命却是不朽的。伟大的鲁迅也正是从这样平凡的工作中、窘迫的生命状态中顽强地成长起来的。当然，鲁迅的伟大更在于：“他本来根据自己的经验而觉得唯‘黑暗与虚无’乃是‘实有’，但他又怀疑这样的经验，选择了‘偏要向这些作绝望的抗战’”②。关于“铁屋子”的对话，我们可以理解为是鲁迅与钱玄同的对话，也可以理解为两个鲁迅的心灵博弈，但从此“掮住黑暗的闸门”的自觉选择，赋予鲁迅的生命以常人难以想象的沉重，也使他成为我们高山仰止的精神灯塔，而范爱农则是那陨灭于黑暗闸门下的一团摇曳过的烛火。

鲁迅在范爱农离世后沉寂了六年，在完成这篇被后人誉为《朝花夕拾》的压卷之作后，又沉寂了两年，范爱农的早亡是他永远的痛。范爱农的悲剧是在那个腐朽的时代高贵人格的毁灭，而鲁迅也正是在这个腐朽的时代中铸就了战斗的自我。也许我们可以说范爱农是鲁迅的影子、鲁迅是范爱农生命的另一种延续，这种你中有我、我中有你的感情浓度与理解深度，也让我们明白了鲁迅那“此别成终古，从兹绝绪言”的压抑与悲愤。

（三）在与时代的对话中比较：与鲁迅作品里的文人形象、与辛亥志士比较，体会范爱农的人生选择，体会他平凡却不平庸的人生价值

在高一阶段尝试着对鲁迅作品中的文人形象进行纵深比较，看似超越了高一学生的认知能力，但这正是我想把握的尺度，“难作于易”难和易永远是相对的。大学生可以再读《孔乙已》，高中生也可以初读《孤独者》，陈日亮说：“每逢过旧历年，除夕的夜晚，是必得读一遍《祝福》才能下楼吃年夜饭”③。对

---

① 孙郁编著：《走进鲁迅世界·诗歌卷·哀范君三章》，北京：北京工业大学出版社，1995年版，第46页。

② 钱理群：《与鲁迅相遇：北大演讲录之二》，北京：生活·读书·新知三联书店，2003年版，第98页。

③ 陈日亮：《祝福的十处点批》，《语文教学通讯》，2011年第2期。

于经典的阅读，也许我们要用一生去慢慢消化。但如果不做延展比较，只是孤篇学习，难度更大。因此，我指导学生跨越文体思考一组人物的生存状态，在比较中解读范爱农的人生选择。范爱农与孔乙己相比：孔乙己是科举制的牺牲者，他穷困潦倒，在“窃书不算偷”中自欺欺人，最终丧失人格；与清朝留学生相比，他们头发盘得如“富士山”，整晚跳舞，生活优越，但缺少忧国忧民的理想。在这样的对比中，学生才能更真切地体会到范爱农勇敢地从旧文化中走来，执着地寻求救国救民真理的赤子情怀。而与吕纬甫、魏连殳相比，更能看到范爱农对理想的坚守，对平庸腐朽现实的不妥协，他宁可选择直立着死，也不选择顺从地生。在这种跨越文体的比较中，我们对范爱农宁折不弯的选择心怀敬意，对鲁迅在绝望中寻求希望的坚持更满怀崇敬。而从孔乙己到魏连殳、吕纬甫，再到范爱农、鲁迅，我们看到了中国知识分子化茧成蝶的痛苦升华。而范爱农正是在清末民初的黑暗中、在现代知识分子人格形成的黎明时分被扼杀了，但我们要铭记“春泥”的意义和价值。

在风云激荡的革命洪流中，范爱农与那些赴汤蹈火、万死不辞的辛亥英烈相比，他们死得轰轰烈烈，成了历史上耀眼的明星，但从邹容坦然入狱要把牢底坐穿的决绝中，我们能看到范爱农的绝望；从徐锡麟、秋瑾起义失败后以身许国的悲壮中，我们同样能看到范爱农式的决绝。我们不能苛求范爱农“也有足够的力量像孙中山、鲁迅那样对那个腐朽且没落的社会长驱直入地杀个人仰马翻”①，范爱农是平凡的，是有普遍意义的生命个体。那时更多的觉醒者恐怕只能像范爱农一样，默默无闻地与命运抗争，又悄然无声地陨灭于无形。另外鲁迅在小说中常常以“走”的形式，来反抗人生的绝望。如《祝福》中的“我”：

我在这时，更感到这一句话的必要，即使和讨饭的女人说话，也是万不可省的。

但是我总觉得不安，过了一夜，也仍然时时记忆起来，仿佛怀着什么不祥的豫感；在阴沉的雪天里，在无聊的书房里，这不安愈加强烈了。不如走罢，明天进城去。福兴楼的清燉鱼翅，一元一大盘，价廉物美，现在不知增价了否？往日同游的朋友，虽然已经云散，然而鱼翅是不可不吃的，即使只有我一个……。无论如何，我明天决计要走了。

而范爱农却“走”无可去，才会有“也许明天就收到一份电报，拆开来一看，是鲁迅来叫我的”这种绝望中的期盼。天真、率性的范爱农生活在如此险恶的乡村，他很想活着跳出泥淖，但他没有那样的机遇，他只得自杀或被杀，但无论哪种说法，他一定是被腐烂的环境吞噬的。他虽不是拿枪的战士，但

① 摩罗：《耻辱者笔记·走向悲剧》，http：//moluokj.blog.163.com/blog/static/121270629200962112037920/。

他仍是个精神斗士。

在那个新旧更迭的时代，英雄们死于清廷的血腥杀戮，范爱农则死于腐朽没落势利的无声的剿杀。死于刑场和战场的是战士，死于这种围剿的同样是战士。范爱农是“摆了四千年的人肉筵席”上的又一种牺牲，只是他更显出平凡，但绝不平庸。因此，本文以徐锡麟死时鲁迅的激烈愤怒开头，又以范爱农死时鲁迅的悲愤沉郁作结，在鲁迅心中，他们都是我们民族的国殇。

正所谓：“爱农白眼人间留遗恨，鲁迅横眉万象荐轩辕。”两种选择，两样人生，我们更应有同样的理解与尊重。

(四)通过比较研读，师生对文本的理解准确了，也深入了，从学生给范爱农写的挽联能看到他们情感的变化

这里挑选了几位学生为范爱农写的挽联：

白眼望世辨曲直，绝不同流；寒水涤肠思国难，誓不合污(连冰)

世事沧桑飘浮绝望，菱荡直立傲骨余香(古典)

孤苦孤寂孤傲，绝望虚妄希望(杨开新)

生前爱国怜天下；身后省民痛我心　　横批：薪尽火传(王晔)

学生的挽联写得很稚嫩，但体现了他们对范爱农诚挚的敬意。

范爱农和鲁迅，在民族危亡之时，以他们多舛的人生，诠释了个体生命的意义和价值，而我们每位语文教师也应以多彩的教学活动，以对文本深入的解读，来诠释张彬福教授教书育人的教育理念：语文教学的所有内容和方式都是载体，不是目的，而目的只有一个，就是学生人格的培养。即在语文学习的过程中，培养学生正确的人生、价值观，培养学生独立思考、追求真理并坚持真理的好品质。

以什么样的教学方式帮助学生走进文本，永远是我们教师要思考的。最恰当的教学方式一定源于我们对学情的深入观察，对作者、对文本的深刻思考。当然，这种深入和深刻永远是相对的，我们要在不懈努力中最大限度地接近作者的灵魂、信念和生命元素，以构建我们师生共同的精神家园。

二、教学实践

在黑暗闸门下，摇曳的烛火

——从《范爱农》看辛亥革命前后知识分子的人生抉择

(一)设计意图

1. 教材整合：《范爱农》(北京版教材必修一第一课)为精读篇目，再读初中学过的鲁迅作品，补充阅读及鉴赏《彷徨》中的两篇小说，查阅辛亥英烈的事迹。促使学生把范爱农放在鲁迅的系列作品中去认识，放到广阔的历史背景中去思考。

2. 学习方式：在对比阅读、研习探究中理解范爱农忧国忧民的情怀，理解他追寻理想的痛苦和彷徨；铭记先烈们为建立民主自由的中国而付出的巨大牺牲。

3. 教学衔接：以《范爱农》的阅读为起点，完成学习鲁迅作品的初高中过渡，初步体会以一个人物为核心的专题研究性学习的特点。

(二)教学目标

1. 精读文本，思考范爱农悲剧产生的社会根源，感受鲁迅先生的深沉哀思和忧愤。

2. 用多重对比的学习方法，研讨范爱农的性格特点和生命价值，缅怀先烈，弘扬爱国精神。

(三)教学重点

文本品味研读：比较革命前后范爱农的生命状态，探究其悲剧产生的社会根源。

(四)教学难点

延展比较探究：在文史比较阅读中，体会从鲁迅笔下的文学形象到辛亥志士那一代知识分子在追寻理想时的痛苦和彷徨，认识范爱农等辛亥志士牺牲的意义。

(五)时间安排：两课时

前期教学安排：4课时

1. 读《范爱农》(2课时)：做评注，回答旁批的问题。生生交流、师生交流。读鲁迅《哀范君三章》。做调查：范爱农是怎样的人？你有哪些疑问？

从调查看：学生觉得范爱农很怪，不理解他为什么活不下去，不了解他生活的时代；不理解鲁迅的情感变化，不明白鲁迅为什么要写这样一个与社会格格不入的人。

2. 看鲁迅作品(2课时)：再读学过的《孔乙己》《藤野先生》《故乡》，提供小说《在酒楼上》《孤独者》的节选并鉴赏，帮助学生理解吕纬甫、魏连殳的形象，为解读范爱农做铺垫。

3. 课下看历史书或上网查阅：清末民初的历史背景、辛亥英烈的事迹，师生交流并明确需要查阅的关键词，如秋瑾、陈天华等。

(六)教学过程

1. 课堂导入

PPT显示：

100年前，以孙中山先生为代表的革命党人发动了震惊世界的辛亥革命，开启了中国前所未有的社会变革。今天，我们隆重纪念辛亥革命100周年，深切缅怀孙中山先生等辛亥革命先驱的历史功勋，就是要学习和弘扬他们为振兴中华而矢志不渝的崇高精神，激励海内外中华儿女，为实现中华民族的伟大复兴而共同奋斗。

——胡锦涛同志《纪念辛亥革命100周年大会重要讲话》

明确：99年前，也就是辛亥革命胜利的第二年七月十日，辛亥志士范爱农溺水而亡，鲁迅先生13天后写就了感人肺腑的《哀范君三章》，15年后又写下了《范爱农》，21年后又在给朋友的信中说："三十年来，年相若与小于我一半者，所存无几，因悲而愤，遂往往自视为轻尘。"(《哀范君三章》中有这样的句子：旧朋云散尽，余亦等轻尘。)范爱农就像黑暗闸门下摇曳的烛光，他的猝然熄灭，深深灼痛了先生的心。在这长达二十多年的深沉的思念中，蕴含着先生怎样深刻的思考呢？

[评点：从辛亥革命的历史说起，让学生沉潜下去，深入思考，这样教师才会把学习的自主权、课堂的话语权真正交给学生，学生真正成为学习的主人才有可能实现。]

2. 文本比较研读：探究范爱农的生命状态，认识他的性格特点

(1)爱农之生：在辛亥革命前后，范爱农的生活状况有什么变化？与王金发相比呢？再穿越时空，与阮籍相比呢？

品味语言：

革命前：很旧的布马褂，破布鞋，很寒素；喝酒。

革命中：戴农夫毡帽，还是那件布袍子；办事教书，实在勤快，监学；不喝酒。

革命后：寄食，愈困苦，愈凄苦，飘浮，很困苦；学监的职务被去掉了；还喝酒。

王金发：换皮袍子，天不冷；青年骂他亲戚、姨太太；送封口费。

阮籍、范爱农：两人都喝酒，都白眼视人。

指导：革命前后，范爱农的生活没有变化。在物质上他"困"到了极点，在精神上也"穷"到了极点。但他没有古代贤士"穷则独善其身，达则兼济天下"的圆融，而是无论穷达，都要心忧天下。阮籍喝酒是乱世自保，范爱农喝酒是表达革命低潮时的愤懑。

(2)爱农之死：谁害死了范爱农？

品味语言：

革命前：还发什么屁电报，看人总像渺视，躲在乡下，几乎无地可容……

革命中：这里又是那样，你快去吧……

革命后：他已经很少和人往来了，不愿听他的牢骚，不如讲笑话。尸体直立着……

指导：革命前，是晚清暴政的高压；革命中，假革命的投机与真革命的蜕变；革命失败后，孔教会让他失业，周围的腐朽势力让他无法生存。

辛亥革命虽然胜利了，但是正如鲁迅所说“狐狸方去穴，桃偶已登场”，绍兴依旧是“故里彤云恶，炎天凛夜长”，范爱农的一腔革命热情，他的报国之志，依旧是无用武之地，困窘到极点时，那份希望就成了绝望。

明确：正如余杰在《反读〈通鉴〉》中所言：“千万人的血，千百次的起义，酿不出任何观念上的革新和创新，达不成任何体制上的变革和完善。”“一切照旧”，所以，范爱农只得落水而死。

板书设计：

范爱农		
性格：	固执倔强	耿直狷介
气节：	铮铮傲骨	宁为玉碎

3. 延展比较研读：探究范爱农的人生选择，看他的人生追求

(1)范爱农与孔乙己、与头发如“富士山”“油光可鉴”的清朝留学生相比，他们的人生有怎样的不同？作者对他们分别持什么态度？

交流：

孔乙己：物质生活上穷困潦倒，在“窃书不算偷”中自欺欺人，丧失人格，成为封建科举制的牺牲品。对他作者是同情的。

头发盘得如“富士山”、整晚跳舞的清朝留学生：物质生活优越，却只知享乐，缺少忧国忧民的胸怀。鲁迅讽刺他们脖子扭得宛如“标志的小姑娘”，这样的打扮，这样的做派，鲁迅很厌恶。如果让范爱农评价他们，也会说“都啥时候了，还跳个屁舞”，或者是连话都不屑于说，只给个“白眼”。

明确：孔乙己没有忧国忧民的能力，而这些留学生又没有忧国忧民的志向。范爱农与他们相比，他的白眼，他的耿直狷介、愤世嫉俗，他的爱国情怀，说明他才是真正的有良知、有责任感的中国知识分子。

(2)范爱农与魏连殳、吕纬甫相比呢？

交流：魏连殳，“这里有新的宾客，新的馈赠，新的颂扬，新的钻营，新的磕头和打拱，新的打牌和猜拳，新的冷眼和恶心，新的失眠和吐血……”他长嗥着“像一匹受伤的狼，惨伤里夹杂着愤怒和悲哀”。

吕纬甫，教学生“子曰诗云”，读“《女儿经》”，但是他却对废园中“几株老梅，竟斗雪开着满树的繁花”，忽地闪出在学校时代，常常看见的射人的光来。

三人相比，魏连殳和吕纬甫选择了活，范爱农选择了死。但他们的活却生不如死，痛苦不已。而范爱农，宁为玉碎，不为瓦全，即使是死，他的身体也倔强地“直立”着，绝不妥协。

明确：作者在小说中塑造的这两个“随波逐流”的人物，或许可以说是“活着”的范爱农的另一种人生。但范爱农最可贵的是，他选择了以生命来坚守自己的信仰。

板书设计：

理想：默默地、顽强地坚守

(3)范爱农是一面镜子，周树人与他性格相似，经历相似，但周树人却活成了伟大的鲁迅。为什么？

交流："独沉清洌水，能否涤愁肠？"在范爱农去世后，鲁迅在《哀范君三章》中向好友发出了这样的疑问，说明鲁迅比范爱农坚强，范爱农更绝望。

延展阅读(PPT)：比较范爱农与鲁迅的心灵独白，你有怎样的思考？

① 1912 年农历三月二十七日，范爱农给鲁迅的信：

"如此世界，实何生为？盖吾辈生成傲骨，未能随波逐流，惟死而已，端无生理。"

板书设计：

为理想而彷徨	天问：路在何方？

② 1922 年在《〈呐喊〉自序》中，鲁迅与朋友的对话：

"假如一间铁屋子，是绝无窗户而万难破毁的，里面有许多熟睡的人们，不久都要闷死了，然而是从昏睡入死灭，并不感到就死的悲哀。现在你大嚷起来，惊起了较为清醒的几个人，使这不幸的少数者来受无可挽救的临终的苦楚，你倒以为对得起他们么？"——鲁迅

"然而几个人既然起来，你不能说决没有毁坏这铁屋的希望。"——朋友

"我虽然自有我的确信，然而说到希望，却是不能抹杀的，因为希望是在于将来。"——鲁迅

③鲁迅在《故乡》结尾的心灵独白：

"希望本无所谓有，无所谓无的。这正如地上的路；其实地上本没有路，走的人多了，也便成了路。"

交流：从阅读中，我们感到范爱农的彻底绝望，更感受到鲁迅内心的矛盾与挣扎，但鲁迅选择了战斗，范爱农却选择了自沉河底。

(PPT)"爱农白眼人间留遗恨，鲁迅横眉万象荐轩辕。"

我们也许可以说，范爱农的人生道路也是鲁迅人生道路的另一种选择，但那只是一种假设，范爱农在绝望中选择了"惟死而已"的放弃，而鲁迅在绝望中选择了抗争，选择了"明知不可为而为之"，正如他所言"绝望之为虚妄，正与希望同在"。

板书设计：

在黑暗闸门下，摇曳的烛光

范爱农
- 性格：固执倔强　耿直狷介
- 理想：默默地、顽强地坚守
- 气节：铮铮傲骨　宁为玉碎

为理想而彷徨
天问：路在何方？

国殇：精神战士

4. 文史比较探究：认识范爱农人生的意义

(1)交流课文中的相关信息，把范爱农与徐锡麟、秋瑾相比。

交流：徐锡麟、秋瑾、陈伯平、马宗汉。

讨论：他们能轰轰烈烈地以身许国，成为英雄，被后人景仰。而范爱农，却只能默默无闻地生，又悄无声息地死。也许正是因为他平凡普通，才更有代表性，代表那一代知识分子在极端困窘中对理想的坚守。

(2)交流查阅的资料：从“名字、年龄、事迹、名言”等方面，建“辛亥先烈档案”。

交流：陈天华、邹容、林觉民、宋教仁。

人物一：陈天华(1875—1905)，同盟会发起人。年龄：30 岁。作品：《猛回头》《警世钟》。事迹：1905 年，陈天华在东京参加了抗议日本政府颁布的《取缔清国留学生规则》的斗争，决心以死激励国人“共讲爱国”。在东京投海自尽，以死报国。名言：“国不安，吾不娶。”

人物二：邹容(1885—1905)，年龄：20 岁。作品：《革命军》(被誉为中国近代的《人权宣言》，孙中山评价它：“为排满最激烈之言论”)。事迹：1903 年，章太炎因“苏报案”被捕，邹容也随师慷慨入狱。1905 年 4 月 3 日，死于上海狱中。

人物三：林觉民(1887—1911)黄花岗七十二烈士之一。年龄：24 岁。事迹：13 岁参加科举考试，然无意于功名，在考卷上题了“少年不望万户侯”。名言：“牺牲吾身与汝身之福利，为天下人谋永福。”——《与妻书》“为国牺牲，百死不辞。”——《禀父书》

人物四：宋教仁(1882—1913)，中国伟大的民主革命先行者、中华民国的缔造者之一。年龄：31 岁。事迹：起草了第一部宪法草案——《中华民国临时政府组织法》。1913 年 3 月 20 日，在上海火车站被暗杀。孙中山评价：“为宪法流血，公真第一人。”

讨论：这些志士在牺牲时都在二三十岁左右，他们有的自杀，有的被杀，而范爱农在死时也只有 29 岁，却已是“华颠萎寥落”，像个白发苍苍的老者。这些辛亥志士，在我们民族最迷茫困顿的时候，顽强探寻着民族发展的道路。从个人的角度来说，范爱农他们坚守人生追求，不怕牺牲，体现了强烈的责任感、使命感；从民族发展的角度来看，五千年帝制在华夏大地终于落幕了，这是一个终点，更是一个起点，正是在这个起点上，范爱农用自己的牺牲为古老帝国的臣民上了思想启蒙的又一课。

[评点一：先入格，再出格。交给学生比的角度，引导学生快速高效的切入，相当于交给学生一把打开思维的钥匙。]

[评点二：没有比较，便没有鉴别。多角度、多方位的比较，可以让学生在充分的、积极的思维活动中加深对文本的理解，提高自身的文学分析、鉴赏能力，训练自己的思维。可谓一举多得。]

5. 抒写敬意，铭记先烈牺牲的意义

(1)延展阅读(PPT)

① 1955 年，毛泽东主席为“人民英雄纪念碑”题词：“为了反对内外敌人，争取民族独立和人民自由幸福，在历次斗争中牺牲的人民英雄们永垂不朽！”

② 2011 年 10 月 11 日，中国台湾网发布了《纪念辛亥革命百年　学习先烈伟大精神》一文，其中有一段：“100 年来，无数革命志士仁人及国共两党的先锋战士，为了挽救积弱衰败的民族，抛头颅、洒热血，以生命为代价为全民族福祉奋斗。他们可歌可泣的事迹，令后代景仰；他们无私的爱国奉献精神，值得后代永远学习。”

(2)通过多重比较，我们对范爱农的人生有了深刻的理解，当年他只是黑暗闸门下摇曳的一团烛火，而今却依旧温暖着我们的心，你能为范爱农写一副挽联吗？

教师示范：

你是种子，未能发芽迎来新绿，烂掉了，种子非无春意。

你是花苞，未能绽放吐露芬芳，凋零了，落红更有春情。

[评点：喜欢这个环节。活动设计：水到渠成。孔子云：“不愤不启，不悱不发。”在学生深入领会理解范爱农之后，自有一种不吐不快之感。写挽联，为学生创造了一个书之而后快的机会。榜样引领：有型可模。教师范例，为学生提供了模仿的范本。挽联形式：文味十足。挽联是我们传统文化中的一种形式，用传统的形式寄托对那一团黑暗闸门下摇曳的烛火的怀念与敬仰，温馨唯美。让学生在语言的实践中提高学生语言运用的能力。]

6. 课堂小结

当年，如果没有魏连殳、吕纬甫在对现实的“顺从”中依然有不死的精神，如果没有范爱农“微醉自沉沦”中仍然挺立不屈，如果没有秋瑾、徐锡麟等无数革命志士那“血染”的风采，如果没有孙中山、鲁迅等对理想的坚持和坚守……我们也许还在铁屋子中昏睡，他们都是我们民族的国殇，不朽的精神战士。(板书——国殇：精神战士)从 1894 年兴中会成立，到 1911 年辛亥革命爆发，到 1949 年新中国成立，再到今年辛亥百年，我们民族的伟大复兴经历了几代人艰苦卓绝的斗争，才谱写了今天的盛世华章。而今，在我们纪念辛亥百年之际，学习《范爱农》，可谓意义重大，我们不仅要理解辛亥志士追求理想的痛苦和彷徨，铭记他们以身许国的悲愤与悲壮，而且要把“天下兴亡 我之责任”践行于自己的学习和生活中。

[评点：引导学生多角度看待问题，试着换位思考，既提升认识，又训练思维。但一定要注意把阅读、发现、思考、表达的权利还给学生。]

7. 课后作业

“淘精神之宝，传英雄之志”，从四项中选两项完成。

(1)为范爱农写挽联，课上没有写完的，课下完成。

(2)以“爱农，我想对你说——”为题，写短文。

(3)在影视作品中，孙中山先生有句台词“医生是我的本职，医国是我的天职”；在武侠小说中金庸说“侠之大者，为国为民”。请看反映辛亥革命史实的纪录片或电影，写观后感。

(4)辛亥志士生活在我们民族风雨飘摇、家国危亡之时，强烈的民族责任感使他们赴汤蹈火、万死不辞。而今，我们生活在和平发展时期，又该如何传承先烈的爱国精神？谈谈你的感受。

（评点：谢谊、张合金）

三、专家点评

趣、实、活——专题教学使课堂更精彩

中学语文教学已经迈入了多元化的时代，在语文教学实践这条路上探索前行者众多。专题教学是今年来大家比较认可的一种教学方式。专题的“专”，即专注一点，深挖下去；专题的“题”，即教师根据教学目标，在深入研读的基础上找到的若干篇课文之间的关联点。相比于单篇教学，专题教学因为探讨主题的集中性、所用资源的聚合性等特点更体现出趣、实、活的教学生动性，使语文课堂更精彩。

1. 趣

语文课要用形象感染人，要在对具体形象的品味中吸引学生的注意力。因此专题的选取就要“形象有趣味”。著名特级教师王君说，如何确定“专题教学”的“专题”呢？从思维训练的角度看，可以“同中求异”，发现不同文本的个性特色，也可以“异中求同”，把握文本间的共性规律。对于作家相同、体裁相同、思想相似的文本，多采用“同中求异法”进行比较，引导学生发现每个文本的个性特色，培养学生把握文本间的细微差别的能力以及对问题进行细致思考的能力。

那么，对于刚升入高中的学生来说，《范爱农》无疑是“无趣的”。怎样将学生的兴趣调动起来？陈老师从学生的问题出发，组织相关的语文学习素材，

将学生的问题变成课堂上讨论甚至争论的焦点，巧妙地激发学生的阅读兴趣，在比较探究中引导学生的思考逐步深入，提升了学生阅读的大趣味。

2. 实

教学的宗旨在于学生能力的培养和落实。无论采取怎样的教学方式，课堂教学的最终落脚点都是学生的收获、学生能力在课堂教学过程中的提升。本课是训练提升学生深度思考的好素材，如何运用好这个素材，颇让人费脑筋。特别是初中学习鲁迅作品时形成的“不良”印象，更增加了深入认识鲁迅作品的难度。

陈老师经过深入调查，不回避问题，不走过场，带领学生扎扎实实地阅读文本，认认真真地讨论，整个教学实实在在。范爱农到底是怎样一个人？他的热情、他的无奈、他的不解都是怎样造成的？与同时代的人相比，范爱农的可爱与可悲之处在哪里？历史对这样的人是否公平？范爱农与鲁迅，谁是谁的影子？这些问题经过陈老师和学生的逐一讨论，都得以解决。这样的课堂从学生的困惑开始，在解决问题的过程中，学生的认知丰富了，思维打开了，见解深刻了。这是多么大的成功啊！

3. 活

教学结果的最大显性标志就是学生的所得。而学生的“得”在某种程度上取决于教师能够根据学情灵活地进行指导、点拨。可喜的是，陈老师慧眼识人，能够敏锐地发现学生在学习中存在的问题。学生的思想不够深刻，不能正确深入理解范爱农的情感和思想，那么就以此为切入口，激活学生的思维，让学生沉默的阅读感觉重新变得鲜活。在解决问题的过程中，陈老师没有一味地“讲经解道”，而是灵活地进行对比，让学生在比较中看到不同人物的性格特点，在对比分析中感受人物的精神，凝练人物的思想，在比较中见出异同。在本课中，陈老师根据学情灵活选择教学内容，在教学过程中灵活选择教学方式，最终达到了激活学生思维、点亮学生思想的教学效果。

（谢　谊）

第二节　指导与交流

——阅读中提升思维品质

一、教学思考

多媒体走进语文课堂，的确对以往传统的教学模式带来了史无前例的冲击，信息量大、形式多样、学生情感体验丰富等，可谓好评如潮。兴奋喜悦之中，我们更需冷静地面对、理性地思考，加大教师的指导力度，不让学生在网络的大量信息中迷失自我，才能真正提升学生的思维品质。

在《“王权思想”和“奴才意识”——〈我若为王〉课外专题研习指导》的教学中，我对多媒体与语文专题探究的有机融合有了一点自己的思考：教学形式要为教学内容服务，不能让形式上的热闹掩盖了语文教学的本质，在这一过程中更要体现教师在学生语文学习过程中的指导作用，充分发挥语文教师在课堂教学中的主导价值。

先从听课的感受说起。最近听的一些示范课、研究课，现代化的教学手段充斥其间，犹如一场高科技产品博览会，一节课下来，声、光、电交相辉映，热闹非凡，大有越俎代庖之势；授课者心满意足，听者大饱眼福，而语文课的“语言与文学”的学习效果如何？在浮华和热闹中，教师的引导作用缺失了，教师和学生都成了网络与信息的俘虏。这种教学法值得商榷。

流弊之一，忽略文本，形式上热闹了。一些研究课、公开课，课堂上经常会运用演示文稿、动画、音像等手段，整体上调动学生的各种感官，以求愉悦身心，激发学生的情感体验，帮助学生增强对文本的理解力，但是所有这些新式武器，绝不能代替对语言的品味、对文本的探究，因为文字带给学生的思考的快乐，带给学生的联想和想象的快乐，要远胜于感官的直接刺激。有时，一节课下来，学生除了对某些庞杂的事物留有印象之外，对文章的解读甚少，对于学生思维的激发甚微，就更谈不上对学生思维品质的培养了。这样就出现了一些变味的语文课：像音乐课、像美术课、像地理课、像历史课，等等，总之，就是不像语文课。

流弊之二，资料搬家，内容上热闹了。分组、交流、讨论，成为这种课型常用的学习方法，各小组对信息的收集整理便成了交流的前奏。网上的资源具有丰富性和再生性，对于青少年而言，由于其认知结构、知识水平、心理状态等都还不够成熟，对文本认识缺乏全面性，对选择的信息未必完全了解，在学习任务的驱动下，信息的收集整理便成了一种盲目的资料搬家，继而限制了学生创造性思维的发展。语文课堂形式上的热闹，换来的却是思维的停滞、思想的沉寂。

流弊之三，新“填鸭式”，使学生没空思考了。以往的教学模式是教师一言堂，学生是被动的接受者，教师是信息的绝对占有者，学生即便有一两本教辅书，也远不可与教师相比。在信息匮乏的时代，学生是信服教师的；而如今是信息爆炸的时代，网络的发展为学生提供了广阔的资源，但恰恰如此，大量的信息又让人无法招架，一堂课的信息量几乎是以往的几倍甚至十几倍，学生仍是被动的接受者。在现代化信息手段的掩盖下的“填鸭式”“灌输式”的陈旧的教学模式，也因此就更有迷惑性和欺骗性，由原来的教师“灌输”变成了现在的计算机多媒体“灌输”，由教师的一本教参、几本辅导书变成了取之不尽、用之不竭的网上信息。变的只是灌输的主体，不变的是学生被动听课的状态。学生在有效的课堂时间里，或盲目地幸福、快乐着，或茫然地不知所措。“整合”的意义在于更好地服务于教学，服务于学生思维品质和思维能力的提升，而不是为信息而信息，为技术而技术，这样的语文课就成了“银样镴枪头——中看不中用”的绣花枕头。

信息技术不是一个任人打扮的妖媚的小姑娘，我们应让她自然而然地、轻松地走进课堂。不再只看到“信息”、只看到“技术”，应看到融会贯通、水乳交融的自然“整合”。

在语文教学中，学生语文素养的提升有赖于观察、阅读视角的转换，有赖于思维形式的多样化，有赖于思维品质的提升及思想情感的丰富。而多媒体走进课堂，以其丰富多彩、声情并茂的特点为学生思维形式和思维品质的转化搭建了广阔的舞台。但要注意的是，形式只为内容服务，而不是喧宾夺主。因此，多媒体和网络技术的运用在于更好地服务于教学，服务于学生思维品质和思维能力的提升。

为改变这种状况，还语文教学以本真，我在《“王权思想”和“奴才意识”——〈我若为王〉课外专题研习指导》的教学中，将多媒体等网络技术与语文学科融合，力求能让高科技服务于教学，而非干扰教学。

（一）在网络技术的支持下，让专题化阅读再现课堂——在教师的引领下，使用网络技术构建专题课堂

在我们日常的语文教学中，学生和教师常常淹没于单元教学，乃至于某一课文、某一课时的教学中，思维闭塞于一隅。网络技术为我们教学提供了更为开阔的视野，观察视角变了，也给思维形式带来巨大的变革，我们应启发学生真正超越课堂，打破课时界限、课文界限、单元界限，打破古文阅读、现代文阅读的界限以及初中、高中教材的界限，让信息技术宽广的视角来激活学生的知识储备，激发学生认知的深刻性、透彻性。若没有面的拓展，就没有点的深入。在网络技术的支持下，让以前一文、一课的碎片式阅读专题化、系统化，才能让阅读走得更深更远。

例如，在讲《“王权思想”和“奴才意识”——〈我若为王〉课外专题研习指导》之前，我先引导学生上了三节阅读指导课，通过网络信息丰富的特点，给学生收集一组阅读资料并印发给学生，要求学生按“王权思想”和“奴才意识”的思路进行梳理和比较：

杂文阅读：鲁迅的《灯下漫笔》、王开岭的《精神路标》（华盛顿，美国国父，开启了美国三百年的民主进程）《剃光头发微》，在对比中体会王权体制的血腥与罪恶。

再复读以前学过的文本：

古文阅读：《鸿门宴》《陈涉世家》，“皇帝轮流做，他年到我家”，这是无数乱世枭雄心中公开的秘密，而我们史学、文学家称之为“鸿鹄之志”。

小说阅读：《孔乙己》《装在套子里的人》，指导学生思考：在不同的国度、不同的时代，奴才的痛苦与悲哀是相似的，而产生这样的痛苦和悲哀的社会根源是什么？

诗歌阅读：《归去来兮辞》《归园田居》组诗，知识分子很无奈，只得像陶渊明一样去做一个非科学种田的农民诗人，一任那“草盛豆苗稀”，或如刘伶一样醉生梦死，或如林和靖一样以梅为妻、以鹤为子。

学生课上读不完，课下继续研读，想一想这些文章与“王权思想”和“奴才意识”有什么关系。

只有在本学科内举一反三、融会贯通，才能构建跨学科的知识网络，才能真正品味出“文史哲不分”的魅力。之后，再指导学生根据所读篇目继续筛选信息点，到网上检索信息。这种思维的灵活性、发散性、辐射性，能帮助学生自如地运用现代化信息手段，以培养学生的大语文观。笛卡尔说过：“最有价值的知识是关于方法的知识。”教师的任务是教学研究，而学生的任务是自主学习，二者殊途同归。如果教师的思维形式和思维品质不能超越一个单元，学生不能超越一篇课文，那么，再多的信息也不会有任何意义，还可能变成信息垃圾、信息灾难。

(二)在网络技术的支持下，完成以任务为驱动的目标探究——网络技术可以让学生走得更远，想得更深

思维形式的改善，又为思维品质的提升提供了广阔的空间。教师要想在庞杂的信息中有效地指导学生进行研习探究，就要站在一定的高度，帮助学生寻找思考的立足点、思维的切入口，这样才能激发学生的独立意识、批判意识和创新意识，那些庞杂的材料才能更好地为学生所用，而这一过程也是孕育优秀思维品质的关键。此时，语言和文字是点燃思想的火种，用不着很绚丽，平淡是真。

在《“王权思想”和“奴才意识”——〈我若为王〉课外专题研习指导》(两课时)的公开课中，我从四个层面来设计问题：历史的视角、文化的视角、传承的视角、发展的视角。从这四个角度来认识王权思想与奴才意识的发展与演变，学生的思维层次、认知灵感被激活了，再思考问题时也有了历史的纵深感，不再单薄肤浅。

找准了思考的立足点、思维的切入口，才有利于培养学生的独立意识、批判精神。

从历史的角度，我这样指导学生深入思考：

(1)开国君主为子孙长远计，可谓用心良苦，但真能千秋万代吗？

(2)你怎样理解帝王人格？(可以分三个时期：创业、守业、亡国)

小组交流：列举一个小组的研究概况，学生用PPT展示他们的研究成果。

汉武帝刘彻在年轻时是一位雄才大略的君主，而到了晚年却是个残暴而愚蠢的君主。

残暴：汉武帝对敢于直谏的司马迁竟处以宫刑。

愚蠢：巫蛊事件，汉武帝迷信巫术，枉杀皇后、太子、皇孙。

残忍：钩弋夫人的悲剧，为立小太子，怕其母干政竟残忍地立子杀母。

班级交流：为子孙清道的开国之君。

一些有成就的帝王，害怕百官威胁自己的王位，就以各种各样的手段诛杀大臣，或削夺他们的兵权，杀了异姓杀同宗，如：吕后杀韩信，南宋杀岳飞，明杀袁崇焕；诛同宗，如：武则天杀亲子，朱棣捕侄儿，雍正囚手足。在国家的长远利益与家天下的个体利益发生冲突时，皇权的自私、狭隘、残酷就暴露无遗。因此，如秦桧那样揣度圣意的奴才也就会大行其道。

教师总结：中国有两千年封建专制统治的历史，历朝历代的君王，即使是贤明的君主，也难保一世英名。九五之尊的地位使他们人格裂变、异化，贵为一国之君是他们的幸运，也是他们的不幸，在他们昏聩残暴之时，更是苍生的不幸。家天下和专制统治把王权思想发挥得淋漓尽致，也就为奴才意识埋下了苦涩的种子。

学生有了这样的认识和思考，就能真正理解聂绀弩的犀利与深刻了。在语文教学中，学生非常容易在现代的网络技术中迷失自己，被大量的信息所左右，而丧失自己的思考力。而这节课，学生能根据自己的研究内容，自如地使用网络，制作形式精美、内容简洁的PPT，不仅体现了学生处理信息的能力，也展示了学生独立思考的能力，提高了学生的认知水平。

而从文化的角度，我又指导学生进行对比探究：

在专制体制下，文化为什么会成为消遣？鲁迅、聂绀弩与古代的文人雅士最大的不同是什么？

小组交流：以一个小组的研究概况为例，用PPT展示学生的研究成果。

专制体制下的“君王”“臣子”“士人”：

九五之尊：有何不食肉糜的白痴（晋惠帝），更有以己之所好夺人之所爱，乃至于夺人之命的所谓千古明君李世民（李世民谋夺《兰亭集序》真迹）。

朝堂之上：吮痈舐痔之徒（邓通与汉文帝）。

四野之外：道路以目、胆战心惊、愚忠愚孝、冷漠麻木的愚民。

田园古刹：梅妻鹤子、修身自保之名士。（知识分子是社会的脊梁吗？）

班级交流：在两千年的封建历史中，除了对龙图腾的崇拜，对天子威仪的畏惧，对残暴酷刑的恐惧之外，更有弱民、愚民的思想、文化的钳制。这文、武之道，历代君王两手抓，两手都很硬。

诸子百家中，儒、道、法三家如陈年老酒般历久弥香，一个重要原因是：三家是维护专制统治的思想武器。法家，产生拥有无上王权的暴君；儒家，产生愚忠愚孝的臣民；道家，使那些不如意的知识分子找到心理平衡，情愿做个玩弄学识、吟风弄月、辟谷轻身的隐士。对儒法道三家加以评论：儒家是茶，品位高。说它有用，作用就可大了；说没用，就什么用都没有！法家是药，能治病，立竿见影，很管用，但也能亡国，如秦朝的灭亡。道家是酒，得意时要喝一点，失意时也要喝一点。

知识分子应是特立独行的猛士，是我们民族的脊梁，但盛产暴君、顺民、隐士的民族，必将是精神上缺钙的软骨病患者。在这样的对比思考中，学生更见鲁迅与聂绀弩人生选择的可贵，更见他们“铁肩担道义，辣笔著文章”的强烈的责任感和使命感，正如鲁迅所言：“寄意寒星荃不察，我以我血荐轩辕。”而聂绀弩的《我若为王》，在对专制王权辛辣的讽刺中，批判了王权思想和奴才意识，尤对皇权的基础——奴才，表示了强烈的愤慨，呼唤要铲除一切奴种，表达了对人类尊严和独立思想的崇尚和追求。鲁迅和聂绀弩，没有古代士人穷则独善其身的退缩，而是不论穷达，都坚持以笔为枪，为这个古老的民族开启心智。

从这样的交流中，我们能感受到学生的批判精神，他们对我们民族的历史文化已经有了自己的思考和认识，而在对比探究中又能深入挖掘出民族劣根性的本源，看到以鲁迅、聂绀弩为代表的文化精英，以笔为枪，为民族而战的勇气与担当。

“专题研讨”的公开课上，学生思维的灵活性、发散性、辐射性得到了很好的展示，多媒体、网络技术也运用得得心应手。学生分别从历史背景、文化渊源方面阐释“王权思想”和“奴才意识”产生且不断“传承”的原因。学生思考的领域不只跨越单元，还跨越了初高中教材，把课内研讨和课外自修紧密结合起来，内容涵盖文史哲领域。在这样的学习探究中，学生的独立意识、批判精神得到了很好的提升。这堂语文研习课真的让学生体会到了大语文的魅力。

(三)在阅读探究中，指导学生提高对社会人生的思考力——网络技术给学生提供的只是思考的起点，独立人格、独立精神才是学生人生努力的方向

《中学语文教学指导意见》一书谈到，对优秀的文学作品，要能以“历史的眼光和现代的观念”来审视作品的内容和思想，尊重学生的个性化理解。而我们每位语文教师又是站在历史与现实的交会点上，要引导学生在传承中思考，在弘扬中批判，优化“民族心理”，焕发“时代精神”。

在探究王权思想和奴才意识的传承时，学生有了这样的观察和思考：从我们民族的语言(成语、俗语、民谣等)反观奴性意识的“传承”，进一步思考为什么这些语言还如此鲜活，如此有生命力。

学生讨论交流：PPT。

介绍李林甫口蜜腹剑的故事：唐玄宗执政末期，奸相李林甫专权自恣，

“世谓李林甫‘口有蜜，腹有剑’”。

像李林甫这样的奴才，可以用这样的成语概括：

笑里藏刀、花言巧语、巧言令色、心怀叵测、心怀鬼胎、趋炎附势、阿谀逢迎、奴颜婢膝、俯首帖耳、唯命是从、卑躬屈膝。

再介绍苏味道模棱两可的故事：武则天当朝时，苏味道官居宰相，曾对人说：“处事不欲决断明白，若有错误，必遗咎谴，常模棱以持两端可矣。”人称“苏模棱”“模棱宰相”。

像苏模棱这样的奴才，可以用这样的成语来概括：

韬光养晦、明哲保身、全身而退、三缄其口、圆滑世故。

奴性“传承”——万代有君：唯我独尊、至高无上、无所不为、为所欲为、权倾天下、生杀予夺。

奴性“传承”——万代有奴，用俗语来概括：

不关己事不开口；一问摇头三不知；木秀于林，风必摧之；出头的椽子——先烂；人怕出名猪怕壮；天塌下来，有大个顶着；缩头乌龟。

而在现实生活中，王权思想也无处不在，如，商品标识、广告、影视等，不胜枚举，这种“我若为王”“我若为奴”(只要能赚钱)的思想说明了什么？如果你是厂长或经理，你将选用什么样的产品标志？采用什么样的广告设计？如果你去商店购物，你怎样做个理性的消费者？学生展示了他们在延庆大街上照的、网络上找的商店门面的招牌或商标的照片：裤子大王、皇苑酒家、王府饭店、太子奶，等等，学生讨论得非常热烈。

组织学生思考我们的文化，思考我们的现实生活，体会在民主发展进程中我们所因袭的沉重负担，体会在社会生活中我们不断“传承”的不良的文化基因给我们民族的发展所带来的副作用，并进一步反思我们的国民性，感受鲁迅先生和聂绀弩先生的旷世忧愤，体会改造国民性的长期性和艰巨性。我们还得把视角延展到现实生活中：老北京的胡同文化、商品标识、影视娱乐业，等等。语文教学必须走出封闭，走向生活、走向社会，学生已经体会到观察视角和思维形式的改变，现代化信息技术已为他们插上了飞翔的翅膀，而我们学习历史文化最为重要的不只是知识的积累，而是反思我们的历史，思考我们的明天。而我们民族五千年的帝制，五千年一乱一治的历史，在不断的恶性循环中复制相同的历史悲剧和历史闹剧，外国人笑我们是个没有历史的民族。如何才能走出这个怪圈？这不只政治家的事，更是我们每个公民该思考的。让历史走向未来，在批判中继承与发展，这是当代公民的责任和使命。

在这个专题的教学设计中，我从四个方面来创设问题，构建了良好的教学情境，营建了多层面的对话场景，现代化网络技术也为我们师生提供了很好的技术支撑，让学生的思维有了飞翔的羽翼，但思考力才是能让学生飞得更高、更远的强健筋骨，独立意识、批判意识和创新精神正是这筋骨中的钙分子。

因此，在指导学生对我们的五千年文明史进行反思时，要提高学生的忧患意识，提高学生的民族责任感，对学生进行公民教育。这个过程中，语言和文字是思想的载体，朴素平淡才是真。

这两节专题研究课的课堂气氛异常活跃：四个小组在课上做了专题研究的交流，学生做了50多张PPT，两节课学生发言的人数都近30人，有近7—8人发言在3次以上。其中第二节课学生思维的交锋更为激烈，有多名同学的发言都很精彩，连听课老师也积极地参与到学生的辩论中。一些学生思维灵活敏捷，见解深刻透彻。同学们对王权思想和奴才意识产生的历史背景和文化渊源，及其在现实中的不断“传承”有了很深刻的认识。通过这样的研习指导，学生有了一定的独立意识、批判意识。对美好的人性、健全的人格、健全的社会体制有了全新的思考，更对我们民族的历史和未来有了较为深刻的认识。而横向、纵向的比较更增添了学生自我反思和民族反思的自觉，学生也在这样的学习中培养了作为公民的责任感和使命感。

多媒体和网络技术让我们师生从容地进行了一次课外研习探究的尝试。从我们师生制作的文质兼美的PPT来看，形式简约，内容充实，是洗却铅华见真纯的质朴。因为我们师生在这里真正体会到了语言、文字的巨大力量，感受到了思想交锋时那智慧的火花。教师的主导作用和学生交流探究的主体作用都得到了很好的发挥。

有人说，作家有三类：凭着小聪明去写作的，凭着个性去写作的，凭着大人格去写作的。鲁迅和聂绀弩就是第三类人，他们毕生都肩负着民族兴亡的使命。其实，读者也有三类：看热闹的，看人生的，完善自己的。让我们和学生一起去解读教材里古今中外名家名篇中所展示的人格内涵，和学生一起去思考人生，思考民族的历史和文化，进而完善自己，提高人生境界。我们不能做文学与历史的看客，我们要在反思中为成就一个全新的自我、一个全新的民族而努力。而独立意识、批判意识和创新精神是一个民族发展的不竭的力量源泉。只有在教师的引导下，学生才能在网络信息技术的支持下，读得更宽更广，想得更深更远。

多媒体和网络技术是个美丽而漂亮的形式，应更好地服务于师生知、情、意的健康和谐的发展。那种只见形式不见内容、只见信息而不见文本、只见技术而不见学生思想和智慧交锋的做法是幼稚的。多媒体和信息技术走进课堂是缤纷而绚丽的，但绚丽之极归于质朴，我们教师也该从盲目的赶时髦的潮流中走出来，多些冷静的理性的分析，让我们自如地使用工具，而不是为工具所奴役，让语文课文质兼美，形神兼备。这样，学生才能在教师的指导下，提升思维品质，提高认知水平，提升批判意识和创新能力。

二、教学实践

旷世孤独
——《孟子》选读的比较探究

(一)设计意图

印发北京与人教两版教材中关于孟子的文段，梳理从初中到高中学生学过的所有《孟子》的选文，再推荐几个较短的文段，共 12 个，指导学生自读。在充分阅读的基础上，教师再指导学生扫清文字障碍，比较不同文本中的不同注释，帮助学生推断选择出更为合理的注释，以提高学生的古文阅读能力。然后，再组织学生进行比较探究，体会孟子的旷世孤独，体会孟子对孔子思想、对古代仁政思想的传承与发展，并思考仁政学说在当今的现实意义。通过这样的比较阅读、延展探究，让学生对孟子有一个整体的感知和认识，增强学生对古圣先贤的崇敬和仰慕之情，感受中华思想文化的博大精深。

(二)教学目的

通过阅读《孟子》一书中的选文，学习孟子的仁政思想，体会他的旷世孤独。

(三)教学重点

品读《孟子》的选文，比较孟子的政治理想与战国时期社会现实的差距，体会他的旷世孤独，并进一步了解孟子对中国古代仁政思想的继承和发扬，认识到“仁政”作为一种社会理想，孟子千古有知音。

(四)教学难点

从文本中寻找比较点，谈谈自己对孟子仁政思想的认识，并探讨他的主张对今天的现实意义。

(五)课程安排

8 课时。

复读《孟子二章》；自读《寡人之于国也》《庄暴见孟子》(2 课时)。

导读《齐桓晋文之事》(2 课时)。

选读《孟子》中的 8 个文段，教师印发材料，对照注解，疏通文意(2 课时)。

阅读黄仁宇的《孔孟》(1 课时)。

(六)比较探究的课堂实录(60 分钟)

1. 孟子与《孟子》

师：我给今天这节研讨课起了一个题目：旷世孤独——《孟子》选读的比较探究。老师为什么起这样的题目？我们带着这个问题一起学习。首先了解一下孟子其人和《孟子》其文，我拿了一个版本的《孟子》(向学生展示自己的书）。看 PPT 了解先哲孟子及作品《孟子》。

生（读 PPT 上的作者及作品介绍）

孟子（公元前 372—公元前 289 年），名轲，字子舆，战国时邹（现山东邹县东南）人。孟子是战国时期儒家学派的代表人物，曾受业于子思（孔子的孙子）的门人，30 岁左右收徒讲学，44 岁开始周游列国。晚年回到家乡讲学著书，直到去世。后世统治者把他作为尊崇的偶像，到元、明时被尊为“亚圣”。

师：大家打开笔记本做笔记，注意孟子的生卒年代，算算他享年多少岁。

生 1：83 岁。

师：民间有一个说法：“73、84，阎王不找自己去。”孔子享年 73 岁，孟子享年 83 岁，所以我们中国人会谦虚地想：自己的寿命不能活得比圣人长（大家都笑了），这也体现了我们民族尊崇圣人的心情。

[评点：张彬福教授曾言：语文课堂上处处都有文化。关键在于每一个语文教师如何把中华文化融于我们的课堂教学，而这靠智慧，更靠积淀。]

[评点：提醒学生做笔记，记 PPT 中的关键词。]

生 2：《孟子》共 7 章，分别为《梁惠王》《公孙丑》《滕文公》《离娄》《万章》《告子》《尽心》。各章又分为上下两篇。作为一部语录体著作，它记录的是有关孟子重要思想的一些言论。到南宋时，朱熹把它与《大学》《中庸》及《论语》合称为“四书”，把读经的传统推向更加狭窄的胡同，成为后世（如明、清两代）科举考试唯一的取材依据。

师：注意，是朱熹提出的“四书”的概念。《孟子》共 7 章，14 篇。

生 3：孟子 44 岁的时候怀着自己的政治理想带领弟子周游列国，游历宋（今河南商丘一带）、滕（今山东滕州）、魏、齐诸国。在齐国的稷下学宫任教期间，被尊为卿，得享相当于上大夫的俸禄。有时“后车数十乘，从者数百人”，往来于诸侯间。其车乘之多，随从之众，已大大超过当年孔子周游列国时的规模。虽然孟子得到了各国君主的礼遇，但其主张终不为当权者所用，其也始终未被重用。62 岁结束游历生活。

师：孟子的周游生活持续了多久？受礼遇而不受重用，为什么？

生 4：18 年。持续了这么久，可以给他俸禄，享有至高的地位，但是不愿意给他权力，不愿让他施行仁政思想。

师：与孔子相比呢？

生 5：春秋时的孔子周游列国 14 年，自己称“累累如丧家之犬”。而孟子周游了 18 年，只是待遇更好些。而他们的主张都不能被当时的君主采纳。

师：可以说，孔子是冷清的孤独，孟子是热闹的孤独。但他们都知道“明知不可为而为之”，这就是先行者的旷世孤独。

2. 理想与现实的矛盾

师：下面比较探究两组问题：

第一组：施行仁政的理想君王应该有怎样的品行？而战国时期，各君王实际上是什么样的？

第二组：孟子描绘的理想社会是什么样的？而战国时期，臣民实际上过着怎样的生活？请同学们用这两组问题梳理一下我们选读的《孟子》文本。

师：完成PPT上的表格：孟子与诸侯王的对话（梁惠王、梁襄王、邹穆公、齐宣王）。

	现实	理想
君主		
臣民		
社会		

你可以选其中的一条做比较。如比较现实中的君王和理想中的君王。你也可以选一个君王在多篇文章中的言行进行比较。给大家十分钟时间梳理思路。

同学们可以交流一下。

生1：我比较的是齐宣王。

师：应该说明你选的是齐宣王的哪个文段。

生2：我选的是《齐桓晋文之事》。

齐王他在现实生活中施行的是暴政。

师：何以见得？文中的关键句、关键词有哪些？

生2：在第33段。“然则小固不可以敌大，寡固不可以敌众，弱固不可以敌强。海内之地，方千里者九，齐集有其一；以一服八，何以异于邹敌楚哉！盖亦反其本矣。”从孟子的言论可以看出齐宣王是一个怎样的人，实行的是什么样的政策，他终日想的是怎样穷兵黩武，开疆拓土。

孟子理想的君王应该是：首先推恩于家，“老吾老，以及人之老；幼吾幼，以及人之幼”；再推恩于动物，“恩足以及禽兽”，还要有“不忍仁之心”，君子远庖厨；然后才能进一步推恩于整个国家，把自己的恩德“及人之老幼”，以仁德治国。这就是儒家所强调的“修身，齐家，治国，平天下”。

师：很好，哪位同学能再说一说。

生3：我选择的是《寡人之于国也》，我说的是臣民。《寡人之于国也》说的是孟子的理想“七十者衣帛食肉，黎民不饥不寒”，人民衣食丰足，但残酷的现实是“狗彘食人食”“涂有饿莩而不知发”，黎民哀鸿遍野。

师：谁还有？

生4：我要说的是梁惠王。选择的文段是《梁惠王·上》第4段。

梁惠王施行的是暴政，他虽然没有用刀剑去杀人，但是他却用暴力的手段使百姓受到了更大的痛苦。孟子问梁惠王："以刃与政，有以异乎?"写了孟子向梁惠王提出尖锐的问题：用刀杀人和用暴政杀人，其结果是一样的。这与孟子的理想相差太远，以至"庖有肥肉，厩有肥马，民有饥色，野有饿莩，此率兽而食人也"，这些句子都体现了孟子对统治者骄奢淫逸的生活的猛烈的抨击，对人民饥寒交迫的生活的深切同情。

生 5：我说的是《孟子见梁襄王》。

梁襄王问孟子怎样能平天下。孟子说："不嗜杀者能一之。"平天下需要以仁政治国的仁君。但整个社会的现实是，今天下的君主没有一个不喜好杀人的。也就是说孟子的理想和现实的差别非常大。

生 6：我说的是《梁惠王·上》的第 5 段。

梁惠王有个大将叫庞涓。这时候庞涓已经死了，在孙膑与庞涓的斗智中，庞涓战败被杀，魏国从此就大伤元气，所以梁惠王就发出"晋国，天下莫强焉，叟之所知也。及寡人之身，东败于齐，长子死焉；西丧地于秦七百里；南辱于楚"的感叹。这时候孟子建议他："王如施仁政于民，省刑罚，薄税敛，深耕易耨。"意思就是让他发展经济，积蓄力量，再进行争霸。这时梁惠王的态度是"寡人使之怨"，意思就是他已经失去理智，拼命地想为死者报仇，没有心思施行什么仁政。

师：严格地说，他也未必是真的想为他的将军和士兵报仇，他要为自己的尊严穷兵黩武。这时可以说他正在困窘中，孟子说只有施行仁政，才会仁者无敌，可他根本听不进去。

生 7：我说的是邹穆公。"邹与鲁哄，穆公问曰：'吾有司死者三十三人，而民莫之死也。"邹穆公想杀百姓为官员立威。但是，"诛之，则不可胜诛；不诛，则疾视其长上之死而不救。如之何则可也?"他也不想想，百姓为什么会见官员死而不施以援手？孟子说："凶年岁饥，百姓转于沟壑，壮者散之四方。"这是有司"上慢而残下"所带来的必然结果，只有施行仁政，民才能"亲其上，死其长矣"，民效忠于官员，才能效忠于国家。

生 8：我也说邹穆公。"吾有司死者三十三人，而民莫之死也"，就是说官吏都死了，但民是见死不救的。所以邹穆公就特别生气，想把民都杀了。而在平时，他的官员是"仓廪实，府库充，有司莫以告"，使百姓"转乎沟壑"，那时，他为何不杀有司以慰苍生呢？何偏袒有司至此？孟子希望"君行仁政，斯民亲其上，死其长矣"。君主施行仁政，百姓亲近他的上司，才乐意为他的上司牺牲，而不像现在这样，彼此都见死不救，彼此都麻木不仁。

师：当上下离心离德时，唯有仁政才能补救。

生 9：我想说《齐桓晋文之事》。从第一句话，齐宣王问曰："齐桓、晋文之事，可得闻乎?"就可以看出，齐桓公和晋文公都是春秋时期的霸主，齐宣王也想称霸。从第 21 段至第 22 段可以看出，他想通过武力手段来实现自己的目的。

师：给大家读一下，“王之所大欲”是什么？

生10：“欲辟土地，朝秦、楚，莅中国，而抚四夷也。”这就是他的大欲。因为孟子想规劝齐宣王，他也得从齐宣王的目的出发。孟子并不反对齐宣王称霸，从第33段“今王发政施仁，使天下士者皆欲立于王之朝，耕者皆欲耕于王之野，商贾皆欲藏于王之市，行旅皆欲出于王之途，天下之欲疾其君者，皆欲赴愬于王：其若是，孰能御之？”可以看出，他是想让齐宣王通过仁政、推恩使国家强大，进而实现自己统一天下的目的。

师：非常好。要先施行王道，最终也就不屑于称霸了。好了，大家讨论得很充分，我们一起梳理一下。孟子理想中的君王，是能够施行仁政，省刑罚，薄税敛。但残酷的现实呢？君王们施行暴政，对外扩张，对内残害百姓。理想的君王是仁君，但现实的君王呢？是暴君。仁君施行王道，暴君施行的是霸道。这就是现实。所以这时候的孟子真的很孤独。孟子的理想很“丰满”，战国时期的现实真的很“骨感”。

[评点：这一部分师生间的对话中，教师时时引导学生在文本中走进走出，没有绚丽的图画和优美的音乐，有的只是那横平竖直的方块字，那纸墨间散发出的圣人穿透时空的伟大思想和万般无奈与忧伤。学生在领悟孟子那旷世的孤独的同时，更会深深折服于其对理想的坚守，对天下苍生的悲悯情怀。但应注意在对话教学中对学生的思维进行引导。我们可以看到课堂上学生的对话大都是单向度的，也就是自说自话。教师在此要引导学生关注互文印证，关注其他的文本中这个人的言行如何，关注他人分析与自己分析的异同，诱导学生多向度的思维活动，学生的思想就会越来越成熟。]

3. 孟子的旷世孤独

师：所以孟子的理想距现实很遥远，在当时可以说少有知音，为什么呢？准备一下，可以上网查阅资料。要求概括自己的观点，按照观点检索关键信息。也可以从老师给大家发的资料中寻找。

谁查到什么资料了可以先说，其他同学边听边查。（用自己的电脑上网检索）

先明确自己的观点，孟子为什么孤独？

生1：因为他明知“不可为而为之”，有一种悲壮之感。我觉得他在那样的时代，理智上他应该能明白自己不能改变争霸的现实，但是他还是很努力地去周游列国，去游说一些君王，想让他们施行仁政。但即使他那么努力，结果还是微乎其微，对君王没有什么根本的影响。

师：明知没有结果还是这么努力，为什么？

生2：因为他有理想，有仁政治国的政治理想。

师：对，孟子的仁政爱民，用孔子的话说就是仁者爱人。但战国时期的现实是残酷的，诸侯王们弱肉强食，只想称王称霸，孟子既然不能改变环境，那就改变自己吧。他为什么又不这样呢？

生3：因为他是思想家，不是政客。他坚守自己的政治理想，所以就更孤独。

师：很好，谁还有其他观点？

生4：孟子不被理解，也是社会原因所导致的。当时的社会，往往是讲仁道的败给不讲仁道的。就是您以前举的那个例子，有一个诸侯王在别人的部队过河时不愿攻打对手。

师：是谁呀？

生齐答：宋襄公。

生4：对，宋襄公。在当时那个社会，他还算是讲“仁”的，而他却遭到惨败，还被后世人嘲笑为迂腐。讲“礼”的，败给了不讲“礼”、也不讲“理”的，后世还有人强词夺理，说什么“兵不厌诈”。春秋末年，许多地广国富的诸侯王干着“为富不仁”之事，还把“为仁不富”当成名正言顺的理由。征战杀伐，使生灵涂炭。

生5：当时诸侯王都与齐宣王一样想闻“齐桓、晋文之事”，想以穷兵黩武的方法来扩大地盘、增强实力，梦想着一统天下。再讲仁政的话，就只能是人为刀俎，己为鱼肉了。

师：因为仁政的远水，解不了兵临城下的近渴。

生6：我觉得，孟子的孤独正在于他生错了时代。《寡人之于国也》最后说：五亩之宅，树之以桑，五十者可以衣帛矣。百亩之田，勿夺其时，八口之家可以无饥矣。对于“五亩之宅”，书下注释说：五亩的地方约合现在的一亩二分多地，按照这个来换算一下的话，百亩之田，也就只有二十亩左右，养活一个人需要我们今天的两亩多的地。人还不能都耕种，还要打仗、服役，再加上当时的物质生产能力极为低下，想要达到孟子所说的黎民“衣帛食肉”“不饥不寒”，真的很难。所以说，按当时的时代特征和经济发展状况，要实现孟子的理想，真的很难。

师：要是孟子生在我们今天这个时代，不仅一亩地就可以养活一个人，半亩地也能养活人，因为农民可以在大棚里一年四季地种时鲜蔬菜，另外国家还给补贴呢。（学生都笑了）

生7：我也认为孟子生错了时代。我刚才在网上查到了战国时期变法的问题。战国时期有很多的变法，比如说楚国的吴起变法，齐国有邹忌的改革，最著名的肯定是秦国的商鞅变法。这些变法运动使得这些国家的中央集权得到了极大的加强，就是说君主的权力越来越大，所以这些君主的霸权思想就更加的强烈。而且这些君主变得越来越暴虐，从网上看到商鞅最后的下场就是五马分尸。秦赵的长平之战，秦国坑杀了四十多万的赵兵。真的就像孟子的那句话“今天下之人，唯有不嗜杀人者能一之”，而统一天下的秦始皇，恰恰是最嗜杀的暴君。在那样一个时代，要想推行仁政，真的是不可能的事。所以说孟子真的是生不逢时。

师：我们总结一下孟子与各位诸侯王的对话，体会他的理想与现实的巨大反差：

	现实	理想
君王	嗜杀好战 率兽食人	仁术推恩 省刑薄赋
臣民	救死不赡 散之四方	衣帛食肉 孝悌忠义
社会	残贼独夫 上慢下残 饿殍遍野	与民同乐 养民教民 仁者无敌

师：在那个时代，什么样的人才能如鱼得水呢？

生齐答：改革家、纵横家、军事家。

师：军事家，像孙膑啊，庞涓啊。还有哪些人？

生齐答：法家。

师：像刚才咱们所说的商鞅、吴起，都是法家的代表，也包括帮秦始皇统一天下的李斯，他们大权在握，权倾朝野。春秋战国时期就是这些人的舞台，孔孟思想被大大地“边缘化”了，他们成了那个时代“最多余”的人。他们是寂寞的，因为他们的思想超越了那个时代，他们生不逢时。

师：老师也检索了几条信息。大家跟我一起看大屏幕，这就是“战国的战争”：斩首6万、斩首10万这样的战役，可以说是小菜一碟。我还检索了“白起”，他被称为“人屠”。据专家统计，他为帅征战各国，就杀了100万人左右。真的是“争城以战杀人盈城，争野以战杀人盈野”，这就是战国。同学们还可以去查。我还检索了“战国的昏君”。战国君王，最不昏庸的还是秦国的君王，代代秦国君王励精图治，征战杀伐，就想称霸中原。

看PPT，《史记》中记载：“当世之时，秦用商君，富国强兵。楚、魏用吴起，战胜弱敌。齐宣王用孙子、田忌之徒，而诸侯东面朝齐。天下方务于合纵连横，以攻伐为贤；而孟轲乃述唐虞三代之德，是以所如者不合。”——司马迁《史记·孟子荀卿列传》

4. 一脉相连的传承

师：孔子曾经去拜访老子，老子说他自己很孤独：

“吾言甚易知也，甚易行也，而人莫之能知也，而莫之能行也。其唯无知

也，是以不我知也。知者稀，则我贵矣，是以圣人被褐怀玉。”——《道德经七十章》

这也可以代表孔子和孟子的心声，这就是伟大的哲学家、思想家的旷世孤独。

师：说实话，其实不仅仅是旷世孤独，中国几千年的封建专制、帝制，孔孟的主张真的得以施行过吗？虽然历代君王们都尊他们为圣人、亚圣，君王施行的其实是：外儒内法，严刑峻法。所以，孟子的孤独实际上是专制帝国时期永远的孤独。但是孟子也有不孤独的时候，他在中国的文化思想史上就一点也不孤独，可以说是前有古人，后有来者，可谓千古有知音。看PPT：

◆敬天法祖，明德保民。——武王伐商
◆天下者，天下人之天下也。——姜太公
◆甘其食，美其服，乐其欲，安其居。——《道德经》
◆民惟邦本，本固邦宁。——《尚书》
◆君者舟也，庶人者水也，水则载舟，水则覆舟。——《荀子·王制》
◆为国者以富民为本。——《潜夫论·务本》
◆民者，国之根也，诚宜重其食，爱其命。——《三国志》
◆天下顺治在民富，天下和静在民乐，天下兴行在民趋正。——明《慎言·御民篇》
◆立党为公，执政为民。——中国共产党的本质特征
◆以服务人民为荣，以背离人民为耻。——“八荣八耻”

孟子的思想在今天有什么现实意义呢？交流一下。

师：2002年，政府全面停止了农业税。

生1：没有饿殍了。

生2：有希望工程。

生3：种地有补助。

生4：有科技下乡、文艺下乡；有线电视、网络进村；运动健身：健身园、游乐园等。关注精神生活建设。

生5：还有住房公积金、安居工程、廉租房、医保等。

师：让老有所安，壮有所养。再看老师整理的相关资料。PPT展示：

(1)老者衣帛食肉。鳏寡孤独废疾皆有所养

2011年凡北京市户籍年满60周岁及以上农村无社会保障的老年人，每月可领310元福利养老金。这个数字还在逐年递增。对身体有残疾、鳏寡孤独的老年人，国家发低保证，有更大幅度的经济补贴。

至2016年8月，延庆区农村60周岁及以上老人可以拿到420元。

(2)五亩之宅

在保护城乡的特色建筑的基础上，改善农村住房条件。公共卫生：厕所改造，沐浴条件改善等。道路建设：公路村村通。

(3)谨庠序之教

义务教育是国家统一实施的所有适龄儿童必须接受的九年义务教育，是国家必须予以保障的公益性事业。义务教育不收学费、杂费，边远贫困地区学生有免费午餐。

(4)薄赋敛

2006年国家全面取消在中国有2600年历史的农业税，种地还有各种补贴。

(5)乐民之乐，忧民之忧

调查消费指数，调查民意，改善民生。传统佳节，普天同庆。

师：从今天来说，我们正在描绘，也正在超越着孟子的理想。所以同学们还可以上网查阅资料来了解我们的国家，了解我们的社会。当然我们还有很多不如意的地方需要进一步的完善，希望我们能更好地接近孟子的理想，并更完美地超越孟子的理想。

[评点：一堂好课要有知识、有方法、有生活、有境界。这一堂课知识丰富，内容涵盖孟子的思想、孟子生活时代的特点、仁政思想的传承……方法灵活而得当，学生广泛的阅读、深入的比较，师生间、生生间的多重对话及网上查阅资料，这一切始终牵着学生的思维，使其处于一种积极的学习和思考状态。引导学生以古看今，关注现实，正视现实，传递正能量，贴近生活，境界高远。美中不足的是常常能感觉到教师的话语霸权。若能再让学生思考交流得更充分些，课堂效率会更高。]

5. 课后作业

1. 选读《孟子》第20章，做摘记，写感受。

2. 写作文：以“对话”为话题作文：与历史对话，可以让人明是非，知兴替；与名著对话，可以缩短时空，领悟人生；与心灵对话，可以让人自省，让人的心灵纯净；与有智慧的人对话，可以让人一直处于精神与道德的高峰。仔细体会关键词，把阅读积累和作文结合起来，选材有新意，立意有思考，扣题要巧妙。

可以写成读后感的形式，也可以写成历史散文或者小论文。800—1500字。

（评点：张合金）

三、专家点评

关注问题类型，促进学生思考品质提升

在专题教学中，教师关键的教学行为是促进学生问题意识的培养。沃特曼等人把以问题为基础的学习分为两类。一类是问题激发的学习，需要解决的都是结构良好问题，有明确的初始状态，明确的准则与解决步骤，可以确定答案正确与否。学生借助高度结构化的学习材料，形成解决问题的技能和获得知识的基础。另一类是以学生为中心的学习，需要解决的大多是结构不良问题，问题的初始状态或目标状态是模糊的，或者是没有明确的解决方法和途径的。此类学习强调形成终身学习的技能，学生需要更为主动地澄清问题，寻求问题的解决方法，获取问题解决的资源。在专题学习中，教师要关注结构不良问题。这些问题与学生的生活密切相关，具有强大的思维张力，能够更好地激发学生的探究意识，需要克服一定的困难与障碍，通过对已有知识经验的重组加工，找到解决问题的方法与途径。这样的问题一旦解决，个体的认知结构就会发生变化。陈老师在本课中引导学生解决问题，收到了很好的教学效果。

1. 关注学生提问，明确所问问题的类型，指导学生的学习方向

学生能提出问题，就说明学生在阅读中有了自己的思考，把书读进去了。在阅读过程中，教师需要根据学生的学习进度、问题困惑，适时适度地提供帮助，搭建问题解决的工具支架，提供具体的方法和策略。对于结构良好问题，教师要及时提供背景性、知识性阅读材料，为学生全面、深入地了解文章的内容和主题打好基础。在这方面，陈老师带领学生就孟子为什么会有旷世的孤独做了深入探究。对结构不良问题，教师要进行指导、点拨、组织讨论，最大限度地保持学生阅读的热诚，促使学生深度参与学习，创造性地思考问题解决的途径。对孔孟思想的传承与发展的问题，师生能思考历史，联系现实，使思维的触角伸展得更远、更深。

2. 把握学习进度，捕捉学生的共性问题，激发持续阅读的兴趣

由于学生的阅读理解水平不均等，在自主阅读中，教师要把握学生的学习进度，关注学生阅读的速度，不仅要有针对性地个别指导学生，更要及时收集归纳学生的问题。针对浅易问题，为学生提供交流的机会，互助解决，再让学生提出自己还有哪些难以解决的问题，把学生中的共性问题整理成需要帮助学生解决的核心问题，将学生的阅读引向深处。教师若结合专题特点，提供思辨性阅读材料，学会联系地、发展地思考问题，那么，学生的综合分析能力会得到进一步提升。陈老师这节课，能从历史唯物主义的角度，以发展的眼光指导学生研究问题，思考问题。学生的思辨能力、批判能力都得到了很好的锻炼。

（谢　谊）

第三节　自学与教学

——阅读中转变教学方式

一、教学思考

学生的阅读表现力是一项综合性很强的能力。陈延军在《培养学生的读写表现力》一书中谈道，阅读表现力可分为五级："认读表现力、理解表现力、鉴赏表现力、思维表现力、活力表现力。"①

这五级表现力对高中语文专题教学有很强的指导意义。在专题教学中强化认读表现力、理解表现力，专题阅读才不会流于空泛，才能真正地深入文本中去；强调鉴赏表现力，能更好地提高学生的评判能力，促进个性化解读；强调思维表现力、活力表现力，既能帮助学生改善思维品质，更能实现课改一再倡导的"应用与实践，开拓与创新"的目标，培养学生对知识的迁移和转化能力、吸收和运用能力，使学生在有所创新、有所创造的基础上，促进人格的健康发展，以培养有生机、有活力的一代公民，这也是我们每位高中语文教师的最高追求。

在专题教学中，教师更要把课堂还给学生，在改变教学观念的过程中，真正改变教学方式，让课堂成为师生共同成长、共同发展的殿堂。

下面以我的两个专题教学"老庄散文阅读专题""梁衡散文阅读专题"为例，谈谈自己的教学实践与思考。

(一)在阅读教学中培养学生的认读表现力和理解表现力，进一步培养学生良好的阅读习惯，改变他们走马观花式的不求甚解的阅读积习，重点在于教师要通过具体的指导和个体点评来帮助学生培养良好的阅读习惯

"认读表现力，是指对阅读材料的语言文字进行感知的能力，它在阅读过程中是初步的，也是最基础的能力。理解表现力，是构成阅读表现力的核心部分。"②阅读过程是一个由形式到内容，再由内容到形式这样一个在循环中反复理解并逐步深化的过程。要想理解文章内容，了解他人的思想经验、情感体验，就要先从语言入手，引领每一个学生真正地走进文本，以期深入地完成个体阅读。没有个体的、个性化的独立解读，就匆忙地合作交流，只是一种红火热闹的虚假繁荣罢了。圈点评注，就是学生在初步阅读中理解文本的最好的表现形式。

---

① 陈延军：《培养学生的读写表现力》，北京：北京教育出版社，2004年版，第45页。

② 同上书，第46页。

我在这两个专题的阅读教学中，做了这样的指导([ ]里的内容是我对学生的点评所做的评价)，以期达到让学生深入理解文本的目的。

读梁衡散文《二死其身的忠臣彭德怀》一文：

1. 在庐山会议上，他七次发言，直陈其弊，就是涉及毛泽东也不回避——“现在是个人决定，不建立集体威信，只建立个人威信，是很不正常的，是危险的。”——这真的是一封信，一封因公而呈私人的信，抬头是“主席”，结尾处是“顺致敬礼！彭德怀”。

[评]面对当时被神化的毛泽东，彭德怀毫不避讳，将批评的矛头直指毛主席。他认为毛主席将自己的权力扩大化了，将党的威信变为个人威信、将民主变为专政的做法是不可取的。在当时，说这样的话需要多大的勇气与胆量啊！但彭德怀毫无畏惧，直陈其弊，体现了他的理性与直率。从前在延安可以推开窑门一同议事，现在却只能唯唯诺诺地给主席写信；从前喊的是“老毛”，现在称的是“主席”。[只能说是“无奈”，不得不称“主席”，不敢，也不能再称“老毛”了，环境使然。]时代变了，政治地位不同了。毛泽东是主席，彭德怀是国防部部长。二人的所思所想，可谓是交点越来越少。

——古典

[毛泽东的自我膨胀，将一位忠诚之士的赤子之心拒之门外。我想，这是那个时代最可悲的地方。]

[这两处看似矛盾，一是他七次发言直陈利害的刚猛，一是不能再呼“老毛”，只能称“主席”的无奈。这更能反映出当年历史的真实情境，毛泽东主席的威严在不断攀升，彭德怀却在坚守自己说真话、说实话的信条。他可以在称呼上改变，却绝不在真理面前退让。]

2. 随着历史的推进，人们才越来越明白，彭德怀当年所面对的绝不是一件具体的事情，而是一种制度、一种作风。

[评]那是一种什么样的制度？那是一种什么样的作风？用耳塞将耳朵堵住，拒绝听实话，让浮夸之风从北吹向南，从东吹向西。在那个不理智的年代里，彭德怀做了多少具体的事情，他承受着怎样巨大的压力。——杨开心

[梁衡让我们这些90后走进了那个疯狂的时代。阅读让我们穿越时空，认识社会和人生。]

3. 现在彭德怀把军功章全部上交，这是一种莫名的心酸。

[评]他将自己的军功章全部上交，表明他即便舍弃自己的全部政治资本，也要坚持自己的立场。这是他用生命带领着红军，带领着八路军，带领着解放军，带领着志愿军换来的。然而，这又多么让他无奈与心酸。如果那个时代能清醒些，能听进去他的一言半语，他又何必如此决绝？[这份决绝，更看出了元帅的坚定，看出了“虽千万人，吾往矣”的坚定。]那个时代，为何要如此为难一个忠诚的元帅？[感情真挚，好！]——路文

学生在读老庄散文时做的评点：

1. 我宁游戏污渎之中自快，无为有国者所羁，终身不仕。

[评]这句话体现了庄子的名利观，他是一个安贫乐道、淡泊名利的人，正是因为他爱这个社会，爱社会中的苍生，所以他才不能容忍统治者的肮脏，才不肯与他们同流合污。[看到了庄子冷面背后的热诚，好!]——刘逍遥

2. 庄子曰：秦王有病召医，破痈溃痤者得车一乘，舐痔者得车五乘，所治愈下，得车愈多。子岂治其痔邪？何得车之多也？子行矣。

[评]面对小人得势，庄子言辞犀利，对这样的人，何须讲理，果断辱之。[看来你是庄子的铁杆粉丝了。]——谢子盟

3. 祸莫大于不知足，咎莫大于欲得。

[评]有的时候，人要懂得知足，一味地不满足，会让我们对生活失去情趣，变得追名逐利。这个世界很少有什么东西是我们应该得的，温暖的亲情、真挚的友谊、甜蜜的爱情，没有什么是理所应当的，[好！冷静理智。]我们要学会对这些恩赐感到知足，对生活要有一颗感恩的心，不要只知道抱怨自己没有的东西，甚至于为得到自己想要的东西而不择手段。——卫立国

从这些评点中，我看到学生基本理解了文本的内容，理解了文本所蕴含的情感。括号里的内容是我因为学生的评点而生发的感受。这样一个交流的契机，这样一种交流的方式，让我们师生成为知己，共同进步。

从这些评点中，我看到了学生在初步认读中对文本的深度理解。在专题阅读教学中，认读表现力和理解表现力基本落实到位了，为专题教学的纵深阅读与深入探究打下了很好的基础。如果没有这个环节，专题教学就可能空洞无物，成为无根的浮萍和地基不稳的大厦。

（二）在专题阅读中，鉴赏评价的方式力求多样化、多元化，这样能更好地调动学生评点的积极性，激发学生学习交流的热情

“鉴赏表现力，又称为评判表现力。是阅读表现力的重要能力，是指阅读中的鉴别、评价和欣赏的能力。”①理解是以读懂为目标，而鉴赏则是对文章的整体评价和赏析，是以读懂为基础进行的自我评价与鉴赏，有明显的个性特点。鉴赏是对理解的深化，可以使认识达到理智的评判，使感情得到升华。

下面以老庄散文的专题鉴赏评价为例，谈谈我的实践操作：

1. 师生交流——智慧沟通

评价不再只是碎片化的圈点评注，师生要在阅读鉴赏中有智慧的交流，帮助学生提高鉴赏表现力，给学生的成长以积极的引导，使他们从经典阅读中得到人生成长的精神养料。

① 陈延军：《培养学生的读写表现力》，北京：北京教育出版社，2004年版，第51页。

(1)天地与我并生，万物与我为一。

[评]物我合一，人与自然融为一体，和谐相处，天赋人权，天赋物权，尊重众生。——赵瑾

[不要只以人类自己为中心，以牺牲其他物种的生存权来换得人类一时的享乐。现在每一个小时内都有一个物种因人类的“侵略性活动”而灭绝，今天丧钟为它们而鸣，明天丧钟就会为我们自己而鸣呀！天赋物权，种群平等，那时，我们的地球才是一个真正和谐的大家庭。你概括得非常好。]

(2)举世誉之而不加劝，众人非之而不加沮。

[评]我们往往太在意别人对我们的目光，也常常因为别人的看法而扭曲或摒弃自己的初衷，可是人活一世，若不能享受自己的人生，这该是多么可怕的事。受不同人的看法的影响，为不同人所驱使，那你活得便不是自己，而是很多个其他的人的合体了。像河南兰考县收养百余名孤儿的袁厉害，几十年无人过问她那因无私而致穷的困境，却在其中几个孩子意外烧伤后追究她非法领养的责任。然而她却说：“我凭良心收养这些孩子，就算是枪毙我，我也不后悔。”只要是自己认为正确的，无愧于天地、无愧于内心的事，我们就该勇往直前地进行下去。——杨佳鸣

[收养孤儿责任重大，更要非常谨慎，不让孩子出意外，否则自己的良心也会受到谴责，用不着法律处罚就已经很不安了。这不仅是“举世誉之”或“举世非之”的问题了。当然我也和你一样支持袁厉害的做法，她为我们的社会填补空白，做事的人可能百密一疏，不做事的人一身轻松，我们的社会当为袁厉害创造更好的“做好事”的环境，而不是出了事就只有批评。袁厉害坚持，我们支持，更需要我们的社会有更为健全的法律法规，来为有爱心的人保驾护航。]

(3)不乐寿，不哀夭，不荣通，不丑穷。

[评]这是庄子朴素而智慧的人生观。不因长寿而快乐，不因死亡而哀伤，不以通达为荣，不以贫穷为丑。坦然面对生活，不论生死存亡，穷达富贵，这是我非常欣赏的人生态度。在当今时代，人人在物质的追求上费尽心机，于是便丢失了这份面对生活的坦然，也许有人会觉得如此的坦然便是庸碌无为，但我以为这是一种生活艺术，宠辱不惊，清淡出尘，不让生活被时代的物质取向所左右，不让精神被名利所束缚，这种精神上的自由，是我们应向庄子学习的。——古典

[庄子的这份心态，不是我们一时所能修炼得来的，但我们可以在心中留一方天地给庄子。当我们遇到困境时，他的话或许能让我们多一份从容和坦然，而后再轻装上阵，执着地去追求学业有成和事业成功。多看重过程，少强调结果，对名利得失看得轻些，你就会只累身，而不累心。]

在教师指导评点过程中，除了对学生的理解给予肯定和赞赏，还要有认

识上的引领，不能全是一路表扬，红旗满天。教师要能对学生在认识、理解和运用上的不足给予适当的指导。当然在专题教学中，我们高中教师的水平也是相当有限的，每一个专题对我们来说都没有“教学参考”，需要我们自己去收集整理，阅读思考，我们也要与学生一起学习、一起成长。师生一起在经典阅读中，共同提高阅读鉴赏表现力、评价表现力。

2. 小组研读——启发心智

促进学生间的交流与合作，是对个体阅读、鉴赏评价的进一步发展，在此基础上欣赏同学们的不同见解，看百花齐放，在百家争鸣中汲取更多营养。

(1)知人者智，自知者明，胜人者力，自胜者强。

[评]这句话的意思是，了解他人的人是智慧的，了解自己的人是聪明的，战胜他人的人是有力量的，战胜自己的人是真正的强者。这句话是奉劝人们要有自知之明，要懂得挑战自我。——杨雅男

战胜他人的人是高手，战胜自己的人是高手中的高手。——郑巧依

我最喜欢老子的这句话了，这是对一个人在为人处世中，如何看待别人、如何看待自己的最完美的诠释。我们总说世界上最强大的敌人是自己，殊不知，老子在两千年前就做了最好的注解。在当今这个纷繁的世界中，人们总是把眼睛放在别人的身上，研究别人，借他山之石来攻自己之玉。我却觉得真正懂得自己，不断攻克自己的人，才能真正有所成就。——王烨

[苏轼说：“古今立大事者，不惟有超世之才，亦必有坚忍不拔之志。”这种坚忍，正是不断战胜自己才能成就的。]

(2)上善若水，水善利万物而不争，处众人之所恶，故几于道。

[评]最高尚的善就像水一样，水是滋养万物的源泉，但它却身处低洼之地，与世无争，人也要这样，放低自己的身段，越是强大的人就越是谦恭，他们像水一样柔软，包容万物。(如，我们常说的德高望重、德艺双馨的老专家、老艺术家)“天下莫柔弱于水，而攻坚者莫之能胜”，越是强大的人内心越像水，看似柔弱，实则能以柔克刚。柔，也有不可战胜的力量。——杨开心

世间万物最柔软的是水，而最坚强的也是水，正所谓水滴石穿。我相信，林黛玉在无数泪珠的掩盖下，有一颗执着坚强的心，为了她心中所爱，她在礼教森严的贾府勇敢无比；而貌似刚强的凤姐，却软弱得很，她只能用铁拳护住自己的玻璃心。——朱鹏飞

[没有黛玉在“锋刀霜剑严相逼”中对爱的坚守，就没有了以泪还债的绛珠仙子，黛玉有流不完的泪，而泪未尽之时又继之以咳血。这血与泪，是一个寄人篱下的女子最撼人心魄的爱情誓言。她柔情似水，但又坚如磐石。]

(3)祸兮，福之所倚；福兮，祸之所伏。

[评]不要为自己得到的东西而沾沾自喜，不要为自己丢失的东西过于伤悲，有得就可能有失，阿Q一些吧，旧的不去新的不来。表面上的祸患，也

有可能会变成好事；而天上掉下来的，也不一定都是馅饼，还有可能是陷阱。——张海森

哲人说，矛盾的两个方面是相互依存的，在一定条件下又相互转化。老子在两千年前就说出了这个道理。而在我们现实生活中有多少人因为有了好事而得意忘形，最终却身败名裂，以致命丧黄泉。《庄子》寓言中“螳螂捕蝉，黄雀在后”，说的就是这个道理。北宋就是在一片歌舞升平中走向积贫积弱，最终在金兵的铁蹄下消亡。谁都有走运的时候，但别忘了风水轮流转，福后祸就可能要来了。——王恒志

[老子的话和王恒志的解说，都有一种不可知的宿命论在里面，但这也是提醒我们要有忧患意识，这样我们才能不断地开拓新的局面，取得新的成绩，而不会陷入成败、祸福循环往复的怪圈。]

在这样的交流中，学生见仁见智，这样的交流也是智慧的碰撞，在相互补充中，更多了对彼此的欣赏，更有利于促进同学之情、师生之谊。当然教师的引领要力求有实效，能在认识上给学生以启迪，这样学生的思考才能更深入。今天，我们学习经典的目的在于从中借鉴先贤的智慧，让他们的哲学思考对我们当下的现实生活有一定的指导意义，同时也在借鉴中取其精华，去其糟粕。

3. 网络交流——百家争鸣

课内交流只是第一课堂，虚拟世界还有无限空间，这样百家争鸣、千妍竞放，更便于开阔眼界，尤其是对于我们远郊的学生而言。

下面是对“老子名言”的解读，学生在这样的训练中培养了质疑意识，提高了批判精神，也学会了如何客观公正地评价。对这样的思辨，学生很感兴趣。

(1)“夫唯不争，故天下莫能与之争”，它一方面表现了国人的不竞争心理，另一方面不争小利而得大便宜，表现了国人的狡猾。

[批驳]我不同意这种看法。老子是在启发我们，在追求人生目标的过程中，不要四处树敌以显示自己的优越，要淡然一些，踏实地去做事，方可到无人可至之境，只要安心地去做，心无旁骛，终会到达一个无人能及的境界。踏实，是做事之本。——王祺韬

(2)“挫其锐，解其纷，和其光，同其尘”，即挫掉锐气，超脱纠纷，收敛光耀，混同尘俗。浑浑噩噩的中国社会把人的生气、个性、棱角和创造性全部磨灭、消解。

[探讨]这种看法有一定道理。但我觉得，“挫掉锐气，超脱纠纷，收敛光芒，混同尘俗”，这是老子所提倡的安贫乐道、淡泊名利，不为世俗名利所束缚，超脱一切，独善其身的生活态度。这便是老子的处世观，一切和和气气，无锐利、少锋芒，便无纠纷、无矛盾，这是一种自然和谐的生活状态。——

程喆坤

[这是一种超然旷达的人生境界，在存在激烈竞争乃至恶性竞争的今天，这样的生活态度仍有积极意义。]

(3)“师之所处，荆棘生焉；大军过后，必有凶年。”中国乃战争之国，每一个朝代兴起、每一次接班人之争，几乎都会伏尸千里，流血成河。中国人几千年悟不出使政权平稳过渡的办法，这是我们智力的缺陷。

[探讨]这个说法有一定的道理。老子这句话是说军队所过之地必有流血，军队所过之后，必定会带来凶年。中国古代经历了多少朝代的更替，而每次的更替必定会带来战争，带来流血牺牲。老子生活在春秋战国时期，那时候诸侯王争霸，诸侯国间摩擦不断，这必会带来流血和死亡，老子正是认识到了这一点，才提出了这种观点。老子渴望和平，渴望让百姓过上安宁的日子，但中国的政权更替，从来都没有做到这一点。老子的理论不符合当时“春秋战国”的国情，这就成了老子不被理解的原因。——付景鑫

[我们今天正在建设民主法治社会，也在进行政治体制改革，“中国人几千年悟不出使政权平稳过渡的办法，这是我们智力的缺陷”，这种情况会得到根本的改变。]

(4)“欲上民，必以言下之；欲先民，必以身后之。”意思是，要统治人民，就先用言辞表达对人民的谦虚；要领导人民，就必须将自己的利益放在人民的利益之后。可见，封建统治者总是在利用人民、欺骗人民。

[批驳]我觉得“利用人民、欺骗人民”这种评价太偏激了，我不赞同。这句话的意思是，要统治人民，就先要对人民谦虚，以民为本；要领导人民，就要把自己的利益放在人民的利益之后。《曹刿论战》中，曹刿认为作战的先决条件是“小大之狱，虽不能察，必以情”，他同老子一样认为人民是君主的根基。荀子也说“水能载舟，亦能覆舟”，要想君临天下，就先要做到以民为本。范仲淹在《岳阳楼记》中提到“先天下之忧而忧，后天下之乐而乐”，这样的名利境界与人生境界，又与老子“欲先民，必以身后之”有何不同？(而这些人都是我们中华民族的脊梁，是我们民族最宝贵的精神财富。)想领导全体人民，就要先把人民的利益看得最重，只有取信于民才能干一番事业。——张海森

[如今，老子的观点仍有很强的现实意义，政府如果不能为人民服务，丢了“从群众中来到群众中去”的工作作风，丢了“执政为民”的工作宗旨，那么就不是一个好政府。]

这种多元交流，重点在于鉴赏评价的多样性，这样学生的视野会更开阔，交流沟通的渠道会更多，学习探究的兴趣会不断被激活，也让现实课堂与网络世界有效地结合起来，这对远郊区县的学生尤为重要。学习的过程不在于学的结果，而在于在这一过程中学生体会感悟到了什么，这里有智商的培养，

更有情商的积淀。而敢于发表自己的见解，大胆质疑，这种批评精神要在课堂中真正落实，这样学生才是有生机、有思考力、有创造力的公民，这正是我们民族最为需要的，是我们的教育最应该培养的。

(三)思维表现力与活力表现力，更可见学生对文本理解的深度与广度，更能体现学生形象思维与逻辑思维的提升，更见其创造能力的迸发

学生的创造性，重点体现在专题阅读与现实生活构建的各种联系中，而学生个体的精神感悟，更体现在新的语文学习环境中的创造性展示。这种运用能力与创造能力，是学生个体悟性使然，更是教师引领与激发的结果。

“思维表现力，是人类进行一切活动都需要的一种表现力，它贯穿于认读理解和鉴赏的全过程”，是构成认读、理解、鉴赏、评价表现力的重要智能，它又包括抽象思维表现力和形象思维表现力。“活力表现力，是指读者能够把经过认读理解、鉴赏评价而贮存起来的各种知识，根据需要灵活提取并使用的能力。”①我们进行专题阅读教学的目的在于吸取，而吸取的目的在于运用。从一般意义上讲是学以致用，从心理学的角度上讲，是学习上的迁移和转化，这也是基于学生个体运用的又一次创造。

1. 在对文本的鉴赏评价中，看学生的思维表现力，要看形象的解读，更要看理性的思辨

这种思维的深度和广度以及认知的深刻透彻，在梁衡专题的阅读鉴赏中得到了很好的展现，尤其是专题演讲(每天课前十分钟，有一个学生以这个专题中的篇目为内容做演讲，针对梁衡专题，我们进行了两周)，学生的形象思维和逻辑思维得到了很好的提高。

学生在读了《觅渡，觅渡，渡何处?》一文后，路雯做了长达二十几分钟的演讲，我节选了她演讲稿中的几个片段：

先从正面看，瞿秋白给作者梁衡、给读者路雯的震撼：

[片段一]文章开篇就让我们感到沉重：“常州城里那座不大的瞿秋白纪念馆我已经去过三次。从第一次看到那个黑旧的房舍，我就想写篇文章。但是六个年头过去了，还是没有写出。瞿秋白实在是一个谜，他太博大深邃，让你看不清摸不透，无从写起但又放不下笔。”文章开篇，作者就交代了这篇文章的创作历程，我与作者同游了“瞿秋白纪念馆”，也感受到了作者内心的纠结。历时六年，郁结于胸，想写却又不知从何下笔，表明作者对瞿秋白的感情是十分真挚、十分沉重的，因为在最沉重、最悲痛的感情面前，任何语言都显得苍白无力。作者在开头就营造了一种悲怆、沉痛的氛围，也奠定了本文悲剧的基调。

[没有想象不能读诗，同样，没有想象也不能读文，没有感同身受的体

① 陈延军：《培养学生的读写表现力》，北京：北京教育出版社，2004年版，第52页。

会，也就走不进作者的内心世界。形象思维很重要。]

[片段二]让我们再来看秋白命运的转折点："他随即被王明，被自己的人一巴掌打倒，永不被重用。后来在长征时又借口他有病，不带他北上。——是自己的人按住了他的脖子，好让敌人的屠刀来砍。而他先是仔细地独白，然后就去从容就义。"历史是为了创造伟人，才会如此磨炼瞿秋白吗？他所面对的逆境，不是前进途中遇到的逆风、逆浪，而是在革命阵营内部。他是被自己人所害，是长征前特意甩掉的包袱，是被母亲推出怀抱的孩子。

[这个比喻非常好，非常形象，让所有爱秋白的人心痛不已。]

从这些鉴赏文字中，我们能看到学生对瞿秋白的认识既形象又深刻，学生对文本整体的感情基调把握得也准确到位。下面我们再看学生的两组对比赏析，和路雯一起感受瞿秋白有怎样一个丰富的大脑，有怎样一颗赤子之心，进一步体会学生思维的张力与活力。

从侧面，通过对比看瞿秋白是怎样一个青年才俊，在民族危亡之时，他又做出了怎样的选择，路雯又是如何认识和评价的。

[片段三]"鲁迅与他之间的敬重和友谊，就像马克思与恩格斯一样的完美。秋白夫妇到上海住鲁迅家中，鲁迅和许广平睡地板，而将床铺让给他们。秋白被捕后鲁迅立即组织营救，他就义后鲁迅又亲自为他编文集，装帧和用料在当时都是第一流的。"作者用另一位伟人对秋白的尊重、敬重来侧面描写秋白的人格魅力。人以群分，物以类聚，虽然鲁迅的年龄要比秋白大十五岁，但像瞿秋白、鲁迅这样心中只装着民族的伟人，即使年龄相差很大，也惺惺相惜。还好！还好！我作为一个高中生，一个还有些青涩的读者，我真切地感到：鲁迅能在秋白那短暂的生命中与之交会，也许这样秋白就不那样的孤独了吧，我为秋白感到庆幸，也为鲁迅先生有这样的忘年交感到幸运。而我也为我们民族在那个黑暗污浊的时代，看到这两位时代的巨人握手，激动不已。

[这样的评点，让人感动，读者与作者、与鲁迅和瞿秋白两位巨人，三位一体，心神相通。学生能真切、真诚地把自己融入其中，达到了阅读的最高境界。]

[片段四]"秋白与鲁迅、茅盾、郑振铎这些近代文化史上的高峰，也是齐肩的啊，他应该知道自己身躯内所含的文化价值，应该到书斋里去实现这个价值。"秋白他面对人民的疾苦与党的现状，如飞蛾扑火一般跃向了深渊，以没落世家子弟之身受劳苦大众之苦；以一柔弱书生之肩膀担当领袖大任；以学富五车名满天下之躯充当普通战士，去做生死搏斗。他明知他的自燃也许连星星火光都不会有，却还是拼尽最后一丝力气，用尽最后一点知识，将自己的生命全部投入革命中。直到最后一丝力气被抽干，他坦然面对死亡，化作一颗星星，高挂在历史的长河中，为人们照亮黑暗。

在梁衡笔下，在小路雯的鉴赏文字中，秋白的一生是超越民族功利与个人名利的，秋白的不朽正在于他对人生意义和价值的不断追问，他是一个在过程中永远地不懈跋涉的高贵的灵魂。在秋白面前，我们这些以成功为目标而苦苦跋涉的人们，何其卑微。在路雯演讲的最后，她讲了这样一段话：

［片段五］生命是伟大的，更是渺小的；生命还是动态的，是不可预知的，这一点也许就连秋白自己也不知道吧。“瞿秋白以文人为政，又因政事之败而反观人生。……他又说了一些看似多余的话，他觉得探索比到达更可贵。”不是我们每个人都能通过自己的不懈努力到达成功的彼岸，就如我们只能记住冠军的名字一样，我们所看到的、记住的都是到达的人的名字，可是总要有许多人为到达做前期的探索，如“神五”的成功，人们记住了杨利伟，却没有谁会记得那些在实验室、在检修室、在观测室里忙碌的人。秋白就是探索中的人，他本身并没有到达任何一项事业的顶峰，可是他却用他的精神内涵、用他的人格魅力，让我们永远铭记。

可以看出，学生已经从瞿秋白的事迹，从梁衡的笔下，延展到对社会和人生的深入思考，在每一个民族发展的历程中都有无数个小我，无私地融入历史发展的洪流中，成就了民族的大我，他们淹没了自己，却成就了历史。今天，我们拨开尘封的历史，再现秋白的光华，当谢谢梁先生。作为教师，我读梁先生的文章有享受，更有崇敬，听我学生的演讲也是享受，还有幸福感、自豪感，因为我看到了他们的成长。

总之，学生对文本的理解深刻与否，反映在他们对人物精神世界的探索上，而这种求索，有他们对现实世界的联系与比较，有对同时代人、对自我的解读。而这种理性思辨的张力与活力，是需要学生有对人物经历、人生选择、生命意义、价值取向等多方面的思考。而学生能明白，瞿秋白的不朽，正在于他对人格内涵的无穷探索，秋白的《多余的话》，更给了我们无限的思考空间。作为高中生，能这样深入地思考，让我大感欣慰。而这样的思考，对学生今后的人生价值的选择也是有指导意义的。永远的瞿秋白，可敬的梁衡，给我们师生以永恒的精神力量。而在这样的文学鉴赏中，学生的形象思维、逻辑思维，以及辩证思维，都得到了很好的锻炼和提升。

2. 学生的活力表现力体现在学以致用的创新能力

在个体生命成长过程中，文学作品的阅读能给学生带来怎样的力量，关键在于学生能否在新的语言环境中把所学激活，并能用清晰流畅的语言，把自己的感悟和体验表达出来，以展示自己对社会和人生的认识，在学以致用中有所创新。

其实我以为成熟在于学识的丰富，在于阅历的增加，更在于有贡献社会的心。老子也曾说过：“有之以为利，无之以为用。”庄子在《人世间》中写道：“人皆知有用之用，而莫知无用之用。”因此，我认为，世人大多不成熟。或许是太执着于某种东西，不愿付出，只想回报。有因利而弃道德于不顾的“五毛党”们，也有昧了良心卖掺了假的毒大米、毒奶粉之徒，还有为饱口腹之欲而大肆吃喝的“公款族”——一个个为有用之事，付出太多。(他们付出了健康，付出了良知，乃至于付出自由，付出生命。)他们穷其一生，为自己心目中的“成熟”而不成熟。我想，成熟不难，只需放下自己心中的“成熟”，做一些看似对成熟无用的事，不要过多地追求那“有之以为利”，追求那狭隘自私的“利”。(放眼长远、长久之利，能如同仁堂一样，有“修合无人见，存心有天知”的成熟的经营理念，这样会救活多少濒危的企业，能拯救多少将要泯灭的良心！)

——赵秀芳：《成熟之于人》，2012年高三西城期末作文

越秀芳同学尝试着用老庄思想来思考现实中的困惑，来揭示现实社会中的丑陋，这就是活学活用。

“猥以桑榆之晚景，配兹驵侩之下材。”面对再婚的不自由，她更是绝不含糊地用行动证明“我”的立场、“我”的尊严。当她将纤细的双手伸进无情的枷锁时，当她毅然决然要和那个欺骗她感情的“驵侩”小人张汝舟同归于尽时，她昂首挺胸，她毫不迟疑。因为她知道，欺骗就是爱情的终结点，即便用自己的名誉和地位破釜沉舟地一搏，她也在所不惜。面对爱情，她追求高质量，即使在南宋那样一个理学的时代，她也绝不放弃“我”的权利。

可是细想，现在有多少爱情不是在凑合中度过的呢？我们这个时代，有些女性真是贤惠得很，男士腾达了，自认为是成功人士了，就“理所当然”地找起了“小三儿”。可是妻子呢？“幸运”的仍蒙在鼓中；“不幸”的便还要承受着这个事实自欺欺人地度日，她们为的可能是丈夫的财产、地位，可能是幻想着那再也不能挽回的爱情。更有那些可恨也可鄙的“小三儿”们，甘心做着别人的金丝雀，只为钱来。他们都在婚姻中选择了“无我”而“有利”。但真正的爱情不能凑合，真正的爱情更不能为名利所玷污，李清照早在一千年前便给女性立下标杆，她要在婚姻中追求“我”的尊严，她更要以自己的名誉和地位来捍卫这种尊严。她宁可人在暮年“冷冷清清，凄凄惨惨戚戚”，也绝不让自己的情感之花在精神沙漠中枯萎。

——聂康：《“无我”，还是“有我”》，2013年高三西城一模

聂康同学在“无我，还是有我”的思考中反省着现实社会中的人生观、爱情观。李清照成了我们时代的新女性，而我们身边的一些女同胞们却要在好逸恶劳中为名、为利而放弃自己的人格尊严，时代是在进步，还是在倒退呢？

活力表现力的“活力”二字，正体现在学生用专题阅读吸取的精神营养来反观我们的现实生活，通过创造性地运用来洗涤、净化我们的生命空间，这样的思考才是最有意义的，而这种思考力也很好地展现了学生的批判精神和创新意识。

我认为，这种创新能力主要体现在这些方面：专题阅读的积淀要在新的语言环境中运用，并且能创造性地使用。创造性，体现在切合作文题目的要求，能创造性地表达自己的思想认识，展示自己的阅读感悟。创造性，还体现在作文中能有严密的逻辑思维，即能与其他材料和谐统一。创造性，更体现在阅读经验与个体感悟的高度融合。一切阅读，都熔铸了我们的精神世界。古圣先贤，英雄豪杰，给我们以怎样的人生启迪？这是每位学生和教师都要思考的。每一次阅读，都是一次心灵的提升。语文的工具性和人文性，让每一个教师与学生内外兼修。

我也写一些下水文，就是想给学生做一个样子，让学生专题阅读的收获不再是碎片化的、应试性的，而是实实在在地与我们的人生、与我们的生活对接上。要想提高学生的活力表现力，那就得先从教师做起，“老师也作文”，在“下水”后看自己为什么“湿了鞋”，对作文过程的体验比作文结果的展示更有指导意义。

我的下水文：

无我，还是有我

陈金华

“我”，查《现代汉语词典》，有这样的解释：我，第一人称代词，自己。还有两个词条：我们，我行我素。在共和国发展的轨迹上，确实有人敢代表大众的利益，坚定地“我行我素”，展示“有我”的态度。尽管有些时候，这个“我”“我们”中的大多数还在“无我”的迷茫、昏聩中狂欢，而正是因为一些人在踽踽独行中坚定地展示了“有我”的立场，没有作“无我”的逃兵，才给我们民族指明了前进的方向。

他们对“我的态度”的表达，对“我的责任”的坚守，为后人留下了一座座血染的路标。

当一个民族要跑步进入共产主义、亩产万斤时，集体性的自我膨胀让一个民族失去了理性的判断：庐山会议后，彭德怀在西郊挂甲屯种三分地，用自己诚实的劳动，打破亩产万斤的神话，告诉人们一个萝卜没有千斤重，一个娃娃就能抱得动，用不着两头毛驴拉。他要用笔、用心书写“我”的使命：1959 年庐山会议上他给毛泽东写了万言书，1962 年七千人的党代会上他给党中央又写了 8 万字，“文革”期间又写了 8 万字的《自述》，他要代表一个民族求一句真话、实话。

而当一个民族血统论甚嚣尘上时，一个青年遇罗克没有放弃自我的表达，写《出身论》驳斥了“老子英雄儿好汉，老子反动儿混蛋”的“血统论”，他要代表无数的知识青年，也代表无数个备受迫害的“黑五类”，为自己的出身问题求一句实话。

27 岁的遇罗克以“思想反动透顶”“反革命气焰十分嚣张”等罪名被判处死

刑；76 岁的彭德怀被谩骂为“右派”“反党”“叛国”“阴谋家”，被囚禁八年，在癌症的折磨中悲惨地死去。

人的生命有长短，“修短随化，终期于尽”，在“修短随化”中何尝不是“我的态度”的缺失、“我的责任”的放弃？而这两个人却要在民族昏聩中坚定地“我行我素”，展示“有我”的姿态，用生命来铸就一座带血的路标，他们为什么这样选择呢？

在那个全民族都“无我”的时代，彭德怀的夫人发出了这样的质问：“你当你的国防部长，为什么要管经济的事？”是的，他在国防部长的位置上可以保官、保名、保安逸，享富贵，受尊荣。而彭德怀却说：“我是军人，我是人民的儿子。”而青年遇罗克更是掷地作金石声地发出了这样的怒吼：“清明未必牲壮鬼，乾坤特重我头轻。”

在这条血路上奋然前行的不只有位高权重的彭德怀、临时工遇罗克，还有中共辽宁省委宣传部干事张志新，她敢于向“文革”中疯狂的个人崇拜说“不”；被打倒了的总书记邓小平，在江西的那个小院、那条小径中苦苦地思考着“贫穷是不是社会主义”。彭德怀、遇罗克等人，他们以“有我”的牺牲，成就了自己的人生，也在我们民族发展的历史拐点上，矗立成了一座不朽的丰碑。

如果在“文革”的暗夜中，没有他们超越时代、为民请命的“有我”的呐喊，我们民族又该是一潭怎样的没有微澜的“绝望的死水”！

“我不是 145 号，我是庐山上的彭德怀”，穿越半个世纪的历史的烟云，我们还能回想起这句不屈的呼喊吗？

红海洋的全民性的迷乱远去了，鲁迅说：“忘却的旧主快要降临了吧。”我要用我的书写，让我的学生记住那些为我们民族而忘我呼喊、舍命抗争的英雄们。《孟子》云：“如欲平治天下，当今之世，舍我其谁也？”记住英雄的名字，更要践行他们坚定、坚毅和坚守的“有我”的态度与责任。

梁衡先生说，我的一些文章，“总的来讲是想回答两个问题：怎样做人和怎样作文”。① 而我们在专题阅读中所追求的五级表现力，正是想通过阅读提高鉴赏评价水平，提高审美探究能力，提高语言表达能力，从而陶冶性情，提升思想境界。而我们追求的最高目标——思维表现力、活用表现力，正是想让学生在新的语言环境中，激活专题阅读中的认知，盘活思想感悟，达到梁先生说的“怎样作文”的目的，而“怎样做人”的问题，则不是学生的作文和教师的论文能全部表现出来的，所以，专题阅读的最终成果是，帮助学生树立正确的人生观、价值观，在青春期确立正确的幸福观，以走好人生的每一

① 梁衡：《梁衡散文中学生读本·序言》，北京：文化艺术出版社，2012 年版。

步。让人欣喜的是，在学生的鉴赏和习作中，我看到了他们成长的轨迹，所以说，“创新”的最高境界，应该是“立人”，让“自我”在阅读中脱胎换骨。我们教师的评点和指导总是有限的，真正无穷的是：阅读，影响人生；阅读，成就人生。我们师生，愿在专题阅读中共勉、共进。

二、教学实践

问过程寻方法，深解读求创新

——高三诗歌专题复习的教学设计

（一）教学目标

让学生在自主学习过程中，提高诗歌的理解能力和鉴赏水平，并能在新的语境中创造性地运用，以促进学生思维品质的提升。

（二）教学方法

诗歌品读指导，从语言入手，通过具体的方法指导，提高学生对诗歌的联想力和想象力，提高诗歌的品读能力。

1. 鉴赏升格指导，提高学生理解能力和表达水平。

2. 从一首诗入手，延展品读一个专题的系列诗歌，开阔视野。

3. 指导学生从不同角度进行比较探究，培养学生思维的严密性，使学生对一个历史时期的作品有更深入的理解。

4. 指导学生能在自己的写作实践中应用、拓展，且能有所发现，有所创新。

5. 教师对学生的升格鉴赏、研习探究做具体点评；对写作中的创造性运用做具体指导，并下水示范；对教学活动中的得失进行反思。

（三）教学资源

1. 体现南宋亡国之痛的系列诗歌：陆游、辛弃疾、李清照、岳飞、刘过、文天祥等人的作品。

2. 现代散文、传记文学赏析：指导学生读梁衡和刘小川的作品，让学生在知人论世中，引导学生思考、领悟、汲取民族优秀的传统文化中所蕴含的民族精神和民族智慧，感悟汉语艺术的魅力，深化对祖国的情感。

3. 在作文实践中的运用与创新，教师要亲自下水，与学生共同走进作者的内心世界，体会他们的英雄情怀，感受他们的家国之痛，传承他们的精神品格。

（四）设计意图

在高三诗歌复习教学中，常常出现事倍而功不至半的教学尴尬，诗歌专题复习了，理论知识学习了，专项训练习题也做了，却效果不大。是积淀不足吗？不是。往远了说，学生从小学乃至幼儿园就开始背唐诗，小学初中的背诵篇目也有150多首，不能说积淀不够。而高考要求背诵的古诗文篇目也有44篇。古诗文的积累虽谈不上有多丰厚，也不能说底子很薄。

而在一次次的考试中，学生对诗歌的鉴赏总是得分率很低。而在讲卷时，又总是被动地听老师说答案，可每个题的答案对考场上的学生而言都只是“马后炮”，当他们再遇到新的诗歌，还是一切归零。高三检测中，曾考过两首学生在小学、初中就会背的诗：赏析李白的《静夜思》中“月亮”的意象；赏析陆游的《秋夜将晓出篱门迎凉有感》中“入”和“摩”这两个字的妙处，并谈谈你对诗歌中作者思想感情的理解。学生对这两首背得很熟的诗，得分率却不足30％。学生被动地背会了，却没有主动地理解自己为什么要背这些诗，这些诗好在哪儿。也许当年老师确实讲得很仔细，但不是学生自己品出来的，遗忘率很高。

那高三诗歌复习的瓶颈在哪里呢？在于学习效率。教师一言堂，效率只在一时，而高三复习，再也不能逐句、逐首地一路讲下去了，要真的把课堂还给学生。

因此，高三复习的关键是，强化阅读过程，在过程中凸显方法指导，在指导中培养学生的联想力和想象力，有形象思维的丰富，才能有理解的深度、认知的高度，答题时才可能得心应手。教师要帮学生营建一个诗歌阅读、理解与检测良性循环的课堂。

（五）教学设计

1. 教学方法解析，力求环节清晰明确（2课时）

在教学中落实“三看”“两画”“两思”的品读方法。解读一首诗的过程如下：

（1）三看：看题目，看作者，看注释

不要忽视对题目的圈画：描写、抒情的对象，作者的情感，诗歌体裁、题材的特点，就在小小的题目中。注释，更要用心圈点后再读诗歌，先后顺序很重要。

（2）两画：一画意象，二画情态

一切事物、人物的艺术形象的展示，大体上是从这样一些角度展开的：以自己的视觉、听觉、嗅觉，来描摹事物的声、光、态、色、形、味。画出这些词，就画出了诗中各种的形象。

（3）两思：一思意境和情志，二思手法与效果

一思意境和情志，这首诗由哪些形象构成一个或几个画面，画面又组成一个怎样的意境，在想象中描述，并概括意境的特点。对于情志，也就是用准确的语言来概括作者的思想感情，再进一步思考，表达上有什么手法，这手法有什么效果？

在诗歌阅读中强调眼动、嘴动、手动、心动，而最重要的是心动。有想象，才有品味和鉴赏。

［评点：让学生有法可依。］

2. 教学方法实践，改进思维方式

以陆游的《秋夜将晓出篱门迎凉有感》为例，谈谈我在教学中如何提高学生的自学能力。下面是一位学生为全班同学导读这首诗的过程，看学生如何在“三看”“两画”“两思”中自问自答。

(1)学生圈读，激发想象

生：看题目，“秋夜将晓”，是诗人写诗的季节、时间。“将”，作者可能早早醒来，也可能一夜都未能睡好。“迎凉有感”，凉，秋天的早风吹来，让诗人心凉。

师追问：作者什么要强调是“出篱门”？

生：说明作者在闲居，没有做官。所以他才“迎凉”也心寒，因为他报国无门。

师评点：说得很好。

生：看作者，陆游，我们学过他的《示儿》和《书愤》，老师讲过，他一生不得志，“喜论恢复”，但“语触秦桧”。一生只在前线八个月，却成为他一生诗歌创作的源泉，他一生壮志难酬，他身上有杜甫的沉郁，更有辛弃疾的激愤。

师评点：说得好，用活了年级给印发的《书愤》。

学生边读，边圈画：

三万里河东入海，五千仞岳上摩天。

遗民泪尽胡尘里，南望王师又一年。

生：圈画“河”“岳”，山河，代指故国的大好河山。

师提示：岳王庙的匾额是什么？

生：还我河山。所以，古人谈到山岳，多有爱国或忧国之感，陆游更是一腔忧愤。而这忧愤又是通过写景来表现的，“三万”对“五千”，“入”对“摩”，这两处运用夸张的手法，写故国山河的磅礴气势。

师提示：可以用哪些字来形容这种气势？

生：用“壮”字来形容，壮丽、壮阔、壮美。

生：“泪尽”“又一年”，作者借故国遗民的口吻，描绘了他们渴望收复失地的强烈愿望，“泪尽”“又”，让我们看到他们年复一年地在盼望中失望。这是遗民的伤痛，更是作者的伤痛，作者借景抒情，借事抒情，让我们处处都能看到作者对南宋统治者苟且偷安的悲愤。

(2)展开联想，描述意境

学生交流“两思”：想意境，思情志，赏手法，品效果。两个人一组，充分发挥联想和想象能力，把两首诗译成优美的散文，想象眼前呈现的情景，再概括其情志。

(3)落实“两思”，体会效果

生：我概括的意境的特点是：以壮景抒悲情。诗中营造了悲壮、悲凉的艺术氛围。我概括的作者的思想是：抒发了作者报国无门、壮志难酬的悲哀，出篱门迎凉有感，更见他有志难展的悲凉和悲愤。

师提示：作者是直接抒情吗？

生：不是的，是借助写景和写事，写祖国的壮丽山河，写遗民的愿望，借此来表达自己的心愿。

师评点：此诗无一句直抒胸臆，却处处见作者那慷慨激越的情感，见他的悲愤与悲恸的情怀。他的泪与遗民的泪一样都快流尽了，陆游的一生都在这样的希望与绝望中备受煎熬，直到我们读他的《示儿》，他都死不瞑目。

思考：这个方法也不是什么点石成金的高招，只是想通过课堂教学强调让学生自主地品读诗歌。在过程中，学生能理解多少并不重要，重要的是这理解的部分是学生自己圈画思考而来的，教师只是起到点拨指导作用即可。教师要在过程中帮助学生，而不是简单地告知其结果，当然教师有做品读示范的必要，但不能天天都要示范下去，那样就成了教师的话语霸权。

[评点：授之以鱼，不如授之以渔。陈老师这一点设计的可贵不只在教方法，更在教方法之后的放手实践，适时点拨。岳王庙的匾额、意境特点的准确概括、抒情的方式等，一步步地追问，让学生的思考更准确、更完善。]

(4)升格点评，准确表达(3课时)

阅完学生的周测后，品读一例，再看《登多景楼》的赏析升格。

组织品读前的试卷：

[试题]尾联“西风战舰成何事，空送年年使客舟”，主要运用了什么手法？表达了诗人怎样的思想感情？

①看学生甲的升格情况

[考场原卷]运用了反问的手法，作者借壮丽的景象，抒发了内心的愁苦及对曾经的辉煌不再的慨叹，以及对现在南宋统治者的失望和对英雄的惋惜，同时又有作者的不甘落寞，但对未来也充满了希望。

师评：零分。该生没有读懂尾联，信息筛选的范围有误，手法判断错误，似是而非地分析了前几联，思维比较混乱。

组织学生自读圈评后，该生的升格答案：

[升格卷]最后两句主要运用了对比的手法。将昔日韩世忠的英勇善战与今日政府频派求和使者的懦弱形成了鲜明的对比，在同一片海域却今非昔比。表达了作者对南宋统治者屈辱求和的悲愤和不满。

学生自评：3分(满分4分)。

师评：对比分析到位，说明思维严密了。作者情感中，更有对南宋统治者苟且偷安政策的嘲讽，但能答出悲愤来，已经看出学生理解了诗歌主旨。

自评3分是客观的。

②再看学生乙的升格情况

[考场原卷]尾联运用了借喻的手法，用“空送年年使客舟”写出了南宋王朝的懦弱无能，表达了诗人对南宋求和的不满、愤懑和无奈。

师评：2分，感情解读是对的，但手法判断和手法解读都不对。

在组织学生自读圈评后，其升格答案：

[升格卷]主要运用了设问的修辞手法，曾经的西风战船战功赫赫，现在又在做什么？只是年年将求和的使者送往金朝。此句通过设问，自问自答，增强了作者对投降派的不满，表达了作者壮志难酬的悲愤与对诸公媚敌求荣的无耻做法的愤怒。

学生自评：4分。

师评：在圈读诗歌后，对诗歌的理解力明显提高了，对设问理解准确，对作者情感把握恰当。同意自评4分。

[补充延展训练]本诗的前三联，主要运用了什么手法？表达了诗人怎样的思想感情？请选一联进行分析。

①学生甲选的是颔联

“江流千古英雄泪，山掩诸公富贵羞。”这联用了对比的手法，将英雄的无畏与诸公的委曲求全进行对比，而“泪”与“羞”，则更能突显出作者对昔日英雄的赞美与惋惜和对求和诸公的愤怒。

学生自评：4分。

师评：这个对比点概括得不准确，说明理解上还有偏差，“将英雄的无畏与诸公的委曲求全进行对比”，这不是英雄无畏和诸公委曲求全的问题，而是把英雄们不能收复破碎山河的悲愤与求和使者换得自己的功名富贵的奴颜婢膝的嘴脸进行对比，在这一点上，该生还理解得不到位。师评为2分。

②学生乙选择的是首联

“壮观东南二百州，景于多处最多愁。”首联作者登高临远，写出了东南二百州的壮观景象，一个“壮”字能看到作者对祖国大好河山的无比热爱。

师评：只是不敢往西北看，因为“北固怀人频对酒，中原在望莫登楼”。作者是对酒当歌怕上层楼，更不敢望西北的故园。）可现在江南的美景越多，作者的愁越多，忧越多，作者悲大好河山拱手让人，恨投降派媚敌求荣、朝廷苟且偷安。

学生自评：3分。

师评：作者以壮景写悲情，借景抒情。手法虽然没有点出来，但从分析上看理解准确，自评3分客观公正。

总结：全班试卷修改升格统计：39人，有1人修改后还只得1分，其余38人得3—4分。全班补充延展训练统计：39人，2人0分，1人1分，7人2

分，29 人 3—4 分。没有达到及格线的同学再继续修改。

思考：教师要调整讲评试卷的方法，不能逐句讲析整首诗，再给学生答案，要强化学生在品读过程中提高自己阅读鉴赏的能力，以学生自改升格为主。即使学生不能改到满分，只能得到半数分，也是他们自己鉴赏实践的结果，品读的过程比结果更可贵。而从本诗的补充延展训练看，学生在理解的准确性和思维的严密性上都有了一定的提升。

[评点：语文学习最大的困境是学生看不到自己的进步。因看不到自己的进步，故学习越来越没意思。试卷分析后的原题升格点评，举一反三，延展训练，学生自评与教师评价相结合，让学生在语言实践中看到了自己的成长与进步。]

3. 延展阅读，拓展思维空间(4 课时)

阅读赏析南宋诗人的系列诗作：《高中古诗词曲鉴赏手册》第九次修订本。

方式：早读集体诵读，正音。上课自己圈读，做到“三看”“两画”“两思”。课下背会 5 首诗，其余会背名句即可。

陆游的《书愤》《诉衷情》《好事近》；

岳飞的《满江红》《小重山》；

辛弃疾的《永遇乐京口北固亭怀古》《鹧鸪天》《破阵子》；

姜夔的《扬州慢》；

李清照的《夏日绝句》《渔家傲》；

文天祥的《正气歌》《过零丁洋》。

思考：

(1)高三复习诗歌，不能只重视做题，也要重视诵读和吟咏。在诵读中、在圈读中，帮助学生陶冶情操。要求学生能背名句，或能背全诗，高三的积累更便于学以致用。

(2)在诵读中，通过延展阅读与鉴赏，体会诗人的“南宋情结”。山河沦陷，半壁江山易主，而收复无望，朝堂之上更是“只把杭州作汴州”，临安，成了统治者永久的安乐窝，感受南宋文人那份难以释怀的家国之痛，知人、论诗、论世。

(3)达到课标所要求的目标。在高三复习中不忘使学生“充实精神生活，完善自我人格，提高人生境界，逐步加深对个人与国家、个人与社会、个人与民族的思考和认识”。

(4)指导学生构建新的阅读专题。打破高三学生做题、讲题、改题，再做、再讲、再改，也不见提升的枯燥的学习惯性。借鉴高一、高二的专题教学模式，把高三专题复习与之自然结合，以期达到事半功倍的效果，在提高诗歌鉴赏水平的同时，也为作文积累素材，并涵养性情，提高认知水平。

高考模拟，比较探究，提升思维强度：(1)—(3)题 5 分，(4)题 10 分。

(1)谢得枋的词《小孤山》和刘过的七律《登多景楼》，为什么说一首充满希望，一首只有绝望呢？写100字。

(2)陆游的《书愤》和刘过的《登多景楼》在主旨表达上有何异同？写100字。

(3)陆游的《诉衷情》和辛弃疾的《破阵子》在抒情的手法上有什么相同之处？写100字。

(4)岳飞的《满江红》《小重山》中刻画了一个怎样的人物形象？请选一首，结合诗句做具体赏析，写200字。

学生探究与教师评点：

[**杨开新卷**]陆游的《诉衷情》和辛弃疾的《破阵子》在抒情的手法上有什么相同之处？写100字。(5分)

两首诗都运用了今昔对比的手法来表达自己壮志难酬的苦闷：《诉衷情》上片回忆了自己当年“匹马戍梁州”的豪情壮志，下片却写了自己“身老沧州”报国无门的悲愤。《破阵子》也先回忆了从前(梦中展现了自己当年在军中)英姿雄发，斗志昂扬，下片也用对比的手法写了壮志难酬的沉痛心情。

两首诗都运用了直接抒情的手法，表达了自己“心在天山”“赢得生前身后名”(的豪情壮志)，而最终只落得“鬓先秋”，“白发生”的悲壮和苍凉，直接抒发了两位诗人壮志难酬的抑郁和悲愤。(两首诗都写得雄浑、沉郁而悲壮。)

师评：括号内是老师加的。《诉衷情》上片主体是回忆，《破阵子》上片主体是写梦境，但都是在展现当年的雄姿，该生能答出两个比较点来，且选点正确，较好。但两首在回忆往事上又有差异，两首诗都运用了虚实结合的手法，把梦境与现实进行对比。一个是“关河梦断”，这梦戛然而止了，一个是“梦回吹角连营”后，极力铺陈渲染，这梦境就有详有略，细处品读还不到位。可评为4分。

多数同学只答一条，只能得2—3分。说明比较阅读中寻找比较点的能力还不强，对比思维的训练还有待加强。

[**古典卷**]岳飞的《满江红》《小重山》词中刻画了一个怎样的人物形象？请选一首，结合诗句做具体赏析，写200字。(10分)

《小重山》中刻画了一个渴望收复失地、建功立业却又知音难觅的(孤独抑郁)的英雄形象。上片写英雄从梦中醒来，绕阶独行，作者通过寒蛩、明月等意象，渲染了一种冷寂的氛围，表达了英雄心中的落寞与惆怅。在下片中，“白首为功名”一句，表现了英雄为自己的壮志奋斗了大半生，可“旧山松竹老，阻归程”，英雄壮志未竟，不得归乡(归乡无望，复国无期)表现了英雄壮志未酬的苦闷，但最令英雄伤感的恐怕还是“知音少，弦断有谁听”，(以高山流水无知音的典故)写出了英雄渴望为国建功立业，却无人赏识的愤懑和悲哀。(因此，整首词塑造了岳将军空有壮志，却无处诉说也无人理解的孤独、忧郁的英雄形象。)

师评：括号中的内容是老师加的。在形象处加孤独抑郁，为突出英雄形象的具体特征，也是探究赏析的关键所在，在概括中一定要明确形象的主要特点。“不得归乡”的表述不到位，岳飞是河南人，故乡沦陷，有家难归，但他的忧是家国之痛，要强调出来。最后没有总结收束的意识。但从整体上看表述清晰，分析有层次，可得8分。

总结：比较探究题，有一定的思维力度，学生能得3分的人数，还不到四分之一，这说明学生在两首诗歌进行比较时，比较阅读并提炼观点的能力还不强，站位不高，不能俯视，就不能比较概括。因此，这些题还要再做升格指导。

对诗歌中人物形象的赏析，只有半数学生能得6—8分，半数不及格。或有论而无述，或有述而无论。有理有据才能到位。准确地概括形象的特征，并能联系诗文具体阐述，思维严密，层次清晰，这还亟待提升。

4. 散文传记阅读指导，力求打通古今思维屏障(3课时)

《品中国文人》：宋徽宗、陆游、李清照、辛弃疾等人物的评传，节选部分内容印发给学生。

《梁衡散文》：《乱世中的美神》《把栏杆拍遍》。

5. 课后反思

(1)让学生带着问题在品读中比较，进一步提高学生品味语言、感受形象的能力，提高学生的想象力，没有想象就没有诗歌阅读。

(2)在比较鉴赏中，培养学生寻找比较点的意识，概括比较点的能力。要指导学生阅读相关的诗歌鉴赏理论，并在阅读实践中体会这些手法的使用特征，以积累阅读经验，学生才可能准确地发现合乎逻辑关系的比较点，并能相对严密地进行阐述。

(3)论证时，观点和分析要保持一致，层次清楚。

(4)讲评时，教师示范与学生互评同样重要，尤其要重视学生间的互评，这对提高学生整体的鉴赏水平很有帮助。

(5)在对当代作家的历史散文和人物传记的阅读中，涵养人文情怀，提高审美情趣。在作者创设的历史氛围中感受南宋诗人的一腔幽怨，体会英雄壮怀激烈的满腔悲愤。

以上是我高三诗歌专题复习的教学实践过程。教书多年，我本人有很强的“南宋诗人情结”，那是一个群星璀璨的时代，我崇敬他们，我敬仰他们，我第一次把这种情结完整地再现给我的学生，我很高兴。把高三的专题复习和高一、高二的专题教学结合起来，这是我的初次尝试。我力求在这个过程中，最大限度地调动学生学习的自主性，在过程中提高学生对诗歌的联想、想象能力和鉴赏表达能力，通过丰富形象思维，进一步提高逻辑思维。通过这两周的教学实践，我觉得学生还是有明显变化的，更重要的是，学生也和我一样爱上了这些千年前的诗人，这是让我最为欣慰的。

6. 课后调查

学生感受：

(1)读诗歌时，知道从哪里下手了。

(2)诗歌的题目原来这么重要。我从前看一眼就不理它了。“书愤”，是写自己的愤怒。“秋夜将晓出篱门迎凉有感”，有时间，有地点，有天气，还说自己有点感想了。

(3)高三了，熟读、圈画、背诵都很重要，缺一不可。

(4)想写好研习探究题，还是得好好地圈读诗歌。不理解诗的内容，是什么题也做不好的。老师说的“三看”“两画”“两思”要落实下去。

(5)老师说的“两思”，除了诗歌主题、作者情感，还有这首诗主要的艺术手法，在初读后也要心中有数，如托物言志、借典抒情、情景交融等。

(6)明确手法更便于理解主题和情感。手法理解准了，对鉴赏诗歌有很大的帮助。诗歌的手法要鲜明些，不能让我们觉得说哪个都行，当然若我们考场上能言之有理最好都给分。有时总觉得语文阅卷，老师太小气。

(7)我也要在写作中运用自己背诵的诗文，达到一举多得的效果，这是最好的。

7. 教师下水文

无我，还是有我

陈金华

我陈金华今年已经快45周岁了，如果55岁退休，我还能工作十年。

忽然想贴个面膜了，忽然想买件大红的毛衣，忽然想穿个橘黄的小皮袄，忽然又想再来个更花的小短袖——这些个“忽然”，果然都成了现实。

穿着姹紫嫣红的小短袖，走在明媚的阳光下，我觉得前后左右好像有小蜜蜂在飞，有点不安，也有点得意。那些个黑的、白的、黑白的，就先在衣柜里歇着吧！

正美着的女老师，不只“怕郎猜道，奴面不如花面好”，我们不只美给一个人看呢，还要美给所有的同事看，还要美给我所有的学生看！

“快看，老师今天和昨天不一样啦！”

45岁的我，那点可怜的化妆品忽然也不再蒙尘了，并且还多了两样呢！

读《乱世中的美神》，我才真切地感受到李清照是个多么美丽的女人，在我心中，她不再只是《宋词鉴赏辞典》中一个“女词人”的符号。她的每一句诗词都在告诉我：“快看，我在这儿呢！”“快看，我漂亮不？”她是美少女，她是美少妇，她还是用诗词怒吼的巾帼豪杰！

那个“看我有多美”的少女，正“和羞走，倚门回首，却把青梅嗅”；那个

“看我有多愁”的思妇，正翘首期盼“云中谁寄绵书来，雁字回时，月满西楼”；那个“看我相思有多苦就有多甜”的易安，正轻蹙蛾眉幽幽地吟诵着“莫道不消魂，帘卷西风，人比黄花瘦”，让不服输的丈夫赵明诚甜蜜地心服口也服。羞怯的少女，正在相思中的少妇，恬淡娴雅的易安居士，美在千年前每一个大宋王朝臣民的心头，也包括那个帝王才子徽宗赵佶，据说他也以九五之尊的瘦金体书写《如梦令·昨夜雨疏风骤》，表达着对一位佳人可望而不可即的赞叹。而当李清照愤怒地书写“生当作人杰，死亦为鬼雄。至今思项羽，不肯过江东”时，丈夫、皇帝及那些居庙堂之高的男人们，该是怎样的自愧自惭。她在乱世中的美，不再只停留在那个娇羞的少女、思夫的少妇、隐居的贤士上，而美成了一面咄咄逼人的明镜，清清亮亮、明明白白地照着那些手握权杖的男人的胆小与怯懦。

清照对着狼烟四起的南宋王朝大声疾呼：“千古风流八咏楼”，为什么要让“江山留与后人愁”？而在那到处都是战乱与杀戮、流离与血腥的残酷的现实中，她更是悲愤地吟出了“我报路长嗟日暮，学诗漫有惊人句；九万里风鹏正举，风休住，蓬舟吹取三山去”。她一腔的忧愤只能说与那化外的神仙，她的旷世孤独何人能理解？

在女子无才便是德的时代，她没有选择沉默，而是在青史上留下了她的态度、她的声音。她以“有我的姿态”，使千年后我这个教书匠，真诚地书写着自己的无限钦敬。

清照之美，超越千载。

看《跨越百年的美丽》，我更明白了居里之美何以能跨越百年。

“一百年前的 1898 年 12 月 26 日，法国科学院人声鼎沸，一位年轻漂亮、神色庄重又略显疲倦的妇人走上讲台，全场立即肃然无声。——在此之前还没有一个女子登上过法国科学院的讲台。玛丽·居里穿着一袭黑色长裙，白净端庄的脸庞显出坚定又略带淡泊的神情，——她那美丽、庄重的形象也就从此定格在历史上，定格在每个人的心中。”这份美丽就在这“肃然无声”的钦敬中成为永恒。玛丽知道，来听这次报告的，除了有来自各国的科学家、学者，还有来自巴黎的许多贵妇人，她们想知道 31 岁的玛丽·居里有怎样的气质和神韵，能让她征服法国。其实那些贵妇人不懂，她那份庄重中的疲倦、坚定中的淡然，就足以让她超越美丽和名利，足以让她征服欧洲，征服全世界。

在 20 世纪末，玛丽·居里，对着法国、对着世界那神圣的科学殿堂中的男士们，似乎在平静且坚定地说：“我来了。”这万绿丛中的一点红，更加的娇媚了。玛丽·居里这“有我的姿态”，使百年后我这个教书匠，真诚地表达着自己无限的崇敬。

居里之美，跨越百年。

周日，歪在沙发上看《梁衡散文》、坐在电脑前认认真真地给学生写下水文的语文教师陈金华，穿着睡衣，趿拉着拖鞋，也很美啊！

（评点：张合金）

三、专家点评

在路上

——读陈金华老师《专题阅读教学》有感

读罢陈老师的专题阅读教学的思考及教学设计、课堂实录，掩卷细思，面对这个像自己一样，跋涉在语文教学之路上的前行者，心中氤氲的是五分崇敬、三分感动、两分同道中人的契合。

心中最深的感触是深深的敬。敬的是在语文教学这条路上，陈老师走得稳健，走得扎实，走得超前。2007 年，新的课程改革让语文老师应接不暇，这一轮还未尘埃落定，2013 年新一轮改革大潮又以倒逼的形式强势袭来。于是，大家手忙脚乱，今天是对联，明天又是俗语，热热闹闹、轰轰烈烈，似昙花盛开。而陈老师只静静地走着，和同学们一起读庄子、孟子，读鲁迅、梁衡，读陆游、辛弃疾；做批注，写读书笔记，开展读书演讲活动，春雨润物般地丰富着学生的人生阅历和情感体验，给学生带来审美的愉悦和道德的感化。学生在积累语言材料、进行思维训练的同时，也在心中种下我们民族的文化与精神，涵养着诗意生活的灵魂。我以为，语文教育的终极使命在于培养能读会写、知书识礼、具有民族精神气质的中华少年。陈老师所做的一切，恰是为此。这条路上，陈老师堪称表率。

除了敬，还有感动。感动的是陈老师对语文的热爱，对语文教学的执着，对我们的民族文化、民族精神的坚守。刘长铭老师曾说："一堂好课，应该有知识，有方法，有生活，有境界。"读陈老师高三诗歌教学"南宋诗歌专题鉴赏"时，心中常常涌动着一股热流。高三年级的语文教学，多忙于知识的梳理和解题技巧的训练，即使是文味十足的诗歌教学，也多是忙着教给学生读懂诗歌，分析诗歌的艺术手法、思想感情、语言特色的方法。陈老师这个专题设计，既把诗歌鉴赏的知识、技能融于其中，又让学生通过专题学习，认识一群有血有肉，在国土沦丧下，壮志志难酬的慷慨悲歌之士——陆游、辛弃疾、岳飞……陈老师说："我本人有很强的'南宋诗人情结'，那是一个群星璀璨的时代，我崇敬他们，我敬仰他们，我第一次把这种情结完整地再现给我的学生，我很高兴。"这是怎样的一种情感，一份爱与执着，怎样的一种境界！它怎能不让人感动？

作为同行，陈老师的许多设计与思考自己也曾思考过、尝试过，比如梁衡散文专题阅读、鲁迅作品的专题阅读，也正因为有同样的尝试与思考，才知道专题教学带给我们这些语文老师的是怎样的艰难与收获，它可能不会立竿见影地让学生高考多出十分二十分，但语文教学从来就是慢功夫，来不得半点的急功近利。当看到学生能够比较思维、联系思维、多角度思维了，看到学生真正理解了瞿秋白胸怀的坦荡、周恩来的大无大有、韦素园及天下众多小人物平凡中的伟大时，作为语文老师，心中的欣慰绝非言语所能形容，亦非一个旁观者所能体会。我知道，行走在语文教学这条路上，陈老师是幸福的。

想说一句话，既然选择了语文，就注定我们今后还要风雨同行。

（张合金）

第三章　阅写人生

第一节　作文与应试
——作文状态与考场心态对接

一、作文心理初探——农村中学作文调查研究(一)[①]

刚接高三(12)班，我按老习惯对学生的语文学习情况做了调查：

①你读过哪些名著?

②家中有无藏书? 多少本?(复习资料除外)

③父母的文化程度如何? 分别从事何种职业?

④你对语文成绩是否满意?

A. 满意　　B. 一般　　C. 不满意

⑤高中阶段，与其他学科相比，你觉得在语文上付出的努力多还是少?

A. 多　　B. 一般　　C. 很少

⑥从初一到高二写过几篇令自己满意、令师长满意、令同学赞赏的作文?(在班内交流过更好)

全班共有 47 名学生(来自全县 9 个乡镇的 19 所中学)参加调查，结果如下：

①读书：1 人看过哲理散文；12 人看过 3—5 本名著(其中 8 人以前就读于县城中小学)；10 人看过武侠小说；1 人翻过两本作文书；17 人只看过一些杂志；6 人没读过课外书，也没买过杂志。

②藏书：8 人家里有 20—30 本；1 人家里有 100 本左右，但注明只读了几本；1 人家里有 1000 本左右(学生说他母亲在县图书馆工作，大家都乐了)，但也注明只读了 3—5 本。这 10 人中有 8 人家住县城，其余 37 人家里藏书量为零。

③父母文化程度(全班 47 人，无单亲，应有 94 名家长，但统计上来的只有 52 名家长，一些学生只写了一人)：

本科 1 人；大专 2 人；中专 3 人；高中 10 人；初中 13 人；小学 20 人；不识字 3 人。

---

① 此次农村中学作文调查研究与后面的农村中学作文调查研究(二)、(三)作于 2006—2008 年间。

父母职业：22 个家庭的父母在家务农；11 个家庭的父母一人务农；14 个家庭的父母均有正式工作。

④对语文成绩的满意程度：10 人比较满意；19 人没感觉；18 人不满意。

⑤语文学科与其他学科相比付出得多还是少？

多：1 人；一般：21 人；最少：18 人；零：7 人(这项答案是学生自己加进来的)

⑥满意的作文(从初一直到高二)：7 人有 1—3 篇，其余 40 人无。

从调查结果看，学生语文学习的环境较差，学习效率较低，对自身的努力程度也很不满意，作文状况更糟。他们的语文学习基本上处于吃老本而又无老本可吃的状态，尤其是作文，很多学生还停留在初一、初二甚至小学五六年级的水平，可是现在已是高三，高考迫在眉睫。

高三第一次语文测试结束，我又就考场作文做了一次小调查，调查对象是高三(12)班的 50 名学生(新来 3 人)。调查问题如下：

①考场写作时的心态：

A. 感觉好　　B. 感觉一般　　C. 感觉很不好

②作文时间：

A. 1 小时　　B. 40—50 分钟　　C. 25—35 分钟

③书写状况：

A. 满意　　B. 一般　　C. 很不满意

④自我成绩评估(作文 60 分满分，36 分及格)：

一类(48 分以上)，二类(42—48 分)，三类(36—41 分上)，四类(36 分以下)

调查结果见表 3-1。

表 3-1

<table>
<tr><td rowspan="2">心态</td><td>感觉好</td><td>感觉一般</td><td colspan="2">感觉很不好</td></tr>
<tr><td>6 人</td><td>15 人</td><td colspan="2">29 人</td></tr>
<tr><td rowspan="2">时间</td><td>1 小时</td><td>40—50 分钟</td><td colspan="2">25—35 分钟</td></tr>
<tr><td>1 人</td><td>34 人</td><td colspan="2">15 人</td></tr>
<tr><td rowspan="2">书写</td><td>满意</td><td>一般</td><td colspan="2">很不满意</td></tr>
<tr><td>1 人</td><td>17 人</td><td colspan="2">32 人</td></tr>
<tr><td rowspan="2">成绩</td><td>一类
(48 分以上)</td><td>二类
(42—48 分)</td><td>三类
(36—41 分)</td><td>四类
(36 分以下)</td></tr>
<tr><td>1 人</td><td>6 人</td><td>29 人</td><td>14 人</td></tr>
</table>

从作文阅卷情况看：考场心态“感觉好”的 6 人中，有 4 人成绩较好(43—50 分之间)，其中王艳冬同学在调查中说“感觉很好”，她的作文得了满分 60

分，是班里最高分；另外 2 人仅仅达到了及格的水平。“感觉一般”的 15 人中，只有 1 人不及格。需要提及的是，在感觉“很不好”的 29 人中，有 4 人分数在 43－50 分之间，成绩较好，但他们却没有为自己准确定位的能力。而有准确的自我评估能力，成绩又较好的只有 8 人(43—50 分)。

从作文时间和书写状况来看：8 名男生因书写乱被扣了 3 分，而他们均用了 40—50 分钟。用了 25—35 分钟的 13 名女生和 1 名男生却无一人被扣分。可见字的工整与否与书写时间的多少无必然联系，关键在于平时的书写习惯和考场心态。

从成绩评估看：对自己的写作能力缺乏自信，而事实上也有近三分之二的学生作文成绩较差(40 分以下)。

这次调查的 50 名学生中有 29 人考场作文感觉很差，占全班人数的 60%，这是一个非常令人担忧的数字。感觉不好的原因有：

生 1：力不从心(试卷评分：43 分)。

生 2：没思路(36 分)。

生 3：因急而乱，不知所云(41 分)。

生 4：时间紧，思路没打开(45 分)。

生 5：心理一点底都没有(42 分)。

生 6：快快快，找不着材料(36 分)。

生 7：写的是什么，连我自己都不知道(38 分)。

生 8：很不满意，写得太滥了(15 分)。

这样的感觉，无论他们的作文分数是高是底，都很令人担忧。这只是两次调查，有一定的偶然性，但也蕴含着一定的必然性，即作文成绩的高低与作文心态有直接关系，而作文心态又与平时语文学习心理、学习状况、学习环境有直接关系。前一份调查是因，后一份调查是果。

通过这两次问卷，我对高三(12)班学生的语文学习状况有了一个较全面的了解，要想在高三这一年，在作文教学上有所突破，应从培养学生良好的语文学习心态入手，把调整学生作文心理作为突破口，以点带面，从整体上调动学生学习语文的积极性。

从这两次调查中可以看出这样一些问题：

1. 作文评估能力差

近四分之一的学生，有较准确的评估能力，如我们所言，“知其然亦知其所以然”，他们考场感觉好，成绩也不差。四分之二的学生则有较大出入，感觉好但成绩却很差，这说明他们还不明确自己所写作文的好坏优劣的评价标准。感觉差，成绩却较好，更有“瞎猫撞上死耗子”之嫌。今天成绩好的偶然，不会变成明天成绩好的必然。另外四分之一的学生，考场感觉差，成绩也差，考场作文心理处于无助而绝望的状态。因此，培养准确的作文评估能力，救助这种绝望心理就显得尤为重要。

具体措施：①培养小先生，让这些作文水平较高和较低的学生组成一组，参与班级作文批阅，在提高他们鉴赏水平的同时提高自我评估能力。为实施《普通高中语文课程标准指导意见》所倡导的“自主、合作、探究”的学习方式培养排头兵。②自评、组评、师评、家长评相结合，使评价主体多元化(具有初高中以上文化程度的家长，都可以参与到孩子的语文学习中来，这也是与孩子交流沟通的机会)。同时，指导学生要善于倾听他人的意见，学会宽容和沟通，学会协作和分享。③教师和小先生向学生推荐优秀作文，诵、讲、抄，体会不同文体的内在规律。高考虽文体不限，但新颖、独特并不等于四不像，因此边抄边体会边品评非常重要。④一个文体一篇文章，一稿多改。对一些基础较差的学生，一学期写一篇记叙文、一篇议论文，每篇改四五遍，要比写四五篇更有效果。使他们准确地把握文体特点，在评析中醒悟，在抄录中体会，在修改中落实。如果教师能够指导学生一篇文章改上五六稿，这精益求精的过程，就足见教师个人的魅力，足见教师作文升格指导的魅力。

总之，在作文评析中，组织和引导学生提高自我评估能力，提高“助教小组”和“课堂活动小组”的品评鉴赏能力，是革除“教师一张嘴、一支笔囊括学生百篇文”弊端的关键环节。而我们挖掘学生“自主、合作、探究”式学习潜能的过程，也正是把我们从堆积如山的作文中解放出来的过程，让学生为我们“减负”。郭思乐教授说，“学生是教育对象，更是教育资源”，关键看我们怎样挖掘，怎样运用，以凸显“学大于教”的原则，课改让我们穿新鞋、闯新路。

2. 作文心态差

考试时60%的学生处于高度焦虑状态，由此出现了这样一些情况：因过度紧张而心情烦躁，精力难以集中，几分钟内看不清作文题；仓促落笔，没有题目，或应付一个题目。这次是以“遗憾”为话题，但85%的学生都以“遗憾”为作文题，没有特色；一紧张，思维局限于一隅，思路狭窄，平时的积累付之东流；一些学生平时书写就差，一紧张字就写得像一堆乱草，思维更是一团乱麻。因为紧张，开头不构思，行文不回头，收尾不照应，使文章杂乱无序。作文是天下第一大题，它对学生的心理素质要求更高。快快快，找不到材料；快快快，厘不清思路；还要快快快地落笔，这种思维的混乱，必将引起文章的混乱。引导学生控制好作文时间(作文要留够50分钟，才能有相对从容的作文心态)，提高心理素质，临危不乱，成了考场正常发挥的关键。考场作文，高度“焦虑”最典型；而平时的写作训练，又是低度“焦虑”最典型。懒散、懈怠、精力不集中，课堂上20分钟入不了题，回家一晚上两个小时也写不出开头。最后仓促上阵，与考场作文的效果一样。

因此，平时要严格要求，当堂作文，不能拖拉。培养学生的适度焦虑心理，提高心理素质，以求在考场上镇静审题，从容构思，充分调动知识储备，方能挥洒自如，一气呵成。当学生有血脉偾张、心潮澎湃的感受时，其写作状态也就渐入佳境了。因此培养良好的心理状态，是提高学生考场写作水平的重要环节。

3. 作文积淀差

调查中，不少学生对自己的作文心中没底，连“写的是什么都不知道了”。这种因没底气而带来的慌乱，正是由于平时在语文学习中付出得少，缺乏积累。“家中有粮心里不慌”“巧妇难为无米之炊”，说的就是这个道理。另外平时写作中没有成就感，缺乏成功体验，不能充分挖掘自身优势，才会在失落和无奈中丧失信心。由此看来，首先，必须训练学生在持之以恒的积累中培养写作的自信。指导学生积累的过程是异常艰苦的，教师要率先垂范，不仅要与学生一起读背，而且教学语言也要准确精练优美，富于哲理，榜样的力量是无穷的，这样，学生才愿意跟着老师一起跑“马拉松”。

具体操作：

第一，在阅读中培养自信。读千字文的哲理散文(除向学生推荐现当代散文名家钱钟书、梁实秋、毛志成、余秋雨、余杰、余光中、柏杨等人的作品外，还推荐了《时文精品》《智慧背囊》等，床头要常有《读者》《青年文摘》)。背名言警句、诗词歌词 100 句，用成语造句，做剪报并写 100—300 字的评报，做仿写训练，练好“三比”的修辞手法(即对比、排比和比喻)。当学生有了一定的认知水平，写时有材料，落笔有文采，在考场上才可能气定神闲，从容为文。

第二，在作文评析中培养自信。古人云“教也者，长善而救其失者也”，教师要善于发现并善用学生的长处，补救他们的不足。而要想使学生有补不足的积极性，就要敏于发现他们的优点，及时鼓励。也许全文不切题，不能及格，但文中一段、一句、一词，乃至一个标点这些“小眼睛”，也可能闪烁着他们智慧的火花。要指出他们的缺点，更不能漏了他们的优点。教师面批时一句鼓励的话，同学们交流时赞赏的眼神、热烈的掌声，都可能成为激励他们努力提高写作能力的动力源泉。

第三，在发挥学生个体优势中培养自信。①性别优势：有些女生感情细腻，敏于观察，可鼓励她们在考场上写记叙文、散文；一些男生长于思考，善于思辨，可鼓励他们写议论文、杂文。②阅读优势：看武打小说和历史小说多，有一定的文化积累的学生可仔细体会文化散文、历史小说的写法，在创新中求发展。③兴趣优势：喜欢体育、爱好音乐、长于绘画的，可以根据自己的优势，谈生活感悟写记叙文，或谈对社会人生的思考写议论文。他们的爱好就是他们的优势，也就是他们自信的源泉。尊重学生的个体差异，欣赏他们的兴趣和爱好，真正从学生本位的思想出发，才能最大限度地挖掘出学生的潜能，这也是课改的核心所在。

第四，发挥班集体优势。从现在开始积累自己和同学的习作，高三一年积累 20 篇作文，在怎样做人、怎样做事、怎样做学问，在人与人的关系、人与社会的关系、人与自然的关系乃至地球与宇宙的关系等方面都有一定的积累，有深层的思考。在认识自然、认识社会、认识自我、规划人生中提升自己的人格修养。然后旧文新做，再思考、再梳理，点题、扣题的过程，就是再创作的过程，对一部分基础差的学生来说，这一转化的过程，也正是训练他们思维灵活敏捷的过程。每次作文都是一个提升自己写作水平的机会，这机会只给有准备的头脑，有备而来，才能信心十足。

4. 作文感悟力不足

郭思乐教授说："感悟，是人的精神生活拓展的工作间。"对作文感觉很差，一个重要原因就是自己兴奋、激动不起来。不能感动自己的文章，怎能感染阅卷老师？全文既不能动之以情，又不能晓之以理，觉得自己的文章苍白乏味。而这种"苍白乏味"，正是因为精神世界的贫乏。

可尝试着从这样几点做起：

(1)在生活感悟中培养

"感悟"，《现代汉语词典》解释为：有所感触而领悟。人言"细腻产生伟大"，那些感情丰富、遇事善于思考的人，才善于品味生活，体验情感。因此感悟能力强的学生，耳聪目明，敏于观察，善于思考，触类旁通，举一反三。而感悟能力差的学生则视而不见，充耳不闻，显得冷漠而麻木。而感悟上的差异，又是由他们不同的生活环境、心理素质、文化积累、智力水平决定的。另外磨难使人成熟，之所以说"穷人的孩子早当家"，是因为他们对贫穷、对困窘有很深的感触，更能激发他们前进的动力。我调查的高三(12)班，模拟考试成绩最好的是两位来自偏远农村的孩子。而成绩最差的孩子，家就住在县城，而且家庭条件较好。因此，对"知识改变命运"认识最深刻的不是城里的学生。所以要启发学生认真地观察生活、思考生活，捕捉到那些最能感染你、激励你、震撼你的瞬间。充分地调动各种感知器官，去感受和体验生活。生活中并不缺少美，而是缺少一个敏感的心灵，缺少一双智慧的眼睛。

(2)在阅读中培养

十七八岁的孩子的人生经历都比较简单。而广阔的阅读空间则会使他们成熟起来，使他们的人生经历丰富起来。《课标》要求阅读总量不少于 150 万字。阅读是吸收借鉴的过程，更是感悟另一种人生与感知另一个社会的过程。学生写作能力的差距就是阅读的差距，也是感悟力的差距。

(3)在师生与生生的交流中培养

语文教师与学生的班级生活，乃至教师自己的家庭生活和年少时的求学生活，都可以成为一部给学生展示自己人生感悟的活教材。这种真诚的交流，会给学生深刻的人生启迪。学生的周记，在征得学生同意的前提下，选出精彩的与学生交流，体会在相同、相似的生活环境中，别人是怎样观察和感悟的。

(4)培养高雅的情趣、高尚的情怀

只有善良正直、性格开朗的人才可能有健康、积极、乐观的情感，以此来读人、读书、读社会，用细腻、真诚、睿智筑起感悟的桥梁，跨越生活和作文间的鸿沟，赋予作文以创作的活力。这样，才能感受到大将指挥千军万马般的自信、从容和潇洒。学生的人生品位与人格品位的提升有一个渐进的过程，生活和阅读是两部鲜活、生动的教材，在提升人格素养的同时，孕育自己的文风。人如其文，文如其人，正是如此而来。这样，高考考场就会少出现一些“我为名人写名言”“让父母在作文中过世以体验坚强”的尴尬和无奈。

总之，在写作指导中有五忌：忌因急功近利而忽视日积月累；忌因重视统一要求而忽视个性差异；忌因重视全批、全改而忽视有效的指导；忌因重视规范标准而忽视精神的独创；忌因重视知识技巧而忽视心灵的启迪和生活的感悟。

2003年北京市的高考作文题是“转折”，县教研室结集出版了《延庆考生高考作文选》。书中有6名考生的作文被评为满分，我们从他们的作文中就可以感受到他们在考场中的心理状态：

镇定从容，入题准确。

精骛八极，心游万仞，达忘我之境界。

真诚沟通，袒露心曲。

特立独行，勇于创新。

灵活机变，构思独特，不著一字，尽显风流。

冷静、稳健，严谨、规范。

若考场上只有紧张和慌乱，而没有韩信点兵的风度和气质；若考场上只有语言材料、语言技巧，而没有人格的历练、精神的感悟，就很难在考场上一挥而就。

这次调查和由此引发的一点思考，权作抛砖引玉，以期引起和我一样忙碌在农村教学一线的同人的深入思考。考场作文一小时的情绪变化，与学生的心理素质，与一年、三年、六年乃至十二年的语文学习心态有着非常密切的关系。让我们在语文学习的深邃与广阔中把握这一闪即逝的高三一年，和同学们一起以坚持、坚韧、坚强的品格扎扎实实地走过每一天，实实在在地用好每一个45分钟，在学生本位精神的感召下，引导学生把勤勉和睿智、高雅和高尚带到语文学习中去，再作文时，定会有一份自信的微笑。

二、作文心理初探——农村中学作文调查研究(二)

A. 调查研究情况

“作文心理初探——农村中学作文调查研究(一)”完成一年后，高三(12)

班的学生也即将迈进高校。一年的作文辅导，使我们师生结下了深厚的友谊。在作文教学上，我收获了无尽的思考，并完成了“作文心理初探——农村中学作文调查研究(二)”。

此次调查人数稍有变化：高三(12)班 52 人，其中 2 人是在第二学期才插入本班的。52 人中，33 人是农村户口，19 人是城镇户口。

作文情况和批阅方式：带高三(12)班一年以来，考场作文 8 次，习作 15—20 次，学生的修改 2—5 稿不等。批阅方式依次是：自评、2 人组评、4—8 人组评、班级集体评议、师评。在第二次模拟之后，以自评、自悟、自己打分为主。

作文成绩，以考场作文及师评升格作文为准，见表 3-2。

表 3-2

分数(满分 60 分) 学生	4—6 次 47—52 分	1—3 次 47—52 分	3—5 次 42—47 分	1—2 次 42—47 分
农村户口学生	4 人	11 人	14 人	16 人
城镇户口学生	5 人	9 人	2 人	14 人

从表中可以看出，与调查(一)相比，学生作文在整体上都有了成功或比较成功的体验，学生的进步还是比较明显的。

从会考成绩看，49 人参加会考(另外 3 人是借读，不在本校考试)，10 人优，优秀率为 20%，没有及格和不及格的，优良率为 100%。49 人参加高考，及格率为 84%，平均分为 98.1 分，在五个普通班中名列第一。最高分只有 119 分，超过 110 分的只有 6 人(数量太少，但是，这 6 人算得上班里的读书人、小文化人)，有 8 人不及格，除 1 人失常发挥，其余 7 人是连默写也拿不着平均分的“懒汉”，结果是“芝麻”不屑于捡，“西瓜”也抱不了。我们所取得的这一点成绩，不要说与城区的名校、重点校相比，与我校的重点班相比也还有一定距离。

这样的成绩，与学生的“12 年”语文学习经历相比，与学生的语言素质、文学素养积淀相比，我这个只教了他们一年的语文教师，显得何其渺小，热爱母语，提高作文水平，提高占中国人口 80%的农村人口的综合素质，这需要我们工作在农村教学第一线的中小学语文教师共同努力。

下面谈一谈一年来我在作文辅导中的几点体会。

(一)“历史问题”与“现实问题”

从调查(一)中我们不难发现，学生对语文学习状态不满意，作文心态较差，其中一个重要原因就是对我们小学、中学、高中的语文教学不满意。我调查过两所小学，谈到语文教学在五六年级的状况，一位主抓教学的主任说：

“许多班主任教语文就‘两部曲’。第一，写生字；第二，读教参。”这样挤出时间来做数学题，阅读和背诵的积累很有限。我女儿在县城的一所小学读五年级，每天的语文作业基本在两个小时左右，以抄写为主：抄生字、抄课文，有时抄卷子、做卷子、做练习册，读课文只得 4 分(五分制)。一年没听她在家读过书，只背过几首古诗，但是她像高中学生一样累。孩子记忆的黄金时间就这样一闪即逝，倒有一个意外“收获”——因为作业多，字写得又快又乱。延庆县语文教研室的吴老师和桂老师已意识到小学语文诵读的空白，从初一开始扎扎实实地做学生这方面的工作，规定 100 篇诗文，师生同背，每月定时到各校抽查。学校本年级和各年级乃至于各学校之间还可以进行擂台赛。若能长期坚持，学生定会有许多收获。

我个人认为，中小学在语文教学中应着重解决两个问题：(1)字要写好，不求有多漂亮，但求认真、工整，若字迹潦草，将影响学生一生的治学态度。但抓书写训练也要注意度的把握，若书写的量过大，就会严重损害学生对语文的兴趣，事倍功半。(2)在诵读中培养学生对母语的兴趣和情感，培养学生读书的欲望。喜欢读书，觉得读书是种享受。其实从幼儿开始到中学毕业，学生都有许多优秀的杂志可供选择，如：《婴儿画报》《故事大王》《儿童漫画》《东方少年》《少男少女》《男孩儿不许看》(这个杂志的名字起得好，抓住了学生的心理，男生女生都争着看)。每一本好书都是一扇窗、一道门，一面神奇的魔镜。兴趣是孩子一生的老师，也许“终身阅读”的良好习惯就是从《葫芦娃》开始的呢！

除上述“历史问题”外，学生的语文学习现状堪忧，还有一定的“现实问题”。从广义上说，不只是学生的家庭文化熏陶差，延庆的文化背景、校园班级的文化氛围、学生学语文的自主性，这些都比较差。延庆毕竟是远郊，是北京经济文化最落后的地区之一。语、数、英三大科，在许多学生的眼中语文是排在第一，地位却常常在理、化、生之后。教数、理、化的班主任和年级组长都有权禁止学生在晚自习时看课外书。每天持续到晚上 9 点的自习，作业写到晚上十一二点也写不完，学生真可谓“两耳不闻窗外事，一心只读教科书”。从狭义上讲，高三学生面临高考，哪些科目对总分贡献大，就会成为学生投入的重点。高考中语文得 120 分很难，而得 70 分以下也很难。如高三(12)班最高分 119 分，最低分 76 分；115 分以上 3 人，80 分以下 1 人。不投入或少投入，混个八九十分不难。而数、理、化的成绩高则 140 分，低则三五十分，现在考理综，分差就更大，从六七十分到二百六七十分。学语文不“实惠”，尤其是作文，难有立竿见影之功效。而高三(12)班 30 多名学生来自农村中学，作文基础本来就差，在语文上投入多、产出少，就不如把精力用在别的科目上。这种心理对语文学习是非常有害的。比如背诵，(12)班就有10 余人，对高考背诵篇目采取“战略性放弃”的态度。我做了不少工作，但仍有 6 人在模拟考试中连续 3 次得 0 分。背诵对于语文学习来说，是一举多得的事，尤其是对作文，受益更多。若学生不重视背诵，语文积累就更一穷二白了。从小的方面来说，会影响高考成绩；从大的方面来说，会影响学生的文学素养和人文精神。一位名人曾说过："如果数理化学不好，那民族的发展仅仅会落后，如果母语学不好，缺少人文素养，那这个民族就愚蠢了。"因此在语文学习和语文教学中，无论学生、家长，还是教师和学校领导，都应有"淡泊名利"的境界。因为恰恰是在"淡泊"中才可能有长远的"效益"。

语文的工具性决定了它对各科有较大的帮助，而语文的人文性又决定了它对学生的一生都有帮助。比如，我们延庆一中的王少华校长、董明臣校长虽都是教数学的，但文章写得好。王校长每逢重大节日的讲话，总是晓之以理，动之以情，让人口服心也服。他们做人做得朴实，做领导也做得扎实。再比如，获诺贝尔奖的杨振宁、李政道，他们是美籍华人，他们的大家风范，他们深厚的母语修养、文学素养，让人惊叹。而今，语文确实不能为学生的高考总分做更大的贡献(我希望负责高考出题的专家、学者研究一下这是为什么，什么时候语文上 130 分、140 分的考生人数能与数学、英语一样多)，但在一定程度上却能决定学生人生的品位和事业的高度。而一个缺少人文精神、母语水平低劣的民族，是没有未来的，想想我国青壮年的文盲、半文盲比例(主要是农民)，看看城镇大街小巷的广告、招牌上的错别字，怎能不让人担忧？

因此，为了我们民族的未来，不只考试的方式要改，阅卷的方式也要改，我们教学的方式更要改。

(二)"穷人的孩子早当家"与"富人的孩子早当家"

经过一年的作文辅导，我对学生的作文心理和做人心理有了更深刻的感知，也对"穷人的孩子早当家"的前提有了更清醒的认识，言外之意不是所有穷人的孩子都能早早地当好自己的家。少部分家在农村的学生因做人的品位差，作文也差。王越(化名)，学习刻苦努力，数、理、化成绩很好，父亲在外地打工，母亲一人带着他艰难度日。家长对儿子关怀备至，对他的学习更是寄予厚望，他却在作文中写道："妈妈唠唠叨叨的，总在精神上虐待我。"当然他也常觉得老师对他没耐心、不认真。同学有问题向他请教，他也总担心占用自己的时间。他因作文不及格，因和师长、同学关系紧张而备感苦恼。课下，我单独找他谈话："你是一位坚强执着的学生，即使语文成绩不理想，你也一定能考上重点大学(高考成绩 554 分，语文 94 分)。但是，上大学还要写论文的，你作文不好，一个重要原因是你为人处事的情商不高。男孩子要心胸宽广，要懂得'爱'，自私狭隘是人生大忌。在妈妈的唠叨中体会出妈妈的爱，在老师的批评中体会出老师的爱，在帮助同学时自己也在成长。高考这篇小作文好写，而人生这篇大文章则需要我们用一生的时间来学习和揣摩。”他没有恼我，心悦诚服地走了。在高考前，他已能写出 42—45 分的作文了。

我们班的班长崔刚(化名)，学习成绩优秀，勤于读书，善于思考，感情丰富细腻，对师长关心体贴，作文写得也很好。老师和父母都希望他能考上名牌大学。但在高三第二次模拟考试的关键时刻，他竟然缺考。第二天，我问他什么原因，他竟然说：“午休时梦到姥爷病重(上学期他姥爷曾到县城住院，他去陪床)，感觉心烦意乱，就坐车回村看姥爷了。”我问：“姥爷身体怎样?”他说：“挺好。”当时我就火往上蹿，对他说道：“只因为一个梦，你就不考试了？庸人自扰！这是姥爷没事儿，即使有事，你早回去两个小时，而耽误考试，耽误学业，让亲人伤心，也是老人最不愿看到的。这是练兵，若是高考呢？18 岁，是当兵的年龄了，好男儿志在四方，尽忠就是尽孝，学业有成就是对亲人最大的安慰。如此的脆弱，今天怎能学业有成，明天怎能事业有成？(12)班的所有任课教师都在看着你呢。高三第二次模拟考试的这篇大文章，你实在是儿女情长，英雄气短，立意不高。”崔刚像个做了错事的小孩一样，蹲在我的椅子旁听我发脾气。其实我心里也有些不忍，他是个有真性情的、懂得孝顺长辈的好孩子。

另外，还要重视家在偏远农村、家庭经济状况很差，且性格内向的学生的作文心理：脆弱、敏感，抑郁、狭隘，因经济条件差，读书少，视角窄，立意不高。要先解决心理问题，经济上的贫穷并不可怕，可怕的是精神上的贫乏。生活的贫困不是学生的错，从自卑的阴影中走出来，在生活的困境中更要培养自己坚强、坚韧而健全的人格。人可以囊中羞涩，但不能卑怯懦弱，每个人都可以成为精神贵族。抬起头，脚下有你坚实的路，头上有你湛蓝的天。知识可以改变命运，性格也可以决定命运。坚强乐观，是写好高考作文、作好人生这篇大文章的前提。北京广渠门中学宏志班的一名学生，在考上大学接受记者采访，谈到怎样克服自卑心理时说：“要有坦然面对自己生活困境的勇气，要真诚友善地与人交流。过于敏感脆弱，由自卑而自闭是非常危险的。长期的压抑，则会由心理问题变成性格问题，变成品质问题。”由此我想到了家在偏远农村的马加爵、马娟(某中学高三学生，学习刻苦努力，性格内向，因嫉妒用硫酸泼自己的同学，19 岁被判处死刑)。我常想，作文是什么?最简单的回答是：我手写我心。学生的心灵是美好的，他们的作文才可能是美的。

是“穷人的孩子早当家”，还是“富人的孩子早当家”？这要因人而异。崔刚和王越若各取其长、各去其短，则足以为自己的学业当家。表 3-2 中，作文成绩 47—52 分有 4—6 次的 9 名同学中，赵娜、崔刚、李明玉、郭连杰、王红蕾家在农村，吴为正、曹艳芳、郑宁宁、李琳琪家在县城。他们都是班干部、课代表，优秀团员、优秀毕业生。他们共同的特点是善良坚强，体贴父母，尊敬师长，勤于读书，善于思考，热心于班级事务。有良好的家庭环境，可以像吴为正、曹艳芳、李琳琪一样，从小遍览群书，多些儒雅之气，这是多少农村学生可望而不可即的。我教的2000届的毕业生路文萃、丁云峰、刘健、林涛、胡志鹏，家庭良好的文化氛围使他们有较高的文学修养，他们的习作发表在《语文报》和《作文报》上。家庭条件不好，像赵娜、郭连杰都是我们班的特困生，他们坚强执着，开朗乐观，对老师关心体贴，对集体有很强的责任感，会做人，也会作文。

胥子伍在《母亲送我三句话》中曾谈道："家境贫穷的母亲只送给我三句话：以后过日子，省吃俭用免求人；工作上求人不如求自己；若是日后赚到钱，要记住，一家有钱百家用。"他带着这三句话，踏上了自己的人生之路。他成了小有名气的作家，他成了帮助下岗职工再就业的一代儒商。贫苦的父母不能给孩子良好的文学修养，却能给孩子坚强豁达的做人品格。而这些也恰恰是赵娜、郭连杰等贫困生能学有所成、智慧为文的关键。

因此，无论是"穷人的孩子早当家"还是"富人的孩子早当家"，都是有前提条件的。我们语文教师要教学生作文，更要教他们做人。心理健康的人才可能人格健全，品德端方，感情细腻丰富，也才可能写出感动他人的好文章。

(三)"同情怜悯阅读"与"尊重敬重阅读"

从某种意义上说，今天是一个浮躁而奢华的时代、情感缺失的时代，社会在经济和政治上的转型和过渡，带来了认识的多元化，而其消极的一面，也势必会影响学生的心理健康。学生在作文时或是平静得冷漠，麻木得没有感觉，或是单纯幼稚得可笑，部分学生高三的作文还是小学五六年级的水平(其实有的作文还不如《小学作文报》上发表的文章)。议论抒情，或是政治标签，千篇一律，千人一面；或是一副看破红尘的样子，受现实中腐败丑恶现象的影响；或是玩世不恭的样子，对生活中美好的事情产生怀疑，觉得什么都无聊、没劲、无所谓。这样，父母、师长、同学对他好，都是理所当然的，没有心动，也没有感动，更不见他关心体贴别人的行动。如果没有了品味生活的敏感的心灵，没有了观察生活的敏锐的眼睛，没有了思考生活的睿智的头脑，没有了热爱生活、关注社会的激情，就只剩下粗糙、麻木、置身事外、冷眼旁观的漠然，这就不只是情感的缺失，更是责任的缺失。今天的作文对于学生而言，不只是为了高考，更是为了将来能承担起应有的社会责任和家国使命。

以同情怜悯的眼光去读书、读人、读社会，做一个会"爱"的人。阿Q是个上无片瓦、下无寸土的可怜人，《项链》中的路瓦栽夫人是一个诚实守信、为一夜欢娱而付出十年辛苦的可怜人。以恭敬、仰慕的心情去解读伟大而崇高的灵魂，做个理解"爱"的人、尊重"爱"的人。学了《世界上最美的坟墓》，学生应该懂得什么是纯洁宁静、淡泊高尚的心灵；学了《报任安书》，学生应该懂得什么是男性的尊严和价值；学了《窦娥冤》，学生还好意思在课下开玩笑说“我比窦娥还冤”吗？对于弱者要有一份悲悯的情怀，不能让他们的悲苦和无助消失在我们的视线之外；而对于陌路人的同情和关爱，是我们社会共同的体温；对于引领我们向前的那些民族精英，那些崇高而伟大的人，更要有一份谦敬的情怀，高山仰止，景行行止。在阅读中去体会丰富细腻、高尚伟大的情怀，或激动喜悦，或悲伤悲愤。因爱阅读，而爱生活，并理解爱，尊重爱，学会爱。拥有这种健康的心理、健全的人格、美好的情感的学生，才可能写出好文章。

（四）教育学生做个懂“亲情的人”、有“文化品位的人”，有“创新精神的人”、有“社会责任感的人”

1. 懂“亲情的人”

我的学生李建杰在日记中写了这样一次家长会：“教学主任说：‘作为高三的家长，不能只会问孩子吃好没，喝好没。这只是一种低级关怀，还要会与孩子进行精神沟通。’我看到白发苍苍的老父亲不好意思地低下头，拽着衣襟。此时，我心里一阵酸楚。我只想说：爸，您省吃俭用把我送到一中，我已经很幸福了。”我为李建杰的敏感细腻而感动。古人云：老吾老以及人之老，幼吾幼以及人之幼。不懂得爱父母的人，怎懂得爱老师、爱同学，乃至于爱家乡、爱祖国。

2. 有“文化品位的人”

就高中语文学习的这三年而言，学生喜欢李白、苏轼吗？敬重屈原、司马迁吗？仰慕用血来书写的杜甫、曹雪芹吗？崇敬伫立在现代文学史上的丰碑——用笔战斗了一生的鲁迅吗？对于他们，学生头脑中只有一个诗人、文学家这样生硬的概念吗？学生心目中可有一份深深的敬仰和景仰？如果没有，就不是一个合格的中国人。福建省曾考过这样的高考作文题：以孔子、苏轼、曾国藩、鲁迅、霍金；曹操、宋江、薛宝钗、冬妮娅、桑提亚哥这些人物或文学形象为素材，写一篇 800 字的文章。如果没有对这些人物深刻的感知，没有对这些人物发自内心的喜爱、尊敬和仰慕，就很难写出声情并茂、睿智深刻的美文。

3. 有“创新精神的人”

今天是一个飞速发展的时代，有创新精神，有责任意识，才能跟上时代的步伐，才能写出有质感的厚重的文章。为此我组织学生观看中央电视台的《法治人物评选节目》，印发了详细的材料，组织学生讨论，再次评选出他们认为最优秀的两人，并说明理由。还印发了“十佳经济人物”和“十佳青年”，认识他们，完善自我。

4. 有“社会责任感的人”

曾国藩修身济世的原则，后人为他归纳成 49 条方圆说。其实作文也如此，“内方”可以指人的精神内涵，“外圆”可以指语言和写作的技巧。授之以鱼，是指导学生什么样的作文为好作文；授之以渔，是指导学生用怎样的语言和写作技巧写出好作文；授之以渔场，则是指导学生怎样去读书、读人、读社会，培养良好的心态，提高人生的品位，以“内方”来指导“外圆”，让“外圆”来为“内方”服务，以美文，以美丽的人生，来展示自己的价值。今天是为了高考取得好成绩，而明天，则是为了能更好地服务于国家、服务于社会。

我常常感到，自己之于语文教学，之于作文教学是非常渺小的，但作为一位教育工作者、一位语文教师，我力图通过改善农村孩子的心理状态，来启发学生怎样做人、怎样为文。当然，这也不是我一个高三教师就能胜任的，它需要从小学到初中到高中所有语文教师、所有任课教师的共同努力。

B. 教学实践

捕捉美好的瞬间

——记叙文写作指导

(一)设计意图

《新课程指导意见》要求教师要引导学生“培养健康的写作心态、良好的写作状态和在写作中树立正确的人生观和价值观”，欲“为文”，要先“为人”，避免为文造情，说空话套话。因此，从一定意义上说，学生的人品决定了学生的文品。所以阅读以立人，作文以成人，应该成为我们每一个语文教师的责任和使命。

[评点：能抓住问题的症结所在。]

(二)学情分析

长期以来，不少学生的作文是在背和编中度过的，背别人的作文，编虚假的故事，以制造感动、制造震撼，来赢得阅卷老师的青睐。在高考作文中，把自己打造成弃儿的、孤儿的，把父母写成病残的、出车祸的屡见不鲜，不提高学生做人的品位，就没有作文水平的真正提升。

(三)教学目标

设计本课时，力求从文本阅读中、从日常生活中，具体指导学生该如何观察生活，如何培养自己丰富细腻的情感，用一颗仁爱之心来医治学生情感的粗糙和麻木，在感悟爱中回报爱，使自己的心灵日渐丰厚饱满。并把这份情感用生动细致的语言表达出来，完成作文片段。再指导学生列出写作提纲。

(四)教学目标

(1)在名篇品读中，作者是如何通过细节描写来塑造人物的，感受作者的对家乡人的挚爱。

(2)迁移转化，指导学生在观察感悟生活中，培养丰富细腻的情感，在作文中立人。

(3)在作文中学习如何塑造人物，运用细节描写，运用联想和想象，体会怎样把人物刻画得生动形象。

[评点：能从工具性和人文性两方面来设计目标，鱼和熊掌力求兼得，好。]

(五)课堂实录

1. 回顾文本

师：今天我们上一节记叙文写作辅导课用爱来捕捉生活的瞬间。

上节课我们学习了汪曾祺先生的《故乡人》，在汪先生笔下，王淡人的哪些语言、动作给你留下很深的印象？(学生想翻书)大家不要翻书，这样才是真的印象深刻呀！

生1：王淡人喜欢钓鱼，他一边吃鱼，一边喝酒，一边甩钩再钓，说明他特别热爱生活。而“一只蜻蜓落在他的鱼竿上”(“钢蓝色”的，其他学生补充说)，说明他非常有生活情趣，有诗情画意。

生2：他还特别喜欢郑板桥的对子“一庭春雨瓢儿菜，满架秋风扁豆花”，为了让瓢儿菜和扁豆花相配，他还到外地找种子，这说明他特别天真可爱。

师：(笑着说)他很执着地追求这份风雅，也说明他很有生活情调。

生3：他在风浪中救人给我的印象最深。“在他的腰上系了四根铁链，每一根又分系在一个水手的腰里”，在惊涛骇浪中出没，他的这份勇气、豪气，不畏牺牲的精神，令人钦佩。

师：大家怎样评价他？

生齐答：说他是个“急公好义”的大侠。

生4：给我印象最深的是他给发小儿汪炳治疗。汪炳吃喝嫖赌抽大烟，把家底败得精光，他要给这样一个人治病，当人们问他为什么要这样做时，他却说“我不给他治病他会死的呀”。多朴素的一句话，却道出了他高尚的医德。

生5：还有一点，汪炳没有一个钱，白吃，白喝，白治病，王淡人却管吃，管喝，还管他抽鸦片。

师：为什么还要管他抽鸦片呢？

生6：病人在生病的时候，不能强行戒毒，这样有生命危险。

师：而当汪炳病好后做了什么？现在请大家翻开书，找出原文。

生7：“病好后，他写了很多鸣谢的帖子贴在满城的街道上，为王淡人传名。帖子上的言辞倒真是淋漓尽致，充满感情。”

师：王淡人以自己的真诚和善良唤醒了一个瘾君子的感恩之心，他不仅治好了汪炳的病，还医好了他的心。如果一个人有了感恩之心、回报之心的话，那他就真的获得了新生。

(看PPT)：

细节决定成败

细腻产生伟大
细微之处
涌动真情

师：作为一个小作者，我们也要有细节意识，善于观察生活，在生活中培养丰富细腻的情感，把这份激情行诸笔端，这样才会写出好文章来。汪曾祺老先生给我们带来这么多感人的细节，可见他是一个非常热爱生活的人、热爱家乡的人。他去世之后，在他的墓碑上只有五个字“高邮汪曾祺”，故乡永远是他魂牵梦萦的地方。即使是去世了也不忘自己的根在何处。可见作文即做人，没有了做人的“品位”，也就不会有作文的“品位”。

[评点：把阅读和写作结合起来，让阅读为写作立规。]

2. 描写生活

师：汪曾祺老先生给我们带来了这么多细腻丰富的细节描写、生动形象的场面描写，那我们应该怎样观察生活呢？上周我们留了这样一个作文片段：

(PPT)在生活中，眼前的一瞬有时会成为心中的永恒，请以“瞬间”为话题，写100—200字的片段。请同学们打开周记本：选一段你认为写得最好的，读给同桌听。可以推荐自己的，也可以推荐同桌的，并进行评议，说说你推荐的理由(5分钟交流，互评)

生1：我推荐郭校冶的。他写的是周一咱们班和1班的篮球赛：

大个子出手了，在离篮筐一米的地方，我拼命地跳起来，想把球拦下，但我还是晚了半拍，球从我的指尖上飞过。我停在空中，这一刻，空气好像凝滞了一般，球旋转着慢慢地向篮筐飘去，全场一片寂静，我的心都提到嗓子眼了，这一瞬间似乎十分漫长。我的手都攥出汗来了，那个大个子的手心也一定是一把汗吧。我心里喊着：不要进，不要进。但随着“唰”的一声，球应声落网，我的心一沉。篮球场的那一边立刻爆发出热烈的欢呼声，而我们这一边却静得让人悲伤。大个子中锋的嘴角和眉梢轻轻挑起，画出三条张扬的弧线，然后他笑着跑回自己的半场，而我却僵在原地不知所措。

(同学们报以热烈的掌声)

生2：我认为他这个片段中，“我停在空中”写得好，因为在看电视时常看到这样“定格”的镜头，把人物的喜悦或遗憾突显出来；另外他写大个子中锋的“嘴角和眉梢轻轻挑起，画出三条张扬的弧线”，用这样一个神态描写也把对方写活了。(老师点头赞许)

生3：他这段是写得好，但有一个细节我觉得不太合理(同学们都定睛看着他)。他说“大个子出手了，在离篮筐一米的地方，我拼命地跳起来，想把球拦下，但我还是晚了半拍，球从我的指尖上飞过”，这几句就写得特别形象，这时他的手在拦球，一定是伸展的，才可能把球拦住，他不可能在一瞬间手又攥出汗来，有汗也是打球过程中出的，而不是此时因为不进球而急的。

（同学们都笑了，纷纷点头）

师：你说得非常好。他谈到了如何让细节更真实。那我们再想想，那个大个子的手怎样描写，或是说怎样想象才更合理。我们两人一组比划一下。（大家热闹起来了）

生3：他可能在球进篮筐后，激动地挥舞着拳头，手也会由投篮时的伸展状，瞬间攥紧，并有力地舞动。

[评点：在体验中学描写，好。课堂生成出彩了。]

师：很好，这就是源于生活又高于生活。我们在细致的描写中、丰富的想象中，再现了生活的美。

[评点：能抓住本质，点评到位。]

生4：我写的也是咱们班的这次比赛。（略）

师：看来周一的比赛，确实给同学们留下了极为深刻的印象。写作源于生活，因为你对生活、对集体有爱，所以能写出好作文来。

生5：我推荐林楠的，他写的是自己的母亲。（略）

生6：我推荐高昂的，他不只描写细腻，还能展开丰富的联想：

题目是"那一刻"。那一刻，我看到了妈妈的脸，从前妈妈的脸洁白无瑕像牛奶，结婚照上的妈妈就像十七八岁的姑娘。十多年过去了，我也十七了，比妈妈高了半头。昨天，妈妈说眼睛有些不舒服，让我给看看。那一刻，我傻了。我不相信那是妈妈的脸，在昏黄的灯光下，那是一张满载岁月沧桑的脸，额上布满了密密麻麻的皱纹，深陷着的眼睛两侧是深而长的鱼尾纹，在那干枯但又泛着一丝红晕的脸上，是一点点、一片片褐色、黑褐色的斑纹，而在额头鬓角藏着的是数不清的白发。不知怎的，我鼻子一酸，眼前顿时浮现出一幅幅画面：似乎看到一位年轻的母亲下班后，一手领着儿子，一手挎着菜篮子在街上奔波；似乎看到一位贤淑的太太，在浓浓的油烟和蒸腾的热气中忙碌；似乎也看到她为儿子的学业辗转难眠。妈妈老了，妈妈的确是老了，岁月已悄悄带走了她的芳容，而她的青春也牢牢地印在了那张结婚照上。可岁月带不走的是妈妈对我那比天还高、比海还深的爱。那一刻，我看到了妈妈的脸；那一刻，我茫然了；那一刻，我想说：妈妈，我爱你。（同学们报以热烈的掌声）

生7：高昂那么魁梧健壮，没想到他文笔如此细腻，他不只运用了肖像描写，而且还运用了联想和想象，有很强的画面感。

师：你评得很好。你们长大了，不能再只会享受爱，还要懂得感悟爱，意识到这份爱的珍贵。岁月无情，人生短暂，要学着回报爱，这才是真正的成长。

[评点：做人指导到位了。]

师：大家觉得怎样才能写好一个感人的片段呢？

生8：在片段写作中要用一些手法：从视觉、听觉、触觉等角度写，还要会用人物的心理、神态、肖像、动作、语言等表现手法，像郭校冶那样。

生9：要用多种技巧：正面、侧面、对比、烘托，像郭校冶自己与大个子的对比、场下两个班的观众的对比。还要用好联想、想象，如高昂由妈妈的脸联想到妈妈为了孩子忙碌的画面。

生10：还要用好词语，用好修辞。

师：刚才同学们在这些方面做得都比较好，把一个片段写活的技巧可以说是数不胜数。但这还只是皮毛而已，不是问题的关键。

生11：关键是要用心写作文，用爱写作文。

师：对，这是一种心灵的感受，是写作的原动力。但怎样才能把这种感受表达出来呢？

生12：还要认真观察，把我们感受到的通过自己的细致观察生动地、立体化地再现出来。

师：你们都看过父母的结婚照吧？(看过)但看过就没事了，是吧？(同学们都笑了)只有高昂，把自己的感受生动形象地描写出来了。因此我们不但要观察，还要思考，用我们的智慧来驾驭我们丰富、细腻的情感。(看PPT)

热爱生活

善于观察

用心思考

要有丰富的情感

要有细腻的情怀

师：作文前要先学做人，做人是我们一生的课程，这门课学好了，我们就可能有王淡人那样的人生境界，有汪曾祺那样的慧眼，让我们都来见贤思齐。

3. 感悟生活

师："家"永远是一个温暖的词，而一想到生日，就更有了一份温馨，我们在早读诵读《论语》时学了："父母之年，不可不知矣，一则以喜，一则以惧。"喜什么？惧什么？

生1：喜在父母能长寿，当然我们的父母才人到中年，但也"喜"于他们身体健康，"惧"于他们人生短暂，我们要珍惜每一天以孝敬双亲，不要有"子欲孝而亲不待"的悲哀。

师：尤其是高中三年，等你们考上大学了，工作了，就很少有今天这样亲密相处的机会了，对吧？(同学们纷纷点头)所以我们要懂得珍惜与父母在一起生活的每一天。

如果说爱是人生的第一课的话，那你的父母就是你的第一任老师，如果说17岁的你还只知道索取的话，那将会是一种怎样的爱呢？(学生说：溺爱)

对，溺爱，那你就要反思父母对你的爱是不是已经浓得化不开。如果你要想回报父母之爱的话，那生日这一天是有标志性、有象征意义的。你能准确地说出他们的年龄和他们的生日吗？请举手？

（学生举手，部分在犹豫，部分不好意思地低下头）

师：有80%的同学知道父母的年龄和生日。不错，有的同学很诚实，不知道就是不知道。（同学们笑了）

师：知道我们的爷爷奶奶、姥姥姥爷生日的同学请举手。

（只有几个学生举手，多数人都面面相觑、议论纷纷）

师：只知道一个人也行。只知道日子，不知道是哪年，也可以。

（又多了几个同学，大约有20%了）

那在他们生日这天，你都为他们做过什么？

生1：给全家做饭、擦皮鞋。

生2：给他们买双鞋，买条裤子。

师：那我来采访你，这买鞋、买裤子的钱是从哪来的呢？

（同学们都笑了）

生2：我上山摘杏，挤了杏核，或砸出杏仁去卖。

（同学们报以热烈的掌声）

师：告诉大家，你的家在哪里？

生2：在千家店（离延庆县城有近二百里的东部山区）。（同学们再次为他鼓掌）

师：用通过自己的劳动赚的钱给父母买礼物，这是最有意义的。

生3：说来惭愧，今天是我爸的生日。

师：（老师、同学们都很惊讶，同学们自觉地为他父亲鼓掌表示祝贺）祝你父亲健康快乐。

生3：谢谢老师。

师：不客气。（同学们又笑了）平时吃饭爸妈都先让我吃个饱，可今天是爸爸的生日，也没有像我的生日一样，准备丰盛的饭菜。只是简单的两样，不巧的是连面条也不多了，我只吃了一碗，就放下了筷子。（同学们笑）我本来能吃四碗呢。（同学们笑得更厉害了）

师：让你爸多吃点，尤其是在他生日这天，其实爱就这么平凡。谈到这个话题，我也感同身受。想起自己小的时候，爸爸常常是家里吃得最少或最多的人：（同学们很惊讶）吃得最少，是因为那时困难，做好吃的，常常不够吃。而在饭不好吃时，我和弟弟妹妹的剩菜剩饭就会“一股脑儿”地扣进爸爸的碗里。如今陈老师快四十了，我的老父亲也快七十了。现在想来，爸爸几十年如一日的被撑着或被饿着，心里还真的不是滋味（我鼻子一酸）。

生4：我印象最深的是我小学三年级的时候，我爸过生日。那天正好在转播世界杯足球赛。爸爸正激动地看着，我就用手工课上发的鸡蛋形的石膏，对着电视画罗纳尔多，爸爸只顾看电视了，也没注意我在干什么。等画完了，我就塞到他手里，还吓了他一跳。但他可高兴了。其实，在爱的天平上，我们的爱都是等价的，没有礼物的贵贱之分，只要能体现我们的反哺之情，父母就会特别开心。

师：你已经有了自己理性的认知，这就是认识人生、认识爱的开始。

[评点：从生活体验中学作文，真诚真切。这才是作文教学的活水源头。]

4. 反思生活

师：下面我读一个真实的故事，那天有个姐姐过生日，她却一点也不开心。这是我俩的一次对话。请一位女同学和我一起读。

生日"话感恩"

"陈老师，今天是感恩节吧，我心里好难过，昨天是我的生日，我妈竟然忘了。"

"那你也忘了吗?"

"没有，我只是想——"

"你想考验他们一下。"她笑了，我也笑了。

"看来，感恩节，是要让父母向你感恩了?"她有些不好意思。

"往年你父母都怎样给你过生日?"

"给我买上生日蛋糕，我们一家三口去饭店吃饭。"

"昨天是不是父母太忙，才忘了?"

"不是，我妈并不忙。"

"因此你心里就不高兴了？我给你讲个咱们学校王校长的真实的故事：

二十年前的一天，王校长的夫人，在医院苦苦挣扎，医生向年轻时的王校长下了病危通知书：你爱人难产。在医院的楼道里，咱们今天的校长——孩子的父亲——苦苦煎熬了一天一夜。二十多年后，他给我们老师讲这件事的时候，声音依然有些哽咽。当然，一切顺利。做了父亲的年轻的王老师，当晚辗转难眠，给自己刚刚降生的女儿写了一封长信。这封信他瞒着妻子一直保存了 14 年。在女儿 14 岁生日的那天，他拿给女儿，此后的事你也能猜到。"

"王校长的女儿一定哭了。"

"当时，我也哭了，为有这样理解女性的男士而感动。王校长为什么要这样做？因为每个儿女的生日都是妈妈的受难日，生日是诞生的节日，也是成长的节日，更应是感激父母带给我们生命的日子。"

她又有些不好意思。

"其实生日是个神圣的日子，也是个平常的日子。你的生日，我的生日，还有你父母的生日，尤其是你的生日，都可过可不过。因为我们来日方长，而爷爷奶奶、姥姥姥爷的生日不该忘记。他们才是我们和你们生命的来处。岁月无情，人生短暂，不要让‘子欲孝而亲不在’的悲哀撕裂我们的心。今天回去帮妈妈做点什么，周六、周日再替妈妈帮姥姥做点什么。你是个女孩，有句俗话‘女儿是妈妈的小棉袄’，你如能这样关心体贴，你妈该多幸福呀。”

她开心地笑了。

[评点：让学生看看老师是怎样观察生活、书写生活的，并引导学生认识人生。好。这才是作文教学的真功夫、硬功夫。]

师：听了我俩的对话你有什么感受？

生1：您的话是她最好的生日礼物，在我们生日那天，也要换位思考，为妈妈想想！

生2：如您所说，生日是成长的日子，看来我们更多的只想到了享受和索取。

生2：从刚才您做的调查看，我们还有不知道父母生日的，知道爷爷奶奶、姥姥姥爷生日的就更少了，我们回去一定要问清楚，并记在心里。

师：也希望同学们能在自己生日那天，为父母，为爷爷奶奶、姥姥姥爷做些什么，用自己的成长来庆祝自己的生日，这才是最有意义的。

明天是什么节日？（学生纷纷摇头，但有一个人说：重阳节）对，是九九重阳节。明天是周五，周六回去看看老人家，不能回去的，也不要忘了打个电话问候一声。唯有真诚的爱，才能让我们的心灵丰厚而饱满，这才是写好文章的活水源头。

[评点：再从生活中学作文。]

（看PPT）：（以“我爱我家”为话题，写一篇800字的复杂记叙文作文或亲情散文，选两三件事。）

5. 串起生活的珍珠

师：当你的头脑中有了许多感人的瞬间，又如何才能把这些精彩的镜头连缀成文呢？看汪老先生在《钓鱼的医生》中选了几件事？是怎样连缀成文的？

生1：这篇文章共选了四件事：每天钓鱼、种瓢儿菜、风浪中救人、为汪炳治病。前两件事表现了他淡泊名利的人生态度和闲适高雅的生活情趣，后两件事表现了他急公好义的高尚医德和善良宽厚的处事态度。

师：那老先生是怎样把这些事儿组织在一起的？

生齐答：从他的兴趣爱好到医生的职业，是由主而次。

师：从他的人生境界到工作态度，又是由因而果。

师：前两件事还体现了道家淡泊名利的人生情趣，后两件事体现了儒家兼济苍生的博爱情怀。同学们如果仿效汪先生觉得吃力的话，我给大家推荐了三篇例文，大家都读了，体会这三篇例文的作者是怎样串起生活中感人的瞬间的。

（看 PPT）

串起生活的珍珠：三篇例文的结构

①线索式　（又如我们刚学过的莫泊桑的小说《项链》《珠宝》）

②分节标题式

③议论抒情过渡式

作业：以“我爱我家”为话题，自拟题目，写一篇复杂记叙文或亲情小散文，选两到三件事，不少于 800 字。

（六）教学反思

以症下药

作文不是在考场中编出来的，要让学生从这种不正常的作文状态中走出来。教师要指导学生在生活中观察，在思考中感悟，才能在作文中积淀。

从学生的记叙文写作看，不少学生是在说假话中、在背别人的好作文中，蒙混过来的。这不只是对作文教学是个巨大的伤害，对学生的成长更是伤害。作为语文教师，我们有责任引导学生爱生活，爱人生，爱语文，爱作文。怎样爱，怎样观察，怎样体验，则要我们教师具体引导，包括生活细节的交流感悟，也包括老师下水作文的示范。

我这样节课，就是想让学生从阅读中、从生活中体验美好，先有对美的感悟力、有一定的审美力，再来描写。技巧总是有限，也是可以训练的，但敏锐智慧的眼睛，丰富细腻的情感，关注热爱生活的赤诚，则不只是靠训练就能得到的。所以，不要把作文与阅读、作文与生活割裂开，这才是我们解决问题的关键。我的这节“捕捉美好的瞬间”，对学生情怀的培养，还只能说是抛砖引玉。

（评点：杜丽娟）

三、作文心理初探——农村中学作文调查研究(三)

A. 调查研究情况

从高一学生的作文看，最让人不安的是在作文中看不到学生的心灵，其他一些写作上的通病，如审题不到位、描写不具体、思路混乱，还在其次。我认为就记叙文写作而言，无论是写景、状物，还是写人、记事，关键还是如何指导学生从少年阶段进入青年阶段，在对社会生活的观察中，在对历史文化的思考中，引导学生在作文里说真话，写出自己真诚的体验，以我手写我心。这次作文心理初探就高一学生的记叙文写作状况进行调查与思考。

在《语文课程指导意见》中谈到，写作的过程，就是学生“认识世界、认识自我，进行创造性表述的过程”，这就要引导学生用自己的耳朵来倾听，用自己的大脑来思考，用自己的心灵来感悟，“以负责的态度陈述自己的看法，表达真情实感，培育科学理性的精神”。作文的过程，就是学生成长的过程，就是反思自己生活的过程，就是领悟人生哲理的过程。

回顾近一年的作文教学实践，我尝试着从以下三个方面来指导学生在观察中思考、在阅读中感悟、并在积累中整合，让写作与学生的日常生活浑然一体，这也就是“课标”所强调的：欲“为文”，先“为人”。

(一)要指导学生捕捉生活中感人的瞬间，在观察和感悟中成长。在习作中正确地认识生活，真诚地反思自我，让自己的心灵更温润、更饱满

《语文课程指导意见》要求教师要引导学生“培养健康的写作心态、良好的写作状态和在写作中树立正确的人生观和价值观”，避免为文造情，说空话套话。可长期以来，不少学生的作文是在背和编中写就的，背别人的作文，编虚假的故事，以制造感动、虚构崇高。一些学生笔下的感动常常让读者肉麻，这就是为了让别人感动而刻意制造的结果。在高一学生中，有这种毛病的不在少数。而产生这一现象的原因正是由于学生平时感情粗糙麻木，再加之任性自私，认为别人关爱他们都是应该的，而他们自己生长在蜜罐中，甜也是苦，哪有什么感动可言呢？要作文了，只好编生活“传奇”了。

如我们在写“感动”的片段时，学生就写了这样的情节：

对话一：周六回家，爸妈特意给我做饺子吃，而有胃病的爸爸却执意要吃米饭，于是我就热泪盈眶了。（我问：你家的经济状况怎样？他却说：家中经济条件并不差。）

对话二：初三了，我感冒了。爸爸早上送我去医院输液，再回去给我做中午饭。爸爸再来医院接我，就晚了，我就在医院的楼道里走来走去地发脾气。但爸爸很宽容，于是我很感动，热泪盈眶。（我故意问：你自己坐五元车回家，能找到家门吧？同学们都笑了。）

对话三：冬天，妈妈在院子里为我洗校服，手冻得红红的。于是我感动了，热泪盈眶。（我故作惊讶地问：大冬天的，你妈为什么要在院子里给你洗衣服？学生又乐了。他说：是自己编的。）

对话四：初三“练兵”时，学校开家长会，妈给我拿了坐垫，我却死活不要，妈就又返回家为我拿报纸，我还嫌她太慢，要迟到了。但看着她那气喘吁吁的样子，我自己感动得热泪盈眶。（有学生小声嘀咕：这主儿有点欠揍。）

在这样的情节中，学生感动不已，父母既伟大又崇高。而细问学生，生活中真的是这样吗？学生会有不同的答案：

不是这样的，是用夸张的手法编的。

是这样的，但那时自己过于任性，父母过于溺爱自己。

作为高一的学生，却不能自觉地反思这样的生活，重新认识这样的生活，意识不到自己和父母的错；还在继续任性，父母也还在一味地溺爱，乃至于让孩子滋长出更多的骄横情绪。这也是独生子女家庭教育的缺失，孩子不能健康地成长，自然也就难以写好记叙文。

为此，我上了"用爱来捕捉生活瞬间"的作文指导课，还上了"为感动会诊"的作文指导课，指导学生不要把自己一味地低幼化，把父母矮弱化。自然真实地还原生活的本真，在对生活细心的观察和感悟中体会感动，反省自我，提高认知水平。并指导学生在节日中，在日常生活琐事中，体会爱，并施予爱。如我们师生共同交流过如何为妈妈过妇女节，给爷爷奶奶过重阳节；怎样过母亲节、父亲节、感恩节；怎样过自己的生日，是否记住了家人的生日等话题。在父母的唠叨中，在爷爷奶奶的牵挂中体会爱、感受爱，并学着提醒那些天天叮嘱自己的人，一句体贴的话，一杯暖心的茶，一个关切的眼神，就是你的孝心。在这些生活的细微之处，涌动你真诚的情意。

我也把自己的生活感受告诉学生：在我父亲63岁时，我才想到为他过第一个生日，今天想来都是一件不能原谅的事。再与学生一起背《论语》中的句子："父母之年不可不知矣，一则以喜，一则以惧"，不要让"子欲养而亲不待"的伤痛折磨我们的心。引导学生能够细心地观察生活，真诚地品味生活，才能让自己的作文平淡而不平庸，自然而不生硬。以自己对生活真诚的解读，给读者带来心灵上的共鸣，才让人有发自内心的感动。从一定意义上说，学生的人品决定了学生的文品，只有人品升格了，文章才能升格。

经过一学期的训练，学生的观察、思考方式都有了很大变化，我摘录了他们作文中的几段：

姥姥已八十岁了，手脚有些不灵便，吃着饭米粒就粘到了嘴角。我瞥了一眼，没在意。这时候，妈妈用手轻轻掠去了姥姥嘴角的饭粒，这个细微的动作，给我的感触是巨大的，这举动包含的是母亲对姥姥的爱与感恩。——鹿杨

善良本身就是一种良性循环，我们帮助他人的时候，也必然会感受到他人对我们的善良，播种善良就是收获希望。——吴婕

生活中处处充满着平凡，就像我们现在两点一线的生活。但平凡也会不平淡，只要你懂得品味。一缕阳光，一个微笑，可以灿烂所有的春夏秋冬。——程喆坤

在课堂教学中，我力求从生活中具体指导学生该如何观察，如何培养自己丰富细腻的情感。用一颗仁爱之心来医治情感的粗糙和麻木，在感悟中回报爱，使自己的心灵日渐丰厚和饱满，以培养学生的人文情怀，在完善学生的人格中提升他们的人生品味。

(二)还要向文本借鉴，不能把作文和课内、课外的阅读割裂开，要指导学生在阅读鉴赏中感悟并创新，既要从文本之外走进去，又要从文本之中走出来

所谓走进去，就是在阅读中就自己印象最深刻的细节进行圈点评注，能记住，能生动地描述，能个性化地解读，能理解蕴含其中的作者细腻的情感。

学《故乡人》时，每个学生都能描述出多个感动自己的瞬间，学生能在这种描述中体会汪曾祺对家乡的热爱，对家乡人的一片真情。正因为作者有了这份情，才能写出如此生动感人的细节。我还给学生印发了选自各类报纸杂志的千字左右的亲情散文，如《留给母亲满院香》《谁知妈妈有多冷》《午夜问平安》等十余篇亲情散文，让学生在模仿中创造。

另外，在学习古诗文和古今中外的小说时，还可以引导学生通过对作家的生活经历、社会背景、各个时期的作品及他们人生追求的研读，激发学生对作家的敬仰之情。在周记上尝试着写“走近——”“我想握着你的手”等一些相对宽泛的作文，把自己阅读时的感受行诸笔端。也可以写人物评论、写历史小说、写短诗、写小剧本等，练笔的形式可以多种多样。培养学生对文学的热爱，对营建我们精神家园的诗人、文人、学者，或朝堂上勇于进谏的士大夫、杀场上能征惯战的将军，都能有一份谦敬的情怀。从屈原到李白到苏东坡，从范仲淹到岳飞，从《氓》中的女主人公到唐婉、李清照，从鲁迅到巴尔扎克到卡夫卡……学生从同情、怜爱到敬仰、崇拜，而这份情怀就是学生在高三能写好文化散文、人物传记、历史小说的情感基础和思想源泉。

这就是走进去模仿，走出来创造的过程。在高一阶段，一些优秀学生的这类记叙文、小说的写作，也已经初具规模，为其他同学起到了很好的示范作用。在我们年级出版的《纸月集》“历史回响”“传奇志异”中，就有不少这样的作品。虽说还多少有些稚气，但也能看到学生对自己心中人物的那份爱戴、崇拜和景仰之情。而这些文章，也是学生在课外阅读中研习探究的结晶，是他们对文学的一份爱。

在阅读教学中，教师要有把阅读与作文自然融合的意识。这不仅是写作材料的积累，关键是情感的涵养。生活中，学生情感粗糙麻木，文学正是医治这种病症最好的药方。可长期以来，我们老师也会不自觉地把阅读和写作割裂开，学生在生活中没有品味，在阅读中没有熏陶，那作文也就只好编了。指导学生在日常生活中感受、在阅读鉴赏中感悟，以提高学生的人生品味，这才是写好作文的活水源头。

(三)当学生的生活随笔、鉴赏评论写作的积累有了一定的基础后，就应加强命题作文训练，加强考场作文辅导，帮学生明确考场作文的思维过程，把书写心灵感悟的过程具体化

在我们作文教学中，周记、日记练笔和考场作文训练常常是两张皮，作文教学缺少这样的整合训练。这也是我设计以“声音”为话题，进行复杂记叙文写作指导的原因。而每次作文训练都是教师引领学生对素材积累和思想积淀的一次检阅、一次整合的过程。在这样的整合过程中，不少学生还无所适从。一些学生能在练笔中写出好文章，却在考场上发挥不出应有的水平，这也是学生喜欢写日记，却不能适应考场作文的原因，因为学生缺少围绕一个主题逐层展开，以构建思维构架的意识和能力，这样发展下去，高三考场作文的混乱又将重演。

在考场作文或命题作文中，学生思维延展的基本程序应该是：①审题到位；②联系生活（日常生活、阅读生活、写作生活）；③确定主题；④筛选信息；⑤列出提纲；⑥开始作文。一气呵成与行文“回头”相结合，前后照应与点题扣题相结合，这样文章才能结构严谨。另外，在写作中，主题也要力求逐步深入，对使用的材料也要进行再调整，这样使文章更集中、逻辑更严密。在考场上每位同学大约要在5—10分钟内完成前五个环节。

但事实上，多数学生在考场作文或命题作文时，没有这样清晰的思维流程。常常是仓促落笔，舍不得花时间在谋篇布局上下功夫，这些学生中也包括平时练笔很勤奋、周记写得有一定水平的学生。我的这节“品味声音”的作文指导课，从谋篇开始，力求沿着学生作文思维发展的脉络，与学生共同感受一篇作文从孕育到诞生的全过程。指导学生运用发散性思维，以“声音”为话题打开思路，以片段为中心延展思路，又能以主题为中心聚敛思路。在散与聚的训练中提高学生发散、聚合的思维品质，提高学生的认知水平。而这一过程，旨在充分地调动学生的日常生活、平时练笔、课内外阅读鉴赏的情感积累和写作储备，在让思路充分展开后，才能更好地锁定自己占有的最为新颖的材料、自己认识最为深刻的角度、自己驾驭最为自如的结构。这样，学生才有可能在考场上发挥出最佳的作文水平。而这节课，也旨在为学生今后完成命题作文、考场作文提供一个可资借鉴的思维流程。

另外，学生在初中时写的记叙文，在内容和结构上都相对单薄，高一的复杂记叙文写作无论是从内容还是形式上较初中记叙文都有了明显的不同。指导学生明确初、高中记叙文写作的差异，顺利地完成初、高中记叙文的衔接，体会复杂记叙文中点要细（细致具体）、形要散（思路要充分展开）、神要聚（主题要集中）的特点。在高一时如果复杂记叙文写作落实得好的话，也能为高三的真情散文和文化散文的写作打下坚实的基础。

这节课的一点教学思考：

（1）命题作文或考场作文要让学生有章可循。

（2）让学生聪明起来，训练学生的思维能力，提高学生的思维品质：审题时用好求异思维，用好发散思维，在立意后用好聚合思维。我个人准备这次课的过程，也是一个思维发散再聚敛的过程，不散就不饱满，不聚就不集中，学生写复杂记叙文的过程也是这样。

（3）要热爱生活，思考人生，每一次作文都是一次心灵的拷问，反问自己，也反思我们的生活。

（4）让教师自己也聪明起来，与学生一起想，共同写。我下水作文时湿了脚，就是经验。再指导学生就会更真切，当然学生也可以给我的例文提意见，帮我升格，老师的范文永远是一种相对的示范。当语文老师，就要敢于写下水文，不要怕露“怯”，该提高写作水平的不是只有学生！教学相长！当然老师也要有一份谦逊的胸怀，学生会觉得露了“怯”的老师格外可爱，在亲师信道中，学生更会努力提高自己的写作能力。

总之，通过这节复杂记叙文写作指导课，引导学生领悟“声音”的内涵，指导学生拓展思路、筛选信息、构思布局、写出提纲；指导学生初步认识复杂记叙文写作的特征：点细、形散、神聚，并思考布局谋篇的技巧；指导学生在对不同声音的感悟中认识自然、认识社会、认识人生，涵养人格，提高人生境界。这节课，只是带着学生解剖一只小麻雀，也还只是一个小“点”，具体到“面”该怎样操作才能更有实效，还需要一个长期实践的过程，也许这一过程要一直延伸到高三，乃至于到学生在大学时的散文写作和小说创作。这是我们的作文教学要思考的，也是学生自主探究要思考的。

(四)在语文检测中，师生都重视考场作文的分数，却忽视每次作文后的升格训练，这是学生的通病，也是我们老师作文教学的通病。双方都缺少一分为文、为学的踏实严谨，这样作文教学更难见成效

如果每次作文都在热热闹闹的写作之后，老师给个分数，学生在或多或少的分数中叹息一番，就偃旗息鼓了，那不少学生会长期滞留在一个分数段上。高三的学生还只能写出初中水平的作文，乃至于小学水平的作文，这在我们远郊区不足为奇。长此以往，学生对写作文也就没了兴趣，只有无奈了。

因此，每次作文后的升格指导很重要。要鼓励学生改，把自评、互评、老师面批、集体讲评等多种手法结合起来，如果家长能参与更好。有一位学生家长，就曾自己给孩子写范文，还拿给我看，我真的非常感动。修改后，对有明显提高的作文，老师也可以用实物投影把前后两稿对比着展示给学生。还可以组织学习小组，集体来讨论修改一篇学生的作文，由作者来选择谁的方案更好。对认真修改后的作文，可以让学生在家里的电脑上为自己建作文档案，也可以建立班级作文档案，还可以办专栏，出小报，鼓励学生积极地修改自己的作文，作文升格是无止境的。没有最好，只有更好。

每次命题作文或考场作文都是学生用时最多、耗费精力最大的一道大题，一定要指导学生把这道大题改透、用足。让学生在改中看到自己的进步，体会到在考场上体会不到的成功感，为下次作文做好心理上的准备，以更为积极的心态，自信地去面对下一次作文，这一点非常重要。否则，好文章只能长期锁定在那几个作文尖子生上，更多的学生都只能长期地“望文兴叹”。在调动班级写作的积极性上，“黑马”的作用会大大超过“常胜将军”。因此，“黑马”不能只是偶然杀出来的，教师要在作文修改中帮助学生，把他们培养成下一次考场上的又一匹“黑马”。

总之，学生的日常生活和写作是一体的，学生的阅读积累和写作也是一体的，而在命题写作中对生活感悟、对阅读感受的积淀进行有效的整合，能使学生思维更敏捷、头脑更聪慧。在作文之后，对全体学生的作文资源也要用足用透，并从中总结出本次作文成功的经验和失败的教训，鼓励学生在自评互评中进行反复修改。在我的学生中，有不少人能把一篇作文改三四稿，最多的能改五六稿，这比一个学期写三四篇文，每篇都是三类文要好得多。这才是有效的作文教学。

高一记叙文的写作过程，就是教师引领学生在生活中观察和感悟、在阅读中品味并模仿、在作文中思考并创新、在修改中体验成功的过程，这是写作的过程，更是成长的过程。

提高学生作文水平的路很漫长，有一点是根基，那就是提高学生的逻辑思维能力，提升学生的认知水平。所以我们要在作文修改中，让学生有章可循，有法可依，帮他们入格，再帮他们升格、破格。

与此相比，虽说其他作文技巧的训练都是有限的，我愿与同人一起在实践中探索。

B. 教学实践

品味声音

——复杂记叙文写作指导

(一)设计意图

指导学生通过对各种声音的解读来"认识世界，认识自我"，引导他们用自己的耳朵来倾听，用自己的大脑来思考，用自己的心灵来感悟，"以负责的态度陈述自己的看法，表达真情实感，培育科学理性的精神"，在感悟中思考社会、人生。作文的过程，就是学生成长的过程，就是领悟人生哲理的过程。

[评点：从考纲出发，让学生在作文中抒真情。]

指导学生运用发散性思维，以"声音"为话题展开思路，再以片段为中心延展思路，又能以主题为中心聚敛思路。在一散一聚中提高学生的思维品质，提高学生的认知水平。指导学生明确初、高中记叙文的差异，顺利地完成初、高中记叙文的衔接，体会并实践复杂记叙文中点要细、形要散、神要聚的特点，这样记叙文也就复杂起来、丰富起来了。

[评点：对学生进行作文思维训练。]

学生在作文时思维延展的基本环节如下：作文审题—联系生活(社会生活、家庭生活、学习生活)—收集信息—选定主题—筛选信息—列出提纲—完成作文。

在考场上每位学生大体上要在3—5分钟内完成这几个基本环节。但事实上，多数学生在考场作文时，没有这样清晰的思维流程，常常是仓促落笔，导致下笔千言，离题万里，或是思维混乱，信马由缰，或是索然无味，勉强为文……这些学生中也包括平时日记写得很勤奋、周记写得较好的同学。学生在语文考试中，不能发挥出应有的水平，与平时作文教学中缺乏基本的思维模式训练有关。本节作文课力求沿着学生作文思维发展的脉络，与学生共同体验一篇作文从孕育到诞生的全过程，体会思维如何发散，如何聚敛，如何围绕一个中心进行选材，为学生今后命题作文、考场作文提供一个可供参考的基本模式。

[评点：好，有针对性，有吸引力!]

(二)教学目的

(1)引导学生领悟“声音”的内涵，拓展思路，筛选信息。

(2)指导学生初步认识复杂记叙文写作的特征，体会点细、形散、神聚的特点，体会布局谋篇的技巧。

(3)指导学生在对不同声音的感悟中认识人生，认识社会，认识自然。

(三)教学重点、难点

重点：指导学生拓展思路，组织材料，在教师的范文指导中感受复杂记叙文是如何复杂起来的，使思维在发散中聚敛。

难点：通过片段写作，通过课堂交流，学生初步完成自己的作文，体会复杂记叙文写作的基本程序。

(四)教学环节

品味声音—片段写作—片段交流—思路拓展—完成提纲

(五)教学过程

1. 导入：(上课前，给同学们放两段京剧)

[评点：设置用心，做好铺垫；也宣传了中华传统文化!]

师：上课。

生：老师好。

师：同学们好。

今天我们在这里上一节复杂记叙文写作指导课——品味声音。

我喜欢京剧，这在咱们班是公开的秘密，我也给同学们放过多次，你们也喜欢上了吗?

生：喜欢(不喜欢)。

(说喜欢的人少，说不喜欢的人多)

师：你们不喜欢，我能理解，我不能以己之所好强加于人。想当年，我在和你们一样大的时候，也非常不喜欢。记得那天晚上，我坐在方桌边写作业，妈在炕沿边做针线活，爸歪在炕头听京剧。咿咿哑哑的“鬼哭”，灌满了我的耳朵，灌炸了我的脑袋，真如百爪挠心一般。我故意把书翻得哗哗响，但我老爸陶醉其中，浑然不觉。气得我“呼”地站起来，椅子“咣当”一声，我“噼里啪啦”地收拾了书本，狠狠地拍上铁皮铅笔盒，抱起书本就走，只听得身后的京剧戛然而止，接着是我妈追出来的脚步声。

[评点：语言表述生动，故事呈现如在眼前!]

二十五年过去了，再想起这件事，我心里真的非常愧疚。但我已经没有向老爹道歉的勇气了，当然他也许早忘了。现在，我每次周日回家，总要陪老人家听上一曲、看上一段，是感谢老爹对我艺术的熏陶，也是我的一份深深的愧疚。

[评点：情真意切，场景设置独具匠心!]

2. 情感交流

师：同学们，从我们的日常生活到学习生活，再到大自然，我们每天都会被各种声音包围，你喜欢什么声音？请描述场景，说明理由；你不喜欢什么声音？描述场景，说说理由。

[评点：问题设置自然而有张力。]

请大家默想一会儿。

生1：在村里，每天清晨都有悦耳的鸟鸣，有阵阵狗吠，走在上学的路上，听着潺潺的流水，感受着拂晓的晨风，我很喜欢这些声音。

师：好，你说的是自然之声。

生2：上晚自习的时候，我非常不喜欢学校养的孔雀的叫声，它虽然长得很漂亮，但它的叫声实在是不敢恭维。原来它们在高三教学楼那边，也靠近旁边的家属区，后来因为扰民就移到我们高一这边来了，一上自习它们就叫，此起彼伏的，那声音特别讨厌，做题的思路全被打乱了。

师：你的前提是孔雀的叫声扰民，所以也扰乱了你求学的心境。如果你觉得它的鸣叫如动听的音乐呢？在做题的时候，正好给你伴奏！（同学们都笑了，她也乐了）

生3：我喜欢在书店的角落里，听那或急促或缓慢的翻书声，觉得非常的惬意。

师：同学们说的都是有形的声音，但在我们的学习生活中还有无形的声音，它们穿越历史的时空，回荡在我们心间。

生4：我想起了祥林嫂，她在那个年代既不能活，也不敢死，我听到了她那绝望的哭声，是那样的撕心裂肺。

师：她为什么会有这样绝望的哭声呢？能说得更具体一些吗？

生4：她儿子死了，她有一句口头禅：我真傻，真的。

师：这句话体现了一位母亲怎样噬脐莫及的悔恨啊。

[评点："噬脐莫及"，成语运用准确，此词不常用，可见教师强化学生基本功的意识。]

还有在她死之前，她发出了这样的声音"一个人死了以后，究竟有没有魂灵？"而"我"含糊其辞的回答成了摧毁她精神的最后一根稻草。正是怀着这样的疑惑，正如同学们所言，“既不能活，也不敢死”，她孤独而绝望地走向了生命的尽头，成了阴阳两界间的孤魂野鬼。

同学们，在我们的阅读和鉴赏中，这些声音穿越时空，在我们心中激起波澜。我们要力求对每一个声音都能有自己独特的解读，才能提高我们的欣赏水平。

从同学们喜欢的声音中，我已经体会到我们与祖先真的是心有灵犀。请看这“声”字在甲骨文中的写法：左上边是一个石制的磬，右边一只手拿着一个槌在敲击。而左边中间是一个耳朵的形状，左边的下面是一个口的形状。这个字整体来看，表示一个人在演奏动听的音乐，而旁边的人都竖着耳朵在倾听，张大了嘴巴在欣赏，还做出很惊讶的样子。

[评点：插入《说文解字》的知识，由形而意，深入领会“声”字的含义，既增加了学生理解的生动性与形象性，又在点滴中传扬了中华悠久文化，这就是一个优秀教师的风范!]

从这个字，我们能体会到当你喜欢一种声音、发自内心地去赞美一种声音时，就说明你和声音发出的人或物已经有了心灵的共鸣。从这个字，我想起了一个成语“高山流水”，这是谁和谁的故事呢?

生齐答：俞伯牙和钟子期。

师：而对我们不喜欢的声音，如同学们谈到“孔雀的叫声”，如果我们能用心去品读，让自己更宽容些，原本不喜欢的声音，也许并不那么讨厌。这就要求我们有一双善于倾听的耳朵。有善于思考的头脑，还要让我们的心灵充满阳光。(教师板书)如果我们能用这样的心态，解读每一个听到的声音，那我们就会对不喜欢的声音多一分理解，多一分包容。

[评点：那对于低俗的骂街声呢？对于一些人挂在嘴边的脏字呢？教师引导学生向善，这是好的，但不能忽视对学生批判精神和勇气的培养。]

3. 片段写作

师：刚才我们谈了自己喜欢或不喜欢的声音，现在我们把这种感受行诸笔端。

(PPT)：写出自己印象最深的声音，要求写 100 字左右。

我给大家做了个样子，当然如果你觉得我写得不太好，你也可以帮我升格。

又到周六了，家里一片狼藉，我又该例行公事地扫除了：拎着裤脚、扽着衣襟，把脏衣服往一起扔，只听得叮叮当当的脆响，几枚钢镚儿跌落到地砖上，在明媚的阳光下一闪一闪地瞪着我；拿起笤帚，在床底下“一攉”，“当”的一声，一个小东西撞在墙角，又狠狠地反弹到我面前，向我示威；拿起抹布，为电视柜“美容”，在《苏三起解》中，一道银白的弧线飞了出去，直往沙发底下钻——

[评点：老师“下水”，有效引导学生兴趣。这需要胆量，需要水平，是语文教师能力的一个体现。]

师：这是我生活中一个真实的场景，哪位同学给老师点评一下？

生1：老师的这个段落语言很流利。

师：流利？用哪个词更好？

生1：流畅。

师：你的表达很“流利”，老师这段话写得很“流畅”，就分清了这两个近义词。我用了什么表现手法？

[评点：教师点拨在每一个细微之处！]

生1：文中用了白描的写作手法，还用了拟人的修辞手法，把小钢镚儿落地的场景写得生动形象，细微之处涌动真情。(引导注意“写法”)

师：老师还只是写了细微之处，“真情”还在后面呢，我们一起慢慢体会。

师：下面开始写自己印象最深的声音，100字左右。

(5—8分钟)

师：谁来读读自己写的片段？

生：我写的是农村傍晚的场景：晚饭过后，到街上去乘凉，一辆手扶拖拉机突突地冒着黑烟从街口驶来，车斗咣当咣当地响个没完，这位“膀爷”以为自己开的是辆“大奔”呢，喇叭也嘀嘀地响个不停，吓得几只鸭子嘎嘎地叫着钻进了路边的草窝。

师：请你自己点评一下，你哪些句子写得比较得意？

生2：我用的象声词比较多，描绘了农村生活中很平凡却充满了生机的画面。

[评点：引导有方，学生必然“上道”快。学生语言简洁准确！]

生3：我写的是海浪的声音：阳光静静地照在我的身上，让我非常惬意，我静静地躺在海滩上，听着哗哗的海浪声由远及近。起初，那声音深沉而浑厚。接着海浪近了，相互拍打着，那声音如洪钟一般清脆而响亮，但瞬间却又安静下来，如小溪般，裹挟着沙粒回归大海，欢快而又灵动。我仿佛在享受一首美妙而动听的交响乐。

师：自评一下，哪些地方写得比较满意？

生3：我比较满意的是：我写了海浪声由远而近的变化过程。在远处是深沉的，近处是洪亮的，到了岸边哗哗地响着又很活泼。

师：我采访一下，你的这种感觉是怎样来的？我们毕竟生活在北京延庆，并不靠近海边。

生3：我是看电视感觉到的，还有自己的联想和想象。

师：你的想象力很好，老师建议你将来有机会到北戴河去看看，真切地感受一下，好吗？

生 3：嗯。

生 4：我写的是老师查宿时的声音：熄灯铃响过了，在手电筒暗淡的光线下，我趴在床上，急急忙忙地写着。嚓—嚓—嚓，一阵脚步声冲进我的耳朵，老师查宿了，我有点害怕，急忙收拾卷子。门轻轻地开了，一个熟悉的身影出现在我的面前，但老师并没有严厉地批评我，只是轻声地说："这样对眼不好，早点睡吧。"之后便离开了。我很想说一声："老师，对不起。"但张张嘴什么也没说出来。只觉得老师的话虽少，分量却很重；老师的声音虽小，却久久地萦绕在我的耳边。他那沙哑的声音是那样动听，那声音好像带有阳光的气息，温暖着我的心。

师：请你自评一下。

生 4：我觉得，这段话我是用"心"写的。

师：很好！把你文章的最后几句再读一遍。

生 4：老师的话虽少，分量却很重；老师的声音虽小，却久久地萦绕在我的耳边。他那沙哑的声音是那样的动听，那声音好像是带有阳光的气息，温暖着我的心。

师：把同学评价我的文章的话送给你，是哪一句呢？

生 4：细微之处涌动真情。

师：你的细腻敏感，使你感受到了老师的声音传递出的爱。

师：有哪位同学写的是阅读中的声音？

生 5：我写的是杜丽娘：静静地坐在书桌前，翻开《牡丹亭》，我听到了你的哀怨之声："关关的雎鸠，尚有洲渚之兴，何以人而不如鸟乎？"在这哀叹声中，我似乎听到你倔强的反抗、你不屈的呐喊。

[评点：学生功底深厚。]

师：我也听到了杜丽娘的哀叹："良辰美景奈何天，赏心乐事谁家院？"杜丽娘那一腔幽恨，又向何人说？花园中的姹紫嫣红也只能付与这断壁颓垣，更何况幽居深闺的青春少女？杜丽娘的豆蔻年华，杜丽娘的美丽娇艳，又有谁人赏识？

[评点：不负"语文老师"的称谓！]

4. 开拓思路

师：同学们，我们对这些场景的观察和描写，是否引起了你的思考？激发了你的联想？我从钢镚儿落地的声音想到了：我应该懂得珍惜，要节俭。从而联想到这样一些事：

(PPT)：由钢镚儿落地产生了以下联想：

①扔钢镚儿算运气；

②过年时饺子里包着钢镚儿；

③"文革"时季羡林从垃圾堆旁经过想拾到钢镚儿；

（当时季老是北大教授，在“文革”那段特殊的时期，我们的专家学者承受着物质和精神的双重磨难。）

④陕西农村的路遥，小时用小钉子来冒充钢镚儿；

⑤甘肃农村的潘石屹，小时没有买一支铅笔的2分钱；

⑥我给三叔打扫房间，他家有那么多钢镚儿，我羡慕极了；

⑦现在，去商店购物，收银员不收我的小钢镚儿。

从扫除的片段，我只想到我要珍惜财物，而此时我的主题又进行了调整：要珍爱人生。如果从这个角度来组织材料的话，我应该如何筛选信息？

生6：首先要留下自己的故事：(6)(7)。

生7：那就要再保留名人小时候的故事：留下(4)(5)。这样的话，就要淘汰(1)(2)。

师：还有(3)，在“文革”中季羡林已经五十多岁了，发生这件事的社会背景复杂，这个材料也要淘汰。（指导：引导有方，学生会有种“原来如此”的感觉，忽然从“作文难”中找到攻克的法宝。指导学生先发散，再筛选聚合，这就是所谓散文的形散神聚。老师就是用来“破难”的，好！）

师：我之所以能有选择的空间，是因为我能从一个片段描写中迅速打开思路，请大家也根据自己刚才写的声音片段，联想出与之相关的一组声音，并确立自己的作文主题。现在开始写。

生8：我刚才写的是音乐的片段，我由这种声音想到了听不到声音的贝多芬。他失聪之后，心里发出了无声的呐喊，他想扼住命运的喉咙，我似乎听到了《命运交响曲》中他那顽强的抗争。一位在无声的世界里的人，竟然能给我们带来无尽的声音的享受，而这种享受更给我们以无穷的力量。

师：我们也学了《傅雷家书》中的篇目，还读了《钢琴家的脚》，从傅雷的殷殷嘱咐声中、谆谆告诫声中，我们又能体会到傅聪这位钢琴家坚实的人生之路和艺术之路。

在我们聆听贝多芬、傅聪的钢琴声时，我们不只是在品味音乐，更是在品读艺术家对人生的理解。

生4：我刚才写的是住宿区老师的事。我由这件事联想到三件小事：一是一些学生为了挤时间，半夜了，还在被窝里打手电写作业，影响第二天听课的效率。老师会在夜里两三点钟来查宿，那轻轻的脚步声，让我心里非常感动，我不知道他每天能睡多少觉，他真的就像我的爸爸妈妈。二是早晨已响过起床铃声了，有的同学还赖在被窝里，老师来敲门了，督促我们起床。三是一旦阴天下雨，老师总会提醒我们关好宿舍的门窗，带好雨伞。

师：你构思的这篇文章的主人公是老师，还可以是你们的父母。师长之爱常在细微处，而我们又常常会由于自己情感的粗糙和麻木而忽视了太多的关爱与呵护。对老师的敲门声、对妈妈的唠叨声产生反感。大家要像刘兵一样以丰富细腻的情感来体会这种爱，并回报一份爱：你能为行色匆匆而又有些丢三落四的老师提个醒吗？如老师落在讲桌上的水杯或钥匙。你学会唠叨忙忙碌碌中的父母了吗？如下雨时，你能不能也叮嘱他们上班时骑车要慢些？

[评点：老师总能在关键时刻更宽一步，更高一步，这就是"点拨"的能力！]

如果你还没有这种意识的话，问题就出在黑板上的这几点：有敏锐的善于倾听的耳朵，有善于思考的头脑，有丰富而细腻的情怀。让我们在感受爱时，也要学会回报爱。

[评点：是指导"作文"，又何尝不是指导"做人"？]

5. 教师整合思路，延展成文

师：我把自己的思路进行了整合。(看PPT)

作文提纲。

题目：钢镚儿声声。

开头：在家扫除的钢镚儿声。(引)

回忆：小时在三叔家扫除的钢镚儿声。(详)

发展：去商店购物，不收我的小钢镚儿。(略)

联想：回家的路上想到的：我家穷得找不见钢镚儿，路遥、潘石屹小时家里也一样穷。(详)

结尾：思考社会、反思人生。(结)

师：我把提纲的每一部分都延展成文，请一位学生和我一起读，大家体会我的文章是怎样复杂起来的？并看看有什么毛病帮我改改，有哪些长处，你又能从中学些什么？我们先来看由我在家扫除听到的钢镚儿声引起的回忆。

生1：回忆：小时在三叔家扫除的钢镚儿声。(详写)

我愣在那儿，钢镚儿声声，确实好听！五分钟之内，就享受了三次，我情不自禁地笑了，看来我是有钱人了，与三十年前相比，我的确很有钱。

那年我十岁，去三叔家玩。听妈的话，一看到不干净的屋子就想打扫，也不管三婶是否多心。那天的大扫除太开心了！他家的钢镚儿真多啊！席子底下，褥子底下，窗台上，柜子上，连灶膛边都是，叮叮当当，闪闪发光，在眼前晃，在耳边响，扫完了，我把这一堆儿钢镚儿给了三婶，她还夸我能干呢！可我心里好羡慕的同时，也对爸妈有些不满，我怎么就不能在家里找到钢镚儿呢？我家为什么就这么穷呢？

师：你读我的文章时，发现有哪些不妥吗？

生1："那年我十岁，去三叔家玩"，其中，"玩"应该用儿化音为好。"听妈的话"该用"听妈妈的话"为好，这样更符合十岁孩子的心理特征。

师：很好，谢谢。另外还要注意我文章中时间、地点的变化：三十年前，在三叔家。请同学接着读。

生1：发展：去商店购物，不收我的小钢镚儿。（略写）

看来，现在我真的像三叔一样富了，但一不小心就变成了将钢镚儿随手乱扔的三婶。小小的钢镚儿，真对不起你！于是我翻衣服兜儿，翻大大小小的包儿，拉开一个又一个抽屉，搜出了12.86元！钢镚儿集合完毕，看着它们，心中很愧疚。

走，去商店购物！但交钱时，我的“小”钢镚儿却被拒之门外，面对着收银台边上的那张苦瓜脸，我怒从心头起：这五分、二分、一分就不是钱了！你竟敢说不要！我想跟他吵架，我想赌气把钢镚儿狠狠地摔在他面前拂袖而去。

师：这是在商店。下一部分写我的联想，接着读。

生1：回来的路上，我好郁闷：这小小的钢镚儿在我心中曾经很大、很大。我上小学时，二分钱可以买一根冰棍儿，三分钱可以买一块橡皮，五分钱可以买一支让同学们羡慕的戴着帽子的有美丽花纹的铅笔。

师：暂停，我解释一下，戴着帽子的铅笔，是指有橡皮头的那种铅笔，在我小时候，这种铅笔在我心里是非常高级的。

生1：五分钱还可以买一个中间有瓤儿的、摇起来哗啦哗啦响的火勺，中午当着同学的面儿吃，要比吃妈妈给带的玉米面儿饼子有面子多了。家里偶尔宽裕些，妈会给我带两个火勺，但我只舍得吃一个，另一个留到第二天。

我又想起了作家路遥，他小时比我家还穷，穷得只好在衣服兜里装小钉子，摇起来叮当作响地充钢镚儿，以便在同学中装门面。还有那个小时穷得要命，现在成了房地产大亨的潘石屹，读书时因为没有铅笔，被老师赶出教室，他妈借了一角钱买了五支铅笔，他才重返课堂。小小的钢镚儿，你承载着多少人的酸甜苦辣啊！

师：这是在回家的路上我想到的。结尾点题，思考社会、反思人生。这部分我来读。

师读：现在我们国家富了，我也富了，不再把“小”钢镚儿当回事了。

但在这“小”的背后，我们忽视了多少本该珍惜的大事啊：

水龙头下一滴滴长流的水，叮咚叮咚，唱着无人理睬的歌；楼道里一盏盏长明的灯，如大大的眼睛，在窗明几净的整洁中，无声地怒视着来来往往的人们；树梢上一只受伤的鸟儿，凄厉地叫着，似乎在说“我好疼啊，好痛啊”；草坪中一棵被踩倒的草儿，脊梁被生生折断的脆响，更无人感受得到；还有人流如织的闹市，无助的乞丐用失神的眼睛诉说着他不幸的人生——

而我们却在这“细小的声音”或“无声的声音”中，失聪、失明、失语了。在对这些“小”熟视无睹、充耳不闻时，我们也失去了一颗珍惜和怜惜、真爱和珍爱的心！

[评点：心灵拷问，反思社会，反思自己！]

那就让一切从珍爱开始吧！

啊——对了，那枚划着弧线飞出去的叮当作响的钢镚儿，还在沙发底下呢！快回家，找痒痒箍儿，把它钩出来！

[评点：很感动，被吸引住了。老师的下水文开合自如，深度、高度都可见一斑。]

6. 指导学生整合思路，列出提纲

师：现在大家再想一想，我这篇记叙文是怎样复杂起来的？

生：把一组事有机地组合在一起。

师：是如何组织在一起的呢？

生 1：通过时间、地点的变化，通过回忆和联想。

生 2：还要根据主题的需要选材，您的主题是节俭与珍惜，所以要以此为核心展开。

师：你说得好。

生 3：以钢镚儿声为线索，从扫除开始，把自己小时候的事、名人的事、国家社会上的事组合在一起，这样文章就复杂起来了。

师：大家想想，你们刚才已经把文章的思路打开了，那怎样根据文章主题的需要来筛选信息，列出提纲，安排写作的顺序和文章的详略？请列出自己的作文提纲。

生 4：我从自己在熄灯后还打着手电写作业、老师轻轻地提醒我这件事展开联想，行文中再插入老师深夜查宿的脚步声、老师早晨的叫门声和下雨前老师亲切的提示声。

生 6：我先介绍一个我刚才写的片段。我写的是汽车各个零件间的磨合声，我由此想到了我在学习中，由于学法不当而遇到的困难。我要改进学习方法，让我人生的汽车发出最和谐的音响，这样才能在求学的路上开得更快，跑得更远。

师：这磨合声也让我想起一件事，柯老师跟我讲了咱们班外语课上的一个小插曲：当老师讲到“延续性动词”时，有的同学就立刻说“闫旭闫旭，老师叫你呢”，闫旭立刻站起来，傻傻地看着老师和同学们，不知所措，于是大家哄堂大笑。课上这样的声音和谐吗？（同学们都笑了，也有些不好意思）课堂总在这样的磨合中，磨而不“合”，就会大大分散同学们学习的注意力，浪费课堂宝贵的时间，没了学习效率。对这种“旁逸斜出的磨合声”，我们要引以为戒。

这样一来，文章就从汽车的磨合声展开联想，写到升入高一的我们由于学法不当，怎样在磨中求“合”；再想到我们这个集体怎样在与老师的默契配合中，去掉顽皮、淘气这些不和谐的声音，提高学习效率，在磨中求“合”。这样我们这支车队，才能在求学的路上、人生的路上开得更稳、跑得更快。

[评点：这是在指导作文，也是在指导做人。]

师：这堂课我们共同研讨了复杂记叙文如何才能复杂起来：从审题到联系生活中的一个场景，并以这个场景为基础打开思路，再根据主题的需要筛选信息，组织材料，并列出作文提纲。

其实，我们每写一篇文章都有这样一个过程，只是我们在平时的作文中因为不重视这个环节，才会下笔千言，离题万里；才会信马由缰，思维混乱。希望同学们在今后的作文中提高审题意识，强化构思意识，这是写好一篇文章的关键。今天我们只是以"声音"为话题，解剖了一只小麻雀。

[评点：指出写作现状，点出本课的重要意义和目的!]

师：今天的作业：

①完成提纲：从人与人、人与自然、我们与历史文化三个方面选材，列三个关于声音的作文提纲，题目要有魅力，主题要明确。

②选一个提纲，写一篇800字左右的复杂记叙文，要求选两三件事或一件事有两三个场景。思路清晰，结构严谨。(作业有效地巩固了课堂教学!)

(注：本节课是北京市远郊区县课改实验成果展，现场作文课的教学实录。时间：2008年4月18日，地点：延庆一中2010届高一(12)班教室。)

(评点：杜丽娟)

C. 专家点评

精彩，在功底与匠心

本节课应该说是一节非常精彩的课，精彩之处有如下几点：

教师匠心独运。从一开始播放京剧，为导入张本，到顺利引入对声音的描摹、思考，再到指导如何扩展筛选材料，如何思考社会、思考人生。可以说既指导作文，又指导人生。

教师功底深厚。其一，时时处处可见教师适时对学生的点拨，从用词的辨析("流利"和"流畅")，到作文时写作手法的运用(白描、象声词、想象等)。其二，对中国传统文化的喜爱、熟知和传扬。比如开场的国粹京剧，比如用《说文解字》解说"声"，比如自由运用"噬脐莫及"的成语。老师的好恶和引导也在一定程度上影响着学生的好恶，传扬中国传统文化是每个语文老师义不容辞的责任！其三，具有知识的广度和深度。对季羡林、路遥、潘石屹材料的自由运用，对祥林嫂、牡丹亭的深入准确把控。其四，下水文从始贯终，精彩导航，彰显教师高超的写作功底，使学生在敬佩中效仿。其五，教师教学语言生动、形象，有影响力、感染力，有气场。

本节课很好地解决了学生不会、不知怎么写复杂记叙文的困惑，尤其是如何"复杂"起来、如何形散神聚这样的大难题、大困惑。

本课不仅是在教学生如何作文，更是在教学生如何做人、如何感恩、凡事向善。做好人方能做好文!

当然，本人以为，21世纪还有一项技能也需要有意识地传递给学生，就是批判意识，社会中是不是也有一些需要控制的声音？比如脏话、网络谣言等。所以，本人以为，本课的张力稍微小了点。当然，我们不能苛求完美，能把课上得如此精彩，已经是难能可贵了。

（杜丽娟）

第二节　作文与成长

——作文状态与青春健康对话

一、以理性之光，涤荡生命的阴霾

以科学的态度来指导学生对待学习、生活和生命，是我们高中语文教师要面对的一个新课题。其实，多年来，语文教材不乏这方面的文本，只是我们更多的是从思想内容上或人文精神上进行阐发。在科教兴国的感召下，我们也该换个角度，换个眼光，换个思维方式，重新审视我们的语文教材。在语文课改的旗帜下，尝试着进行新的探索。

其实，谈到科学，我们自然会想到两个方面：一是作为"人"这一个体的现实的存在；二是作为"人类"这一整体的未来的存在。而我们能否以科学的态度对待自己的生命、他人的生命，能否以科学的态度对待自然万物，这将直接影响我们每个人的未来，更将影响我们民族、我们国家，乃至整个人类的未来。

这些年，我们周围确实曾阴风阵阵，在我们周围，算命的，看风水的，大办丧事的，大修坟墓的，等等，各种骗术也随之大行其道。而小学生看了穿越故事，就认为人能死而复生。高中生，有割腕自虐的、伤害同学的、残害父母的。本科生乃至于研究生、博士生，这些最优秀的学子，也有人用最为野蛮的行为漠视自己的生命、残害他人的生命、荼毒动物的生命。这样的新闻让人不忍卒读，让人不寒而栗。让我们以理性的、科学的态度对待自己的生命和他人的生命，以人文情怀、科学精神来对待我们身边的一草一木，正所谓一花一世界，一叶一菩提。在提高学生语文素养的同时，形成学生正确的情感、态度和价值观，以促进学生的健康成长，为学生美丽的青春护航。

（一）以科学的态度来对待生命，尊重生命，珍视生命

在我们人生的海洋中，身体是我们承载灵魂的一叶扁舟。没有了身体这一物质的存在，也就没有了灵魂的归依。这是科学，也是常识。我们学了《许三观卖血记》，要引导学生正确认识生命的意义，感受许三观在人生困境中坚忍顽强的生活态度。他以"卖血"这种透支生命的方式来维持生命的存在，作者余华评价自己创作的人物时说："活着的意义就是为了活着。"许三观的这种朴素的人生态度，昭示着他对生命的理解与尊重。我们全年级还印发了"散文精品"中夏榆的《黑暗中的阅读与默诵》，他在黑暗的矿井中挖煤，单薄瘦弱的他依然在井下坚持锻炼身体，并借着昏暗的矿灯，不懈地阅读，他说"自己是只飞翔在黑暗中的蝙蝠，执着地追寻着自己的梦想"。而我们的学生常常过于脆弱，缺乏生命的韧性，既没有对自己生命的珍爱，也缺乏对他人生命的尊重，也就没有了对家人、对社会的责任感。其实，最根本的原因是学生放弃了承担自己成长中的责任，在自暴自弃中蔑视一切，仇视一切，才会有人格的扭曲，也才会走上犯罪的道路。因此，在语文教学中要先教学生做人，以科学的态度来直面人生，直面坎坷。无论是求学的艰辛、择业的困惑，还是竞争的压力、情感的波折，都要有理智应对、从容化解的能力。人生的考卷是丰富多彩的，需要学生用一生来完成。只有在珍爱自己的生命、善待他人的生命的前提下，才有可能战胜一切困难。

(二)在不断的思考和质疑中挖掘自己生命的潜能，不迷信不盲从，在批判和创新中开掘生命的意义

无论是对圣人、伟人的论断，还是对父母或师长的观点，都要培养学生再问问"为什么"的质疑精神。而我们的传统教育强调"做个听话的好学生"，在家听父母的话，在学校听老师的话，以后工作了在单位要听领导的话，在人生不同阶段的"听话"中，我们也越来越世故，越来越有忍耐力，也越来越没有自我，越来越没有独立人格。如果缺乏批判精神，没有质疑能力，那么十三亿人口这一庞大的数字可能是在精神上不断缩水的十三亿，而作为公民的个体意识自然就严重缺失。

其实，我们每个为人师者都知道，所有的学问都是从疑中来、从问中来，这才是治学的科学态度，也是我们培养大国公民的科学态度。从古而今，在我们浩瀚的文学史中，古圣先贤已做出了很好的榜样。在欧阳修的《洛阳牡丹记》中，对洛阳牡丹为何成为天下第一的原因，古人得出了这样的结论："洛阳于三河间，古善地……此盖天地之中，草木之华得中气之和者多，故独与它方异。"而欧阳修却敢于提出质疑："予甚以为不然""在天地昆仑磅礴之间，未必中也；又况天地之和气，宜遍被四方上下，不宜限其中以自私"，对古人那些空洞的迷信说法予以有力的驳斥。而苏东坡在《石钟山记》中则掷地有声地说"事不目见耳闻，而臆断其有无，可乎?"他以一叶小舟夜泊绝壁之下，亲自勘察石钟山得名的由来，向我们展示了古之学者严谨致学的科学精神。

而王安石在《游褒禅山记》中更是以辩证的观点，向我们展示了"无限风光在险峰"的人生哲理，"夫夷以近，则游者众，险以远，则至者少，而世之奇伟瑰怪非常之观，常在于险远，而人之所罕至焉"，又以严密的推理向我们论证了在人生的追求中"志、物、力"的辩证关系。古圣先贤，以他们辩证的观点、严谨的思维、大胆质疑的精神，向我们展示了他们不迷信、不盲从、勇于探究的科学精神。我们在古文学习中，不仅是在感受先人们文以载道、文以言志的情怀，更是在感悟他们以科学的精神探索大自然、认识人生的境界。

(三)在地球村的万千生命面前，我们更要思考并质疑我们曾经的观念：天赋“人”权，众生平等，这些理念不该只局限于人类的范畴，而应是：天赋“物”权，种群平等

在茫茫宇宙中，地球只不过是一个小小的蓝色星球，它很渺小，也弥足珍贵，因为它有生命。这里的每一个生命，我们都应视之为手足兄弟。而创造了我们这些生命的大自然，一山、一石、一滴水、一抔土、一缕阳光……又是孕育我们所有生命的母亲。当我们人类这一物种成为万物之灵长的时候，我们是给这个家园、给我们的母亲带来了幸福，还是带来了灾难？乃至于未来，是共存共荣，还是同归于尽？如果我们没有贯彻落实科学发展观的话，中国西北的大开发就真的会变成西部“大开挖”，西部的风沙也许将会在百年或几百年后掠过长城！亚洲也许将会变成人口密集、资源匮乏、环境恶劣的又一个非洲！又一个被开除出发展进程的贫瘠的大陆！

学习《动物的疼痛》这篇说明文，指导学生要懂得所有的动物也像我们人一样，是有疼痛感的，也是有痛苦和快乐的。我们很多平常人也都参与、默许和容忍那些以牺牲其他物种的重大利益，如生命，来增进我们人类自己的琐碎利益，如美丽、虚荣。尤其是有着悠久的饮食文化的中国人，曾有人声称“山中走兽云中雁，陆地牛羊海里鲜，有腿的除了椅子不吃，有翅膀的除了飞机不吃，其余的无所不吃”。因而改变我们的饮食方式；改变我们的审美习惯，不穿或少穿毛皮制品；改变我们的娱乐方式，诸如马戏、动物竞技、动物园的娱乐活动；让科学实验更人性化，动物实验也力求规模更小，更趋于人道。当然，要想让学生多一份同情之心、仁爱之心，我们这些成年人就不能把我们的口腹之欲建立在动物的痛苦之上。我们的科学工作者，也要在探索的道路上，为我们的孩子留下人文关怀的足迹。这样我们才能更好地营造一个人文环境和一种科学氛围，校园才不会变成传承科学精神的孤岛。

在学习《这个世界的音乐》时，我也引导学生感受：在我们晨读的琅琅书声中，百鸟也在旭日中欢歌。在这个世界上，除了我们人类可以用声音来交流，其他的动物也在用各种声音来演奏着自己生命的乐章。只要我们用心去聆听，我们就会听到各种美妙的旋律、各种奇妙的天籁。培养学生这份细腻的情怀，培养学生这份科学对待万物的态度。让绿色生态意识、绿色环保意识根植于学生心中，让绿色和低碳生活不只停留在我们的口头上。

作为地球主宰的人类，能积极主动地呵护地球家园的生灵，这是科学的态度，也是人文的情怀。正如庄子所言“天地与我共生，万物与我为一”，这应该成为我们追求的境界，不只是为了发展，更是为了欣赏、赞美多彩的生命。

让我们引导学生以科学的态度来对待生命、关爱生命、呵护生命，并在不断地思考生命的意义和价值中最大限度地挖掘生命的潜能，真正用我们人类的智慧造福众生，这是我们科学发展观中可持续发展的前提，也是学生在人生发展中能实现自己人生价值、社会价值的前提。

二、青春，离“爱情”不远

A. 教学思考

十六至十八周岁的高中生，无论是从生理上还是从心理上，他们离爱情都不远，远的是成年人，包括教师、家长，那种“唯分是举”的功利心态、僵化思维与朝气蓬勃的生命之间，距离太远了。长期以来，在应试教育、升学压力、就业危机的包围下，教师、家长对学生的青春萌动常常是谈之色变。多年来师长们的高度紧张和“围追堵截”，并没有使学生的青春萌动中止，反而使我们这些成年人更为被动，使师生关系、亲缘关系更紧张了。这种局面亟待改善。

（一）探求本源，才能标本兼治

在教高一(12)班两个多月后，作为语文教师兼班主任，我做了一个小调查，调查人数 39 人：

①你认为你的父母相爱吗？

②你的家庭幸福吗？父母爱你吗？

③你有同性朋友吗？与他(她)们说心里话吗？

④你有异性朋友吗？与他(她)们说心里话吗？

调查的结果显示：有 6 人认为自己父母的婚姻并不幸福，还有的学生没有署名，说父母间的爱早已不存在了。有 11 人认为自己有同性的朋友，没有说得来的异性朋友。其余 22 人认为自己的父母感情很好，家庭幸福，他们也很爱自己；自己既有同性朋友，也有说得来的异性朋友。

我认为，在家庭和睦、生活美满的环境中成长起来的孩子，往往性成熟较晚。充分的安全感让他们能够完整地度过进入成人社会前的婴儿时期、儿童时期、青少年时期。这使他们长大后有能力，且习惯于建立稳固的社会关系，将来同样能成为关注子女家庭生活的父母。这 22 人能从自己的家庭和自己的交友中汲取一定的营养，在性格的完善上，较另外的 17 人会更健全，他们的性格也更开朗活泼，个人一旦有了不良的情绪也更容易排解，较早坠入情网的可能性要小得多。

相反，当父子或父女关系紧张时，不安全感会成为催化机体成长的生物信息。父母关系不好的家庭的子女，在父母的关爱上严重缺失，就可能成为早熟、早恋的根源。他们更容易到异性那儿寻找精神寄托，排解不良情绪，以个人情感的迅速成长来改变自己的情感匮乏。这些学生一旦坠入爱河，更容易受伤害或伤害别人。

而只有同性朋友的学生，可能会有这样一些情况：单纯幼稚，羞于与异性交往，或性格过于内向而不愿与异性交往，一旦有了爱的萌动也容易出现单相思而不能自拔。因此，在班级工作中，我力求克服一些学生在家庭教育中情感的缺失，有针对性地指导，以促进他们身心的健康成长。

(二)承担责任，积淀美好人生

到高中阶段，学生的生理已经成熟，在心理上对于爱情也由小学、初中时的懵懂而日渐清晰，再加上与师长在年龄上的差异，也让他们有了更多的与同龄人交往、交流的渴望。尤其是学业负担加重，高考的压力更使他们心情抑郁，这些都让学生在某一时刻感到孤独寂寞，而异性的关爱，最容易让他们孤寂的心感到温暖、温馨。除了心理原因，对爱情的期待，寻找学习的帮手，寻找学习的动力，这些都可能是学生涉足爱情的根源。可以说，这里有爱的土壤。

除此以外，这里还有爱的种子：高中生的爱情与大学生的爱情、成年人的爱情有很大的不同。他们的性格、人格，以及爱情观，都在成长期，正处于人生的积淀阶段。朦胧、清纯、不稳定是这个时期爱情的主体特征。不能否认，高中阶段确实是人生的美好时光。教师要向学生讲清年龄特征，不能让学生失控地把这份美好庸俗化、成人化。最纯最美的情感是可以在低温下保鲜的，唯有岁月可以让这颗美丽的种子更湿润、更充盈、更饱满。

当然，这里的“爱”更是要付出成长的代价的：与成年人的恋爱相比，他们在恋爱中所付出的精力、情感是不可逆的。人生的每一个阶段都有很重要的任务需要完成，而当你用这些时间忙着恋爱时，你所付出的就是成长的代价。爱情确实是美好的，但世上没有免费的午餐，你能付出多少，你能承担多少？我与学生做过这样的交流：

(1)与一名收到求爱纸条的女生说

铅笔盒中一张求爱的纸条就足以使自己魂不守舍，更何况真的爱起来呢？如果你的“爱”在本班，你的心里就会无意识地长出两只眼睛来，老师的每个提问你都会不自觉地想他会不会，他回答得精彩不精彩，为他或喜或忧。你能担起两个人成长的责任吗？你有这么多的精力吗？另外，当你走进一个人的小圈子时，同时你也就失去了更多的朋友。恋爱，是一个孤立自己的方式，你所失去的，比得到的更多。你的悄悄话不该只说给一个人听，你有自己的父母、师长，有自己要好的同性好友和异性好友，不能在两个人的小圈子中画地为牢，作茧自缚。

(2)和一名喜欢《红楼梦》的同学谈

宝玉和黛玉的恋爱很美好，他们十二三岁就恋爱，因为他们可以全力以赴、专心致志地恋爱。他们读些书，也多是消遣娱乐。黛玉不用科考，而宝玉在贾母的呵护下更没有科考的心思。当然，若你们也能处在那种环境下，也可以从容地谈恋爱，还可以在你们这个年龄就当爹娘呢。因为那时的女性，她们不用承担更多社会的责任。而我们今天的女性，则要走出家庭，成为大有作为的知识女性。因此，我们比古代“无才便是德”的女子，多了一分成长的责任，我们要在未来更广阔的舞台上展示自己的才华，承担起更多的社会责任。现在，我们的饮食品种丰富、营养全面，我们在生理上的发展似乎是超前了，但我们在心理上要更成熟，才能不负我们考一中、上大学、继续求学深造的人生目标。

(3)在班会上与全体同学讲

在我们人生的每一个阶段都有不可推卸的责任，高中时期更是我们求学的关键时期，也是竞争最激烈的阶段，我们不仅要主动承担个人成长的责任，更要自觉地承担起家庭的责任，还有你所喜爱的另一个人的责任。爱不只是为了表达，还可以是一种含蓄而深沉的力量，是一种默默无声的祝福。这样才更有利于双方全力以赴、心无旁骛、专心致志地迎接人生的挑战。

(三)把握分寸，培养健全人格

引导中学生升华自己的情感，认识爱的本质是彼此的心灵丰润、健康成长，体现人的尊严与价值。中学生恋爱发生的基本动机是情感交流的需要，满足这种需要的途径有许多，这种“谈恋爱”的“游戏”虽然在某种程度上可以达到目的，但不是最佳的选择。中学阶段的特定任务是长身体、学知识、修品德、增本领，使自己走上一条宽阔的人生之路。若沉溺于狭隘的恋爱之中，则有可能跌进“美丽的陷阱”而自毁前程。因此，引导学生学会爱，升华爱，就显得非常重要。

教师要能根据实际情况，细致、敏锐地发现学生思想中存在的问题，鼓励异性之间健康和谐的交往，以培养学生健全、健康的人格。而异性间的相互吸引、交往而产生的愉快，是一种良好的、积极的情绪体验，可以激发人的潜能，使人敏捷活跃、奋发向上。这种交往对培养学生的情商是大有裨益的。具体做法如下：

第一，在合作中提高学习效率——男女生的思维形式有所不同，可以优势互补。如，男生思维偏重抽象化、概括化；女生思维偏重形象化、细致化。在学习研究中可以互相启发、交流，碰撞出智慧的火花。尤其是在课改之后，合作学习、研究性学习已成为团队学习的重要方式，男生女生搭配，这不只有利于提高学习效率，对学生的身心健康也有益。

第二，在成长中取长补短——男生女生的性格特点也各有不同，同样可以互相借鉴。如，女生要学习男生不拘泥于细枝末节、不计较得失的豁达；男生则要学习女生的灵活细腻、含蓄内秀的优点。在人的一生中，谁都不可能只当张飞或只做林妹妹，有成就的男性或女性定能刚柔相济。世人所说的女强人，一定有着男性的豪迈；而有成就的男士，更会兼有女性的细心与耐心。

第三，在互评中增强自我控制能力——青春期的学生特别重视异性对自己的评价，这对提高他们的自我约束能力和情绪控制能力非常有益。青春期学生的情绪化、冲动性是他们成长的一大障碍，而来自异性的约束力会让学生提高自我认知能力和自我评价能力。

第四，在自我完善中培养良好气质——青春期的学生都希望能以自己的某些特点或特长受到异性的青睐，从而形成男子汉气质或淑女气质。让男生变得果断而不武断，沉着而不呆板，刚毅而不鲁莽；让女生变得活泼而不轻浮，沉静而不冷漠，淡雅而不孤傲。

而当有人超越了这种同学的友谊，向自己示好时，又当注意以下几点：

三个细节：不答应对方在晚上单独见面；不接受对方超过一个学生购买力的礼品；不独处一室。越过这些细节，学生的感情可能会急剧升温。学生的情绪化会让感情变成脱缰的野马，从而误入歧途。

两个原则：让感情在含蓄、清纯、朦胧前止步；把对方的示爱止于自己心中，不四处炫耀，学会尊重对方、爱护对方，有为对方保密的意识。

成长过程中，责任会如影随形，任何对情感的放纵，都是自私和不负责任的表现。做好每个学生的心理医生，引领学生承担自己成长的责任，让少男少女的朦胧情感在同学的相互关爱中健康发展，而不至于走向狭隘的个人小天地。

(四)集体免疫，用团体的智慧化解个体的情感危机

正如人的健康一样，要想加强抵抗力，除了需要有良好的身体素质，还需接种疫苗，提高免疫力。对于全体学生来说，良好的“肌体”就是充满朝气、团结友爱的班风。生活在这样的集体里，学生能感受到充实、感受到温暖，感受到意义和价值，自然也就心无旁骛了。

教师要调动集体的力量，不能一味地去扮演棒打鸳鸯的角色。如果没有学生求助，教师不该对学生的情感给予过多的干涉，这是对学生情感的尊重。而有的教师，则绕过学生直接向家长打小报告，这对解决问题不但无益，反而会激化矛盾。但集体是可以引导的，在班里实施“阳光法案”，把学生培养成爱情专家，对正在恋爱的学生会起到很好的帮助和抑制作用。

语文课堂、主题班会、演讲辩论，以及各种文体活动，这些都是阳光明媚的阵地，有利于培养男女生之间的集体友谊。为此我们班组织了许多活动：去南菜园敬老院为老人服务；去胜利街看袁爷爷(两年来每周都有同学去，过节时我们还全班行动)；组织参观博物馆；举行诗歌(有些诗歌是学生自创)朗诵比赛；举行“我看网络之利弊”的辩论赛；走上街头做便民车队(延庆五元车)的调查研究，研究结果形成的论文还获了北京市二等奖；组队参加了北京市青少年科技节，获北京市一等奖……三年来，我们班在年级中所获的奖项是最多的。在这些活动中，学生的情感得到了健康和谐的发展，幸福的种子也更充盈、更饱满了。当然，高中的同窗之谊、师生之情，是学生一生中最为宝贵的精神财富，这里将会有他们一生的“铁哥们儿”“好姐们儿”，这远不是两个人的“恋爱”所能穷尽的。做这样的疏导，比教师与家长的粗暴干涉要有意义、有价值得多。下面谈谈我工作中的几个片断：

(1)在学生的周记中出现了这样的文字：

晚上发短信到很晚，只为我心上的那个她。白天上课时，再把晚上缺的觉补回来。忘了她吧，只有这样我才有潇洒人生。——某位男生

晚上，她给我讲他俩的故事到很晚，她很痛苦。在爱与不爱间徘徊。她说，他非常爱她，非常体贴她。拒绝了怕伤害他，接受了又怕影响学业，而且觉得无颜面对陈老师的良苦用心……——某位女生

孩子们真诚、坦然地把自己的心里话写在周记中，这是对我的信任。

我在一本周记上写了：“心结还要自己解，要勇敢，也要坚强。”

在另一本周记上写了：“试着做个心理老师、恋爱专家，帮她一把。”

对这两件事，我都没有插手，只是点到为止。后来的情况表明，我的无为而治是有成效的。

(2)在某学生的作文《冬天的温暖》中有这样的叙述：

这种温暖来自王校长的升旗演讲。早晨七点钟，王校长从学校餐厅带来了他早晨巡视的“成果”：两大纸盒被学生丢弃的包子和馒头。他慷慨激昂地做了振聋发聩的演讲：浪费是可耻的，钱是你自己的，但资源是我们国家的，我是校长，我为这些浪费国家资源的学生而深感羞愧，我更为没能教育好这些学生而深感惭愧。

这位学生还说，她非常钦佩像周总理、濮存昕这样的男士，更为王校长的人格魅力所折服。

我在作文讲评课上说：

其实我们每个人心中都有一个理想的异性形象：也许是我们的父亲、母亲，也许是电影中的某个明星，也许是身边影响过我们的某个异性，也可能是多个异性的美好品格的组合——他(她)们吸引着我们，也引领我们不断地完善自我。而相比之下，少男少女的卿卿我我就显得很狭隘，因为我们的人格还不成熟，还不完善，在不断变化中的自我很难给对方一个稳定的、相对完美的形象，恋爱的风险会更大。不要让那根本不该有的红丝线束缚了自己的心灵，解开它，让我心飞翔。

作为语文教师兼班主任，对学生的恋爱(或者说只是一种朦胧的好感)，我们更要有包容的心胸，多一分理解的情怀。高中生有爱情的萌动并不可怕，

可怕的是师长缺少应有的理解与尊重。在“狼来了”的恐慌中给这份情感加了反作用力，使学生在强烈的逆反中走向极端，这才是最为可怕的。我们要站在更为宽广的视角，帮学生俯视自己成长的历程，指导他们自觉地承担起成长、成才的责任。在高中阶段要培养他们良好的心理品质，如自尊自爱、自强自立、坚忍执着、开拓进取；要培养他们健康的生活情趣和健全的人格内涵；还要让他们接受(或自修)青春期心理健康教育，接受(或自修)青春期的友谊观、恋爱观教育，接受(或自修)家庭观、婚姻观、幸福观的教育，等等。这些品格与能力的养成，对于高中生来说任重道远，对于班主任，尤其是教语文的班主任来说，更是责任重大。

爱的春天是永恒的，关键是看我们这些为人师者如何去引导，不让学生在青春期留下终生的遗憾，才不会让他们错过精神生长的最佳时节。

B. 教学实践

爱情，用什么来支撑？

——《杜十娘怒沉百宝箱》专题研讨

(一)教学目的

(1)知识目标：分析杜十娘悲剧产生的历史原因，研讨其悲剧的现实意义。

(2)能力目标：在对比研讨中提高学生的文学鉴赏能力，提高认知水平。

(3)情感态度与价值观：在对杜十娘爱情悲剧的探究中，提高学生对爱情、对人生的认识，树立正确的人生观和爱情观。

(二)教学重点、难点

(1)杜十娘的性格特点、杜十娘悲剧产生的社会原因。

(2)在比较阅读中，指导学生研讨真正的爱情应该用什么支撑。

(三)教学实录(第5课时)

师：我先采访一下女生：诸位芳龄几何？

女生：18周岁、17周岁。

师：绝大多数的同学都已是成年人了，有一定的责任意识了，我推算咱班可能有60%—70%的同学还没有谈过恋爱吧？(同学们笑了)为了咱们将来有更为美好的爱情和幸福的婚姻，我们今天来研讨一个话题：爱情，用什么来支撑——《杜十娘怒沉百宝箱》。

[评点：调动学生的积极性。]

师：自古以来女性在婚姻家庭中的地位很低，你能举例谈谈吗？

生1：在《三国演义》小说中刘备说：兄弟是手足，妻子是衣服。

师：在戏剧《武家坡》中薛平贵戏妻时唱道：父债子还，夫债妻还。即可以卖妻抵债。在历史上，“安史之乱”时睢阳被围，守将张巡，杀爱妾以飨士卒。

[评点：见老师的底蕴。]

生2：杜十娘是一位风尘女子，她却要在这样的历史背景下寻求纯真的爱情，她是在向历史挑战，在向社会挑战。

师：是，你说得非常好。杜十娘是一位风尘女子，那她所追求的美好的爱情、幸福的婚姻靠什么来支撑？请同学们再品读课文倒数第二段十娘怒斥李甲的部分，我们从反面来感受十娘对美好婚姻的理解。

[评点：明确探究的关键所在。]

（老师找学生有感情地朗读，其他学生动笔筛选重要信息。）

（生读：师范读，生再读。）

师：在十娘心中自己所追求的幸福婚姻应该是什么样子？从文中找出重要的信息，并加以分析。

生3：从"山盟海誓，白首不渝"可以看出十娘认为彼此要忠诚，白头到老。

师："白首不渝"的"渝"，是什么意思？

生3："白首不渝"的"渝"是改变的意思，不渝是永远不能变心。

生4：从"中道见弃，负妾一片真心"可以看出她不容背叛，更不容出卖自己，十娘愤怒而绝望。

生5："负妾一片真心"中的"负"是辜负、违背的意思，可见十娘的悲伤。

生6：从"谁知郎君相信不深，惑于浮议"可以看出夫妻之间要相互信任，要相互尊重，不能背信弃义。

[评点：从咬文嚼字上下功夫，扎实、实在。]

师：很好。但是在一些读者眼中，认为十娘积攒百宝，却又对李甲处处隐瞒，就是对李甲的不信任、对婚姻的不真诚，你怎样看？

[评点：问得好，有探究的价值，也激发探究的兴趣。]

生7：十娘在青楼的风月场中，已经看透了有钱的豪门公子，他们有钱却没有真情。而李甲在院中，"日往月来，不觉一年有余"，花费千金，李甲与那些豪门公子有什么不同，十娘并没有把握，十娘爱李甲，爱而又疑，并不断地试探他，包括自己的三百赎金，也只认领一半，是为了检验李甲对自己的忠诚，希望他真心爱自己。如果早早把百宝箱的事告诉李甲，李甲会怎样用这些钱是个未知数。在爱情上，李甲是爱百宝箱还是爱自己，也是个未知数。

师：那十娘所追求的是怎样的爱情呢？

生7：追求的是纯洁的爱情，没有金钱干扰的爱情。

师：但十娘并不是一个出了青楼就清高的人，在她眼中百宝箱有什么作用？找书中重要的信息。

生 8：“箱中蕴藏百宝，不下万金”“将润色郎君之装，归见父母”，做入门的见面礼；在“苏杭浮居时”，做基本的生活所需。

师：因此在百宝箱的问题上体现了她的矛盾心理，你怎样认识？

生 9：“妾匣中有玉，君眼中无珠”，这句话最能体现她的这种矛盾。她最怕的是李甲眼中只有百宝，而没有自己这块美玉。

生 10：另外我们还要考虑到十娘的身份。她曾是个青楼女子，是以出卖自己的尊严为代价换来的珍宝，她看重金钱，只是希望珠宝能帮她实现自己从良的心愿。但她又鄙视金钱，漠视金钱，尤其是在金钱有可能会威胁到她的尊严、她的情感的时候，她更是格外谨慎。在这挥金如土的地方，她认识到金钱的作用是有限的，在这没有尊严的卖笑生活中，她认识到尊严的可贵。因此她要把美人和妆奁分开。

师：但是，自古以来佳人与妆奁从来就没有分开过。在《红楼梦》中王熙凤与贾琏吵架时，张嘴就是“我”与王夫人的妆奁有多少多少，“我”叔叔王子腾多么的有权势。可见自古以来，佳人与妆奁、佳人与身后的权势和名位从来都是一体的(政治婚姻、裙带关系，乃至于国家的和亲政策，从国到家，婚姻交易无处不在)，而偏偏这位风尘女子要执着地追求纯真纯洁的爱，她失败了。但她是一个失败的英雄，因为她的理想也是我们今天许多女性的理想。十娘的理想破灭了。有人说十娘不该死？你认为呢？

生 11：她有那么多的钱，可以自己当老板。

师：那她能做什么样的老板呢？能像今天一样开个体面的公司吗？或者做个职业女性？

生 12：不能，她只能像《桃花扇》中的李大娘一样开个“媚香楼”，当卖笑的老板，或者继续做名妓，也不能做职业女性。

师：因为当时的社会没有给她提供这样的社会环境，她只能依靠一个男人才能过上正常人的生活。这就是那个时代的悲剧。

生 13：其实李甲已经认错了，可以原谅他。若实在讨厌李甲，就干脆嫁给孙福。

师：她还可以像琵琶女一样“嫁做商人妇”，“商人重利轻别离，前月浮梁买茶去，去来江口守空船，绕船月明江水寒”的生活。这些路，她都没有选，却悲愤而悲壮地选择了投江。她为什么要这样？

生 14：是因为她宁为玉碎也不为瓦全的气节，若再回青楼做老板也好，再做名妓也好，有尊严吗？有一个女人应该有的正常生活吗？

生 15：是她对美好婚姻幸福生活的绝望，像琵琶女一样做个商人的留守夫人、留守的妾，哪有幸福可言？

生 16：是她视纯洁的爱情如生命的这份坚定和执着。

师：哀莫大于心死，没有了爱情，没有了一个女人应该享受的正常的家庭生活，美貌和金钱还有意义吗？“生命诚可贵，爱情价更高”，为了追求自己心目中的爱情而死，这才是刚烈的杜十娘。

[评点：师生对话环环相扣，步步深入。]

师：那你们认为真正的爱情到底需要什么来支撑呢？

生17：纯洁纯真的感情，不被金钱所左右的爱。

生18：要相互信任，彼此真诚，十娘要信任李甲，当然前提是李甲要值得十娘信任。

（师）板书：纯洁真诚　相互信任。

师：十娘和李甲是一对失败的鸳鸯，让我们再找两对经典的恋情来体会一下真正的爱情到底需要什么来支撑。

看PPT：

“宝黛葬花”，共读《西厢》节选——选自《红楼梦》第二十三回。

生19：共同的情趣和爱好，花是女子的象征，爱花惜花，体现了他们的善良多情。

生20：共同的思想基础，在当时的社会背景下是不能自由恋爱的，但是他们勇敢地反抗礼教，执着地追求爱情，这种共同的思想基础使他们走到一起。

师：我们还学了冯梦龙的《卖油郎独占花魁》，王美娘和秦重能幸福的根源是什么？李甲和秦重相比有怎样的不同？

生21：李甲软弱没有主见，还没有基本的生活能力，只能靠父母生活。真正的爱情是要靠物质支撑的，没有物质就没有精神。

生22：包括贾宝玉，这一点也不如卖油郎。

师：如果黛玉不死的话，贾府被抄之后，不知道他是会“卖油”还是会“钉鞋”来养活黛玉。（学生们笑了）

师：与李甲和贾宝玉相比，卖油郎为什么会有这样的物质基础？

生23：因为卖油郎有独立意识，有生存能力。当然他也不受礼教的束缚，不受父母的制约。

师：只有鲜活的生命个体，才能品味真正的爱情，才能为爱情负责。相比之下李甲就显得太苍白了。他是礼教、家长制和金钱的牺牲品。

师：刚烈的十娘用死来追求自己心目中的纯洁的爱情、个人的尊严，她所追求的与我们今天所说的纯洁的爱、个人的尊严含义相同吗？

生：不同。十娘只是满足于做妾，满足于不被像商品一样卖掉。

[评点：师生对比探究有深度，有高度，学生的认知也明显提高了。]

师：而今天，我们已经摆脱了礼教的束缚，没了封建家长制，每个人都可以凭着自己的聪明才智，找到属于自己的爱情，即使是中途分手也可以好说好散，重新寻找自己的幸福。而不必以自己的生命为代价，爱情至上主义者也许是可敬的，但也是脆弱的、可怜的。天涯何处无芳草，人生处处有知音。

［评点：引导得好，阅读以立人。］

师：到了高三，你们就都是成年人了，成年人更要懂得珍爱生命，承担责任。这就是十娘的爱情悲剧给我们带来的永远的启示。

板书设计

爱情，用什么来支撑	思想认识：	人生追求	情趣爱好
	人格底色：	善良正直	尊重他人
	物质基础：	生存能力	经济来源
	感情基础：	相亲相爱	忠贞不渝

作业：给杜十娘或李甲写一则600—800字的悼词。

（四）教学反思

架起读与写的桥梁

这次上研究课我自己颇有触动，拓宽学生的文化视野，指导学生在阅读中思考，在思考中探究，在探究中写作，才能真正提高学生的阅读与写作水平。

这次研究课也进一步加深了自己在研究型学习中进行专题探讨并进行专题写作的决心，学生给杜十娘、李甲、孙福写的悼词确实很好，因为有感而发。学生眼看着要进入高三了，写文化散文不能成为纸上谈兵，而是要在自己阅读教学的基础上才能有实效，而阅读教学若没有深度和高度的话，文化散文的写作也就成了无源之水、无本之木。作为语文教师，不能把写好文化散文的责任全推到学生那里，奢求学生课下阅读、积累，提高自己的语言修养、人文精神，等学生写出文化散文时，老师坐享其成。正是老师的这种无为无功，才使高中语文处于很尴尬的境地。

这学期的专题阅读、专题研讨与专题写作训练，使我有了不小的收获，这次研究课也是对这种认识的一种明确和总结：阅读、研讨和写作是三位一体的。

不足之处是，在教学中我也要注意收敛教学的宽度，适度加深教学的深度，使教学内容既深入又适度，且集中，这对我来说显得尤为重要。

（评点：杜丽娟）

（本文收录在“新课程下校本教研探索”丛书《创新农村校本教研提升课堂教学实效——延庆篇》中。）

第三节　作文与阅读

——作文状态与阅写生活对等

一、以阅写之土，育人生之花

——学生成长心态与阅写状态的关系研究(一)

A. 研究情况

(一)研究背景

台湾学者蒋勋在《生活十讲》中说："现代年轻人的价值观出了问题，价值观的形成是一个过程，我们看到那些错愕的行为，只是一个果，而真正需要探究的是形成这个果的因。""我要呼吁的是明星学校从来没有给你任何保障，只是分数越高的人，自己越要特别小心，因为你将来要面对的生活难题都不在这些分数里。"①

而蒋先生所说的"明星学校""错愕的行为"，让我们警醒。我们见到、听到过很多自杀、杀人，或虐待动物的错愕行为，更有在完成高等教育后成为"有毒的罂粟花——精致的利己主义者"，"他们高智商，世俗，老道，善于表演，懂得配合，更善于利用体制达到自己的目的，这种人一旦掌握权力比贪官污吏更可怕"②。这些学生除了让自己的人性扭曲，更给社会带来危害。

教育，我们应该给学生留下什么?

那些不在试卷上、不在分数里的答案，可能会在哪里?

"学习差的学生，他们没有花很多时间准备考试，相反他们在花很多时间了解人。看电影或读小说，就有很多机会碰到人性。一个好的人文教育是要扎根在生活的土壤里。"③

而我认为，这"生活的土壤"应该包括学生的日常生活、学习生活、阅读生活。在此，我想主要谈谈阅读生活，如果没有阅读生活的话，那日常生活、学习生活也不会有高雅的情趣，也难有高质量的人生，才可能出现"错愕的行为"。而把阅读冠以"生活"，我觉得应该包括：阅读、摘录、思考、整合、创造等一系列环节，因此也可以称之为"阅写生活"，最终升华为一种生活情趣，提升为一种人生态度。因此，语文教育工作者要认真研究学生的成长心态与阅读、写作状态的关系，以阅写之土，育人生之花。

(二)研究方法

(1)教师课堂教学的行动研究。

---

① 蒋勋：《生活十讲》，桂林：广西师范大学出版社，2015年版，第15、20页。

② 钱理群：《教育体制正在培养有毒的罂粟花》，《语文学习》，2012年第6期。

③ 蒋勋：《生活十讲》，桂林：广西师范大学出版社，2015年版，第15、16页。

(2)学生习惯培养的调查研究。

(三)研究过程与具体措施

我从高一开始帮学生营建良好的“阅写生活”，以期充分发挥教师的主导作用和学生的主体作用。叶圣陶说：“国文教育的目标，在养成阅读书籍的习惯，培养欣赏文学的能力，训练写作文字的技巧。”换句话说，学生的语文素养不是单纯教的结果。习惯和能力，需要学生在语言实践中体会，在阅读生活中积淀。而我们教师是引领者、指导者、督导者和欣赏者，也是共享者。

下面我以延庆一中高一(13)班、(15)班的教学实践为例，谈谈自己的研究过程及方法、措施。

1. 教师课堂教学的行动研究

(1)文本挖掘，有“我”在——教师要激发学生质疑问难的意识，并做个善于思考的表率。

今天是信息时代，语文教师很容易被大量的教参、课件、教案所包围，很容易变成别人的传声筒，而消失自我。

培养有批判意识、创新精神的学生，教师要先有质疑问难的意识，对文本要有“个性化解读”，这要求的对象不只是学生，更有教师自己。

北京版教学参考上说，老舍《断魂枪》中的沙子龙是“时代的落伍者”，孙老者是“乐观向上的”，沙子龙是“自悲自怜的”。沙子龙为什么会这样？这是因为他太清醒了，才消沉，才绝望，才不传枪。他不可能如王三胜那样靠武术卖钱混饭吃，他也不可能如孙老者那样不问世事地乐观下去。这已经是一个火车和快枪的时代，传“五虎断魂枪”只能让自己蒙羞，而不传是他对武学精神的最后一点坚守。北京市高中课程改革实验版教材《守财奴》的阅读指导说，本文主旨是“批判资本主义社会金钱对人性的扭曲”，我们今天就没有人做金钱的奴隶吗？我们会因为太多的诱惑而成为葛朗台那样的“执着狂”，从而丧失人情与人性。从青少年的追星成狂，到成人的“五子登科”，我们都能看到葛朗台的影子。《项链》中的玛蒂尔德还了十年债，一些专家就说“她觉醒了，从虚荣的生活中走到现实中来了”。当她坐在窗前痴痴地回忆当年的惊艳，设想她如果不丢项链又怎样时，与蒙昧的祥林嫂又有什么差别？只是她蒙昧于虚荣，而祥林嫂蒙昧于贞节和鬼神。因此，小说的结尾既无情又冷酷，但作者要敲醒人们那愚昧的心灵！莫泊桑是思想者，如鲁迅一样为他的民族启蒙，为每一个阅读者开启心智。

但如何才能读出自我来呢？一是要客观而理性地走近作者，走进作者所描述的那个时代。二是要与那个时代对接，探寻现实意义。三是要激活自己的人生体验，感同身受。四是不迷信权威，有批判精神。

教师对于经典著作的认知也要与时代俱进，要引导学生有自己独特的思考和解读，更要有悦纳包容的心胸，这样师生才能共融共进。因此，挖掘文本，一定要有“我”在，师生不能被大量的信息左右而“身为形役”，要有凌驾和超越的姿态，才能有质疑问难的意识和批判创新的精神。“读”而不思则罔，思而后教，才能别有洞天。

(2)仰之弥高，眺之弥宽——教师要引领学生整合教材、超越文本，做深入研读、专题探究的领路人。

教材无非是个例子，但一个例子和一组例子的力度是不一样的。每个教师都要根据自己认知的优势和本校学生的实际情况，精心地延展教材的宽度。我在兼顾文体知识的同时，还兼顾了不同的艺术形式，以帮助学生构建新的认知框架。

1)不同版本的整合：立足北京版，兼顾人教版、苏教版等。

2)跨年级、跨文体的整合：孔孟单元赏析《寡人之于国也》《齐桓晋文之事》《四子侍坐》，选读《论语》《孟子》，文史评论《孔孟》《于丹论语心得》。

3)跨学科整合：《物种起源·导言》与生物学科的整合，《范爱农》与文史知识的结合，辛亥革命的历史与鲁迅作品的整合。

4)跨越不同文学样式的整合：例如，高一开学初我们学了人教版巴金的《小狗包弟》，还学了北京版汪曾祺的《云致秋的行状》，并推荐阅读《怀念萧珊》及《随想录》的其他篇目。课外阅读季羡林的《牛棚杂记》。网络信息检索的关键词：张志新、遇罗克、彭德怀、红卫兵的忏悔。西方文学阅读：卢梭《忏悔录》第一章、被称为“东方忏悔录”的《随想录》。电影欣赏：《高考 1977》《阳光灿烂的日子》。

在开阔阅读视野的基础上，有专题研读、比较探究、应用延展、创造性地运用，以完善学生的思维形式，提升学生的思维品质，在文本研读与专题探究中达到认识的升华。

写作专题延展的进行如下：读反映“文革”时期的作品时，写读后感、观后感；写小说，以小狗的口吻写小小说；写评论，从文本中品读人性的美与丑，等等。学孟子专题，可以体会孟子的旷世孤独，写评论或文化散文；也可以做有关新农村建设、社区建设等小调查，感受我们今天的幸福生活，认识民本思想的传承与发展。学《黛玉进贾府》，体会曹雪芹的“呐喊”与“彷徨”，品红楼诗词中的“悲哀之雾”，研讨“爱博而心劳”的宝玉为什么对社会和人生如此绝望。学了《奥斯维辛没有什么新闻》后，写散不尽的二战硝烟，观二战电影《兵临城下》《拯救大兵瑞恩》《辛德勒的名单》《望乡》《南京》等，思考战争与和平，思考中日关系。爱情专题的阅读，以《氓》《孔雀东南飞》《致橡树》《钗头凤》《杜十娘怒沉百宝箱》篇目为核心，开展“爱情用什么来支撑”的教学专题。对于唐诗、宋词文化散文写作中的唐诗系列、南宋词人系列，先要求学生背会一个自己喜欢的诗人或词人 5—10 首课外诗歌，再结合单元阅读比较思考。课下查阅作者的传记，阅读梁衡、余秋雨、刘小川等人的文化散文、人物传记，涵养性情，提高认识，知人论世，知人品诗，整合思考，再写出自己对某位诗人的崇敬与爱慕。这不再只是简单的“古人开会”“材料堆砌”，而是基于阅读的应用与拓展，是文学熏陶后的再创造。

教材整合、专题引领、比较研读，永远没有最高的站位，关键是看教师能有多丰富的积累，在课堂上有多从容、多灵活。

语文素养的形成是一个漫长的过程。叶圣陶先生说：“写作的根源是表达的欲望，正如说话一样，胸中有所蓄积，不吐不快。”而这有所蓄积，就是指要在阅读生活中重视对语言、思想、情感、认知的积淀。古人强调养气与厚积薄发，就是要把语言情感、思想认知内化为生命的一部分。语文，即语言、文化、文学、人文的贯通，这是一个长期习得、领悟的学习过程。养成带着思考去阅读的良好习惯，养成在阅读中关照写作的良好习惯，也就拥有了一份优雅的“阅写生活”，乃至拥有了培植天才的土壤。

2. 学生习惯培养的调查研究

(1)习惯培养，持之以恒——教师对学生阅写习惯的培养要起到督导作用。

习惯的培养不只在于教师的引领，还要监管、督导到位，才能养成阅写习惯，才可能让学生从语文出发，用文学艺术引领人生，涵养高雅的情趣、高尚的品质。当然，对学生阅写习惯的监测，一定要有方法，有措施，师生要长期坚持，才可能落到实处，取得一定成效。因为懒是人性的弱点，一个良好的习惯的养成，需要我们教师坚持不懈地督导。

我每学期进行三次调查：期中、期末、寒假或暑假。从阅读看积淀，看练笔，看作文成功的次数，体现了从积累整合到思考、运用和创新的全过程。

1)学年阅写调查。期中、期末对学生的阅读和练笔情况进行统计，并印发一览表让学生核实签字，再修正。一年来，学生阅读和练笔的意识大大增强，写读后感、新闻评论、电影观后感已成习惯。

2)寒假、暑假阅写调查。统计假期的阅读、练笔、看电影、写观后感、背诗文的情况，并修改润色最佳练笔，上传到语文学习博客上。分专题出电子小报：读，字里春秋；悟，成长心路；观，影视风采；阅，人间万象。寒假或暑假结束时，两班出自己的成长作文集，书名自拟。

3)看电影情况调查。三次调查结果如下：

①2011 年 12 月 1 日：

高一(13)班：40 人，32 人看了，只有 8 人没有在周末按要求看二战影片。

高一(15)班：24 人，21 人没有按要求看二战影片，只有 2 人看了，1 人还是以前看的。(15)班学生并不认为老师留的看电影是语文作业。笔答的作业还写不完呢，看电影算什么作业？

②2012 年 3 月 15 日：

高一(13)班：40 人，有 6 人没有在周末按要求看大片。

高一(15)班：24 人，有 4 人没有按要求看大片。

③2012 年 8 月 30 日：

高一(13)班：抽查 3 人，有 2 人按要求看了暑假要求的 8 部电影，写了 3—4 篇观后感，看完 1987 年版的 36 集《红楼梦》。1 人没完成，声明开学时一定看完。

高一(15)班：抽查 5 人，有 3 人按要求看了 8 部电影，有 2 人看了十多部电影，还写了 5—6 篇观后感。5 人都看完了 1987 年版的 36 集《红楼梦》(还有 3 个人看完了《红楼梦》小说的前 40 回)。

从这三次调查的情况看，经过我一年的强调，学生已经把看优秀的影视作品、写观后感当成一项作业了，这是进步。一部好的电影就是一种人生的预演，是一堂最生动、最鲜活的语文课，当然最为重要的是好电影能带来无尽的艺术享受。如果只有网聊、游戏才能让自己放松的话，这就不只是对语文学习、对文学欣赏的损失了。当然，人生应该是多彩的，学生的阅读生活很宽广，除电影外，还有音乐、绘画、歌舞、戏剧等，有文学的范畴，也有史学、社会学的范畴。在求学阶段，不能让学生只会为了寻找资料而查书，不会精神品味，不懂心灵涵养，这样的科研“人才”会变成科学工具，成为真正的“文盲”。《语文学习》杂志的封面有一句话“语文学习的外延与生活的外延相等”，其实，“阅写生活的内涵与生活、生命的内涵也相近”。

(2)不教为境，师生共享——在交流共享中提升，教师是指导者，也是共享者。

孔子说：“知之者不如好知者之，好知者不如乐知者。”陶行知说：“开明的教育是使人们的思维成为一种能够自由发挥的令人愉快的场所。”教是为了不教。在这个场所中，学生不只在学语文，更在展示他们多彩的人生，让语文成为学生心灵的净化器。

1)诵读：读经典和背经典并行。一年来，一些习惯较好的同学背诵了 50—60 篇诗文。

2)写作：周记练笔，语文博客交流，电子语文小报，班级成长作文集。指导：作文学案指导、个体升格指导、学生演讲指导。

3)交流：平台交流。在一学年中，我们在网络平台上交流讨论了 6 个专题。

4)演讲：学子讲坛——一学年中，(13)班 40 人，每位同学上台演讲 4—5 次，(15)班 21 人，每位同学上台演讲次 6—7 次。新闻点评——家事国事天下事，事事关心。美文赏析——在品读中涵养性情。交流“我的成长”——我的爱好与情趣，等等，多角度展示多彩的自我。

5)活动：办读书节、中秋诗会、戏剧节、演讲辩论赛、汉字听写大赛、中国传统文化知识大赛等大型活动，提高学生的审美情趣，提高学生的文学艺术修养。如读书节，可举办“读书心得展”、“我心中的艺术形象”的演讲比赛；又如中秋诗会，除了有各类型的诗朗诵外，还有学生自编自导的课本剧、相声、舞蹈，还有民乐演奏等。

(四)成果与经验

教师：4个课例，3篇教学思考，1篇论文。

学生：发表了273篇博文，进行了6个专题讨论，发表了20期语文电子小报。

学生练笔和阅读调查情况：

两班第一学期练笔量在2万—4万字之间，最高练笔量6.2万字，最低练笔量1.3万字。(15)班第一学期平均阅读227万字，(13)班平均阅读202万字。两班最高阅读量达760万字，最低阅读量19万字。

高一(13)班、(15)班的学生，通过这一学年的阅读和写作，其心理状态与精神风貌与高一刚入学时的青涩明显不同。阅读和练笔已成习惯，而对部分学生来说更成了一种精神套餐，在这份愉悦中他们也有了享受学习、享受成长的心态。高一时作文的低幼化现象有明显改观，而两个班的阅读视野、思维品质、认知水平也有了明显提升。(13)班学生还把“自觉”当成一种学习的状态来追求，而(15)班学生更是把“国际视野，现代思维，领导风范，学者气质”当成自己及集体努力的方向。不只是延庆一中的语文学习氛围，还有一中的班级环境、一中的校园文化场，都在帮学生日有所进，月有所长。作为远郊的一名语文教师，我为学生一年中的成长感到由衷的欣慰。

(五)研究反思

1. 学生读写能力的培养需要一个长期坚持的过程，对学生调查要及时反馈、及时调整，我在这方面做得还不够。

2. 认知水平的提升、写作能力的提高有一个过程，捕捉师生思想交流的精彩瞬间，让课题研究常规化。在这方面我做得也不够。

3. 作文评改，除了强调学生自评互评、集体讲评外，还要强化学生自主评改、自己感悟、内化提升的过程，这也是我容易忽略的。

(六)努力方向

教育是一种培养人、陶冶人、引人向善的活动。在求学阶段，“我们应该给孩子最好的音乐，最好的文学，最好的电影，让他们在里面自然地陶醉，让他们愿意谈人性，谈艺术，谈文化，而这些是不能考试的”①。教育的终极目标是培养受教育者成为身心和谐、全面发展的人，“一味地强调高效，可能

① 蒋勋：《生活十讲》，桂林：广西师范大学出版社，2015年版，第21页。

会将受教育人简单粗暴地归结为某些目标的达成”①，一个完整的真正意义上的人，绝对不可能完全等同于知识目标、能力目标、情感态度目标的简单相加。我们的语文课堂应成为心灵湿润、饱满的殿堂，成为精神交流共享的乐园。育人是农业，不是工业，心灵需要慢慢成长，语文的高速、高效永远是相对的、阶段性的。教师要先有从容教书、从容育人的心态，学生才能有从容阅写的状态，师生才能共享生命蒙发与成长的过程。

我愿在研究思考中不断行动，在改进教学时滋养自己的心灵，在追求效率时为学生的健康发展护航，让青春那些“错愕的行为”消失于无形，让最美丽、最温暖、最灿烂的“人性之花”优雅地绽放。

B. 教学实践

感·思·悟

——文化随笔写作指导

(一)设计意图

在语文学习中，阅读与作文割裂是很普遍的现象，阅读诗文时不以为意，在写作时又生编硬造，为文造情。要指导学生在阅读中积累，在鉴赏中提升，才能学以致用。

教师提供三个由易至难的范例，指导学生应如何组织、使用已学过的篇章诗句，从文章结构的安排到主旨的把握，再到文化品位的提升，引导学生在阅读中积淀人文情怀，走进文化名人的内心世界，有心的交流，有情感的熏陶，才能提升做人的境界，提高作文的水平，才可能从根本上消除“请古人开会”的机械套作。有文本感悟，有精神熏陶，才能在写作中有所创新。

[评点：针对高考作文中存在的现实问题设计课堂，好!]

(二)教学目标

(1)建起阅读和写作的桥梁，提升文化品位，陶冶情操。

(2)关注学生在表达中的情感和态度，指导学生有个性地表达出自己对生活独特的观察和思考。

(三)教学重点

指导学生激活自己的文化积淀，把平时的阅读与应试的写作结合起来。

(四)教学难点

(1)提供样文，指导学生列提纲，强化思路意识，在鉴赏中模仿，也在模仿中创新。

(2)教师提供下水文，指导学生完成作文片段，完成全文的构思。

---

① 仲彩燕：《长效：高效语文教学的应有之义》，《语文学习》，2012 年第 6 期。

(五)教学过程

1. 导入

师：文化是一个民族的DNA，它昭示着我们民族的历史，也警示着我们民族的未来。一到湖北，我就浏览了“荆楚在线”，被这儿浓浓的历史文化氛围所感染。

(PPT展示屈原、王昭君的图片及相关诗文)学生读。

[评点：开场白文化味浓郁!]

生：长太息以掩涕兮，哀民生之多艰。——屈原

师：屈原用自己的生命诠释了对楚国这片故土最深沉、最悲壮的爱。

生：一去紫台连朔漠，独留青冢向黄昏。——杜甫

师：在汉元帝时期，秭归的昭君姑娘远嫁匈奴，一个女子以自己柔弱的双肩担起一个民族安宁的责任，架起两个民族友谊的桥梁，堪称“巾帼豪杰”。

师：湖北的古代文化名人还有被贬到黄冈的四川人苏轼，现当代的文化名人有祖籍潜江的曹禺、京山的聂绀弩、浠水的闻一多等，他们是荆楚大地上的文化精魂。在初、高中教材中，我们学了孔子、屈原、司马迁、陶渊明、王勃、李白、杜甫、苏轼、王昭君、李清照、秋瑾、鲁迅、史铁生、余秋雨等人的文章，他们是我们民族的文化精英。

2. 指导学生列提纲

师：你喜欢谁？陈老师喜欢苏轼，第一喜欢他旷达，第二敬佩他执着。

苏轼被贬到湖北的黄冈，那时叫黄州，还不像今天的黄冈这样名满天下，那时还很荒凉，但是他不沉沦，依然高唱——

[评点：有意强化凸显语言逻辑性的词语，用心良苦。]

生：大江东去浪淘尽，千古风流人物。

师：后来苏轼又被贬到天涯海角——海南岛，即使这样他还开馆授徒当老师呢，执着地为当地的百姓做事。你能否也像老师这样，把你喜欢的文化名人列一个提纲？

生1：我喜欢李白，首先我喜欢他的豪放，他的诗风乐观豪迈，比如“黄河之水天上来，奔流到海不复回”。我还喜欢他的自信，如“仰天大笑出门去，我辈岂是蓬蒿人”，“天生我材必有用，千金散尽还复来”。

[评点：指导有成效!]

生2：我喜欢苏轼。

师：咱俩心有灵犀。

生2：我喜欢他的乐观豪放，但我更喜欢他的细腻多情。

师：乐观、豪放容易理解，你怎样阐释他的细腻多情呢？

生2：他在悼亡妻时写了“十年生死两茫茫，不思量，自难忘……小轩窗，正梳妆，相顾无言，惟有泪千行”的诗句，使我们看到诗人心中最温柔的

一角。

师：很好。如果同学们把这个提纲写成一个片段或一篇短文，还觉得吃力的话，我给同学们推荐一篇延庆一中的学生写的习作。

3. 学生文化散文写作欣赏

师：阅读下列格言：

①做功不同，人生将绘出不同高度的抛物线。

②真正的美德如河流，越深越无声。

请你从中选择一句话，写一篇800字的议论文。(选自《2005年北京市普通高中会考考试说明——语文》)

吴丹选了第一个作文题，请同学们读她的作文。

追求思想的高度

延庆一中 吴丹

“做功不同，人生将绘出不同高度的抛物线”，那么人们追求的思想不同，也可以得到不同的人生高度。

“采菊东篱下，悠然见南山”，陶渊明用他的诗诉说着他的追求，他追求高洁。从他的“结庐在人境，而无车马喧”，“开荒南野际，守拙归园田”，可以看出，他留给我们的是不为世俗名利所玷污的隐者风范。追求高洁，使他的人生如菊。

这么盛大的场面，唐玄宗在迎接谁？又是谁有如此大的面子，能得到皇帝的恩宠？从古到今只有“诗仙”李白有如此殊荣。李白曾追求大济苍生、安邦定国之志，但在出仕之后，却只是在写“云想衣裳花想容”的艳诗，于是他放弃曾有的追求，重新开始。他追求“且放白鹿青崖间，须行即骑访名山”的淡然，他追求“安能摧眉折腰事权贵，使我不得开心颜”的尊严，让我们看到了他的铮铮傲骨。追求自由，使他的人生如酒。

端午将至，我又想起了“投汨罗以死”的屈原。他想为百姓办事，想为国家尽忠，无奈昏君无道。于是，他坚守“众人皆醉而我独醒”的生命状态，他拒绝“随其流而扬其波”的污浊人生。他让我们明白，坚持真理，需要坚忍的不畏牺牲的精神。追求真理，使他的人生如竹。

不同的人有不同的追求，只有追求思想的高度，才能使人生的高度得以实现，才能让我们在历史的长卷中，感受其灵魂深处散发出的人格的芳香。

只有追求思想的高度，才能绘出我们人生最美的抛物线。

师：这篇文章给你什么感受？

生：她能把学过的诗人和他们的诗文融会贯通，使文章内容充实。

师：那她是怎样用这些诗文的呢？

生：从每段的开头和结尾我们能梳理出文章的思路，如追求高洁、追求自由、追求真理，她是按自己的思路来整合这些诗文的。看PPT：

追求思想的高度

<table>
<tr><td rowspan="3">追求思想高度</td><td>追求高洁　人生如菊</td><td rowspan="3">追求不同，人生价值不同</td></tr>
<tr><td>追求自由　人生如酒</td></tr>
<tr><td>追求真理　人生如竹</td></tr>
</table>

师：把背过的诗文学以致用，这样你的文章会更饱满、更深刻；同时，也培养了同学们思维的灵活性、敏捷性，有利于提升同学们的思维品质。

[评点：备课用心，选文和分析准确到位，由文而提纲，由难而易，学生练笔时就不会有畏难情绪。]

师：再给大家推荐一篇写鲁迅的文章，他写的是第二个作文题，我来读。

润物细无声

延庆一中　赵晶

“最美的诗歌，是最绝望的诗歌；不朽的篇章，是最纯粹的眼泪。”鲁迅先生的文字，因为真实，所以发人深思；因为真切，所以悲怆动人。

墨写的谎言，掩盖不了血写的事实

在那个“万家墨面没蒿莱，敢有歌吟动地哀”的年代，人们苟且地活着，先生好恨！因为他爱我们民族，所以他恨无知的国民，先生哀其不幸，怒其不争。“药”，中华民族需要良药，需要良医。“忍看朋辈成新鬼，怒向刀丛觅小诗”，在深夜，他不仅是在“灯下漫笔”，更是站在中华民族最松软的脊背上呐喊：“真的猛士敢于直面惨淡的人生，敢于正视淋漓的鲜血”，“血沃中原肥劲草”。在血写的事实面前，“段政府就有令说他们是暴徒”，这荒谬至极的话，正戳着一个民族的脊梁，先生好痛！他能做的也不过是拿起战斗的笔，在夜阑之时，写着为“正人君子”所深恶痛疾的文字。先生是一个爱夜的人，有着看夜的眼睛、听夜的耳朵。路正长，夜也正长。静水深流，至德无声。

一滴水，用显微镜看也是一个世界

有人说，我们今天处在一个繁华的年代，有些人却有着颓废的心灵。读《阿Q正传》，或许能让我们看到自己的影子，阿Q精神依然存在。解剖阿Q，就是解剖我们自己，这样我们不也有了面对颓废心灵的勇气了吗？从这个意义上讲，先生的努力不是徒劳的。那些“我以我血荐轩辕”的文字还在为我们敲着警钟。深夜，当我翻开《鲁迅全集》和先生对话时；当我们循着先生的足迹探寻民族的道路时，当我们有勇气不惮于前行时，这就是先生留给我们最大的财富。它将成为中华民族源远流长的历史长河中最深的积淀！郁达夫在悼念先生的文章中说：“没有伟大人物出现的民族是最可怜的生物之群，有了伟大人物出现而不知敬仰、爱戴的民族是没有希望的奴隶之邦。”如果我们每个人都能发自内心地对先生怀有一份深深的敬仰、爱戴的话，我们心中也就会多一份觉醒，少一份惭愧。“寒凝大地发春华”，先生像是一滴水，然而他折射出了一个民族前进的方向。君心磁石，至功无痕。

如今，先生已乘黄鹤去，“鲁迅精神”已成为一个时代的哲学，它滋润着我们民族的心田。润物，却无声！（本文是赵晶同学的第三稿）

教师注：

万家墨面没蒿莱，敢有歌吟动地哀——《无题》，1934 年鲁迅

忍看朋辈成新鬼，怒向刀丛觅小诗——《悼柔石等》，1931 年鲁迅

血沃中原肥劲草，寒凝大地发春华——《无题》，1932 年鲁迅

我以我血荐轩辕——《自题小像》，1903 年鲁迅

太上有立德，其次有立功，其次有立言，虽久不废。——《左传》

师：这篇文章给你什么感受？

生 3：她的文章写得气势磅礴、感情丰富，给人一种心灵的震撼。

师：这两篇文章相比，你更喜欢哪一篇呢？

生 3：喜欢这篇，看得出来，这个学生热爱鲁迅先生，积淀丰厚，写起来很从容。上一篇思路清晰，但做文章的痕迹也重。

生 4：上一篇文章写了三个人物，但也不如这篇文章集中。

师：大家说得很好。文化随笔，最重要的是文化给我们带来的精神感染、思想启迪。要发自内心地爱你心中的人物，“高山仰止，景行行止，虽不能至，心向往之”。因为“爱”，你才能把自己饱满的激情灌注笔端，你才能感染别人。因为有充沛的情感、丰富的内容，无须再拉别人来凑数，文章自然就集中了。

[评点：在比较中更显高端、大气、上档次！]

4. 写好文化随笔的思考

师：这两篇文章给我们写好文化随笔带来怎样的思考？

看 PPT：

(1)会背会默：学以致用

(2)探寻心路：

　　爱其文、亲其人、信其道

　　欣赏、喜爱、敬仰

　　涵养自己的人格

(3)善于思考：有所感、有所思、有所悟

师：文化随笔的核心是，在阅读中有所感、有所思、有所悟，在情感熏陶和人格的涵养中完善自我。其实学会做人是第一位的，作文倒在其次。

[评点：指出本课核心，顺理成章，浑然一体。]

师：当今有一位文化散文名家，谁呢？

生齐答：余秋雨。

师：你们读过他的什么书？

生5：《文化苦旅》《山居笔记》《行者无疆》……

生6：课文中选了《道士塔》，余先生以深厚的文化底蕴、生动形象的语言、深刻的思考，为我们再现了当年的历史氛围，好像我们也亲历了那场文化浩劫，亲自感受了那次民族的伤痛。

板书设计：

文化随笔

形｛语言：典雅优美，有文化气息
内容：充实新颖，引用适当
形式：叙议结合，文质兼美｝反思历史
思考未来｝神

5. 片段训练

师：以下列一位历史人物或一个文学形象为内容，自拟题目，先构思，完善提纲，再选一个角度写一个150字左右的片段。

①孔子、屈原、司马迁、陶渊明、王勃、李白、杜甫、苏轼、王昭君、李清照、秋瑾、鲁迅、史铁生、余秋雨。

②刘兰芝、杜十娘、林黛玉、玛蒂尔德、夏瑜、葛朗台、别理科夫。

（写作时间为15分钟左右）

师：像老师这样完善提纲，再选一个角度写一个片段。（提纲展示）

看PPT：

冲破穷达的藩篱

苏子的抉择｛喜欢他的心境：　旷达　淡观个人荣辱
钦佩他的责任感：执着　心系天下苍生

6. 片段交流

生7：苏轼的支点是美食，展示了乐观旷达的苏轼、神采飞扬的苏轼。

师：调整语序，支点应该是一种精神，观点应是苏轼的乐观旷达，论据是美食家。好吗？

生7：嗯。在仕途的坎坷中，当无数冰冷的目光锁定周身，当一份份贬谪异地的诏书扑面而来，他没有沉沦萎靡，而是“莫听穿林打叶声，何妨吟啸且徐行”，这份乐观旷达的情怀，为我们成就了一个美食家。“日啖荔枝三百颗，不辞长作岭南人”，“长江绕郭知鱼美，好竹连山觉笋香”，他该是餐餐水煮鱼，顿顿有河豚的吧？也许是一杯一碗的家常小炒，也许是四碟八盘的丰盛大餐，也许还有他亲自下厨一展技艺的东坡肉、东坡肘子，总之在大快朵颐之后摔了筷子，一抹嘴，所有的烦恼也就荡然无存了。于是我们又看到了一个苏轼，一个在困境中依旧热爱生活、享受生活的苏轼，依旧放步高歌、依

旧神采飞扬的苏轼。(掌声)

师：只要淡观个人荣辱，就能在逆境中、在挫折坎坷中寻找到生命的支点，也就自然能超脱旷达。但是他的超脱旷达是有限度的，他没有超脱到魏晋名士寻仙、访道、纵酒、裸奔的程度。他心系天下苍生，在各个贬谪地，虽处“江湖之远”，也不愿只独善其身，仍自觉地承担起一个知识分子该承担的社会责任。

我也喜欢苏轼，按刚才的提纲我也写了一篇关于苏轼的短文，给同学们做个示范。

我作文的题目是：冲破穷达的藩篱，何谓“穷”？何谓“达”？

生齐答：穷：困窘，志向不能实现的困窘。达，腾达，政治理想得以实现，仕途畅达，人生得意。

师：这是中国古代知识分子的两种人生状态。

教师引导学生读《冲破穷达的藩篱》：

冲破穷达的藩篱

陈金华

在中国文化史中，屈原是知识分子在困厄中执着于自己政治理想的楷模，陶渊明是远离污浊坚守自己精神堡垒的典范，而一生命运多舛的苏轼又将做怎样的抉择呢？

“乌台诗案”后被一贬再贬的苏轼竟在自题画像中自嘲“问汝平生功业，黄州、惠州、儋州”。正因为他有如此心胸，我们才能感受到“日啖荔枝三百颗，不辞长作岭南人”的达观；才能感受到“回首向来萧瑟处，归去，也无风雨也无晴”的淡定；才能感受到“九死南荒吾不恨，兹游奇绝冠平生”的豪气。我喜欢他的这份旷达。

但我更敬佩他的执着。苏轼有言：“古今成大事者，不惟有超世之才，亦必有坚韧不拔之志。”在人生的坎坷中，他没有变成隐士、高士，而是在重重打压的有限空间里“治一方水土，安一方黎庶”。在贬谪中，他在杭州建了第一座医院，在惠州盖了第一座磨坊，在儋州培养了海南岛的第一名进士。所到之处，他都忙着修桥、修路、修堤，捕盗又捕蝗。即便到了自盖茅屋、亲耕“东坡”的地步，也不忘劝导乡邻要爱惜耕牛，不要溺死女婴，自觉地做一个文化、文明的使者。至今，“东坡肉”“东坡肘子”和“苏堤”，以及东坡的“诗词文书画”一起温暖着千万炎黄子孙的心：上至莘莘学子，下到乡村野老。

在苏轼身上，我们看不到“穷则独善其身，达则兼济天下”的近似于麻木的冷静，却看到了一颗赤子心；看到了至纯、至美的人性的闪光；看到了他作为知识分子超越个人荣辱后对天下苍生的博爱。我为千年前的苏学士有如此博大的襟怀而泪挂两腮，原来爱、良知，可以穿越时空，跨越千载。

我崇拜他、敬仰他，还需要更多的理由吗？

师：其实苏轼不只是四川、湖北的文化名人，更是我们民族的精神财富。

作业：把提纲、片段完善成一篇800字的文化散文。

师：

作文是娇艳的花

做人是朴实的根

两千年的历史和文化

是孕育我们成长、成熟的

——广袤原野

（本节课是在全国中语会重点科研课题“创新写作教学研究与试验”现场作文教学大赛中的教学实录，荣获一等奖。赛场：湖北十堰中学。学生：东风十堰六中。评点：杜丽娟）

C. 专家点评

积淀下的光辉绽放

听陈老师的课，每每都能被她对语文、文化的热爱感染得激情澎湃。她声情并茂、旁征博引、指点古今的气魄与饱胀的知识含量不仅感染学生，感染听课人，有时就是她自己也能把自己说得汗涔涔、泪潸潸的，这就是一位胸中有文化、胸中有社会的当代有良知的语文老师！

从课中我们不难看出，陈老师教学狠下功夫，例文、方法指导、先后顺序、下水文展示、用语轻重都是有讲究、琢磨过的。她善于把学生的难点用某种方法很轻易地突破掉，她善于把自己对中华文化、中华文人的爱用恳切的情感传递给学生，她善于引领学生观察社会、思考人生……

听她的课是一种感染和震撼，是一种仰望和攀登。我不想评，真的只想抒发我的情感和感悟。同是语文老师，我辈需大努力！

（杜丽娟）

二、足浅深行，教人育心

——学生成长心态与阅写状态的关系研究（二）

A. 研究情况

（一）研究背景

《高中语文教学指导意见》中指出：写作教学的过程是学生“认识世界，认识自我，进行创造性表述的过程”，而认识世界和认识自我，正是学生在作文教学中，不断成长、健康发展的过程。因此，从一定意义上说，学生作文水平的高低，在一定程度上是由学生心理成长的状况决定的。

而怎样让学生在语文学习中、在写作过程中心智不断地成长、成熟，这是我们每一个语文教师都要研究和思考的。

自课程改革以来，作为远郊的一名语文教师，我们真切地感到作文教学的难度越来越大了。2014 年北京卷写作部分的分值 72 分，已是试卷的大半个江山，还有 21 分的阅读鉴赏题。考素质、考能力的大方向已非常明确，从课改的角度来说很成功。但就农村中学而言，提高学生的认知水平，提高其写作能力，就显得尤为严峻。而认知水平的提升，又被学生的成长心态所制约，没有良好的学习心理，没有健康的人格品质，没有心灵的成长，也就很难有作文水平的提高。

因此，作文教学也是教师引导学生培养健康的写作心态、良好的写作状态和在写作中树立正确的人生观和价值观的过程。学生开始行文的心理状态如何？文题对他们的刺激造成何种反射？对头脑中已有的素材、信息如何整理加工、适时再现？以及学生在不同学段，由于学习压力、生活环境不同，学生有怎样的心理状态？这些都对写作有直接影响。

延庆一中语文组全体同仁想通过“对学生成长心态和阅写状态的关系的研究与实验”，培养学生健全的人格，促进学生和谐发展，并以此为基础提高学生的作文水平，为学生继续深造打下良好的写作基础；通过作文水平的逐渐提升来深化学生的认知水平，提高学生的语文素养，培养学生的人文情怀，培养健全、健康的心态，为学生打下坚实的人生基础；并固化不同学龄段学生成长心理与作文教学的基本程式，提高教师的作文教学水平，提高观察把握学生心理状态的敏锐性和洞悉学生心灵变化的敏感性，力求做到学生写作能力的提升与学生的情感态度、价值观提高能在同一学龄段和谐发展。对教师而言，能帮助教师提高作文教学的课堂效率，让不同教学层面的教师对不同年级的作文教学，都能有章可循，从而形成我校作文教学特色，为农村中学探索一条切实可行的促进学生个性发展与作文教学相结合的教育教学之路。

叶圣陶先生说过：教师的教学职责是“千教万教，教人求真”；学生的学习目标是“千学万学，学做真人”。教师有责任使作文教学与学生的发展相辅相成，让学生在成长中作文，在作文中成长。

(二)研究目标

(1)农村中学学生的心理状态复杂，如独生子女认识水平普遍低幼化，青春期认知的片面偏激；又因学习压力大，情绪紧张浮躁、迷茫空虚，作文时无病呻吟，乃至于跟风盲从、缺少理性思考等。再加上城乡差别大、学生的阅读能力、家庭经济状况、父母文化水平都参差不齐，这都决定了我们在教学研究中要对症下药。

(2)在语文学习中力求能让学生的智商和情商和谐发展：学生心理的成长、成熟，是由学生成长的环境、性情爱好等多方面因素决定的，不能在高中语文学习中“立人”，作文水平的提高也就成了无源之水、无本之木，在作文中促进学生身心健康发展，智商和情商和谐发展，才是语文教学、作文教学的根本任务。

(3)在阅读和写作中，语文教师应提升学生的语言表达能力，提高学生的文学、文化素养，帮助学生树立正确的人生观和价值观，在作文教学中促进语文的工具性与人文性的统一。

(三)研究内容

第一，就学生个人而言，读写能力在中学阶段是最为薄弱的。写作能力的提高非一日之功，要有长期踏实的阅读、练笔的过程；认知水平的提高更非一朝一夕，这与学生从小能否养成一定的阅读习惯、思考习惯，有非常密切的关系。鉴于农村学生个人发展的先天不足和学生成长心理的低幼化，在高中阅读教学中就要有针对性地、分阶段地为学生的精神"补课"。

第二，就学生学习生活的环境而言，阅读写作的学习环境又是最差的，也可以说是最恶劣的。作为远郊区，学生的家庭文化环境先天不足，决定了学生成长心理的幼稚倾向，与城里的学生相比，升学压力更大，重理轻文倾向更严重，这些都制约着学生的阅读积累和认识水平的提高。有不少学生因家庭条件不好，家里无书无报，也没有读书读报、关注社会生活的意识；而多数家长也缺少与孩子交流对社会和人生的见解的习惯。而升入高中后，一些家长为了让学生能把所有的精力都用到应试上，把看课外书、看电视、上网都视为耽误时间，看新闻成了奢望。再加上教学时间安排得密不透风(早自习7点到校，晚自习9点离校)，学生开阔眼界的机会少之又少。因此高中一些学生(或是大部分)认识水平、写作能力还停在小学阶段或初中阶段。《高中语文课程指导意见》中明确提出，在语文中"不断充实学生的精神生活，完善自我人格，提升人生境界，逐步加深对个人与国家、个人与社会、个人与自然的关系的思考与认识"，大环境更呼吁在阅读与写作教学中促进学生身心的健康发展，只有学生心理成长了，才可能为作文教学的提升提供宽广的空间。

第三，进入高三后，写作问题就更加突出。不少学生都存在应试焦虑症、写作焦虑症，更为自己思维形式的僵化、文化积淀的薄弱而不安。而这种心态就决定了学生在考场上很难有从容淡定的写作状态。因此作文应试中常常出现审题不清、文体不清、主旨不明，以及逻辑思维混乱、认知水平低幼化等作文通病。除视野狭隘、认知水平较低外，缺乏一定的文体意识，记叙文、议论文写作的基本环节模糊，又与高一、高二作文教学效率不高、教学目标不明确有直接关系，使学生在写作中长期缺乏自信心。各年级的语文教师，也需要在对高一、高二学生身心成长的不同状态的研究中，逐步明确自己作文教学的方向，才能为高三的教学打好基础。

第四，就教师的作文教学而言，教师要能根据不同年级学生的成长状态与心理特点，深入调研学生的考场心理与作文心态，以期在阅读教学、作文教学中对症下药，促进学生的健康发展：高一、高二或中小学作文教学不到位，阅读和写作剥离，作文与学生的成长、发展剥离，教学效果很差。高三时，学生写作问题多，仓促间只能在程式上搞一些公式化的作文强化训练，而学生的认知水平、文学素养终是有限，再加上应试的急躁心态，导致一些学生为应试而急功近利地记背一些优秀范文或生硬地背作文素材，这对学生人格的成长、对作文教学都是一种戕害。

随着课改的深入，我们的危机感也越来越强。我更希望能发挥集体的力量，从不同学段，从学生的成长心理，从学生的作文状态，来研究学生的成长心态与阅写状态之间的关系。用一年至三年的时间，对这一问题共同研讨、群策群力，力求让不同年龄段、不同作文水平的学生及不同教学能力的教师都能在这样的研究中，找到可以促进学生身心发展、提升学生作文学习能力的可操作性的基本模式，也促进教师业务水平的提高。

在实践过程中，可以依据心理学教材及学生作文实际，制订一个高一至高三的系列型作文立人计划，分三个年级来研究，按每个年级作文教学的侧重点分工合作：

高一、高二：在生活中，在阅读中，书写成长：侧重观察日记的写作、复杂记叙文的指导。根据高一学生心理状态，侧重于情感的培养，学会爱、感恩，学会品味亲情、友情、师生情，培养学生丰富细腻的情感。引导学生关注生活，在生活实践中丰富自己的情感体验，能写出详略有序的生活散文。

另外还要侧重于读写结合，侧重于从阅读中不断积累写作素材，提高认识水平，提高自己对古今中外文化作品的阅读、感悟和鉴赏水平，能解读人物的内心世界。对文学作品意蕴的把握能从历史、文化、心理学、人类学的视角，能在阅读中探究作品中所蕴含的民族心理和时代精神，写出自己对作品的个性化理解、探究性研读。指导学生写好文化散文类的记叙文、文化专题研究的小论文，在阅读和思考中使内心世界更强健有力。

高三：侧重于对社会和人生的关注和思考，强化学生独立思考的意识，提高他们的成人意识，追求思维的深刻性和情感的丰富性，在为文中成人。指导学生做时事热点类的素材积累，思考人生方向，培养忧患意识、批判精神，提升认知水平，训练学生的思辨能力，提高社会责任感。高三的写作范围可以更广些，气魄更大些，内容要求应有一定的深度，以满足他们的写作欲望，以促进他们人格的健康发展。

（四）研究方法

（1）调查研究法：如，一些学生为什么会对作文感到头疼，问题在哪儿，如何对症下药？

（2）经验总结法：写某一文体作文，教学成功或效果欠佳的经验或教训。

（3）个案分析法：对个别学生提高作文水平的调查与思考；教师面批作文的点滴经验；某个作文题指导的经验和教训；某类文体作文指导的经验和

教训。

(4)比较研究法：不同的教学流程的效果的对比。

(五)研究过程

1. 根据高一学生的心理特征：单纯、肤浅、脆弱，安排写作教学，指导学生在观察和思考中书写自己的生活，在读写中促进学生的健康成长

高一时，学生的心理状态还相对幼稚，要帮助学生开阔阅读视野，让学生的情感更丰富和细腻。高一的学生心态还很单纯幼稚，也没有形成较好的阅读习惯，更缺少对社会和人生的关注和思考。要在阅读中让学生身心发展，才能为作文奠基。

写作：

(1)作文片段训练：侧重观察日记的写作，写生活中感人的瞬间。

(2)观察传统文化、民间风情，书写自己的体验和思考。如写中秋、端午等传统节日中的地方特色。

(3)关注自己的成长环境的变化，提高自己的思考力。如家庭环境、校园环境、家乡风光等，可以我爱我家，我爱我乡为话题，写自己的观察与思考，教师做复杂记叙文的指导。

(4)与教材结合进行专题作文，做阅读、写作相结合的训练。可以由诗歌改写，如高一必修第二册中诗经、古诗十九首、唐诗、宋词专题的学习。做读写结合训练，重点在培养学生的联想、想象能力，提高学生的审美情趣。如诗歌改写成优美的散文，编写诗朗诵为主的情景剧或小历史剧，也可以指导学生做鉴赏训练。

总之，要能在作文教学中，根据高一学生的心理状态，侧重于情感的培养，使学生学会爱、感恩，学会品味亲情、友情、师生情，培养学生丰富细腻的情感，引导学生关注生活，在生活实践中丰富自己的情感体验。能写出详略有序的复杂记叙文或生活散文，并能在阅读中提取写作元素，培养联想力、想象力，提高鉴赏水平。

2. 在专题教学中开阔学生的阅读视野，让学生在阅读中思考，在品读中涵养性情，在读写结合中，促进智商、情商的和谐发展，使学生从单纯幼稚中走向成熟，过好高二这一高中学习的过渡期，为高三的学习打好基础

除课堂教学外，教师要指导学生积极开阔阅读视野，丰富阅读经验，在有所思、有所悟中书写出自己的人生感受。

在实验中，要侧重于读写结合，侧重于从阅读中不断积累写作素材，提高认识水平，提高自己对古今中外文学作品的阅读、感悟和鉴赏水平，能解读文学形象及作者的内心世界。“对文学作品意蕴的把握能从历史、文化、心理学、人类学的视角”，写出自己对作品的个性化理解，能进行探究性研读，能写文化专题研究的小论文，在阅读和思考中使内心世界更强健有力。

根据高二年级阅读教学进程，安排好系列专题研读，并做出专题写作的系列训练，高二专题系列阅读举例：

(1)体会新中国的成长

寄意寒星荃不察——鲁迅专题(写读后感，写“我眼中的鲁迅”)

倚天抽宝剑——毛泽东专题(写诗文赏析，写“我眼中的毛泽东”)

读新诗，赏新诗，写新诗(学写新诗)

关注现实，把握时代的脉搏专题(学习报告文学单元，写“我们身边最可爱的人”)

写作：指导学生多做读书摘记，写阅读随笔。

(2)走近文化经典，走近红色经典

走近历史，阅读诸子散文，触摸永远的感动。如“孔孟”“老庄”散文专题阅读和《国语》《左传》《战国策》《史记》等史传文学阅读。结合教材，适度延展，指导学生写历史散文、历史小说，编排历史情景剧，或写人物评论。

关注并思考民主革命进程中，中华儿女为了新中国前赴后继英勇斗争的革命精神，理解他们为民族解放舍生取义的大无畏的牺牲精神。京版教材中有“红色经典专题阅读”，教学中要与影视作品结合起来，做读写结合训练，写读后感、观后感，做人物的专题比较探究，如“从秋瑾到江姐”“从祥林嫂到水生嫂”“我们怎样认识中国女性的成长”。

在高一、高二，争取每学期能指导学生完成两个专题，并把阅读—思考—写作结合起来，做到三位一体，以促进学生的个性发展，提高学生的创造力。能初步完成议论文写作，能写优美的、有独特思考的文化散文。

读写结合中要整合人教版和京版教材的名篇，促进学生心灵成长。可以把京版与人教版教材的作文教学和阅读教学进行优势整合，或语文教师根据自己的阅读优势、教学优势进行拓展，如开展“梁衡散文专题阅读”“史铁生散文专题阅读”等，指导学生在作文中立人，使学生养成关注社会、思考人生的习惯。

写作：能写历史散文和复杂记叙文，与初中的一事一议的记叙文相比较，体会选材的特点，体会主题的确立，体会结构安排的技巧。而议论文写作，则不要过多地拘泥于形式，可以写读后感、观后感、人物评论、诗歌鉴赏评析等，重点强调逻辑清晰，有自己的独特思考，能言之有理即可。

3. 在作文教学中，要指导学生提高综合概括能力、语言表达能力，在对比思考中提高学生的认知水平，提高他们对社会和人生的思考，有意识地培养他们的批判意识和创新精神

(1)完成教材的整合，复习记叙文及文化散文类写作，如先秦诸子散文单元、唐诗宋词单元，配合背诵篇目的复习，对教材学以致用。高三年级印发一些优秀的文化散文，如梁衡的历史人物散文。

(2)完成规范的议论文写作、杂文写作、新闻时评写作，指导学生关注社会生活，积累鲜活的信息，做人物的档案卡，写事件发生、发展的六要素，并能指导学生做专题素材积累，在对比中完成超链接。在积累整合中能有自己独特的思考，以培养学生的独立人格与批判精神，强化自己的个性和特色。

在高三阶段，指导学生做时事热点类的素材积累，思考人生方向，培养忧患意识，提升认知水平，训练学生的思辨能力，提高社会责任感。强化学生以正确的人生观、道德观、审美观来提升自己对现实社会、历史文化、生态环境的观察和思考。引导学生以自己的观点、态度体验生活，探索人生道路。指导他们关心国内大事，关注世界风云，有“指点江山，激扬文字”的气概，以促进他们人格的健康发展。在事理分析中，培养、提高议论分析能力，强化用发展的观点、辩证的观点来认识事物，能用归纳、演绎的思维方式进行推理判断，以提高学生思维品质的准确性、科学性、严密性和深刻性。能充分发挥学生的个体优势，如语言表达的特点、阅读积累的方向、兴趣爱好的不同等，培养学生作文中的个体特色，提高学生的创造能力。

写作：能写相对规范的议论文，能写较为深刻的时事评论，能写形式鲜活灵动的小杂文。

教育，首先是活生生的、寻根究底的、探索性的思考，没有思考就没有发现，而没有发现就谈不上教育工作的创造性。而作文教学的过程，正是我们指导学生不断发现、不断思考、不断创造的过程，更是学生不断成长的过程。

(六)研究结果：三个备课组的研究与思考

1. 在关注生活中成长：关注生活，挖掘写作的源泉，培养学生对家乡的热爱，促进学生身心的健康成长(胡修艳撰写)

生活是写作的源泉，对生活的感受和思考是完成写作的前提。在写作教学过程中，我们要有意识地引导学生积极关注生活，在生活实践中丰富自己的情感体验，在生活实践中激发思考意识和写作动机。

一方水土养一方人。生活在每一地域的学生都有自己独特的生活体验，对生活有自己个性的思考。延庆的学生生活在历史悠久、文化丰富的妫川大地。妫川具有独具特色的自然地理环境、悠久的历史。独特的地理位置和厚重的历史，使生活在延庆这块热土上的百姓演绎了特征明显的地域文化。如带有历史底色的地名文化兼容并包的语言文化、古朴自然的建筑文化以及独一无二的饮食文化等。妫川地域特色鲜明，民俗风情突出。学生身为土生土长的延庆人，便于观察、体验家乡的生活，汲取妫川文化的精华，用家乡文化濡染自己，就地取材，流露真情。同时在实践体验、练笔写作中也可以增强学生知家乡、爱家乡的意识。

为此，我们尝试开发地域资源，使写作与学生的亲身经历、现实生活紧密结合。

(1)实地调查，亲身体验，资料收集

小组一：饮食特色——走进柳沟农家院，看一看火盆锅的制作过程，品一品热腾腾的火盆锅。走进小区“打火勺”的小店，吃一顿地道的延庆早餐。

小组二：方言特色——小组成员收集自己身边延庆特色突出的方言，并调查、分析方言形成的原因。

小组三：地名特色——收集班内每个同学家(或爷爷奶奶、姥姥姥爷家)的地名，并调查名字的由来。

小组四：其他特色——别具一格的交通工具——板车；独特的娱乐方式——旱船等，采访相应的人群，调查相关情况。

每个小组进行活动时都做相关文字记录。

(2)书写延庆符号，初探妫川文化

为了使学生把自己对家乡的了解与语文学习相结合，我们仿照2009年北京高考作文题目——“北京的符号”，给学生布置了以“延庆的符号”为题目的习作训练。学生把自己的调研书写成文字。这里展示学生的部分习作：

生1：延庆的最西边，有一片草原，名曰——康西草原，这里正是康庄镇。广阔的草原为发展畜牧业创造了优良条件，但这里最重要的产业还是旅游业，康庄镇的野鸭湖是北京市著名的湿地公园，在这里，你可以看到鸭子在水中惬意地嬉戏；芦苇间，还有几条鱼儿游来游去；这里也是许多珍稀动物的栖息地，它们的存在使野鸭湖更美丽，也更多彩。

生2：延庆的方言便是延庆的一张名片。由于延庆话保留了延庆的基本方言，又吸收了全国各地的语言，所以词汇非常丰富，如：机密(清楚明白)、老爷儿(太阳)、后头爷(月亮)、夜个(昨天)、挤兑(欺负、贬低)。

但近年来随着到世界各地去的延庆人越来越多，再加上外来人口进京，普通话得到推广，熟悉延庆方言的中老年人逐步老化，延庆方言趋向消亡，名片也渐渐失去了色彩。而学习、了解并传承延庆方言，也是我们这一代人的责任。

(3)整合教材资源，品读地域文化选文，思考文化内涵

基于学生在探究妫川文化中思考比较浅显的现状，我们进行了教材整合。把人教版、京版和沪版教材中有关地域文化的文章进行了整合，选取了汪曾祺的《胡同文化》、陈丹燕的《上海的弄堂》和贾平凹的《秦腔》。透过名家作品，我们引领学生思考文化有哪些载体，透过建筑、音乐艺术等文化的载体思考地域文化内涵。引导学生进行深层思考：从地域特点来认知地域的文化内涵，在了解民风民俗中培养对家乡的热爱。

(4)文化选文引路，整合非文本教学资源，再探妫川文化

通过对以上选文的研习、探究，我们对妫川文化的内涵有了一定了解和

认识。基于对文化的理解、思考，根据我们实践活动的成果，再来探究妫川文化。引导学生从对地域符号特点的描写，发展到对生活在该地域的人的心理、性格的思考。我们看一看学生是如何观察思考的：

生1：永宁的土，永宁的水，造就了永宁豆腐。我觉得刚出炉的豆腐最好吃，什么也不放，用刀切一块，握在手中，暖暖的，吃一口，清香四溢，原汁原味的豆腐，最好吃！奶奶在冬天就会把买来的豆腐放在院中“冻”起来。冻完之后的豆腐像海绵，搭配上白菜、土豆和粉条，再铺上一层晶莹剔透的五花熏肉，炖上一锅，那味儿香极了。这便是永宁冬季的家常菜。奶奶常念叨：“老天爷冻出来的豆腐，好！不是冰箱能比的！”

是啊，永宁豆腐吃的就是这自然的味道。

生2：记忆中的火盆锅总是香气四溢，牵动着我的嗅觉神经。锅里总是炖着软软乎乎的白、黑、绿三色鲜豆腐，金黄的炸豆腐，滑溜溜的白薯粉，晶莹剔透的白菜，再矜持的人都会忍不住吞一下口水。而我总是抢着第一个吃，让那些带着原始味道的食物滑进我小小的肠胃，直到连血液里都融进了火盆锅的清汤。

这火盆锅宴的每一粒米、每一块肉，无一不出自小城人之手。他们总是将面和得那样匀，将饭煮的那样香，顺便再放进去五分喜悦、三分平淡、两分悠闲。

这样的味道，有谁会说不好呢？

我相信火盆锅不仅代表着美味，更意味着平等、和谐、团圆。不管宾客身份高贵与否，都要与大家围坐在一张圆桌旁，品尝着农家自制的腌肉、筋道的迷你油饼、微苦的野菜、酸辣爽口的腌萝卜，每一道菜，都是小城人智慧、勤劳的体现。

坐下来尝一口豆腐，品一口清汤吧，你会感受到这座小城的温暖，感受到这里人们的纯朴善良，而在这质朴的食材里，更包含着无尽的欢乐与真诚的祝福。

学生在观察生活、了解生活中触发情感体验，在教师搭建的练笔平台中形成了对生活、对社会、对历史的思考。在教师的指导、引领下，学生能够把生活与写作相结合，在生活中汲取写作素材，从而写出鲜活灵动并富有真情的文章。

2. 在阅读思考中成长：以读促写，以写促思，真诚地反思自我，写真情表真意（高二备课组组长朱桂英撰写）

通过对高二学生阅读与写作的指导，以读带写，读写结合，培养他们读必思考、读必动手的习惯，让阅读丰富人生，在阅读中让学生得到身心发展。通过对议论文写作的指导，引导学生体察生活，关注社会和人生，把作文和自己的成长联系起来，在写作中正确地认识生活，真诚地反思自我，写真情表真意。

(1)培养阅读习惯，把课堂阅读指导与课下拓展阅读相结合

①语文课堂中的气氛直接影响着教学质量，良好的课堂气氛的感染胜过长篇的说教。因此，我们在教学过程中应重视营造良好的课堂气氛，开展阅读教学。从学生的实际需要出发，指导学生了解不同类型文本的特点及阅读鉴赏的方法，运用各种教学手段，调动学生的阅读兴趣，保持学生的学习热情，帮助学生养成读必动手、读必思考、读必质疑的良好阅读习惯。教师用心钻研教材，追求课堂的有效设问，注重师生、生生的对话，鼓励学生批判质疑，尊重学生的个性化解读，并给予合理的点拨、引导。同时，训练学生能抓住要点、抓住关键词句提问，训练学生的语言，发展学生的思维。

②语文学习是一个长期积累的过程。学习语文“得法于课内，得益于课外”。要求学生每周坚持阅读2—3篇古今中外散文并写读书心得(或百字左右的鉴赏性文字)，从而使他们养成良好的读书习惯。

(2)训练思维方式，把时事述评与构建写作系统相结合

①每堂课前拿出5分钟左右的时间，结合《文化正午》节目，让学生轮流进行时事述评，培养学生看新闻的习惯，引导他们关心国内外大事及社会生活，能准确、迅速地捕捉基本信息，就所涉及的事件和观点做出自己的评判。

②循序渐进，构建写作系统。读写结合，写课文评析、抄录的文章片段的赏析等，让学生在片段和细节的写作中寻找自信，为单元作文教学做充分的准备，这样才能写好整篇大作文。在阅读毛泽东诗文、儒家孔孟、庄子韩非、乡土文学、鲁迅诗文、辞赋骈文时，可以指导学生使用相关材料写作议论文，也可以指导学生写文化散文、文学鉴赏和文学评论，就地取材，把阅读和写作更好地结合起来。复杂记叙文写作，要求学生捕捉生活中触动心灵的一瞬间，把作文与成长紧密联系起来，在写中正确地认识生活，真诚地反思自我，让自己的心灵更湿润、更饱满。

课堂作文教学主要以议论文写作训练为主，建构序列，进行议论文审题、构思、论据分析训练，每一次训练的目标单一明确，引导学生关注现实、关注社会、关注他人。

(3)提升文学文化素养，在专题教学中促进读写结合

有效地开展专题教学，如“作家眼中的北平”专题、“梁衡历史散文”专题、史传文学专题、诸子散文专题等。立足课内，要合理地、有效地开发阅读教学资源，而在具体操作过程中又要注意以下几个方面：依据学情，要有针对性；灵活机智地确立专题教学目标，课内课外相结合；尊重规律，全面细致地制定专题实施过程，环节要具体明确，使每个教师都能落实；及时反思，客观真实地总结专题教学心得。在专题教学中，丰富学生的阅读，开阔学生的视野，加深学生的体验，促进读写结合，突出学生学习的主体性，也彰显

教师的教学智慧。

（4）整合多种教学资源，提高教师整合教材、驾驭教材的能力，并为学生搭建表达、交流思想的平台

在每堂语文课上，我们都会组织学生进行课前交流。交流分为"人物专题"和"时事专题"，学生到台前进行人物介绍和时事介绍，然后其他学生就该人物、事件发表自己的观点和看法。这样的教学环节既开阔了学生的视野，又激活了学生的思维；既锻炼了学生的口头表达能力，又有利于学生提升写作水平。把报刊、网络、课外书籍这些教学资源有效地整合到课堂中，扩大学生的知识面，丰富学生的情感体验，激发学生的表达愿望。

采取多种教学方法，为师生、生生思想碰撞搭建平台。在日常教学中，每周布置随笔，并要求学生在写成文前，先列提纲。教师在批阅中既看成文，又看提纲，二者结合，指导学生，帮助学生逐渐养成动笔之前认真思考的习惯。评阅中，教师批阅与学生批阅相结合，有时小组共同批阅一篇文章、全班同学共同修改几篇文章，重在切磋交流，鼓励学生将自己的文章和同学的文章加以比较，反思优秀文章的修改、成文过程，从中感悟写作方法。鼓励有条件的学生把作文传到网上，进行网上作文批改与交流。实践证明，这样的作文指导有更强的随机性和针对性，学生更容易敞开心扉，师生之间、生生之间在网上交流思想、交换意见，学生更乐于与老师、同学切磋，从中有所收获。此外，我们还召开辩论会，确定有争议的话题。学生在准备中搜集大量素材，对某一领域有了更多的了解和认识。在辩论中学生能够用有限的时间、简短的语言陈述自己的观点、立场，抓住对方的漏洞，有理有据地进行阐述，很好地培养了学生的论辩、说理能力。

总之，无论是课内还是课外，无论是开发家乡资源还是利用网络资源，我们延庆一中的师生都在为开阔视野、激活思维、抒发情感、表达认知而努力寻找自己的成长途径，拓展作文的提升空间。

3. 在提高逻辑思维能力、认知水平中成长：让学生逻辑思维的骨骼更坚挺，让学生观察思考生活、阅读积淀人生的血肉更丰满，也在作文的应试备考中，使思维更灵活、思考更深刻（高三备课组组长陈金华撰写）

高三是学生写作能力提升的关键时期，除了有应试的压力，最重要的是学生经过两年的阅读思考、观察练笔，对社会和人生都有了一定的认识能力，独立意识、批判能力、创新精神都有了一定的提升。这就要帮学生提高素材的使用率，提高思维的灵活性、敏捷性，从而提高学生的认识水平。

在高三议论文写作教学中，最让学生困惑的有这样一些问题：①"巧妇难为无米之炊"，或是"家中粮也不知如何选取"，缺少对积累素材多维度的思考和认知。②思维混乱，以叙代议，缺少根据题意构建认知框架的基本能力，也就没有根据题目要求提出问题，再分析、解决问题的意识，导致作文应试

与阅读积累呈现难以对接的尴尬。③作文水平平面循环，原地踏步，难以提升，严重影响学生作文的积极性。

为什么会出现这些问题？因为积累素材时没有情感投入，认识水平没有得到应有的提高，也就不能使素材间相互勾连、连接成体。在阅读教学中，在分析优秀作文时，没有深入思考别人是如何构建逻辑框架的，没有模仿力，也就没有创造力。因此，在积累中缺少有质感的“鲜美的肉”，而在鉴赏阅读中又没有深入品读出优秀阅读文本的“强健筋骨”，自己在作文时也就写不出“骨肉相连”“文质兼美”的好文章来。

具体地讲，怎样让学生的作文“骨肉相连”？且能在不断的修改中“整容整形”成“美女佳人”？这些问题，在高三的作文教学实践中都亟待解决。

首先，要在高三专项复习中，提高学生的逻辑思辨能力，提高学生的感悟认知能力，使学生的作文能做到“骨肉相连”“修身正型”，使自己的作文文思飞扬、张弛有度。

何为“骨肉相连”？肉，就是高中三年的阅读积淀、作文素材的积累；骨，就是在对作文题目准确理解的基础上，由行文思路、作文布局确立起来的逻辑框架。何为“修身正型”？即在阅读实践中，加强专题阅读，读优秀的考场作文时多评点反思，在鉴赏中提高理性思维，提高认知水平，再通过模仿别人的文章骨架，构建自己的逻辑思维，用活专题积累中的素材，在模仿中创造。这样才能使自己的写作素养内外兼修，为能写出文质兼美的好文章奠基。

因此，我们语文教师要在高三的作文教学中帮学生在阅读中感悟、在观察中思考、在批判中反思、在反思中成长，对积累做多维度的思考和认知，才能强化阅读积累的使用率。这样，看得广，读得透，在模仿创造时才能筋骨刚健。在具体的教学实践中，我们采取了这样一些做法：

(1)积累写作素材，关注细节，提高语言的感知能力

①阅读练笔相结合，建立人物档案，品读感人细节，培养语言感知能力，提高认识水平。

如读梁衡的《读韩愈》这篇文章时指导学生捕捉细节：

官职：“监察御史”：看其品格，披龙鳞逆圣听，刚直不阿。

坎坷：被贬“八千里外的偏远潮州”“12岁女儿死于贬谪路”，自己对侄儿说“知汝远来应有意，好收吾骨瘴江边”。他的心情跌到了人生的谷底。

作为：但他到了潮州，“八月为民兴四利，一片江山尽姓韩”。

境界：个人的恩怨得失，与苍生的祸福相比，是多么的渺小。他尘封个人的痛苦与得失，以悲悯的情怀，以对苍生的大爱，书写自己安邦济民的政治理想。

评价：梁衡说“无壮何以言悲”，历史记住的不是你的委屈，而是你的功绩。

指导高三学生在阅读积累中感受作者给予我们的精神熏陶，自己动之以情，才能对人晓之以理，才能感染作文阅卷的老师，立人才能更好地为文。

另外，阅读延展专题化。读了贬官韩愈的事迹，再给学生推荐一组中国古代其他知识分子、士大夫在官场失意、被贬蛮荒之地时，又是如何在逆境中心忧天下的材料。如苏轼、范仲淹、林则徐等，通过对比，感悟他们“先天下之忧而忧，后天下之乐而乐”“苟利国家生死矣，岂因祸福避趋之”的人生境界。

②关注时事热点，捕捉成长细节，开掘认知层面，提高认识水平。

例如网络，前有芙蓉姐姐、凤姐，后有薛蛮子、秦火火，再有郭美美，网络大V们前赴后继，为了出名，不择手段。网络平台成了攫取名誉、捞取利益乃至于犯罪的温床。网络环境被搞得乌烟瘴气，社会信誉指数更是直线下滑，以法律之剑重建网络秩序已经迫在眉睫。如林森浩(研究生，因生活琐事，给室友投毒，致其死亡，被判死刑)等年轻人因心理问题而触犯法律。青少年的逆生长是一把双刃剑，在害人时，已经提前毁灭了自己。

③文化热点聚焦与链接相结合，提高学生的综合、整合、概括能力，在追问设疑中提高认知水平。

中国人拿诺贝尔奖之后应该反思什么？莫言家的萝卜怎么样了？我们也要设个李白文学奖来评定世界文学吗？鲁迅的《风筝》一定要删掉吗？《泰囧》为什么能打败《一九四二》？……这些追问都可以成为作文题，还可综合在一起思考：“不能承担的文化之轻”，“不能担当的文化之重”，给我们的社会都带来了哪些积极或消极的影响？这些都可以激发学生独特的思考。

(2)在高三的古文专项复习中，强化学生的逻辑能力，提高学生构建文本框架的意识，在模拟中创造，让思维更缜密，逻辑性更强。

在古文复习中构建文本的逻辑框架，为高三议论文写作的阐发性说理做好认识水平上的、逻辑能力上的、说理技巧上的铺垫。如解构《师说》的句子关系，画出全文的结构示意图——逻辑思维训练导图。《师说》段落关系鱼骨示意图：

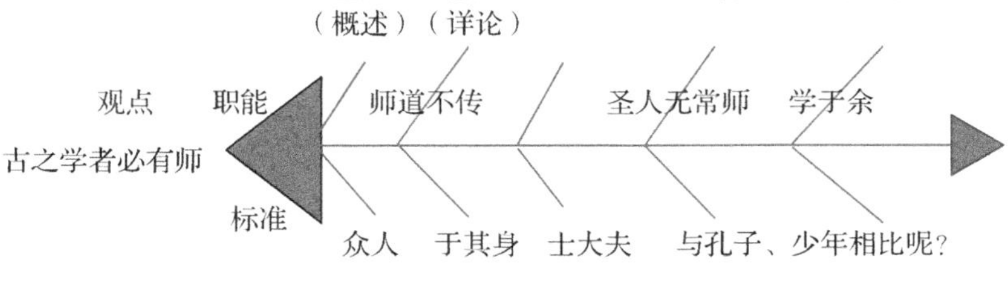

让学生在经典名篇的学习中，认识议论文写作的基本章法。提高对议论文写作的感性认识，以便于学生更好地模仿。并要求学生在自己的作文中也能这样思考自己文章的句子间的关系、段落间的关系，这样就能少犯一些逻辑性错误。而逻辑混乱，以叙代议，这是议论写作的沉疴重症。而这样学习鉴赏古文，对作文中的弊端正可对症下药，在模仿中提升学生的写作水平。如《种树郭橐驼传》第三段：

有问之，对曰：①“橐驼非能使木寿且孳也，能顺木之天以致其性焉尔。②凡植木之性，其本欲舒，其培欲平，其土欲故，其筑欲密。③既然已，勿动勿虑，去不复顾。其莳也若子，其置也若弃，则其天者全而其性得矣。④故吾不害其长而已，非有能硕茂之也；不抑耗其实而已，非有能早而蕃之也。⑤他植者则不然。根拳而土易，其培之也，若不过焉则不及。⑥苟有能反是者，则又爱之太恩，忧之太勤。旦视而暮抚，已去而复顾。甚者，爪其肤以验其生枯，摇其本以观其疏密，而木之性日以离矣。⑦虽曰爱之，其实害之；虽曰忧之，其实仇之：⑧故不我若也。吾又何能为哉?”

《种树郭橐驼传》第三段内部句子关系框架示意图如下图所示：

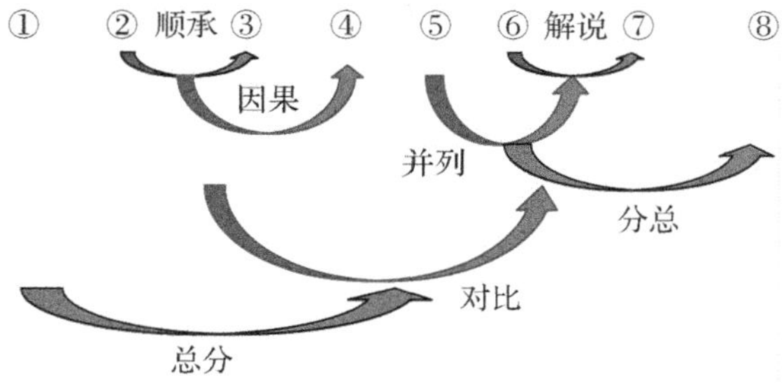

因此，我们在高三的写作指导中要想有一定的教学成效的话，就要“两手抓”，“两手都要硬”。一方面要帮助学生积累材料，并能对材料进一步归类整合，且有自己的独特思考，这样素材积累才不是碎片化的浮光掠影似的阅读，才可能变成有一定深度的阅读思考。另一方面，在古文阅读复习或现代文阅读复习中，指导学生模仿名家作文的逻辑思路，议论文、散文写作都可以在模仿中创造，且感受他们对社会和人生深刻的思考，从而提高认识水平和逻辑思维能力。

(3)在应试和备考中，要帮助学生强健心理素质，提高应变能力，在作文的不断修改中，使思维更灵活、更敏捷。

在高三作文教学中，除了要积累素材、积淀思想、提高逻辑思辨能力外，还要指导学生在临考时从容淡定，在修改时坚定执着，学生的做人与作文才能同步提升。这是作文问题，同时又何尝不是成长问题?

高三教师要高度重视学生的作文应试心理，强化学生应试时的“时间管理”意识，让学生能有时间以“淡定平和”的心态，从容作文，而临考慌乱，时间仓促，会严重影响学生作文水平的正常发挥。在每次考完后，更要对这“天下第一大题”做具体的修改指导，让学生为自己的作文“修身正型”，点活自己的资源储备，在点题扣题中，提高材料的使用率，让积累走上考场，使思维更灵活、更敏捷。对个别学生要面批指导，让学生找到写“好作文”的感觉，有了成功的体验，学生才可能摆脱写多篇作文永远都是一个状态的平面循环。

①对考场作文心态进行调研，以规避应试教育给学生带来的心理伤害，加强考场作文的程序化指导，让学生在作文应试时有备而来、有章可循，以冷静平和的心态从容应试，勇敢地面对高考的挑战，以促进学生身心的健康发展。

高三学生的各种检测、各类排名非常多，学生应如何面对分数给自己带来的学习压力，能否以从容的心态来应对各科的考试、平和地面对排名、冷静地答卷、理性地总结得失，这是高三学生必须要过的心理关隘。而写作分值在语文试卷中比例最大(大作文、小作文，诗歌鉴赏题、研习探究题)，占试卷的半壁江山。以怎样的应试心态答这些题，除了平时的考试训练外，心理因素也非常重要。而在较大的学习压力中，学生从容应对，发挥出较好的水平，才更有利于学生的健康成长。教师要激发这种“生长”，以促进学生身心全面、均衡地发展。

但高三的应试给学生的压力太大，学生在考场作文时常常出现数分钟盲区，我对这届高三又做了一次几年前曾做过的调查，从调查结果看，大同而小异。

这次调查的(3)班38名学生中有25人考场作文感觉不好，而以前做的那次调查是50人，有29人感觉不好，两次调查学生考场作文感觉不好的人数都占到全班人数的60%左右，两次调查的数据竟然相同，这该引起我们高度重视。其中感觉不好的原因是多种多样的，但这些感觉不好的原因并不与他们的作文成绩成正比，也有感觉不好，但作文成绩却很好的。这与以前调查的情况也类似。下面再列八位学生作文时的思考。

学生一：抓耳挠腮，找不到入手点，找不着能用的材料。(32分)

学生二：没头绪也得硬写。(36分)

学生三：不知所云。(35分)

学生四：很不满意，可能要跑题。(20分)

学生五：想深些，但提不上去。(38分)

学生六：信马由缰，写到哪儿是哪儿。(40分)

学生七：不知道自己写的是什么。(35分)

学生八：时间太紧，感觉不好。(43分)

这次作文满分是50分，这八位学生中，一类文(42—50分)一篇，二类文(33—41分)五篇，三类文(25—32分)一篇，四类文(0—24分)一篇。能得到35分以上，都算较好的，这么糟糕的感觉，其实也只有两人作文成绩差，第一位和第四位学生感觉最为准确，分也最低，我觉得这也是件好事，说明他们对自己的作文评价是非常准确的。而得 40 分、43 分的学生，成绩很好，自我感觉却这么差，说明作文成功在一定程度上有偶然因素，让偶然变成必然，他们的作文能力才能真正稳定。这只是一次模拟测试，有一定的偶然，但也蕴含着一定的必然，即作文成绩的高低与作文心态有直接关系，而作文心态又与平时语文学习心理、学习状况、学习环境有直接关系。

把我这次调查与以前的调查相比，其调查结果有很大的相似性，其中三、六、八这三位学生与以前的调查相比，回答问题的内容几乎相同。这种相似性更是在提醒我们，提升作文教学水平的课题是艰巨的，我们要有持之以恒的韧性和耐性，要打一场持久战。

在具体作文教学中，如何让学生心中有底、心里不慌呢？一是提高学生审题能力，二是对学生进行考场作文的规范性的流程指导，在一个具体可感的思维流程中，提高学生的作文应试能力。我总结了如下顺口溜：

审题圈画关键句，把握主旨抓细节。题目闪亮提纲有，类比联想本质通。

首尾点题行文扣，晓理动情思路明。我手我心有情趣，语言晓畅文脉清。

顺口溜编起来是容易的，关键是要让学生在具体的应考实践中操作起来，这样才能让学生心中有数，下笔不慌。而针对不同的文体，针对不同学生的写作优势，我们又进行了分类指导。

我们每年都给学生订阅高考优秀考生的作文集，从这些学生作文中我们可以感受到他们考场的心理状态，列举如下：

从容不迫，入题精准。

激活储备，鲜活灵动。

关注社会，思考成长。

冷静、稳健，从容、睿智。

严谨、规范，整洁、漂亮。

达忘我之境，抒有我之情。

指导学生在阅读、抄录、评点高考优秀作文中，体会优秀作文的精气神，感受考生的作文心理、写作神韵，这也是关键的一环。

②作文修改升格训练，强化六种意识：审题意识、主旨意识、整体意识、和谐意识、读者意识、现实意识；一文多改，培养学生的成功体验，培养作文的自信心；强化学生的抗挫、抗压能力，以从容应对高考的挑战。

为学生的应试作文把脉：

a. 缺少审题意识，缺少对材料作文的整体感知，缺少细节把握，就容易出现偏离题意，或仓促套作的毛病。

b. 缺少主旨意识，缺少整体意识，缺少和谐意识，就容易把作文写成大拼盘，材料作文是个筐，什么都敢往里装，捡到篮子中的就是菜，使主题不突出，行文松散。

c. 缺少读者意识，缺少自我意识，就容易把作文写成空泛的，只有共性没有个性的空洞文章，没有把个体感受的“知情意”展示给阅卷人，没有了主体“我”，也就少了真诚、真切、真实之感 ，也就成了泛泛之作。

d. 缺少现实意识，缺少对社会生活的关注与思考。为写文章而讲道理，缺少现实性，缺少针对性。文以载道，是青年人应该承担的责任和使命，要加强社会主义核心价值观在作文教学中的渗透。要在作文中思考社会、思考生命、思考成长等主题，才能有厚重感、深刻感。

让学生在作文修改升格中不断成长：2014 年 10 月 25 日，我对高三(15)班的作文修改升格情况进行了调查，并以高三(3)班(普通班，共 32 人)做参考对比，具体情况见下表。

<table>
<tr><th></th><th>有成功体验的人数</th><th>升格成功比率</th><th>作文平均分</th></tr>
<tr><td>有 1 次达到 40 分以上</td><td>15 人</td><td>60%</td><td rowspan="4">9 月月考 38.1 分(35.3 分)
10 月月考 38.7 分(35.1 分)
11 月海淀区期中考试 40.1 分(36.4 分)</td></tr>
<tr><td>有 2 次达到 40 分以上</td><td>7 人</td><td>27%</td></tr>
<tr><td>有 3 次达到 40 人以上</td><td>3 人</td><td>10%</td></tr>
<tr><td>4 次都达到 40 分以上</td><td>1 人</td><td>3%</td></tr>
</table>

注：1. 升格到 40 分以上的为修改成功(满分为 50)。2. 括号中的分数为高三(3)班的作文成绩。

从表中反映的情况看：

a. 从个人修改成功比率和班级修改成功比率看作文修改的积极性：只有一次修改成功的占 60%，还有不少同学修改不到位就不想再努力了。两次改好的，只有 27%，三次升格成功的只有 10%。看来作文修改既考验学生学习的韧性，也考验教师的指导功力。如何能鼓励学生、调动学生作文修改升格的积极性，如何让学生作文修改的热情保持恒温，这是问题的关键。

b. 从分差看进步：(15)班是高三年级的尖子班，三次作文考试的成绩与文科班比较，差距并不大。但能看到可喜的进步。分数差从 9 月的 2.8 分，到期中的 3.7 分，还是有了一点儿进步的。

c. 从三次作文平均分上看，9 月、10 月的月考作文平均分低，这说明学生作文应试能力、备考能力较差，作文就得依赖于课下升格，升格不到位，学生作文水平就更难稳定。如果学生作文能如高三第一学期海淀期中考试作文那样，平均到 40.1 分，多数学生的作文就已经在考场上拿到了 80% 的分数，这才是我们教师希望看到的。从学生的作文应试能力看，与 9 月月考相比，海淀区期中考试、11 月月考，学生的作文应试能力明显提升了。这样教师升格指导的压力和学生作文升格的压力都明显降低。

因此，作文升格的目的是为了能帮助学生在考场上发挥出最佳水平。作文修改升格只是稳定和提高作文水平的措施。在平时稳定作文成绩，树立信心，并鼓励学生在考场上发挥出最佳水平，这才是问题的核心。

2015 年 2 月 10 日，我对高三(15)班(重点班，共 26 人)的作文修改升格情况进行调查，其中有 24 人参加调查，有 2 人请假。(3)班为普通班，作为高三(15)班的参考。结果如下表所示：

<table>
<tr><th></th><th>33—39 分</th><th>40—44 分</th><th>45—50 分</th><th>班级比例</th><th>升格成功次数</th><th>4 次考场作文平均分</th></tr>
<tr><td>4 人</td><td>0 次</td><td>1—4 次</td><td>2—5 次</td><td>优良率 17%</td><td>3—4 次</td><td rowspan="5">12 月月考作文平均 39.1 分(36.5 分)(满分 50 分)
12 月会考练兵作文平均 34 分(31.2 分)(满分 50 分)
期末西城作文平均：42 分(36.8 分)(满分 50 分)
期末海淀作文平均：40.3 分(35.9 分)(满分 50 分)</td></tr>
<tr><td>3 人</td><td>1 次</td><td>1—5 次</td><td>1—3 次</td><td rowspan="2">良好率 12.5%</td><td>1—2 次</td></tr>
<tr><td>12 人</td><td>2 次</td><td>2—4 次</td><td>0—2 次</td><td>0—5 次</td></tr>
<tr><td>4 人</td><td>3 次</td><td>2—3 次</td><td>0—1 次</td><td>中等率 16%</td><td>0—1 次</td></tr>
<tr><td>1 人</td><td>6 次</td><td>0 次</td><td>0 次</td><td>及格率 4%</td><td>1 次</td></tr>
</table>

注：括号中的分数为高三(3)班的作文成绩。

从这两次学生作文修改升格状况的调查对比看，学生的作文修改还是有了很大进步。考场作文的平均成绩也有了较大的提升。(15)班学生基本都有了作文相对成功的体验。与(3)班同学相比，(15)班学生作文修改的积极性与主动性明显起到了决定性的作用。如何让学生对作文有信心、有修改的热情，保持他们对阅读和写作的兴趣，这是我要努力思考、探究的。

我在对学生进行作文升格指导的体会是：

a. 学生有修改作文的热情，有强烈的上进心，这是起决定作用的。

b. 教师不能机械生硬地要求全班学生修改作文，因为有的学生对自己的作文还缺少深入思考，硬性要求，只能无谓地加重学生的作业负担，修改的意义也不大。

c. 个体修改与教师单独面批。作文是非常个性化的富于创造性的智力活动，教师要有耐心地为他们进行个别辅导，有代表性的问题再在班里集体讲解。

d. 辅导要遵循循序渐进的原则，不能总让学生听老师的分析。开始可以这样引领，以后教师要逐步抽身，让学生自己思考，自己给老师讲自己的作文得高分、得低分的原因是什么，培养学生的反思力、感悟力，教师再适时点拨。教师不能一揽到底，这样学生永远也不知道什么样的作文是好文章。

e. 及时鼓励学生每一方面的进步，如语言表达、逻辑层次、事例使用，乃至于一词一句、一个标点的运用，让学生看到自己的长处，看到作文修改的点滴进步。

f. 作文修改要及时反馈，时间一长，学生就没有感觉了，师生都要有趁热打铁的积极性。对改得成功的作文，要及时在班里表扬，可以把学生的两稿作文都打印出来，让学生看作文修改的实效性。

g. 对每次修改作文时，杀出的“黑马”似的学生，更要大加鼓励，榜样的力量是无穷的，可以对学习不够努力的学生起到很好的示范引领作用。

h. 教师要写下水文章，并鼓励学生给老师的作文进行修改加工，让学生看看，老师的作文也是要不断地修改润色的，作文修改，精益求精，是一种求学的境界。

i. 作文教学、作文修改，永远不可能一步到位，切忌急功近利，师生都要有耐心，在作文教学、作文修改的过程中感受到学习、成长的快乐。教育是心灵逐渐丰润与饱满的过程，不能操之过急。

j. 作文修改要建立在阅读体验、感受鉴赏、思考领悟的基础上，没有对阅读的热爱、对生活的热爱，作文修改会只停留在作文技巧层面，没有心灵的成长，就不会有修改的真正升格。

文章不厌百回改，多读多思子自知。这修改的过程，是学生成文的过程，也是学生成长的过程。

高三作文教学的特点应当是，学生个体的成长与应试作文的效率共融。高三学生大多已经十八岁了，要成为一名合格的成年人，就要有担当，有责任感，而高考在即，教师更要帮助学生迈过人生这道坎，使成长与应试并重，让学生铸就健全健康的人格。砥砺这种人格，高三的压力、困惑、紧张就是他们人生最好的磨刀石，指导他们勇敢地接受挑战，是我们每位语文教师的责任和使命。

我们在高中作文教学与阅读教学的实践中，力求能在对家乡的热爱中，在对社会和人生的观察、思考中，在课内外广泛的阅读积淀中，尤其是在专题复习和传统文化经典阅读中，不断地充实学生的精神生活，力求能让学生“完善自我人格，提升人生境界，逐步加深对个人与国家、个人与社会、个人与自然的关系的思考和认识”，有了这样丰厚的积淀，才能更好地在写作中成长。

在高三的作文教学中，我们针对本学段学生专题复习的教学思路，设计了各种作文教学实践活动，如复习诗歌时，写关于诗人的文化散文，或把诗歌改写成优美的情景散文或历史小说；复习古文时，写人物评论性议论文，其效果突出。另外，高中作文教学的应试特征又是不能回避的，要指导学生在应试检测中，在反复修改中，提高学生构建逻辑框架的能力，提高学生的认知水平，使学生逻辑思维的骨骼更坚挺，使学生关注生活、积淀人生的血肉更丰满，使学生在应试作文中思维更灵活，思辨性更强，思考也更深刻。

让学生作文的筋骨与十八岁美丽的青春共生，让作文与成人完美地融合。

张彬福老师说："语文学习的目的是什么？是借助学生学习语文的过程，使其增长知识，形成能力，形成健全人格，为将来持续发展储存能量。"①我们每一个语文教师，都是学生人生十字路口上的一个独特的加油站。

周国平老师说："智育的目标应该是培养好奇心、纯粹的兴趣和非功利的探索精神，培养独立思考、自主学习和享受智性快乐的能力，这才是智力教育的本义。"②作文教学实践、作文修改升格，正是基于学生对个体主观情感、各种社会问题的深切感悟与深刻思考。所以说，作文教学不只是语言表达与运用的实践，更是灵魂的教育、生命的教育，是美育，是智育，是德育。

高三艰苦的学习生活、巨大的学习挑战，可以把学生的作文磨砺得如珠玉般光亮、润泽，也能让他们成长为俊美的青年、优秀的公民。正所谓：骨肉相连才思敏，人文融通心智坚。

（七）研究成果及建议

1. 研究成果

通过对"农村学生成长心态与作文状态的关系的研究"课题为期三年的研究，我们语文组同仁有许多思考与感悟。三年来，先后有7篇论文获国家级一等奖，有7篇论文或教学案例获北京市论文或案例评比一等奖，还有多篇论文分获国家级、市级论文或案例评比二、三等奖。

另外，以闫向军、陈金华为主体，全组同仁共同参与的《传统文化100问》正在撰写中，对学生经典阅读给予有效的指导，降低学生的阅读难度，提升学生的阅读兴趣，提高学生对传统文化的热爱，提高学生的民族自信心和自豪感，该书将起到积极作用。

课题研究骨干教师7人：陈金华、朱桂英、胡修艳、陈旭明、高建春、杜丽娟、王红蕾。其他参与研究的成员19人：白玉寒、闫向军、赵清芬、姬中印、郭丽京、晏立冬、杨晓慧、孙莹、田立芬、曹艳芳、丁瑞颖、谢樱溟、徐敏、罗璐、陈曦、周景环、毛乐、孟娇、徐娜。

---

① 张彬福：《怎样成为一名优秀语文教师》，上海：华东师范大学出版社，2011年版，第77页。

② 周国平：《周国平人文讲演录》，http://wenku.baidu.com/view/8d275 7264b35eefdc8d333ff.html。

2. 结论与思考

(1)培养身心健康的学生：性格活泼开朗或沉静内敛，但心理健康阳光，品行端方，心地善良，有良好的人际关系。如，能在生活中培养自己的情商，有向众人学习的意识。

(2)培养写作的兴趣：热爱母语，喜欢写作。如，能坚持写日记，写周记，有运用文字表达思想的欲望。

(3)积累知识：积累文化、文学知识，写作逻辑知识等，力求储备充分。如，指导学生学习一定的写作知识，学一点逻辑知识。用理论知识武装学生的头脑。

(4)提高语文的综合素养：提高语言表达能力，提高逻辑思维能力，提高材料组织能力。

(5)有思考力：对生活与社会要有观察力和判断力。如，在生活中要有通过看书、上网、看电视专题。关注社会、思考人生的习惯和意识。高中生作业多，但也要坚持培养这些良好的关注社会生活的习惯。

(6)灵活运用语言的能力：对学过的知识要能真正理解，并在新的语言环境中灵活运用。如，阅读中要突破碎片化阅读的弊端，使知识专题化、系统化。这样才能拓展视野，深化理解，也能在新的语境中灵活运用。

(7)培养对生活的热情：培养学生热爱家乡、热爱祖国、热爱生活、热爱父母、热爱师友的情感。这种热爱，不简单指爱的热情，更包括忧患意识、反思能力和批判精神。

(8)养成习惯：要培养学生良好的学习与生活习惯。如，能在学习或生活中坚持做一件事或几件事，体验成就感，培养坚强的毅力，同时这也是在培养做事的执行力。

(9)涵养性情：有情趣，有爱好，生活要丰富多彩。如，生活中有自己独特的兴趣爱好，不只会看课本、写作业。在广阔的兴趣中让生命更饱满，心灵更温润。

(10)培养气质：养成良好的人文气质、文人气质。如，有一定的学识，有良好的修养，有思考，有思想，有批判意识，不盲从。

通过这三年作文教学的研究与实践，我们觉得，能做到以上十点的学生，都是好学生，能做到以上十点的教师都是好教师。

3. 几点建议

(1)从高一开始注重阅读，学校专设语文课外阅读课，开学子讲坛，让学生来谈自己的阅读感受与思考。

(2)语文教师要开设文字、文学、影视等方面的选修课，最大限度地开阔学生视野。

(3)学校开设心理健康讲座，学校的心理咨询室要为学生健康成长发挥更大的作用。

(4)开设地方历史文化课程，让学生了解家乡、热爱家乡。

(5)多搞一些健康有益的学生社团活动及公益性的社会服务活动，培养学生的责任感。

赵希斌老师说："反思力是问题的发端，知识与经验是反思力的素材，思考是反思力的核心与主线，行动是反思力的落脚点和检验标准。这四点相辅相成，互相制约。"①我们要从这些方面加强锻炼，使我们的反思能力、研究能力不断提高。

我们延庆一中语文组，做每一个课题研究，都是想在教学实践中探寻新路，想找出一条更符合教育规律、符合语文学习规律的路，做一个张彬福老师所期待的"有思想、有思考力"的语文教师，而"做一个反思型的语文教师是成为优秀语文教师的必备条件"，只有"不断反思，才能否定自我，超越自我"②，让语文课堂教学这项艺术日趋完美。这就是我们努力的方向，我们将永远在路上，虽足浅，但深行。

B. 教学实践

书写"我"的成长

(一)设计意图

指导高三学生明确高考作文的方向，从套作的模式中走出来。真正在阅读积累、思考感悟上下功夫，只有真正提高了自己的认识水平，丰富了自己的内心世界，才可能在考场上完美地呈现自我。一切语言技巧、一切表达形式都为自己的思想服务。没有思考的作文，只是文字的躯壳。

[评点：其意图直指作文真谛。]

(二)教学目标

(1)让学生明确，考场作文只是书面表达的结果。在语文学习中，提高阅读积累的宽度，提高感悟生活的能力，提高思考、认识社会与人生的水平，才是语文学习的关键。要在学习的过程中，让学生的心灵得到成长。

[评点："心灵成长"是写好作文的前提。]

(2)指导学生为考场作文升格，把握升格的基本技巧。

(三)教学重点

(1)读必有所悟，写要有所感。

(2)比较考场文与升格文，总结升格的基本方法。

① 赵希斌：《优秀教师的四项核心素质》，上海：华东师范大学出版社，2011年版，第84页。

② 张彬福：《怎样成为一名优秀的语文教师》，上海：华东师范大学出版社，2011年版，第163页。

(四)教学实录(用时60分钟)

1. 课堂导入

师：针对月考中作文存在的问题，我们上一节作文讲评课——“书写我的成长”。为什么老师要起这样一个题目呢？

生1：这次月考的作文题目是“我在________”，而我们也都高三了，十八岁了，我们也要在高考的历练中成长。其实，成长是一个过程，非一蹴而就的。从高一到高三，我们每一个人都有一个心灵升华的过程，这是我们写好作文的基础。

生2：同意，今天我们上的是作文讲评课，品味感悟我们的成长，作文自然就能在不断修改中升格。

生3：我成长与作文升格，两者间是因果关系。当然，随着我的不断成长，我对社会人生有了更深刻的认识，我的作文也就升格得快些了(同学们都笑了)。

师：说得好。作文升格是一个艰难的过程，就像生命拔节一样，但还是有章可循的。

[评点：“就像生命拔节一样”，这个比喻很形象。“有章可循”，这是本节课的教学重点。]

2. 读题，寻找心灵的共鸣

看2009年北京卷高考作文题，与月考的作文题相比，两者有什么相同之处？

请同学来读题：(看PPT)

生1：有一首歌唱道：

我有一双隐形的翅膀，

带我飞，给我希望，

我有一双隐形的翅膀，

带我飞，飞向远方。

请以“我有一双隐形的翅膀”作为题目，写一篇不少于800字的文章。除诗歌外，体裁不限。

高三月考作文试题：

“我思，故我在”，是笛卡尔的哲学命题。

我们每一个人，每段光阴，都是切实的存在。我在这里，我在中国，我在山川河流，这是一种空间上的我在；我在欢笑，我在流泪，我在喜怒哀乐，这是一种情绪上的我在；我在飞翔，我在追寻，我在躬行实践，这是一种行动上的我在；我在桥上看风景，我在挫折里成长，我在书海中遨游，我在……，有许多种可能性，有很多种角度。

请以“我在”为题作文，文体不限，诗歌、戏剧除外，字数不少于800字，不得抄袭或套作。

师：请大家思考这两个作文题的相同点。

生2：两个作文题目是“我有________”“我在________”，无论抒情还是议论，主体都是“我”。

师：要把两个作文写好，关键是什么？

生3：关键是融入自己的主观感受，有我自己的感悟和思考。

[评点：认识到位。]

师：让阅卷老师看到你的成长历程，当然在感染阅卷老师之前，要先能感染你自己。

3. 读文，品味生命的成长

我们一起选几篇文章读一读，再来比较一下，看这些文章有什么相似之处。

我们先来读一篇高考优秀作文：《我有一双隐形的翅膀》。

学生阅读节选部分：

清晨，被闹钟搅了清梦又如何？朝阳正美，晨露未消，清风也送来清凉。校园凉亭的紫藤开花了，深深浅浅的紫倾泻下来，扑入眼帘，真如宗璞先生所绘的瀑布。将早餐剩下的两块饼干放在长廊，一会儿便会引来几只麻雀，欢快地享用它们的盛宴。

的确，我无法学会王维的幽居，感“鸟鸣山更幽”；也无法比陶潜，看“云无心以出岫”。然而细细欣赏，平凡而琐碎的生活中，亦有诗情画意，“心远地自偏”，只要着意欣赏，寂静空山与清晨校园是一样的美好。于是，那双隐形的翅膀便带着我遁离吵闹的浮世，回归一片桃花源。

不管是什刹海前换着花样抖空竹的老人，还是世贸广场上滑板技艺高超的青年人，他们都是闪光的个体，他们都向世人展示着非凡的艺术。所以何必只有面对卢浮宫的藏品才算欣赏艺术？何必只有置身于悉尼歌剧院之中才算聆听音乐？那些我们不经意间遇到的、擦身而过的人们，欣赏他们，使我拥有一双翅膀，飞离贫瘠的土地，飞往艺术的殿堂。

师：请大家先圈点评阅。(如上阅读课一般)

生1：我很喜欢这篇文章。它内容充实、感情丰富，最突出的是有自己独特的感受。在高中这单调而乏味的生活中，作者能将“欣赏”作为隐形的翅膀，欣赏自然的美景，欣赏生活的美好瞬间，欣赏周遭的人和事，这是一份难得的心灵感悟。更可贵的是，作者还能在考场上从容地书写自己的这份人生感悟，这里有“什刹海抖空竹的老人”，有“玩滑板的青年人”，还有“用早餐来喂麻雀”的我们这些莘莘学子，这与自己的生活都很贴近，都写出了自己生活中的真实感受。

生2：这是一篇很好的散文，作者在组材上能做到形散而神聚，内容上很真实，也很真诚。

生3：《我有一双隐形的翅膀》明着是扣翅膀，暗着则写了平凡生活中的不平凡。(概括得好！)作者在校园里喂小麻雀，我们不也在校园里养那只没人要的流浪猫吗？(想得好！)他还谈到艺术，不只是卢浮宫的藏品才叫艺术，不只是悉尼歌剧院的音乐才叫艺术，而那些抖空竹的老人和玩滑板的青年，这些生活中的美也是艺术。平凡中也有闪光之处，平凡中也有不平凡的地方，这就是生活中不平凡的美，而这双隐形的翅膀正把他带离了平凡，飞向愉快的人生。

师：在对自然生活的观察和感悟中，作者还引用了陶渊明、王维的事例，作者用这两个人物与我们平时在作文用这两个人物有什么不同？

生4：我们只是把这两个人物作为一个材料，生硬地贴上标签，没有自己的看法，用不好还可能跑题，可能“套作”。而作者用这两个人的材料能与自己的生活结合起来，虽然自己不能像他们那样悠然自得地生活，但自己也能在这份悠闲中发现生活中的美好，这就写出了他人生的感悟，这就是比我们高一筹的地方。

师：非常好！写文化散文或生活散文，重在书写自己的情怀，当你与古人心有灵犀的时候，这些先贤们的事例在你的作文中也就活起来了。

[评点：好一个“活”字，不再是“古人开会”了。]

我们再读两篇月考作文，看看我们的同学与这位考生可有相通之处。

生：(读作文)

我在心中骂你傻

高三(11)班　赵晶

岳飞，你虽被后世称赞，但在今天，我却要在心中骂你傻！

岳飞，你真傻！你有着满腔的抱负，一心想收复河山，一雪靖康之耻，却不曾留意宫廷之上已是“山雨欲来风满楼”了。你一心只想把捷报传，让君心安，让民心安。但你却不曾留意皇帝那扭曲的表情；你却不曾留意群臣那莫衷一是的喧嚣；你却不曾留意奸佞小人那一脸的讥笑——你忠心为国效命，却不知金銮殿上不露声色的檐角，早已勾勒出风波亭的雏形。

岳飞，你真傻！在那个有着重病却没有良药的时代，你却不懂得与他人同流合污：给你送来田宅，你不要！给你送来金银，你不要！给你送来美女，你也不要！你太傻了！在朝中为官为臣的，哪个生活像你家中一般，你傻——吃的是素菜，穿的是布衣，就连住的房子也近乎空室。不了解你的总是在背后骂你自恃清高，但这也就算了，难道你就没发现在你一次次拒绝赏赐之后，皇帝的脸色一次比一次难看吗？在他心里，一个没有贪心的臣子就一定是有野心的。他怕你这个手握重兵，在百姓中有崇高声望的人给他的帝位带来威胁，因此风波亭的檐角才日渐清晰。

岳飞，你真傻！当明枪暗箭一起袭来时，你明知进京面圣有性命之忧，却仍坚守臣子的操守。十二道金牌仿佛是十二支催命的箭，可你仍旧勇往直前。当皇帝下旨治你的罪时，你明明可以反抗，但却因你如平原般宽厚的脊背上，曾针针见血地留下母亲的叮嘱：精忠报国！你选择了隐忍，你选择了从容赴死。你太傻了，面对这样一位君主，你又何必坚守？终于，风波亭出现在你面前，亭内奸佞在狂笑，亭外百姓在哭泣，你也悲愤地仰天长叹，“天日昭昭！天日昭昭！”傻傻的你，就这样结束了自己三十九岁的短暂人生。你没能血战沙场马革裹尸，你却屈死在风波亭，留下千古遗恨。

岳飞，你太傻了！你不懂察言观色，你不懂同流合污，你不懂违旨抗命，你把你的一生献给那个国家，可正是那个国家的君主要了你的命！可是，你不懂察言观色，是因为你一心收复河山；你不懂同流合污，是因为你为人正直不阿；你不懂违旨抗命，是因为你精忠为国——这样的你让我再次犹豫，你是不是真的傻？一个心里没有小我的人，才在天地间成就了永恒的大我。

今天，我在心中骂你傻，你真的很傻，真的！但是，你傻得可爱，你傻得悲壮，你傻得气贯长虹！你傻得千古流芳！

岳飞，字鹏举，傻傻的你，在历史的长空中，让我们永远仰望！

生5：我喜欢赵晶的这篇作文，文章的三个部分都用了相同的首括句“岳飞，你真傻！”但结尾却写了“你傻得可爱，你傻得悲壮，你傻得气贯长虹，你傻得流芳千古”。这让她开始犹豫，岳飞是否真的傻，写出了她认识提升的过程和心灵成长的过程。

师：有的学生质问我，说自己的文章与赵晶的文章写得一样，为什么给他28分，却给赵晶48分？（作文满分60分）还有人问我，赵晶在作文中有“我”吗？

我说说自己阅卷时的感受：当我看到“我在心中骂你傻”时，我就给她的作文题目画了一条长长的横线，一个大大的问号，我心想，你为什么起这么个题目？她的题目确实给了我一种刺激，一个反刺激。当我读完她的作文时，我在心里真的折服了。她确实没有段段提到我，但“岳飞，我在心中骂你傻，真的，你真傻”，我觉得这是一个孩子的心理、一个学生的心理，这一定不是一个历史老师的心理、一位历史学家的心理，而是一个十七八岁的学生发自内心对岳飞的景仰，这就是“我”的情绪，“我”的喜怒哀乐，“我”的敬仰和崇拜，所以我给她48分。另外，我们看一看她都从哪些方面骂岳飞傻，她的思路是否清晰？

生6：赵晶从三个方面写了她对岳飞的看法：他傻在不会察言观色，只知征战沙场；他傻在不懂同流合污，而为国忘家、忘名、忘利、忘美人；他傻在坚守臣子的忠诚，从容赴死。

师：我个人认为，就岳飞的人格而言，远远超越了那个时代，吴玠、韩世忠都是抗金名将，当赵构猜忌功臣时，为什么没有杀他们呢？我们课上曾交流过的。

生7：韩世忠比岳飞更世故圆滑，他功成之时就开始为自己购买良田美宅；而吴玠更是个爱美人的英雄。只有岳飞什么也不爱，只愿征战沙场为国建功立业，这让赵构心里大大的不放心。因为赵匡胤就是黄袍加身坐上帝位的，这就成了赵家皇帝们永远的心结，上梁不正下梁就可能歪！而岳飞这样一个民族英雄就成了君王这种阴暗心理的牺牲品。

[评点：平时有阅读积淀，作文的功夫在作文课之外。最后一句概括有力。]

师：是的，岳飞的崇高人格为那个时代所不容。赵构猜忌他，同僚嫉妒他，因为他心里想的只是“靖康耻犹未雪，臣子恨何时灭”；想的只是“直捣黄龙府，与诸君痛饮”。单纯的岳飞不见容于世俗，不见容于朝堂，而这也恰恰是他的伟大之处。

[评点：指点有高度。]

生8：因此岳飞才有《小重山》中那种旷世的孤独：“欲将心事付瑶琴，知音少，弦断有谁听”。

生9：也才有了《满江红》中“靖康耻犹未雪，臣子恨何时灭”的忧愤。

师：很好。看来我们真的走进了岳将军的内心世界，这样才能真的了解我们英雄内心的悲苦。

与岳飞相比，秦桧是多么的卑劣，只能长跪于岳王庙前；与岳飞相比，赵构是多么猥琐，赵构所畏惧的不是金兀术，而是名将岳飞，是他的囚徒父兄。当他的父兄返回南宋时，他的王位是否还坐得住？所以在这样的背景下，一心想迎回“二圣”的岳飞只能成为悲剧。看来赵晶真的是读懂了岳飞，她的心理与岳将军达到了共鸣，她发自内心地爱慕敬仰岳将军，才会有这样激烈的情感，才能正话反说，才能深深地感染我们。文中有她深厚的积累，有她真诚的情怀，有她深刻的思考。一句话，也正如刚才一位同学所言，有她“心灵的成长”。这就是我给她48分的原因。如果文中丢了“我”的感受，只讲历史材料，就是一篇没有灵魂的套作文章，自然就不能及格。

[评点：贵在“我”的认识与思考。]

生：（读作文）

我在高三

高三(11)班　李斯琪

我渴望在阳光灿烂的每一天，昂着头，天天笑。

高三开始了，或许是因为夏季的生机盎然，我小小的心里也像这季节一样装满了大大的绿色的梦想。还剩一年，只要一年，我就会离开枯燥的高中，走入理想中自由的大学了。在一年之中我可以尽情地挥洒汗水，让高中落下完美的句点……梦想就像树梢上嫩绿的枝芽，蓬蓬勃勃。我是那么自信，可以用笑脸迎接高三的每一天。经验告诉我，苦和累不算什么，我不怕。

但在高三的“进行时”中，我摇着头开始迷惘。

我从不认为自己是一个怕吃苦的孩子。在过去的小学六年、初中三年，苦和累，不是没有经历过。不夸张地说，过去甚至有比现在任务更重、作业量更大的时候。但是，为什么在高中，“付出总会有回报”便行不通呢？日子一天天过，迷惘一天天多。我就像被关在玻璃瓶中的无头苍蝇，眼看光明就在前方，努力地到处飞，结果却只是碰壁。颓废了，坚强了，爬起来又再次倒下。我甚至怀疑人们要高考、要上大学的理由。为什么高考这根独木桥大家要争先恐后地过？不管自己是否适合，也不管结果是不是让我们头破血流，我的出口在哪里？

在暗淡的秋季，我低着头默默地哭泣。

已经记不起是多少次被打倒，又是多少次顽强地站起来。为什么我始终觉得前途像雾一般的迷蒙？我可不可以不再勇敢？可不可以不再坚持？可不可以就此放弃？眼泪就在一遍遍的自问中一滴滴落在了面前刚刚及格的卷子上，落在鲜红的“×”上，“啪——啪——啪”，一声又一声地砸在我的心里。

然而在哭泣中，我听得到内心不甘的呐喊。一次次失败后的绝望，拼搏时的倔强，进步时的微笑，还有崩溃时的“抓狂”，不同的我带着不同的表情，像走马灯一样地在我脑海中一一闪过。那些或酸或甜的记忆，在心里像刚烙上的伤口一样清晰。过去的一切我都记得，统统记得！因为他们真实地存在过，是的！过去的努力是存在的。我不能为了一时的解脱就抹杀了过去所有的心思！那样我不甘心！所以，最后，我又一次，勉强地，也是顽强地笑了！

在高三，我哭过，笑过，迷惘过，以后或许还会这样，但我不后悔。因为在一次次失败中，我知道，我在成长。

我在高三，我在成长……

生 10：读了她这篇文章，我的心里是酸的，是苦的，嗓子眼儿发紧，眼泪在我心里打转儿。

[评点：感染了学生，我手写我心，才有好文章。]

李斯琪写出了自己的心理变化，写了她成长的过程：先写她的快乐，再写她的迷茫和哭泣，之后写她坚定地追求，最后写她又一次笑了。生活中的李斯琪，确实就这么可爱。

师：你说出了我们的心声，文如其人，我们(12)班的同学要向她看齐，不仅要做一个坚韧的人，还要做一个心里有阳光的人，虽然我们天天都在“风雨兼程”。

生 11：她的文章写得非常贴近生活。她虽然写的是我们现实的生活，但她写得并不平庸，而是写出了我们共同的感受。有些词用得非常好，比如“无头苍蝇”“碰壁”“前途像雾一般的迷蒙”。在高三，她在困惑中一点点地成长。

生 12：文章思路清晰，刚上高中时充满了自信，而在经历了一次次考试后，她开始迷茫，试卷上那血红的“×”，就像心在渗血，自己努力了却为什么得不到回报，对于一个孩子来说，这难以接受。（同学们都笑了：“你不是孩子吗?”他也笑了，不好意思地说：“太投入了，忘我了。”）

师：你有过这种感觉吗?

生 13：有过。“我的出口在哪里?”“我可不可以不再勇敢? 可不可以不再坚持?”她这篇文章说出了我的心声，读完这篇文章我很感动。

师：我们被她的文章深深地打动了，文章让你们有了一种精神的共鸣。这就是人人眼中有，却未必心中有、未必笔下有的感受。这就是李斯琪的作文与同学们的作文不同的地方。

生 14：她还告诉我们，在挫折中我们迷茫过，痛苦过，但经历之后我们会更加坚强。

师：从她的文章中我们能否找到这样的信息?

生 15：“我不能为了一时的解脱就抹杀了过去所有的心思！那样我不甘心!”“所以，最后，我又一次，勉强地，也是顽强地笑了!”从中我们可以看到一份永不屈服的倔强。

师：你们和她一样，身在高三，感同身受。可以说你们经历的，是许多没有考过大学的成年人都无法想象的炼狱般的生活，当然这更是一种精神的磨砺。这是痛苦，也是财富。我作为一个老高中生，我是 1987 届的，读了她这篇文章，我仿佛被她带回到了那曾经的高三生活。我在初中没有学过英语，到了延庆一中开始学俄语，我不知该怎么学外语。开学一个多月的一次小测验，是考字母的那种测验，许多同学都得了得 90 多分或者 100 分，而我却只得了 60 多分。那种刺激，真的非语言所能表达！在高一的暑假，我每天早上五点起床，到小场院背俄语。每一课、每一单元，包括每一课后面，介绍俄国人的名言、谚语，或是俄国人的生活习惯的小方框中的内容。我都要问为什么这样表述，这样我把不会的问题积累一个星期，再骑车十余里到老师家一一请教。在今天想来我都特别感激我的这位老师。没有他的精心辅导，我就不可能站在这里教大家。这样，我努力了三年，在高三练兵时，100 分的俄语考试，我可以得到 95 分。而那些在高一时得过 90 多分的同学早已被我甩在了身后，我也被学校保送上了大学。前两年评高级职称时，俄语考试我还考了 82 分呢。（同学们为我鼓掌）学习，有时是一场考验韧劲的战斗，里面有许多苦涩，有许多困窘，越是艰难就越能磨炼我们的意志，砥砺我们的品格。

同学们，要坚持，像李斯琪一样地坚持。这次月考李斯琪的成绩进步很快，咱们班的车晓旭也进步很快。他们都由年级的二百名左右，“杀”到年级的一百二十名左右，我们要学习他们这种永不服输的韧劲。

[评点：真诚沟通，教人也“交心”。]

师：我们来小结一下，看这三篇文章有什么共同之处。

生16：这些同学都写出了自己独特的思考和感悟，写出了他们丰富的内心世界。

师：其实我们如果都能从阅读积累中、从日常生活中汲取力量，培养我们强健的、丰润的、饱满的心灵，我们定能把周记、把作文写得更好，也能把周记升格为优秀的考场作文。另外，在考场上，我们还要像李斯琪一样，从容不迫地书写自己的高三生活，忘了考场的紧张；也能像赵晶一样，从容淡定地书写自己心中的一份景仰和爱戴，达到无我之境。这就是考场上的大将风度，这需要我们在日常学习和生活中不断培养，不断积累。这三篇文章给我们带来怎样的启发？（看PPT）。

生读：

生活启迪我
文化涵养我
文学浸润我

师：更加热爱生活，这才是我们写作文的真正原因，而不只是为了考个高分。

[评点：课堂水乳交融，不像上课，倒像谈心，循循善诱、顺理成章！]

（看PPT）生齐读：

动物和植物不能写作，因为它们不具备写作的两个基本条件：精神活动与文字表达。生活是写作的源泉，但比素材更重要的是感官的打开和灵魂的颤动。

——网友《我们为什么要写作》

在当今自由写作的状态下，离开了心灵的质量，也就没有真正的写作可言。当代的写作者的困难，不是知识的困难和智慧的困难，也不是才华上的困难，而是心灵的困难，即一个写作者不知该如何定位自己的心灵，不知如何在写作中使心灵变得有质量。我们急切需要获得的是灵魂的拷问与心灵的逼视。

——红袖添香《我们为什么要写作》

师：让我们到生活中寻找这份“感官的打开和灵魂的颤动”，感受这份“灵魂的拷问与心灵的逼视”，这样我们就能感受到作文与做人相通的最美的瞬间。记录下这个瞬间，就是在书写我们的生命。

[评点：真实，真诚，真情，才会有心灵的质量。]

4. 思考，在升格中升华

师：作为考场作文，分数只是一个阶段性的学习成果。我们不能只是简单地为自己的高分或低分或喜或忧，每一次作文检测后都是我们为自己的作文进行升格的好机会，下面看我们几位同学的升格作文。

看张乐的作文，请她自己来读。注意她加线的句子，是修改时加的。

学生张乐读：

我在青春岁月里，有你相伴

高三(12)班　张乐

一只蝴蝶，飞进了我十七岁的心湖，在青春的时光中与我相依。

彼时，我在迷惘，你却翩跹而至，如踏雨徐行的江南女子。蜿蜒的青石板路上有你的轻浅足迹，在江南的云烟里时隐时现。我渴望在《人生若只如初见》里寻觅你的倩影，去感受你笔下文人骚客的似水柔情。只因十七岁的我，亦渴望爱。

“人生若只如初见，多好，他仍是他的旷世名主，她仍做她的绝代佳人，江山美人两不相侵”，这是你对三郎与玉环阴阳相隔的扼腕；“这厢书罢墨犹香，那厢，多情手已把玩新人发”，这是你对李治与媚娘之间情怨纷扰的无奈；“十年孤坟，不思量，我对你的爱结树成花”，这是你对苏轼情深一片的感动……我在你灿若桃花的笔墨里，感受历史长河中闪闪烁烁的爱恨纠葛，我在你深情而冷静的文字里，看到了那个心志纯洁的你，像初绽的百合花，洁净无瑕。

是你让我明白，爱弥足珍贵，有时只是输给了时间。青春需要张扬，却不容许纵容。要在对的时间里，让爱绽放。意如，我懂。(教师插话说：“一定要在‘对’的时间里呀!”大家都笑了)

此时，我在彷徨，彷徨于高三的十字路口，学习的压力与失败，我该如何面对？而你却只是在我身边低眉轻语，诉说你落满荆棘的来时路。

你的成功并非偶然，而是你凭借一份坚韧，一步步跋涉而来。

由于早产缺氧，刚出生的你就患上了脑瘫，别的孩子能爬能站时，你只能寂静地躺在摇篮里；别的孩子能在初春的原野里奔跑，你只能坐在一边神伤。可小小的你，并没有因医生严酷的宣判而倒下。相反，你开始学着用意志走完这段注定艰辛的路。每天清晨，你都在腿上绑上四根木板，在墙脚一站就是几个小时；为了改善运动神经，你每天都要练习骑三轮车。偶尔偷懒，母亲就会用毛衣针扎你的脚，疼得你哇哇大哭。血泪成诗，我在你的眼泪中看到了你的辛酸与坚强。

是的，青春的路总是崎岖的，没有谁生来就是成功的。学习的压力、失败的伤痛是我们的苦难，在苦难面前我们需要的是蛰伏、努力与等待。意如，你的陪伴让我在青春的路上不再彷徨：有些事只能让自己去承担。意如，我亦懂。

无论是书中温婉的意如，还是现实中坚强努力的意如，都让我在青春里逐渐成长。或许有一天，我不再读你的书，看你的字，不再需要你的陪伴，不再记得你的容颜和名字，但我不会忘记我在青春迷惘的时光中，有你陪伴的斑斑印痕，如同冬日的暖阳，揉碎了一地金黄……

师：谈谈你这样修改的原因。

[评点：让学生知其然，亦知其所以然，给别人讲讲，好!]

学生张乐：加线的部分是我修改时加上来的。我是想通过用"此时""彼时"把文章清晰地分成两个部分，自己在迷惘、彷徨的时期，通过读她的书，明白安意如对爱的理解，对坎坷人生的理解。"学习的压力、失败的伤痛是我们的苦难"，加这句是为了更好地把自己的学习生活与安意如联系起来，在这种比较中找到我们间的差距。这样，全文的思路就清晰了。

[评点：有思路上的修改，也有文本润色上的修改，改到位了。]

高三了，学习压力也越来越大，成绩与自己希望的总有距离，这种感觉与李斯琪的感觉是相通的。我读了安意如二十多年来的坎坷人生，心里有许多感触，我也要学着像她那样去面对，去承担，使自己真正成长。我很喜欢她，我也很敬佩她，当我在学习中遇到困难时，她就是我的目标和动力。

师：很好。

这次看作文有两篇文章感动了我，一篇是李斯琦的，一篇是张乐的。她俩的文章都很感性，感情表达得很饱满，语言优美流畅，感情真挚细腻。尤其是关于安意如事迹的介绍与张乐自己情感的结合，那两句"意如，我懂""意如，我亦懂"，张乐真的走进了安意如的内心世界。我们人没有翅膀，但我们的心灵有翅膀，安意如和史铁生，他们不能像我们健全人一样健步如飞，但他们心灵飞得高远，需要我们仰望。另外，张乐也确实很用心地读了安意如的书，还在周记上写了多篇随笔，有这样的阅读积累，有这样的生活积累，当然能写出很好的考场作文来。而通过她的再次修改，她的作文思路就更清晰了，也更有感染力了。

我们再来比较一下吴一鸣的两稿作文，看前后有什么变化。我们先来看第一稿。

生：(读作文)

我在咖啡中品味爱情(第一稿)

高三(12)班　吴一鸣

在卡布奇诺浓浓的香气中，捧起那本挚爱的《红楼梦》，去品味那咖啡般的宝黛爱情。

宝黛爱情是甜蜜的。

曾记得黛玉任性地剪坏了送给宝玉的香囊，宝玉妹妹长妹妹短地赔不是；曾记得在那葬花坡上，宝玉第一次向黛玉将自己的心迹表露无遗；曾记得宝玉挨打，黛玉哭肿得如同桃儿般的双眼；也曾记得宝玉命晴雯给黛玉送去的两条旧手帕，上面写满小儿女的热泪与衷肠。我细细品味这纯洁的宝黛爱情，它正如咖啡一般，小小的摩擦与波澜就像浮在咖啡上的丝丝奶油，它们并不能影响二人刻骨铭心的感情，反而使其更香浓，更醇厚，更甜蜜，让我沉醉。

然而，宝黛爱情又是苦涩的。

从宝钗那枚与通灵宝玉合称为"金玉良缘"的金锁；到湘云那只与宝玉配成一对的金色麒麟；到虽然彼此心照不宣，却依然得不到世人认同的那份"木石前盟"；到宝玉成亲的那晚，黛玉亲手烧毁了记录着她灵魂轨迹的诗稿与爱情的见证；再到宝钗的生日宴上，宝玉到潇湘馆去悼念那位世外仙姝；最后到宝玉履行了自己的承诺，消失在白茫茫的地平线……

我细细品味这"命运多舛"的宝黛爱情，它正如咖啡一般，甜蜜过后是随之而来的苦涩，使我难过，使我心痛。

与其他爱情不同的是，宝黛爱情给人更多的是深刻的警醒。

宝玉不同于其他富贵人家的纨绔子弟，他的身上有着与众不同的忧患与清醒。他离经叛道，他不肖无双，他不喜经济仕途，不爱八股文章，这都体现出他对传统封建道德的强烈不满；他似傻如狂，他性格乖张，他爱惜水做的女儿，厌恶泥做的男子，这也恰恰体现出他对万事万物平等的感情。而这些超越了那个时代的信念，又促使他执着地追求与自己志同道合的真挚感情。

黛玉的身上恰恰也有这种叛逆与清醒。

相对于宝钗的城府，黛玉犹如水晶般透明；相对于湘云的屈服，黛玉犹如女神般勇敢。她不说"经济仕途的混账话"，她恨极了封建礼教的腐朽；香菱是侍妾她依然"教之如饴"，紫鹃是侍婢她依然与之情同手足。她完全听从心灵的召唤，热烈而执着地追求自己的真爱。她为爱不自惜，忘其身，忘其病，这种忘我之爱牵动了全身心的生死爱情（不通畅）。而这些，又恰与宝玉达成了真正意义上的心心相印。

宝黛之爱，早已不是简简单单的男女之情，它更像一面明镜，清清楚楚地映射出当时社会的腐朽与黑暗。他们超越了封建礼教，超越了那个时代。这好似在品尝完咖啡的苦涩与甜蜜后，随之而来的警醒。

我细细品味这给我警醒的宝黛爱情，它正如咖啡一般，甜蜜与苦涩的背后，让我深深觉醒。

我轻轻地合上这幅历史的长卷，走出那扣人心弦而又发人深省的爱情。呷一口香浓的咖啡，在浓郁的香气中享受甜蜜，体味苦涩，于不断品味中更加清醒。

师：试卷发下来之后，我对吴一鸣说：我给你48分，但我后悔了，你离28分并不远。我为什么这样说呢？让我们一起来看她的修改稿。

生：（读作文）

我在品味爱(第二稿)

高三(12)班 吴一鸣

在《红楼梦》中，有一个在“假”府中活得最“真”的女孩，那就是你——黛玉。失去了父母的你，渴望爱，更付出爱。我在享受《红楼梦》时，最先感受到的就是你细腻的情怀、感人的真爱。

犹记得在那葬花坡上，你独倚花锄，独守花冢，泪水和着“红消香断有谁怜”的诗句簌簌而下，叹息伴着“他年葬侬知是谁”的哀伤飘向远方……你把自己当作那零落的花瓣，把花的世界当作心灵的故乡。你将眼泪涂抹在莹润的花瓣上，啜泣着将那些含着无数惆怅与心碎的精灵深埋在自然的怀抱。我懂得你“三月香巢已垒成，梁间燕子太无情”的忧伤；也理解你“明年花发虽可啄，却不道人去梁空巢也倾”的无奈；我知道在那“一年三百六十日，风刀霜剑严相逼”的日子里，你得不到别人的爱，而自己想爱却又无人可爱，只得寄情花鸟、寄情诗歌，将你所有的爱撒向那纯洁的大自然！在偌大的贾府中，一份纯真的爱，竟无处投递，我为你感到心寒。

也记得在那潇湘馆中，你教香菱学诗时秀眉微蹙的样子，姐妹们笑香菱学诗学得呆，更笑你教诗教得痴！我不禁心中感叹：黛玉啊黛玉，人们都说你小性。可我却知道，你始终不因香菱是个不知父母、不知年龄、不知家乡的小小侍妾而瞧不起她，反而以诚相待，诲人不倦；我也知道，你不因紫鹃是个端汤侍药、铺床叠被的小小侍婢而瞧不起她，反而以诚相待，与其情同手足。你的内心渴望别人的关爱，而自己也努力地去关爱别人。但在那弥漫着功名利禄、尔虞我诈的“诗礼簪缨”的大家族中，哪一个不是工于心计，有几个是真正地爱人、关心人、呵护人？又有谁能像你一般晶莹剔透、纯真透明、诚心诚意地去爱别人呢？

更记得在你的病榻前，你痛心呕血的样子。在那似海深的侯门之中，你找到了唯一的知己，没有谁比你更了解他的“离经叛道”与“不肖无双”，你从不说“经济仕途的混账话”，从不逼他去读“八股文章”，你和他一样厌恶“泥做的男子”，一样用自己的行动向那个腐朽的社会呐喊、抗议。而他却也正因了这些道德伦理、功名利益，在被蒙骗中与别人成婚。我含泪看见你亲手烧毁了记录着灵魂轨迹的诗稿与爱情的见证，我更痛心于你此时眼中的恨意与绝望——你以为得到了一个心心相印的知己，以为终于可以得到别人一份悉心的呵护，以为自己的爱终于有所归属，以为可以与他于琴棋书画中永度良宵……可是命运捉弄了你，你为爱而生，又为爱而死。你对宝玉爱得真诚，爱得执着。而当爱遭到毁灭时，你宁愿与这个世界云山雨露地隔断，焚了所有的诗，烧了所有的怨，并以生命同这份重于生命的爱相始终，你令我敬佩，更让我心碎。

大观园那艳丽的春光，让你冷彻心扉；潇湘馆那斑斑的翠竹，更见证了一个个漫长的寒夜，见证了那个独坐窗前，为爱而流泪到天明的你。你渴望拥有父母的爱！你渴望拥有姐妹的爱！你更渴望拥有恋人的爱！可最终你又得到了几许？

时隔百年，你就是我身边那个娇美而博学的女孩吗？你就是我身边那个细腻而感伤的女孩吗？

当然，我更希望你就是今天的我，我就是当年的你。

但是，我比你幸福，因为我徜徉在爱的海洋里。

但是，如果没有你曾经的寒冷，会有我今天的融融暖意吗？

师：她改完之后我很满意，我不只同意给她 48 分，还想给她再加几分呢。我为什么这样说？让她自己说说吧。

学生吴一鸣：第一稿作文，用老师说的话“宿构”的痕迹比较重，“我在思考”也是像标签一样硬贴上去的，所做分析也是专家学者们的现成话，“我”只是个传声筒，而“我”自己也完全被宝黛的爱情所左右。而修改稿，在陈老师的指导下，较好地融进了我的思考、我的感受，我也在对黛玉的解读中感受到了她传递给我的精神力量，我更喜欢黛玉这个文学形象了。对爱的渴望，对自由生命的追求，让我和她之间心有灵犀。

[评点：两文的差别在于有“我”还是无“我”，升格后学生真的明白了。]

师：她作文的最后几段，尤让我感动。什么是文学经典？文学经典就是在不同的时代，在不同的读者中都能找到一份精神的共鸣，而吴一鸣感受到了这份精神的愉悦，并把这份精神享受传递给我们，这就是在阅读中、在写作中的成长。从赵晶解读岳飞，从张乐解读安意如，从吴一鸣解读林黛玉，我们都能感受到她们的这份成长，这才是最可贵的，也是写好作文的前提。

[评点：老师点评，一语中的。]

5. 作文升格，有章法

师：我们来讨论一下作文升格的基本步骤。

生 1：平时我们在周记、在作文中有一些积累，但在考场上还容易审题不到位，缺乏扣题的意识，文章的思路也不清晰，对日常积累的素材运用得也不灵活，像张乐和吴一鸣的第一稿都有这个问题，在修改作文中要在这方面进一步加强。

生 2：月考的这个作文题，一定要把自己内心的情绪、感受写出来。这次作文的题目是半命题：我在________，我是主体，我的思考和感悟是文章的灵魂。写自己的日常生活的同学，会比较好把握，写文化散文类的同学，一定要把某部书、某位名人能感染你、震撼你心灵的那个“点”找到，才能写好这篇文章。

师：很好，我们要站在这些古今中外的文人雅士的肩膀上，而不能淹没在他们的光环里。不要只是去记背他们的故事，要有自己独特的思考和感悟，他们的事迹才能给我们以人生的启迪，这才是作文的关键。

板书设计：

升格的环节

再审题 → 看素材 → 理思路

再审题	看素材	理思路
点题扣题，善用反复	加强扣题分析和精致描写	主题再集中，思路再清晰，会用层进分析法

师：从这次作文修改上看，张乐在审题、扣题分析和描写上都做得很好，吴一鸣在第二稿中主题更集中了，思考也更深入了，真的成了黛玉跨越百年的又一知己。

另外修改时我们还要让语言更优美，当然更重要的是：书写真诚的自我，真诚地书写自我。这样才能文质兼美。

[评点：这可不一定，语言还要另做重点训练呀。有了质，不一定就能有文。]

师：看 PPT，大家一起读。

同学们，拿起你手中的笔吧，用心书写：把你的感动、你的困惑；你成功的探索、你艰难的跋涉；还有你的希望、你的梦想——都变成文字、写成文章吧！你会发现你的气质、你的情怀、你的内心世界，将慢慢地、慢慢地变得纯净而澄澈，将慢慢地、慢慢地变得细腻而丰润——

我相信，真诚的文字能够将平淡如水的岁月定格为永恒！

——陈老师寄语

师：这是老师的一点期望。（同学们响起了热烈的掌声）

作业：同学们手里还有两份作文，是没有参加考试的两位同学在课下写的，请大家为他们打分，并提出升格建议来。再进一步完善自己的作文。

C. 专家点评

我笔写我心，是最难的

作文指导课不好上，作文讲评课更不好上，作文升格课能不上就不上。陈老师从来都是——专找不能上的上！

作文升格课，怎么升？升到什么程度？真升了吗？升了分数一定就高了吗？陈老师不管这些，她沉浸在自己与学生的交流中，她沉浸在引领学生与文学、与社会、与自己的对话中。不管是“我在________”还是“我有________”还是其他，陈老师带领孩子们徜徉在文学的浩瀚宇宙中，努力寻找更高一个层次的“我在”！

或不急不缓，或抑扬铿锵；或情到深处口若悬河，或意到浓处舌吐莲花。陈老师总能游刃有余地操控课堂于无形，在深情交流中引学生到更高的境界去，教会学生用“我笔”写出“我心”，用“我心”感悟文学、感悟社会、感悟人生。

立标杆、范文引路、升格示范、升格技法，顺理成章、流畅自然，可见匠心独运。老道的教法、宽厚的知识、丰沛的情感，堪称年轻后辈的为师楷模！

（杜丽娟）

下　编　课堂日志

第四章　一日三省

第一节　阅读反思

【第一则】毛泽东专题阅读一：眼看，心择

读了毛泽东的诗"坐地日行八万里，巡天遥看一千河"，"天连五岭银锄落，地动三河铁臂摇"，我忽然觉得想象雄奇的毛泽东有宇宙视野。当然有宇宙视野的不只毛泽东，文学史上还有一生坎坷的苏东坡，在孤寂中吟唱"明月几时有，把酒问青天，不知天上宫阙，今夕是何年"。还有政治才华不得施展的李白，在寂寥中高歌"花间一壶酒，独酌无相亲，举杯邀明月，对影成三人"。三人都能成为伟大的诗人，是因为他们的心是长了翅膀的，精骛八极，神游宇宙。而毛泽东不只要游宇宙，还要把握人生、拯救民族、凝聚四海，所以他在《念奴娇・昆仑》中说"安得倚天抽宝剑，把汝裁为三截""太平世界，环球同此凉热"。因此，从人的视野看到人的心胸，从人的心胸看到人的气度，从气度中看到人生的不同选择：太白、东坡只能以他们神游宇宙的情丝，成为一位伟大的浪漫主义诗人，成为一位"全能型"的文坛泰斗，而毛泽东则要成为一名上马提刀、下马挥毫，胸怀天下的政坛领袖，成为一个国家的缔造者、一个民族的拯救者。

【第二则】毛泽东专题阅读二：以诗写史

毛泽东是中国古典文学的集大成者，把他从政治神坛上请下来，我们能看到一个真正的诗人形象。中国古代的诗人更多的是用文字来化解忧愁，而毛泽东则是用文字来张扬自我。他永远都有一种主宰命运的积极心态，永远都有一种征服艰险的浪漫情怀，而且越困难就越能激发他的斗志。于是我们看到他的婉约从属于豪放，他的浪漫从属于对现实的理性思考。毛泽东那灵动而飞扬的情思，让他把汉字当成千军万马来驱遣，书写了自己瑰丽壮美的人生。他的诗词，是在写一部自己的历史，也是在写一部党史、一部中国史："敌军围困万千重，我自岿然不动"(1928 年《西江月・井冈山》)，"唤起工农千百万，同心干，不周山下红旗乱"(1932 年《渔家傲・反第一次大围剿》)，"今日长缨在手，何时缚住苍龙"(1935 年《清平乐・六盘山》)，"虎踞龙盘今胜昔，天翻地覆慨而慷”(1949年《七律·人民解放军占领南京》)，这些诗句，张扬着革命的豪情，跳动着他人生跋涉的足迹。再看这些诗句，“过眼滔滔云共雾，算人间知己吾和汝”“要似昆仑崩绝壁，又恰像台风扫寰宇。重比翼，和云翥”(1923年《贺新郎·别友》，写给杨开慧)，这些缠绵婉约的诗句，不仅有他对爱情的忠诚，更有他对民族的赤诚。1930年，年仅29岁的杨开慧为革命壮烈牺牲。毛泽东在给亲友的信中痛断肝肠地写道“开慧之死，百身莫赎”。他在1957年写的《蝶恋花·答李淑一》，20世纪六七十年代的中国人，莫不张口成诵：“我失骄杨君失柳，杨柳轻飏直上重霄九。问讯吴刚何所有，吴刚捧出桂花酒。寂寞嫦娥舒广袖，万里长空且为忠魂舞。忽报人间曾伏虎，泪飞顿作倾盆雨。”在二十余年绵绵情丝中，既有对爱人的深情缅怀，又有对爱人的深情告慰，既有天上人间的浪漫，又有历史现实的融合。

毛泽东的如椽巨笔，挥洒的是飞扬的诗篇，也是一部激昂而凝重的历史，这部历史，是他个人的，也是我们整个民族的。

【第三则】毛泽东专题阅读三：不再向“左”

毛泽东在1958年12月21日为《念奴娇·昆仑》做的批注中说：“昆仑：主题思想是反对帝国主义。”于是就有我在这个基础上的进一步延展，“飞起玉龙三百万”是“帝国主义的走狗”，是帝国主义的一群乌合之众。《沁园春·长沙》中“万山红遍”，“红”是革命烈士的鲜血染红的，“漫江碧透”体现了毛泽东思想的深邃。这种生硬的解读，容易导致学生思维的模式化。看来这种极“左”思想还影响着我们对教材的正确认知，要还文本原有的面目，还需要我们带着学生用自然、纯朴的心，真诚地解读文字、解读文学，这样才能真正走进作者的内心世界。

【第四则】谋己与谋国

在讲《信陵君窃符救赵》时，我说：战国四公子中有两个人物让人感叹：一是信陵君，一是孟尝君。信陵君，仁而下士，虚心纳谏，真诚自省。一心谋国而忘谋身，虽联合六国，使强秦震恐，但终被兄长猜忌，最后沉溺酒色，四年而亡，只落得个悲剧的结局，在太史公笔下他位列四公子之首。但杨佳鸣却说，她更喜欢孟尝君，他能在冯谖的帮助下为自己谋得三窟，使自己几十年无纤介之祸。一个善于谋己的人，才可以更好地谋国。此言不谬，能谋己，又能谋国者当属最佳。另一个学生也接着说：春申君呢，谋己谋国两失，最终是害己误国，可悲，可叹。

【第五则】漫话《项链》一：一串项链，两次打击

玛蒂尔德为了那挂价值不菲的项链，承受了两次打击：

一次打击是自己造成的，借假还真，并为此付出了十年辛劳。从她的角度来说，她得到了自己想要的一夜风光，不冤；她为了虚荣，没了理智，不知借的是假，不冤。当她成了一个“粗壮耐劳”的妇女时，坐在窗前，还想着她当年是“多么美丽，多么使人倾倒”，她冤，也不冤。因为玛蒂尔德，没有能力认识自己十年不幸的根源。莫泊桑是“冷酷”的，他在小说的开头就说“她也是一个美丽动人的姑娘”，这一个“也”字，道出了她多少无奈与不平，她的那些不切实际的“梦想”，被作者冷冷地摆在了故事的开头。这些都说明，她有这样的人生遭遇一点也不冤。

另一次打击是朋友佛来思节夫人造成的，是有意的吗？也许是无意。玛蒂尔德的冤，在于她不知道这个有钱的朋友如她一样虚荣，或是说，比她更虚荣。我们有理由怀疑她那一大匣子的首饰有可能都是假的，因为这个最像真的的“青缎子盒子”里的项链都是假的。玛蒂尔德是虔诚地借，真诚地还，而佛来思节夫人——所谓的朋友，却随意地借假，不在意地收真。借项链时，根本不想告诉对方借的是个假项链，怕是说了实话，浇灭了对方的心气，丢失了自己的脸面。而玛蒂尔德还时，更无须过目验收。项链是假的，友情也就真不了多少。由小康而一夜坠入贫寒的路瓦栽夫妇，不只是承担了自己虚荣的代价，更承担了别人虚荣的代价，为整个社会的奢靡买了单。

“人生是多么奇怪，多么变幻无常，极细小的一件事，可以成全你，也可以败坏你”。这是多么偶然的一件小事，却改变了一个人的一生。但这偶然背后，又有太多的必然。千千万万个想往上爬的路瓦栽夫妇，万万千千个想“炫富”的佛来思节夫人，就是这个社会腐败变质了的土壤。生存在这样的土地上，玛蒂尔德的悲剧就成了偶然中的必然。出淤泥而不染，谈何容易呀。

莫泊桑是在写小说，他也是在写杂文。

【第六则】漫话《项链》二：话说“正面形象”

情节的节奏变化都是为突出主题的，为什么《项链》的节奏有的地方要快，有的地方要慢？

开端：她的梦想（休止）；发展：借项链（慢）；高潮：十年辛苦（快）；结局（更快）；尾声（慢）。作者对玛蒂尔德十年的辛苦处理得很快，这位老师说“作者对玛蒂尔德是批判的，她不是正面形象，所以作者就写得很快”。玛蒂尔德确实不是我们平常意义上所说的正面形象，但小说中又没有所谓的正面形象。所谓正面形象、反面形象都是相对而言的，我们不能再用生硬的概念机械地诠释人物。对玛蒂尔德，作者的批判是犀利的，作者的同情也是明显的，所以他才又写了姊妹篇《珠宝》。不能因为作者写得“节奏快”了，就简单地说她“不是正面形象”。因为经典的文学形象往往是复杂的、多面的，而人性更是复杂的，当我们声讨路瓦栽夫人在窗前回忆过往时，而此时的她一定是一脸的幸福，我们觉得她可气，但我们也觉得她真实得可爱。

【第七则】漫话《项链》三：多元、一元与中庸

我们今天赞赏多元价值取向，但不能没有是非价值判断。有人说，林妹妹就是林妹妹，不能是焦大。而宝玉就是一块有瑕的美玉，而绝不是“不男不女”。而对玛蒂尔德的解读，也要把握好分寸，她真的在十年辛苦后变成一个质朴坚强的劳动妇女了吗？只怕是我们一厢情愿吧！相对与绝对是一对孪生子，“中庸”的尺度我们自己把握，艺术的品鉴就是要“恰到好处”，当然在“恰到好处”时，也见我们对人物理解的深度。

【第八则】硬汉的脆弱，更可爱

《斗鲨》中，桑提亚哥五次与不同类型的鲨鱼搏斗，他的武器越来越差，他的身体状况也越来越糟，他内心的矛盾与挣扎也越来越清晰：脆弱与坚强，逃避与承担。但是当鲨鱼再来挑衅时，他仍然是斗志昂扬。海明威确实为我们塑造了一个硬汉形象，正如老人所说：“人可以被消灭，但绝不能被打败。”但同时作者更为我们再现了硬汉内心的软弱，而这软弱让英雄更可爱、更真实。当大马林鱼被吃掉四分之一的好肉时，他大声说：“我真盼望这是一场梦”，“我倒想买点儿运气，要是有地方买的话”。在困难面前，我们也常常幻想，想逃避，想这不是真的。老人说：“风总算是我的朋友”，“还有大海，那儿有我们的朋友，也有我们的敌人。床呢，他又想，床是我的朋友”，从这些跳跃的思绪中，我们看到老人挑战大海的勇敢，也看到他对平静安宁生活的渴望，“正是床啊，他想，床要变成一件了不起的东西”，老人有这样的想法，同样无损于他强者的称号。我们每一个人何尝不是在一生中要有三分之一的时间与床为伴呢，床真的是我们一生的好友，它让每一个人蓄势待发。

海明威真实生动地为我们展现了老人桑提亚哥的心路历程，他的脆弱和彷徨没有阻止他在关键时刻挺直脊梁。同样，当暮年的海明威举枪自杀时，同样不影响我们对他传奇人生的惊叹，也不影响我们对他英雄人生的礼赞。正是硬汉的脆弱，让我们看到了人无完人的现实，也让我们多了几分见贤思齐的勇气：硬汉、英雄也是人，而不是神，你、我、他都可以在人生的海洋中一试身手，也显一显我们的英勇瞬间。

【第九则】字缝里的战争

学完《荷花淀》，有个学生问：战争就这么简单吗？放几排枪就完了？还有个学生问，如果让孙犁写“南京大屠杀”这样的题材，他也能写得这样优美吗？

我们在课上讨论了这场所谓的简单的战争：作者用了99.9%的笔墨来写

白洋淀的风景之美，人情、人性之美，只用了短短的几句话来写鬼子：“唉呀，日本！你看那衣裳”，鬼子的“大船追得很紧”，“后面大船来得飞快”，三五排枪后，投出了手榴弹，而后就是打捞战利品了。这就是作者的选材特点，当然这个特点也符合当时的实际情况：这可能就是同口据点里出来的鬼子，规模不大，而我们的地区支队又是打伏击战，这就是游击战的特点。

课下，我给学生找了孙犁的《山地回忆》全文，让学生进一步体会孙犁的创作风格。并指导学生：昨天是 12 月 13 日，是南京大屠杀死难者纪念日，这两天我们也学了孙犁先生的作品。我们不忍心去比较，大屠杀和鬼子对抗日根据地进行的大扫荡，哪个更凶残，但我们从孙犁作品的只言片语中，也深切地感受到了战争的残酷。学生在《荷花淀》中找到了水生叮嘱妻子的话：“不要叫敌人汉奸捉活的。捉住了要和他们拼命”，女人们内心的想法：“假如敌人追上了，就跳到水里去死吧”。在《山地回忆》中，小姑娘对战士说：“你们一个饭缸子，也盛饭，也盛菜，也洗脸，也洗脚，也尿泡”，足见战士们的生活有多艰苦；而房子被“烧过两三回”、“吃杨树叶”、“穿破袄”、“没有袜子”，等等，我们更看到根据地军民的生活有多艰难。南京大屠杀，与烧光、杀光、抢光的“三光”政策相比，是一样残酷，但孙犁却让我们领略到战争中人性之美、人情之美，看到理想的光辉。《山地回忆》中那个伶牙俐齿的女孩，会让我们想起《红楼梦》中心直口快的晴雯，也会让我们想到现实生活中刀子嘴、豆腐心的好心眼的邻居大姐。而《荷花淀》中那些可爱的媳妇们，更是鲜活在我们生活的每个角落里。孙犁只给战争的残酷留下了一点点的缝隙，更多的笔墨是让我们看到善与美的力量，看到中华民族、中国女性，是如何的爱家、爱国、爱生活的，这才是日本鬼子永远也征服不了我们国家的根本原因。

【第十则】井蛙之一

庄子的“齐物论”包括齐生死、齐大小、齐贵贱、齐成毁等思想，都是在思考个人与名利世界的关系。而《庄周梦蝶》的“齐物我”，则是在思考人类与异类的关系，启示我们众生平等、万物为一。学生戏说：“如果庄子化成蝴蝶，至少要化成枯叶蝶，那才是庄子的幸运；如果蝴蝶化成庄子，却要常常受到惠施、曹商等人的耻笑，那蝴蝶可就不幸了。”我觉得，庄子化蝶，庄子达到了最为质朴的自然境界，或是最为自由的天地境界。而蝴蝶化成的庄子可能要身不由己地进入功利人生的计较中，那将是怎样的不自由呀。我们和庄子毕竟不是梁祝，只好在想象中物化，以感受不同的生命体验。但庄子的寓言启发我们作为万物之灵，对自然万物要保有一颗尊重之心、仁爱之心、敬畏之心、景仰之心。退一步讲，我们不能如庄子一样有景仰之心，但也要保有一颗尊重之心，这是底线。有位哲学家说：“我们对自然的每一次胜利都可能是失败的开始。”虽然我们不能回到老子崇尚的小国寡民、结绳记事的原始状态，但庄子的“天地与我并生，万物与我为一”正提醒我们：其实人与蝴蝶、蝼蚁有相同之处，即都是地球上的渺小的生命，所以我们人类不要太自我，不要太膨胀，否则我们在茫茫宇宙中就是庄子笔下的那个“井底之蛙”。央视的公益广告给我们展示了来自濒危动物的无数封求助信，最后一句是：“不要让我们成为最后一个发出求救信号的物种。”的确，我们可以用时间来击破每一个世界末日的谎言，但我们却正在用行动描绘着世界末日的真实景象。到那时，地球上“井蛙哀鸣”的电波，在宇宙中又有什么物种能听到呢？能听懂呢？我们和其他物种，不是利用和被利用的关系，而是友爱共存的关系，更是万物之灵的人类呵护众生的关系。地球确实有寿命，今天她已 46 亿岁了，有老死的一天，但不要让“地球还在，人类不再”的悲剧过早地上演。

【第十一则】井蛙之二

读了“井底之蛙”和“望洋兴叹”两则庄子寓言，我忽然对“井蛙”和“河伯”生出一分敬意，因为他们都很单纯，很真诚，且有自知之明。

河伯说“野语有言：‘闻道百，以为莫己若者’，我之谓也”，而井底之蛙在听了东海之鳖讲述东海之浩瀚后，也是“适适然惊，规规然自失”。河伯能自省，井蛙能低头。其实我们每一个人认知水平的提升，都要经历这样一个“旋其面目而叹”的过程。在这个过程中，我们每一个人都是相对地有知，但又绝对地无知。正如那个比喻：我们了解世事最少时，只能为自己画一个小小的圈，我们很得意，说圈内的我都知道。当我们知道的事多了，我们能为自己画个大大的圈，然后沮丧地说，圈子外那么多，我都不知道。我们的视野越开阔，我们不知道的事物越多，我们就越懂得谦逊，越有敬畏之心。当然，我们年少的轻狂、骄矜可能也有一些好处，让我们多点自信，少点自卑。我们每个人的成长可能都会在不同的场合，做井蛙或河伯，而从骄矜到自省到自谦的过程，可能就是我们成长的过程，也可能就是我们少了锋芒与锐气的过程。成长是杆秤，让我们自己找平衡吧。一个人的成长是这样，地球村的每一个国家、每一个民族的发展又何尝不是如此呢？

【第十二则】人生四境界与庄子

冯友兰把我们的人生分为四种境界：自然境界、功利境界、道德境界、天地境界。我想，所谓自然境界，如这两天新闻中报道的一名印度女子在公交车上被多名男子侵犯的事，这肇事人就只停留在自然状态。功利境界，世之饮食男女，为生计奔忙，我们大都还只处于这个境界。道德境界，用孔孟的思想来解读，即忠孝节义、仁义礼智；若从老庄的思想来解读，即探究天地宇宙之道，寻求社会人生之德，在清静无为中，遵循自然之道。如庄子所言，至人无己，神人无功，圣人无名。而这种至高的道德境界，也会升华为一种天地境界，即天地合一，万物一体。这就是说，我们要自觉地让自己成为一名世界公民，或宇宙公民。如果我们永远停留在功利境界的话，各个国家都为了自己的发展无休止地排放二氧化碳(还有其他有毒有害气体)，加速温室效应，那上海、香港、纽约、伦敦等无数个城市，就是未来的马尔代夫。人类的经济活动和科技发展已经严重威胁到地球母亲的安危，如果我们不愿培养一份天地境界的话，只怕是有一天我们连自然境界也再难以企及。当有一天我们睁开眼睛看不到太阳、呼吸不到清新的空气，天天都是雾霾，进到肺里的都是PM2.5时，地球村就会变成曾经的楼兰，或是变成我们地球的近邻——大气中二氧化碳浓度为96%、温度为400多摄氏度的金星。到那时，我们是自然境界还是天地境界都不重要了，因为地球上早没有人类了。

【第十三则】人生四境界与老子

从南宋朱熹论老子，到现在网上各种解读老子的声音，都有"老子的心太毒"的论调。这是否有以小人之心度君子之腹之嫌？老子是说"不争是争""大成若缺""大辩若讷"，可能是给我们一种"大仁若伪，大智若愚"之感，但我们不能说，老子是大伪、大愚的仁和智，这是对老子的曲解。当然也会有人在曲解中谋求既得利益，而让老子去背负所谓太阴毒的黑锅。在春秋时，老子，往小里说，只做了周王朝的一个小小的图书馆的管理员，往大里说算个小馆长，他能有什么丰富的官场阅历，把大伪和大愚化为"大道"？我们这样臆断老子，只能说明我们自己是以功利之心、以小人之心去揣度老子。老子还说："天长地久，天地之所以能长久者，以其不自生也，故能长生。"孔子也说："天何言哉？天何言哉？日月行焉，万物生焉。"我们当向天地、向老子、向孔子学习这样一份心胸，才能走出小我的名利天地，才会有天高地迥的人生境界。这虽然不易做到，但可以成为我们努力的方向。但若向上、向善之心全无，只有小人之心的话，则无药可救了。

【第十四则】帝师论

先说从老子到孔子。口口声声宣扬淡泊无为的老子，又时时都在以"无为"的手段，达到"有为"的目的，以"见素抱朴，少私寡欲"的心境，引导诸侯们该如何治国安邦。老子在《道德经》第五十四章说"以身观身，以家观家，以乡观乡，以邦观邦，以天下观天下。吾何以知天下然哉？以此。"这岂不就是孔子"修齐治平"的源头？老子和孔子都想做帝师，只是孔子"累累如丧家之犬"地周游各国去经营，去传教，而那些诸侯王的"弟子们"都不买账，而老子在出关前写下《道德经》五千言后便扬长而去了。

再说从老子到庄子。春秋初期与战国末期相比，礼崩乐坏的程度要轻些，老子、孔子都想让诸侯这些弟子们以“无为”或“有为”的方式好好治国。到了庄子，用孟子的话说“争城以战，杀人盈城，争野以战，杀人盈野”，庄子看着老子的策略并不被诸侯们稀罕，他们都忙着奖励军功以争天下，严刑峻法以治天下，庄子无望了，觉得诸侯王们是孺子不教，朽木难雕。他更加蔑视权贵，蔑视名利，坚决不与统治者合作，醉心于逍遥世界的想象和创造，追求无所依赖的自由，追求无己、无功、无名的境界，并把这种理想具体化、形象化。这些虚幻的想象，实则蕴含了他对理想的热情追求。由热到极点，到冷到极点，他与当时的统治者成了不相交的平行线。庄子要把那臃肿而不中绳墨的大树种到“无何有之乡，广漠之野，彷徨乎无为其侧，逍遥乎寝卧其下”。庄子是真自在、真洒脱了，与天地一体了，精神绝对逍遥了。但换言之，庄子又何尝不是真激愤、真无奈呢！只可惜，没有哪位诸侯王能读懂庄子的激愤和无奈，庄子的逍遥人生就更显得高处不胜寒了。

【第十五则】陶渊明专题阅读一：矛盾

陶渊明在《归去来兮辞·并序》中说，自己“尝从人事，皆口腹自役。于是怅然慷慨，深愧平生之志”。我们该如何理解这“平生之志”？从他的诗文中我们能读到两个“志”：一个是“刑天舞干戚，猛志固常在”，“猛志”是他的人生理想，但他在无奈中又不得不说“徒设在昔心，良辰讵可待”。另一个是“少无适俗韵，性本爱丘山”，“质性自然，非矫厉所得”。当这两个“志”发生矛盾时，他选择了后者，坚守自己的人格理想，而把社会理想放到了“桃花源”——他心中的乌托邦。这个选择真的很勇敢，他给中国古代文人找到了另一条心灵之路，或者说是切实地实践了这条心灵之路。孔子也说过“邦无道则愚，邦有道则智”，而这“智”的日子好过，这“愚”的日子怎么过？陶渊明给后人做了具体明确的榜样。以前，也许庄子也做过，但毕竟久远些，文字又太模糊，在极度贫困时，这吃穿用度，衣食住行，养子孝亲，该如何操作？陶渊明以他的诗非常真切地描绘给后人看，也告诉后人，物质的困窘之苦，远小于精神摧折之痛。心灵的家园，原来可以这样经营。

【第十六则】陶渊明专题阅读二：实践

陶渊明也是个有来历有身份的人，官宦之家出身。在那个万般皆下品，唯有读书高的年代，敢坚定地做个农民，真的不容易。他种地去了，且种出了情味；他看山去了，且真的看出了野趣。退一万步讲，他穷得去讨饭了，他还忘不了把讨饭的尴尬和意外的收获也写成《乞食》诗：“饥来驱我去，不知竟何之。行行至斯里，叩门拙言辞……感子漂母惠，愧我非韩才。衔戢知何谢，冥报以相贻。”他内心的坦荡与强大，古往今来的骚人墨客又有谁比得了呢？从这个角度来说，可谓前无古人，后无来者，后人说他“情之所蓄，无不可吐出，景之所触，无不可写入；晋惟陶渊明，唐惟少陵”，杜甫看来只能屈居其二了，但与陶渊明比，杜甫苦涩太多，忠诚太过，硬得少了些本性。而“渊明”则是那一泓碧波，纯净得透亮。在这份对儿女的愧疚中，有陶公坚定不悔的人生抉择。

【第十七则】陶渊明专题阅读三：愧疚

他四十二岁时就选择归隐，但“幼稚盈室，瓶无储粟，生生所资，未见其术”。这生计问题解决不了，他能守得住吗？他真的守住了，即便不得不在临终时留下遗言，向儿女们道歉，“吾少而穷苦，每以家贫，东西游走。性刚才拙，与物多忤，自量为己，必贻俗患。黾勉辞世，使汝等幼而饥寒”，他满是愧疚地守住了。而这“自量为己”，又明确地告诉孩子们：我这个爹不称职，我太自私了，让你们受苦了。

【第十八则】有我在

对于语文来说，查阅资料、读书是重要的，但思考更重要，有超越的意识，有批判的精神，才能在大量材料中不迷失自我。一位青年教师教汪曾祺的《故乡人・王淡人》，课讲得很好。课后我问，王淡人让你印象最深刻的是什么？只能说一点。这位青年教师说：急功好义。我说：那他与《水浒传》中的英雄有什么不同？青年教师无语了。其实每个读者眼中都有一个王淡人，只是这个特征应该是王淡人所独有的。如他的医者仁心，又如他的真性情。如两者只选其一的话，那我会选他的真性情。有真性情的人，才会保有真诚之心、赤子之心，也才会有仁爱之心。所以汪曾祺才会用那么多的篇幅写他钓鱼，写他种瓢儿菜。一庭春雨，满架秋风，这才是那个人淡如菊的王淡人，是那个有别于梁山好汉的医界大侠。

【第十九则】世俗是分母

听了徒弟讲海子的诗《面朝大海，春暖花开》，我觉得她长进了，很高兴，她也让我再次走进海子的世界，我还不敢说能走进海子的内心世界，就已经觉得很沉重、很压抑了。我们这些站讲台的师范生，大学毕业就教书，也算半个知识分子了，我们都不愿别人说自己俗气，可读了海子后，我觉得俗气有时真的很好。因为我们天天都在关心“粮食和蔬菜”，而不是下决心“从明天起”才关心。我们天天这样世俗着、平庸着，也快乐地生活着，在物质上有所附丽后，再去寻找精神的乐土，也如我们有了世俗的分母，再去追求精神的分子。正如陶渊明，要饮酒，要种豆，要采菊。又如鲁迅，要看电影，要抽烟，要给老妈买张恨水的小说，要哄儿子小海婴开心。海子也许真的没有了世俗的路，精神的路也断了。对于人间烟火消化不良的海子，最终只能遗世独立，羽化登仙。善良的我，想把海子变成一个世俗的人、孝敬父母的人、友爱兄弟的人、健康长寿的人。但是，这样的话，那个诗歌王子会不会更早地夭亡呢？我的善良，也许是另外一种残酷！多亏世上没有假设，我们也就不必有心理负担了。让我们为海子祈祷，愿他来世能幸福地关心“粮食和蔬菜”。

【第二十则】遥远的叩问

月考试卷的古文训练用了《东垣老人传》的节选，其中李明之对来学医的弟子罗谦父有这样的疑问：“汝来学觅钱医人乎？学传道医人乎？”谦父说：“亦传道尔。”回答得好，也赚钱也传道，真实，真诚。听了这样的问答，我们生活在纷纷扰扰的利益得失中的人们，该有一丝不安吧？老人在辞世时，把平生所著付与罗谦父：“此书付汝，非为李明之、罗谦父，盖为天下后世，慎勿湮没，推而行之。”而我们今天那些富二代、官二代、星二代的自不必说，我们庸众也想着该给儿女们留套房子。道哪去了，传者不清，授者不明，给儿孙们传承的是利益，哪里还有什么“道”的影子呀！哪里还有什么为“天下后世”承担的胸怀呀！不用说父母们了，就连我们这些为人师者，与李明之相比，也深感惭愧。那声遥远的嘱托，让人警醒。

【第二十一则】人生四凉

月考试卷的诗歌题选用了李白的《古风》。“梧桐巢燕雀，枳棘栖鸳鸾”，李白悲愤地说。“鸾鸟凤凰，日以远兮。燕雀乌鹊，巢堂坛兮”，屈原也曾忧愤地说。“羁鸟恋旧林，池鱼思故渊”，陶渊明更是无奈地说。个人的才华，入世的理想，专制的体制，高洁的人格，这些矛盾冲突最终化成了李白《古风》中这深深的叹息：“登高望四海，天地何漫漫，霜被群物秋，风飘大荒寒。”屈原、陶渊明可曾听到？面对大自然的萧瑟，李白内心的理想也荒芜了，顿生“荒凉—凄凉—苍凉—悲凉”之感，李白的这“人生四凉”，代表了无数想大有作为却最终人生落寞的古代士人的心境！

【第二十二则】史铁生专题阅读一：刺猬

“我那时脾气坏到极点，经常是发了疯一样的离开家，从那个园子里回来又中了魔似的什么话也不说”，“我会突然把面前的玻璃砸碎”，“会猛地把手边的东西摔向四周的墙壁”。而母亲会悄悄地躲出去，偷偷地听动静，暗暗地哭红了眼，再悄悄地进来收拾东西。母亲在儿子面前紧张得像一个小学生，不敢说“跑”、“踩”，更不敢不让儿子一个人去地坛。她不得不“赌一把”，冒着可能失去儿子的危险去“赌一把”，她用柔韧的肩膀扛起儿子的不幸。当我们每个人遇到困境，总会不自觉地伤害身边的人。谁最爱你，你就伤害谁，就像一只刺猬。困境使人心智迷乱，心性扭曲。当伤害造成恶果时，后悔药又没处买去，再噬脐莫及、肝肠寸断也换不回时间。所以当母亲离去后，他又不能待在家里了，“又整天整天独自跑到地坛去，心里是没头没尾的沉郁和哀怨”。让我们常怀感恩和惜福之心吧，行孝要及早，小心“子欲孝而亲不待”。这样，才不辜负史铁生忏悔的苦痛。

【第二十三则】史铁生专题阅读二：一个四百岁的爷爷

“地坛在我出生前四百多年就坐落在那儿了”，“仿佛这古园就是为了等我，而历尽沧桑在那等了四百多年”。史铁生迷惘无助，也拒绝所有帮助，他发疯发狂地和自己的腿较劲，为什么残废的是他？他要与上帝论公平，地坛是他逃避一个世界的另外一个世界。他在这可以什么话都不说，什么人都不理。史铁生终于可以用大把大把的时间来思考了，地坛如一位老者，静静地伫立在那儿，一言不发地看着他：这位老者是那剥去了浮华的古殿檐头的琉璃，是散落了的玉砌雕栏；这位老者还是地坛的花花草草、虫虫树树；还是风儿、雪儿、阳光、露珠。对痛不欲生的史铁生而言，这位老者对他视而不见，自顾自地生长。在这样的宁静与平和中，史铁生看到了渺小而卑微的生命的无限生机，感受到这里虽荒芜却并不衰败。另外，这位老人家还是那苍黑的古柏，“你忧郁的时候它们镇静地站在那儿，你欣喜的时候它们依然镇静地站在那儿，它们没日没夜地站在那儿，从你没有出生一直站到这个世界上又没有你的时候”。个体的痛苦永远是一时一瞬的，如果不能超越这个时间或空间，心灵就会成为那一时一瞬的痛苦的俘虏。“落叶或飘摇歌舞或坦然安卧，满园中播撒着熨帖而微苦的味道”，园中的苦味可以用鼻子嗅，而生命的苦味，却要用心去品，去咀嚼。地坛这位四百多岁的老人以自己的沧桑和绚丽，为史铁生开启心门。

【第二十四则】史铁生专题阅读三：警钟

史铁生的自私，更彰显了母亲的无私，而母亲去世后又令他反思。史铁生沉重的反思，发自心灵的忏悔，是对自己心灵的救赎。而他把这份沉重的人生感悟写在笔端时，对于我们每一位读者又是长鸣的警钟。当我们遇到困难时看《我与地坛》，当我们想到双亲时读《我与地坛》，当我们在纷繁的现实中违心地虚伪一下，或是虚荣地卖弄一下时，也来看看《我与地坛》，读读《病隙碎笔》，在史铁生这面镜子前照一照自己的内心，一个懂得惭愧、知道悔过的灵魂，才能惜福，才会睡得香甜。

【第二十五则】史铁生专题阅读四：母亲的智慧

读到史铁生母亲的聪慧和坚忍，我会不自觉地想到生活中的许多母亲，也包括我自己。孩子的书读得越来越多，学识也不断提升，而自己和孩子间的距离却在可怕地拉大。不自觉地絮絮叨叨、磨磨叽叽、没完没了，烦的不只是自己，还有孩子。当母亲的，要有当母亲的细腻与敏感，要有当母亲的智慧与忍耐，还要有更为长远的眼光。所以史铁生说“她不是那种光会疼爱儿子而不懂得理解儿子的母亲”。当母亲离开时，“母亲的苦难与伟大才在我的心中渗透得深彻”。一份智慧而深沉的爱，是每一位母亲都应该学的，史铁生不只是给天下所有的孩子们上了一堂课，更给我这样的母亲树立了一个榜样。史铁生被囚禁在轮椅中，而我们每个人的孩子也有他们的限制与障碍，愿我们所有的母亲都能如史铁生的母亲那样，爱得明明白白。爱得感性，也爱得理性，而不是打着爱的幌子去伤害自己最心爱的人。

【第二十六则】史铁生专题阅读五：生死安然

“死是一件不必急于求成的事，死是一个必然会降临的节日”。能说出这样的话的人，身体给他带来怎样的痛苦，心灵给他带来怎样的绝望，这是我们拥有“健康肢体的人”所难以想象的。我只能说“健康的肢体”，而不敢说我们都是“健康的人”。在地坛坐了十五年的史铁生明白了，明白了人身体的局限性，也明白了人精神的超越性。人事有代谢，往来成古今。当他把个体生命与万物生生不息的轮回融为一体时，一个史铁生死了，那个抱着一辆玩具小汽车的小的史铁生又活了，也许是故居合欢树下的那个孩子，正抬头望着树影。“宇宙以其不息的欲望将一个歌舞炼成永恒，这欲望有怎样一个人间的姓名”，史铁生说：“大可忽略不计。”当他把失腿之痛、失母之痛，把生命的困惑、写作的困惑，都能从天地人生、宇宙万物的视角去审视的时候，又有什么不可以超越的呢？个体的肉身只是这场生命轮回中的一环。我们每个人只要认真踏实地、平和幸福地把自己这一环做好，还有什么过不去的痛？还有什么活不下去的苦？还有什么放不下的名和利呢？于是参透人生的史铁生说：“那何不生死安然呢。”于是我们看到坐在轮椅上的他，从容乐观地笑着，笑得很灿烂。

我还要再说一句，除了轮回，还有传承。正如一个海子死了，春天里十个海子又活了一样，而一个史铁生死了，我们的课堂上无数个史铁生又活了，这就是不息的精神之光。

【第二十七则】史铁生专题阅读六：魔鬼与恋人

“人怎样活的问题是要活多久就要想多久的问题，如魔鬼或恋人”，这正是史铁生的人生困惑，也是他的生死抉择。我想，通透如苏东坡，当他被贬到黄州，他“夜饮东坡醒复醉，归来仿佛三更，家童鼻息已雷鸣”时，就在与命运的魔鬼搏斗，而当他想“小舟从此逝，江海寄余生”时，东坡若能穿越时空到地坛来，定能见到在地坛苦苦挣扎的史铁生。而在《赤壁赋》中，当苏东坡与友人对话时，就是魔鬼与恋人的对抗。无论是北京地坛，还是黄州赤壁，都有伟大心灵的挣扎。

而当史铁生明白“就命运而言，休论公道”，“我常以为是众生度化了佛祖”，他也就明白了人生可以自己把握。因为对幸福的感恩，因为对不幸的祈祷，才有了佛祖。其实，我们每一个人都是自己的佛祖。所以在地坛待了十五年的史铁生说：“因为这园子，我常感恩于自己的命运。”因为他摆脱了魔鬼，找到了恋人。而当东坡吟到“回首向来萧瑟处，归去，也无风雨也无晴”时，他也就找到了真正的、不一般的自我，也就羽化而成为千百年后我们心中永远的恋人。

【第二十八则】史铁生专题阅读七：真诚无价

读了《我与地坛》的第六节，给我最大的感受是真诚坦然，是史铁生解剖自己的勇敢。他在地坛因残疾而想死，又因写作小有名气后没了生活素材，文思枯竭，他又想到死。不断地身为形役。而我们今天的每个人，又会因了什么而痛苦不安呢？学生为了成绩，老师为了评职，领导为了升级，等等。我们能不能如史铁生一样真诚地剖白自己呢？用文字，用语言，向大自然，向亲友，像史铁生在《病隙碎笔》中那样审视自己的心灵，让两个“我”对决。如果我们能如他一样有自省的意识和能力，我们就不会被欲望长期绑架，就能在平和宁静中做自己的主人。当然这种平和宁静永远是动态的，正如史铁生说：“怎样活的问题不是在某一个瞬间就能完全想透的，不是一次性能够完全解决的事。怕是活多久就要想多久的。”而这个过程也许正是我们不断地明确欲望，并不断地超越欲望的过程。而真诚坦然，则是我们永远的护身符。让我们再看看史铁生在《病隙碎笔》中所写的①：

残疾，其最危险的一面，就是太渴望被社会承认了，乃至太渴望被世界承认了，渴望之下又走进残疾。

他（史铁生）若在人前假笑，我（史铁生的心灵）可以在他后面（里面）真哭——关键的是，我们可以在事后坦率地谈谈这他妈的到底怎么回事！谁的错儿？

史铁生告诉我们：能拯救自己的人，只有你自己。而有这个能力的人，都是人生的幸运儿、命运的宠儿。正如老子所言：胜人者力，自胜者强。

【第二十九则】梁衡专题阅读一：真的力量

在彭德怀和瞿秋白的身上有一种真实、真诚的魅力。他们都是中华民族

① 史铁生：《病隙碎笔》，中国盲文出版社，2008年版，第85—86页。

的赤子：彭德怀是个单纯、火暴的孩子，瞿秋白是个单纯、沉静的孩子。一个是愤怒而激烈，一个是优雅而从容。但他们的心都是那样的澄澈而明净，他们都把纯洁的自己贡献给一份伟大的事业。秋白更在《多余的话》中给我们呈现了一颗明明白白的、干干净净的心。而彭德怀被囚时曾被要求揭发曾疯狂迫害自己的林彪，他却说“我当年没有在东北与他共事，我不清楚”，干干净净地为人，说实话，不做违心的事，是一种巨大的人格力量。而当环境让我们不得不说假话时，这底线也应是不伤害别人。彭德怀不给一个已经被万人唾骂的人增加一分罪恶，瞿秋白不让自己在历史上成为“高大全”的英雄。求真，让他们在我们心中成为永恒。

【第三十则】梁衡专题阅读二：元帅之痛

《彭德怀之死》一文写到我们这个疯狂的民族让这位共和国的开国元勋一次次地痛哭失声：“1971 年 8 月 8 日，他在桌子上哭了起来，睡了没有两分钟，睁大眼睛思考着，一会儿眼泪又涌了出来，过了一会儿又哭起来。”“1972 年 11 月 22 日，他躺在床上哭了一小时”……这样的细节，每个读过的人，该是怎样的心碎，该是怎样的不安。他曾为共和国流过多少血，而“文革”中他又为共和国流过多少泪。他为我们民族流的血，是他的光荣；他为我们民族流的泪，是我们民族的悲哀。

【第三十一则】梁衡专题阅读三：冷酷的判断

彭德怀在苦难中高声地呐喊，不屈地挣扎，他的耿直倔强，让他付出了生命的代价。邓小平，在苦难中沉默，在沉默中思考，让他等来了人生的转机。在梁衡的两篇文章《二死其身的忠臣彭德怀》《一座小院和一条小路》中，我看到了两种生命状态：彭德怀不停地写着，3700 字自陈，七次发言，8 万字上书，“我一不会反党，二不会自杀”；而邓小平，在那个江西的小院中几乎一语不发，他知道“世事沧桑不由己，只有静观待变时”，“默穷兴衰之理，暗运回天之力”。一个忠诚而刚烈，傲骨铮铮，一个理性而冷静，坚韧不拔。一个是元帅，有自己的烈性；一个是参谋长，有自己的定力。一个刚毅直谏，不惜性命；一个蓄势待发，以挽危局。他们都为我们民族的复兴献出了赤诚之心。

【第三十二则】梁衡专题阅读四：犬耕

瞿秋白的优雅，源于他超越名利、超越生死的从容，正所谓“壁立千仞，无欲则刚”。瞿秋白以自己的大才，选择了放下笔，拿起枪，但内心的矛盾却让他不安。在电影《鲁迅》中，他和鲁迅这样对话：耕地当用“牛”耕，却偏偏选择了他这样的“犬”来耕（这是他对自己的笔名“犬耕”的自嘲）。而鲁迅则把自己定位在用笔呐喊，以慰藉那些猛士，使他们不惮于前驱。秋白前驱，鲁迅呐喊。秋白殉难，鲁迅心痛。相比之下，我欣赏鲁迅的冷静和理性。而秋白用自己这把菜刀在情急时杀敌了，他没能留下菜刀做后用，没能留得青山来养柴。他一生没有给自己的才华寻觅到一个最好的渡口，“觅渡，觅渡，渡何处”？相形之下，我们只有痛惜。还有更为痛惜者——鲁迅，先生用尽心力，倾其所有，为怀念秋白，为他出了精装本的《海上述林》(瞿秋白的译文集。在瞿秋白被国民党反动派杀害后，由鲁迅搜集、编辑和出版，分上、下两卷)，在将被忘却的纪念中留下一抹永恒。鲁迅年长秋白十五岁，他们却成了忘年交、人生知己，在此我们又看到了什么才是最伟大的友谊。

【第三十三则】梁衡专题阅读五：生死超越

史铁生说“死”是“一个不必急于求成的事”，“是一个早晚会到来的节日”。对于“生”，他却说“我职业是生病，业余是写作”。看着坐在轮椅上的笑得特别灿烂的史铁生，你会觉得生命原来可以这样的坚韧，可以有这样强的承受力，生命原来可以这样从容地承受如此重负。瞿秋白也说，“死也无非是一个绵长的梦，一次不会醒来的沉睡罢了”，“人生有小休息，有大休息，死亡也只是赶赴一个长眠之约而已”。其实人人都想长生，对死的恐惧是一种本能。能超越这种本能，自由地驾驭生命，真的很不容易。我觉得超越名利不难，但能超越生死不易。因为名利是奢求，生死却是底线。伟大的生物学家巴甫洛夫说：“我正在死亡，请勿打扰。”物理学家比埃尔·居里说：“人即使只剩下一个没有灵魂的躯壳也要工作。”这些人把自己的生命放到事业的无限中去，放到个人追求、民族解放、科学发展的无限中去，在这种无限中他们的生命得到了永恒，也就没有了对死亡的畏惧。

史铁生还说：

但是太阳，他每时每刻都是夕阳也都是旭日。当他熄灭着走下山去收尽苍凉残照之际，正是他在另一面燃烧着爬上山巅布散烈烈朝辉之时。那一天，我也将沉静着走下山去，扶着我的拐杖。有一天，在某一处山洼里，势必会跑上来一个欢蹦的孩子，抱着他的玩具。

当然，那不是我。

但是，那不是我吗？

宇宙以其不息的欲望将一个歌舞炼为永恒。这欲望有怎样一个人间的姓名，大可忽略不计。

其实，当个体的小我与宇宙永恒的全人类的大我融为一体时，我们也就进入了生生不息的生命传承与生命轮回，并从而得到生命的永生。史铁生是这样，秋白是这样，我们每一个人也是这样。

【第三十四则】梁衡专题阅读六：传承

我们看梁衡在《乱世中的美神》中有这样一段话：“她以平民之身，思公卿之责，念国家大事；以女人之身，求人格平等、爱情之尊。”这是在评点李清照，又何尝不是在评点秋瑾？李清照是千年前的秋瑾，秋瑾是千年后的清照。她们敢于打破思想的束缚，追求自由和平等。她们都满腔热血，一身正气，忧国忧民。她们时隔千载，却心神相通。我们读李清照的诗：“欲将血泪寄山河，去洒东山一抔土”“千古风流八咏楼，江山留与后人愁”“生当作人杰，死亦为鬼雄”；再读秋瑾的诗：“欲望家乡何处似？乱峰深里翠如烟”“拼将十万头颅血，须把乾坤力挽回”“身不得，男儿列，心却比，男儿烈”。最终李清照发出“寻寻觅觅，冷冷清清，凄凄惨惨戚戚”的悲吟；而秋瑾也发出“莽红尘，何处觅知音？青衫湿”的慨叹。但秋瑾还能在东瀛日本寻到徐锡麟、周树人这样的革命志士，弹铗而歌，激昂慷慨；而李清照却不能与同代韩世忠、岳飞等对酒当歌，连陆游这样的大诗人，这样与才女唐婉有过甜蜜的爱情经历的人，也赞同孙姓女子的“才藻非女子事也”的论断。寂寞，让李清照有旷世的孤独。相比之下，千年后的秋瑾还是幸运的，毕竟时代在进步，女人走出闺房已经是时代的大潮。天下兴亡，匹夫有责，何况巾帼豪杰。若没有她们俩，我们中国女性，中国知识女性，在历史上该有多么死寂，该有多么苍白。

【第三十五则】梁衡专题阅读七：出水才见两腿泥

我写了两篇下水文《有我还是无我》(一是用梁衡专题中的李清照的材料，二是用彭德怀的材料，为这个专题学习做一个小结，也训练学生阅读与写作相结合的灵活性)。我以前给学生写样文，都只是给学生呈现一个最后的结果，而这次我改变了策略，把自己写这两篇文章时修改加工的过程也呈现出来，鼓励学生给我的作文挑毛病，帮我进一步润色语言，让学生看看老师下水也湿鞋，也许这样的文章才更有示范性。过程是真实的，我是真诚的，我感到很开心。其中有两位同事、有多个学生给我的作文提了意见和建议，他们也给我的作文升格。这样，我也能给学生做个鲜活的例子，告诉学生：作文修改升格的空间是无限的，老师也正在努力中。其实，在文学创作中，大作家郭沫若还有一字师呢，何况我们。作文修改升格不只是提高写作能力的方法，在修改背后，更体现了你严谨求学的态度。

【第三十六则】鲁迅专题阅读一：小樟寿的烦恼

柜台，它首先是一个把人与人隔开的东西，然后，柜台里面代表了一种权势，代表了一种地位。而当一个孩子，他长年累月需要到一个象征权势的地方，象征着人与人之间的隔阂、象征着人与人之间的鸿沟的地方去体验生活的话，这对孩子的内心是一种怎样的折磨。自己和外界环境有着巨大的差异，自己又处在劣势地位，就会养成孩子的敏感和自卑心理。所以小樟寿从小就会特别注意别人对他的态度，简单地说就是看人脸色。也许今天柜台上的人对他脸色好一点，他就高兴一点；明天这个柜台上的人特别不耐烦，他就觉得有非常沉重的失落感。这样的一种敏感所造成的痛苦，是后来鲁迅在作品中凸现他那“犀利”的眼光的根源之一。这两个柜台，带给小樟寿的是童年的心灵创伤，是极为严重的心理伤害。童年的幸福感、安全感，可能会决定人一生的幸福指数、安全系数，而这种不幸福感和不安全感，则让青年的鲁迅进一步思考一个民族不安全、不幸福的缘由。童年的这个柜台给小樟寿带来的幸与不幸并存。从孩子健康成长的角度来说，这是不幸的。如果小樟寿能有一个幸福的、快乐的、无忧无虑的童年，鲁迅的性格，以及他今后的人生取向，会不会别有不同？这种少年时的心灵创伤也许是他成长为一个民族战士的原因之一。而从一个沉睡着的老大帝国而言，一个童年缺少幸福感的小孩儿，带着一种怀疑的态度和审视的眼光成长起来，他要思考，他想改变，他从改变自身开始，他从改变家族开始，开始了他“上穷碧落下黄泉”的探索。再换个角度看这些童年的伤痛，也许是小樟寿的幸运，但更是我们民族的幸运。

【第三十七则】鲁迅专题阅读二：足迹

一个 13 岁的孩子的伤痛：他爱亲人，憎恨那些别有用心的人，憎恨世态炎凉。因此他才要“走异路逃异地，去寻求别样的人们”。

一个 18 岁青年的思考：由爱亲人而博爱众生，而学医救国。他由思考个人家庭的命运，进而思考国家民族的命运。

一个 24 岁爱国青年的伤痛：“示众的材料”与“麻木的看客”让他异常痛苦。他爱祖国，憎恨军国主义，更为那些麻木愚昧的同胞而悲哀。

一个 26 岁思想者的行动：改变国民的精神，为民族的“新生”而战。

一个 29 岁清醒思想者的寂寞：咀嚼失败的苦痛，是失望中的无奈，他知道自己不是一个振臂一呼而应者云集的英雄，寂寞的毒蛇啃噬着他的心。

从他 37 岁起，一个思想先驱开始“韧”的战斗：《狂人日记》发出了振聋发聩的怒吼“救救孩子”。到他 41 岁，1922 年结集《呐喊》，写自序，他要在失望中顽强地寻找那微茫的希望，为改变国民的精神而不懈地战斗。

从鲁迅先生的这些经历，我们更真切地感受到一个孤独、敏感而悲伤的少年，是如何成长为一位博爱众生的有志青年，是如何成长为一位以笔为枪、以笔为手术刀来医治民族灵魂的思想先驱的。

从他 37 岁发表《狂人日记》时起，那个叫周树人的中年男子成了鲁迅。是他家庭的不幸、是我们民族的苦难孕育了鲁迅，这正是我们民族不幸中的幸运。出名要趁早吗？还是厚积薄发来得更深远，更长久！

【第三十八则】鲁迅专题阅读三：两个鲁迅的博弈

《呐喊·自序》中的那段经典对话出自两个人——“我”和钱玄同，这是根据课文内容来解读。但我们也可以不必完全拘泥于课文，也可以理解为先生是为了写文章的需要艺术化地处理了这些情节，就如钱玄同化名为“金心异”一样。也许索稿确有其事，但这一段关于铁屋子的对话也可以理解为是鲁迅先生两个自我的心灵对话：是坚韧的顽强的自我，战胜了那个绝望的怯懦的自我，他要再次为自己曾经的梦想——“改变他们的精神”而努力。这次长达五六年的沉寂，终于使先生在“沉默中爆发”，年轻时的那个梦想也终于成为他“我以我血荐轩辕”的一生的追求。

【第三十九则】鲁迅专题阅读四：阿Q知道“痛”吗？

阿Q在第一章就被赵太爷打了，第三章又被地保“专政”了，付了二百文的酒钱，“愤愤”地躺下，后来想，这是儿子打了老子。这可贵的“愤愤”，就这样很快消失了，而继续自我陶醉在精神胜利的泥淖中。阿Q很穷，靠给别人打工才能糊口，他赌博时赢了钱，当然会非常高兴，但很快他的钱就没有了。“骂声打声脚步声，昏头昏脑的一大阵”，“身上有几处似乎有些痛，似乎也挨了几拳几脚——他如有所失的走进土谷祠”。阿Q的所有感觉，包括被打的感觉、痛的感觉，都是“似乎”痛。肉体的麻木，早已先于精神的麻木了，一个没有了明确的感知能力的人，不也就是个活木头吗？

但阿Q也是有羞耻感的，第三章讲了他的光荣和屈辱：他被“又癞又胡”的王胡打了，这家伙是身体上有缺陷的，而那个假洋鬼子，是精神和身体上都有缺陷的，竟然也敢打他，这是他平生两大屈辱。能感到屈辱，这说明他有正常的人的感觉，但最可悲的是，他把这种屈辱发泄到小尼姑身上，到她那里去找平衡，去建立自己的所谓光荣。这就连男人的尊严也失去了，好男还不和女斗呢，何况去欺负一个小尼姑呢，他变得可怜又可鄙。

在第九章大团圆中，也就是在阿Q死前，他还是有了一丝人的感觉的回归的。他觉得那些喝彩的看客，就如同四年前遇见的“饿狼”，眼睛“又钝又锋利”，“不但咀嚼了他的话，并且还要咀嚼他的皮肉以外的东西”，“已经在那里咬他的灵魂了”。他终于知道痛了，可是太晚了，他再也没有机会体会这种痛，并在痛中反抗了。

我们每个中国人，要想在精神上不麻木，就要先在身体上有痛感，保持精神上的清醒，才可能有思想上的觉醒。

【第四十则】鲁迅专题阅读五：阿 Q 喊“救命”的可贵

在第九章，阿 Q 在游街时，他的精神胜利又达到了一个新的高峰，有了新的表现形式。“他以为人生天地之间，大约本来有时要抓进抓出，有时要在纸上画圆圈的，惟有圈而不圆，却是他‘行状’上的一个污点。”当知道自己要被杀头时，“他一急，两眼发黑”，但只一会儿也就泰然了，“似乎觉得人生天地之间，大约本来有时也未免要杀头的”。在游街示众时，“他不过便以为人生天地之间，大约本来有时也未免要游街示众罢了”。当他能想到的所有的戏文都喊不成时，就想起了“过了二十年又是一个……”，“好汉”这个词鲁迅先生竟然没有让他喊出来，“好！！！”看客们发出的豺狼的嗥叫一般的声音，这声音盖住了阿 Q 的“好汉”声吗？还是先生有意制造这个效果。

阿 Q 也终于不能成为“好汉”，鲁迅让他在死之前喊了一声“救命”。他终于可以做一回有恐惧感的人了，只是太晚了，连“救命”这两个字，鲁迅先生也只是让他喊了一次，连喊第二个“救命”也没有机会了，就如“微尘似的迸散了”。

这不是鲁迅要捉弄一个将死的阿 Q，而是对他死前的最后一丝人的本性的期待，精神上的胜利永远不是现实，而在残酷的现实中感觉到恐惧，才是人应有的正常的心理、生理反应。阿 Q 知道痛了，只可惜太晚了。

【第四十一则】鲁迅专题阅读六：比比两个阿 Q

在专题学习中，我还组织学生看了《阿 Q 正传》的电影。

对于小说和电影，我们特别注意到几个细节的不同：

电影中在严顺开饰演的阿 Q 跃跃欲试地想调戏小尼姑时，一个看客蹿到阿 Q 前面，冲着小尼姑手舞足蹈地唱道：“小尼姑下得山来，山前山后山左山右，桃红柳绿，柳绿桃红。”(有不少学生不知道这几句是什么意思，要讨论一下)这两句戏文刺激了阿 Q，更进一步挑逗他去做无耻之事，这说明阿 Q 的坏是有土壤的，有导火线的。这个细节是电影中加的，我觉得效果很好。

小说中，在调戏了小尼姑后，阿 Q“哈哈哈”十分得意地笑，而看客们也“九分得意地笑”，“实践者”的快感胜于看客们的无聊。而电影里，这些看客们，似乎有着十一分得意的笑，不只阿 Q 和小尼姑在他们欣赏的范围内，还包括那个帮腔欺负小尼姑的，这就更凸显了全民性的无耻。正如鲁迅所说一个有狼相，有羊相，就是没有人相的民族，是最可悲、最可耻的。自己不自尊不自爱，也绝对不会尊重和爱护弱者，这样的画面，使批判的力度更强了。

电影中还有一处对话与原文略有不同：严顺开饰演的阿 Q 说“快回去，有人等你呢”，而小说中是“秃儿，快回去，和尚等着你……”，相比较，显然不如小说中“和尚等你呢”更能体现阿 Q 的无耻兼无赖。

还有一处，可以说小说和电影各有千秋：

在小说中，阿Q死后，看客们只是觉得枪毙不如杀头好看，“那是一个怎样可笑的死因呵，游了那么久的街，竟没有唱一句戏：他们白跟一趟了”。而电影中，还有一个年轻人在为阿Q是一个好汉而为他抱不平，酒店的掌柜却说“他还欠我45文酒钱呢”，《孔乙己》的结尾被编者挪来了，也很恰当。人生就如一台戏，大家都在这儿看别人的热闹，只是不小心有一天自己也成了别人眼中的热闹。就如阿Q看杀革命党的头时说“好看”，而小说中的看客们再看他时却连个“好看”也没有了，只剩下“可笑的死因”了。从电影中年轻人的话，我们可以看出他还是佩服阿Q的，至于还想着讨要酒钱的掌柜的，就只是孔方兄的徒孙了。当年，革命党为谁而死，阿Q是不管的，他只觉得杀头更热闹就行了；而今，阿Q为什么被杀，看客们也是不顾的，他们只需在茶余饭后发表一下自己的高见就行了。正如卞之琳所说“你站在桥上看风景，看风景的人在楼上看你”，这就是铁屋子里残酷的风景，也是铁屋子里人性麻木的噩梦。可悲的是，在我们今天的生活中，这样的麻木，这样的冷漠，还依然地不绝于耳，不绝于眼。我们呼唤一个有人文情怀，有人文关怀的时代，简单一句话，就是渴望一个有人味儿的生存环境，这需要我们所有人的努力，我为人人，人人为我，这个社会才有温度。

【第四十二则】鲁迅专题阅读七：“逻辑”基因

在小说的结尾有这样的话：“至于舆论，在未庄是无异议，自然都说阿Q坏，被枪毙便是他坏的证据；不坏又何至于被枪毙呢?”观点与论据可以一事两用，可以循环互证，这就是中国的逻辑学。这样的强盗逻辑，我们今天还在使用：这个女人被人欺负了就是坏，不坏怎么能有人欺负她呢？苍蝇不叮无缝的蛋。看客们的逻辑学足以代代杀人，但是千万别成了我们民族的遗传基因，还是早点让“阿Q”速朽的好，这样才不负先生为开启民智而付出的努力、做出的牺牲。

【第四十三则】鲁迅专题阅读八：照应的艺术

在第四章阿Q想和吴妈闹恋爱之前，第三章开头是这样说的，阿Q一觉醒来唱着《小孤霜上坟》到了酒店，第三章最后发生了他调戏小尼姑的事，到了晚上他“觉得自己的大拇指和第二指有点古怪”，“指头在小尼姑脸上磨得滑腻了”。

而电影中在阿Q恋爱之前的一系列的镜头，更是颇有趣味。阿Q在赵府的门缝中看到吴妈，吴妈还冲他笑呢。另外，除了小尼姑的脸让他对着自己的指头不断想象外，土谷祠的土地爷神像，在边上竟然还有个土地奶奶的神像，这让阿Q更加不安起来。这时电影又安排了猫在窗外叫春打架的声音，这更让三十多岁的阿Q春心萌动。

然后，小说和电影都讲了赵太爷娶小老婆的事。太爷在快做爷爷时，还要娶小老婆，而三十多岁的阿Q却因为向吴妈求婚未果而坏了名声，并因此丢了饭碗，只得去城里找活了。

赵太爷可以娶小老婆，可以继续道貌岸然地做他的太爷。

阿Q却成了流氓无赖，不是因调戏小尼姑，而是因为胆敢向赵府的女佣示爱，他也配？难道他只配欺侮小尼姑？

在未庄人眼里，阿Q不只挑战了礼教，还挑战了乡绅土豪赵家的权威。于是，阿Q正当恋爱的下场是毁了名声，丢了工作，被迫流浪到城里；而最应该被口诛笔伐的欺侮小尼姑的行为，却成了他的赫赫战功，得到未庄庸人的盛赞。这就是未庄的社会舆论。

【第四十四则】鲁迅专题阅读九：老鼠与狼

眉间尺出发前为打死老鼠而难过，觉得老鼠“很可怜，仿佛自己作了大恶似的”，这就是眉间尺的性格起点，他是一个孩子，一个单纯善良、心慈手软的孩子，直到他果断地把自己的头和剑送给黑衣人，直到他对着从国王宝座上下来的大王狡黠地“嫣然一笑”，他还是那个调皮的孩子，但他更是一个聪慧的战士。

黑衣人宴之敖在出发之前，一群狼向他进攻，“一匹大狼就向黑衣人扑过来。他用青剑一挥，狼头便坠在地面的青苔上”。宴之敖是一个战士，生来的战士，他刚毅、果敢、坚定。老鼠，反衬出了眉间尺的软弱，“一点尖尖的通红的小鼻子，咻咻地急促地喘气”，连这只老鼠都是那样的生动传神，可怜的小老鼠让我们生出一丝爱怜，而这也正是眉间尺的心理。而群狼，则凸显出宴之敖的成熟，“狼们站定了，耸着肩，伸出舌头，咻咻地喘着，放着绿的眼光看他扬长地走”，也让我们感受到它们那阴森恐怖的阵势，让人毛骨悚然，但作者却用这样的狼群为英雄祭剑，为英雄壮行，我们也仿佛看到在苍茫的暮色中，在狼群的注视下，宴之敖飘然而去的一抹身影。先生的故事好看，精彩之处便在于这些看似微不足道的细节。比如两种“咻咻声”，烘托出两个不同的人物形象。

【第四十五则】鲁迅专题阅读十：另外两个战士

《铸剑》中不只有两个战士，而是有四个战士：软弱的眉间尺，冷峻的宴之敖，另外还有眉间尺的母亲和父亲。我们先看眉间尺的母亲：“一交子时，你就是十六岁了，性情还是那样，不冷不热地，一点也不变。看来，你的父亲的仇是没有人报的了”。这是一个不懂得什么是溺爱孩子的母亲，在她的生命中，自从丈夫死后，她活着的唯一目的就是复仇。“他看见他的母亲坐在灰白色的月影中，仿佛身体都在颤动：低微的声音里，含着无限的悲哀，使他冷得毛骨悚然”。母亲的形象让儿子有“无限的悲哀”“冷得毛骨悚然”的感觉，母亲的坚定让儿子有些害怕，这正是他对母亲的希望的不理解。母亲是一个战士，母亲的仇恨让儿子感到恐怖。再看他的父亲：“你不要悲哀。这是无法逃避的。眼泪决不能洗掉运命。我可是早已有准备在这里了！——不要悲哀；待生了孩子，好好地抚养。一到成人之后，你便交给他这雄剑，教他砍在大王的颈子上，给我报仇！”这话是由他的妻子转述的，但从这些话里我们看到一个永不屈服的灵魂，他人是死了，但他不屈的意志成了妻儿精神力量的源泉。这是文中着墨最少的一个人，却是一个深谋远虑的战士，一个果断、坚毅的战士。当他埋下雄剑时，也埋下了复仇的种子。

【第四十六则】鲁迅专题阅读十一：泼皮牛二之子孙们

眉间尺进了王城，“路旁的一切人们也都爬起来，干瘪脸的少年却还扭住了眉间尺的衣领，不肯放手，说被他压坏了贵重的丹田，必须保险，倘若不到八十岁便死掉了，就得抵命”。“压坏了贵重的丹田”“必须保险”“倘若活不到八十岁就必须抵命”，我真是佩服先生的创造能力，寥寥几笔，这个泼皮的形象就历历在目了，让我们又重温了《水浒》中杨志卖刀时遇到泼皮牛二的场景。生活中，这样的泼皮我们还会看到：当有人走投无路，爬上高台、楼顶或塔吊时，就有人在下面大喊：“你快跳呀，跳呀，老子都等得不耐烦了。”当事者真的就有立刻自杀的。语言可以杀人。泼皮们要制造热闹，要看热闹，不热闹就不过瘾。至于人格底线，人性本善，他们是不能明白的。因此，牛二的子子孙孙们，在我们的土壤中欢快地生长着，绵延不绝。先生说：“眉间尺遇到了这样的敌人，真是怒不得，笑不得，只觉得无聊，却又脱身不得。”这些人确实是我们共同的敌人，让我们无聊，更让我们愤怒。今天有摄像头，该让那些“如豺狼般嚎叫”着要看热闹的人承担故意杀人的刑事责任了。

【第四十七则】鲁迅专题阅读十二：记念与散胙

夜正长，路也正长，我不如忘却，不说的好罢。但我知道，即使不是我，将来总会有记起他们，再说他们的时候的。（《为了忘却的记念》）

苟活者在淡红的血色中，会依稀看见微茫的希望；真的猛士，将更奋然而前行。

呜呼，我说不出话，但以此记念刘和珍君！（《记念刘和珍君》）

我不知道以后是否还有记念的时候，倘止于这一次，那么，素园，从此别了！（《忆韦素园君》）

《为了忘却的记念》《记念刘和珍君》《忆韦素园君》三篇文章的最后，都有一个共同的特点：就是要忘却这“记念”。鲁迅曾有这样的论断：凡有牺牲在祭坛前沥血之后，所留给大家的，实在只有“散胙”这一件事了。这论断让人惊心，又一针见血。时间会无情地消磨伟岸，让它平淡无奇，并归于尘土，这就是先生对于中国人健忘本性的永远的痛。所以《为了忘却的记念》和《忆韦素园君》是先生在这些青年朋友们离去两三年后才写就的，让我们在将要忘却时想起他们。所以这记念，不等同于纪念，更有要永远记住的意思在，是对国民健忘症的深刻警醒，让我们永远记住这牺牲。也许还有“青年的血层层的淤积，将我埋得不能呼吸”，写这些文章更是为了减轻先生自己的心灵重负，写下这些也是为了做一个心灵的小结，让自己能轻装上阵，能再次进行“韧”的战斗，从悲痛中汲取力量，“真的猛士，将更奋然而前行”。

【第四十八则】鲁迅专题阅读十三：迂

鲁迅说韦素园在看到朋友咯血时，用了爱和急切的声音命令：你不许再吐了。他迂得可爱。而鲁迅又何尝不是“迂”得可爱呢？鲁迅在与一些青年的交往中，一面抱怨受骗，一面又继续上当。他一面说一些青年人来信字写得太乱，是浪费别人的生命，一面又认真地尽力看，尽力辨识，然后用毛笔工工整整地给青年们回信，他一生竟然给青年们用毛笔写了 3500 多封信。其中，在很短的时间里，就给萧红、萧军回了 7 封信，并热情地邀请他们来上海发展，还给初来乍到的两个年轻人以经济上的资助。但也有一些青年骗他的文稿，骗他的书法，拿到别处高价出售，更有赖在家里经月不走，一定要认作干儿子的。但他还是说：我要“掮住黑暗的闸门，放他们到光明的地方去”，我努力做些事，就能少一些人变“虫豸”。鲁迅也一样“迂”得可爱、可敬！

【第四十九则】鲁迅专题阅读十四：青春的选择

我的青春我做主？何为做主？在人生最美好的时期，为自己的人生把好方向，是求学的方向，是将来一生事业发展的方向。不被环境所左右，不被外力所干扰，坚定地走属于自己的人生之路。

在青春的路口上，我们该如何选择，我们又该基于什么而选择？

十几岁的樟寿，在参加科举，还是学洋务的人生路口，为自己选择了“把灵魂出卖给洋鬼子”，到南京学矿务、学造船；二十几岁的树人又在医学和文学的选择中走上了救治国民心灵的道路，他喊出了“我以我血荐轩辕”的人生誓言；三十几岁的周树人又面临着是在抄录古碑的死寂中过活，还是要在呐喊中战斗的选择，最终他毅然选择了把文坛做战场，以笔为枪；四十几岁的鲁迅，当五四退潮，文坛沉寂，有人高升有人退隐之时，他依然在荷戟独彷徨中寻找着战斗的方向。做主就是选择，做主就是思考与判断，做主就是要切实地行动。而这思考与选择的出发点又是什么？鲁迅的回答是明确而坚定的：为民族启蒙，为改造国民性，他要横眉冷对千夫指，他愿俯首甘为孺子牛。所以才成就了中国这位伟大的文学家、思想家、革命家。

鲁迅的青春抉择告诉我们，你有怎样的青春，就可能有怎样的人生，你有怎样的人生，在人们心中就可能有怎样的高度。因此，鲁迅的名字化成了一座不朽的民族丰碑。

这是我给学生做的以“青春的选择”为题的片段示范：一是要学会设疑发问，二是要学习使用概述方法，提高文字容量，指导学生把鲁迅专题阅读的资料进行消化吸收。

（注：“一日三省”这个专题，是按教学顺序（2012 年 9 月—2013 年 6 月）适当归类而成，用个时髦的词叫“课堂原生态”。）

第二节　作文反思

【第一则】作文漫谈一：观点是个筐吗

观点是个筐，我们什么都可以往里装吗？高二学生写了 2012 年“老计巡道”的高考作文题，学生跑题、偏题情况严重。老计是寂寞的，所以司马迁的寂寞就来了；老计是爱岗的，所以爱孩子的妈妈吴菊萍就来了；老计是负责任的，所以不负责的贪官就来了；老计是讲奉献的，所以做慈善的杨善洲就来了，而不奉献只知索取的街头乞丐也来了，等等。可谓一叶障目，不见泰山。这些观点不全在材料含义范围之内的，也就是说分子/分母＝角度/材料含义范围，就如同“没有分母的分子就失去了分数的意义”一样，如果寂寞、奉献、忠诚等，都不在老计的身份特点、对岗位的态度这个范围内，这些角度就可能会偏离题意。今年的高考阅卷提醒教师，要有意识地强化对学生思维严密性的训练，否则，只抓住一点就敷衍成文，就是泛化题的套作。

【第二则】作文漫谈二：仰视与俯视

对于参加高考的考生来说，要想在短短的三五分钟内读懂“老计巡道”的题目要求，揣测出题人的意图，明确出题者为什么在高考时会出这样一个阅读上没有什么障碍的材料，或是说无障碍到有些平庸。（事后有人评价说，这作文题连小学生也能写）其实，高考作文无可避免地会承担一些“载道”功能，尤其是北京作文题。在庸俗而功利的现实生活中，如老计这样的普通劳动者，正在被不断势利的眼球所漠视。而小学生也越来越多地想做伟人，或是干脆就想做个能呼风唤雨的“贪官”。可生活偏偏弄人，我们绝大多数人将要面对的未来正是老计的现实，做好“老计”就是做好未来的自己。而当一个国家、一个民族的每一个公民都能如老计一样的对待工作，那这个国家、民族就是大有希望的。而这种对普世价值的引导，也正是出题人的意图。当考生能站在一定高度，俯视社会、思考人生时，就能站在出题人的身后，体会作文题的意义和价值，就会摆脱应试时战战兢兢地仰视试题的被动局面，更无须临场宿构、套作，“请古人开会”了。

【第三则】作文漫谈三：影随形动

材料作文的扣题是什么？如影随形动。在整体把握材料含义的基础上，材料中的所有细节都是一片片碎玉，要让它熔化在写作的全过程中。题目要求是影子，你的作文是身形，影随形动，这样你就不会离题了。

如 2012 年北京作文题“老计巡道”，先给老计建个档案：

人物：老计，以“老”称之，可见其工作年龄之长。

工作状态：负责巡视铁路。

工作细节：防止落石、滑坡、倒树危及行车安全。

工作性质：火车安全。

工作强度：每天行走二十多公里。

职业态度：庄重行礼。

社会反映：久久回响的汽笛。

这些角度，都可以在作文的各个论证段落有选择地照应，这样，文章就能不偏题不跑题，也能更好地契合题意。

【第四则】作文漫谈四：车裂

写作文不难，简言之，就是“一句挨着一句，一段挨着一段”，而所有的段落又要朝一个方向去，有点迂回更好，这就是文章的逻辑。就如同上学来校、放学回家一样简单。路上可以赏个景，可以玩个游戏，但最终是要到校、回家的。但如果只想着玩了，就可能忘了上学、回家的目标，只顾乱钻起来，自己也成了走失的娃儿了，学校和家在哪儿，早不知道了，这样作文，就是没主题，没逻辑。再打个比方，小学时都学了《拔萝卜》的课文，小动物们开头拔萝卜时，各走各的道：天鹅向云里飞，兔子向草里跳，鱼儿向水中游。以这个方法写作文，就如同自己给自己的作文上了“车裂”的酷刑，生生地把作文给撕开了。这样作文，也是没主题，没逻辑。一个字，乱！两个字，混乱！

而写作文，第一关，扣题。第二关，以清晰的思路把自己想说的话写明白。然后，才谈得上角度是否新颖，内容是否丰富，认识是否深刻，表达是否有特色。前两关不过，后面的事免谈。

【第五则】作文漫谈五：影壁墙

高二期中考试的作文是以“自觉”为题写一篇议论文，学生一开头就写“自觉是沙漠中的一泓清泉，自觉是旷野中的一盏孤灯，自觉是波涛中的一叶扁舟”。其实，学生可以把自觉换成随便的任何一个词，勇敢、坚强、执着、坚定、诚信、忠贞，等等。至于下文写什么已经与这个开头没有任何关系了，所以，这开头就成了通顺的废话、美丽的肿瘤。虽然已经说过几次了，可是一批学生还是舍不得自行地“刮骨疗毒”。也许，这也是学生的一个无奈的开场白吧！与其这样，还不如质朴、老实地开门见山的好，这个故弄玄虚的“影壁”反而遮蔽了本真。

【第六则】作文漫谈六：说实话

大学的一位教授发出倡议：用真诚、真心、真情来描写身边的人和事，就是好作文。如能这样确实很好。但学生说的真话，与他们的感情控制能力和认知水平有直接关系。如果每个学生都实实在在地说大实话，那我们师长可做好了接收这些“实话”的心理准备？当然主要是高考的阅卷教师。对学生来说，应试作文的主题，有时说一点不太实的话，也是发展中的一种自我期待，也是一种向上的积极的心理暗示。全说假话，这样的作文绝对得不了好分数。可全说真话，估计这样的作文也可能让我们师长看不下去。只要真诚地说出一种向上、向善的期待来，我觉得这就是好文章了。

第三节　成长反思

【第一则】认真

一个男生读自己的习作时，读错了两个字，另一个男生，在读别人的习作时，读错了三个音。学生学习不用心，不爱查字典，不只说明他们语文基础不扎实，也说明他们没有认真做事的习惯。语文基础的学习就是一个不断地认真地弯腰捡起芝麻的过程，而作文提升就是一次次地用心地弯腰抱起西瓜的过程。(13)班的宗鑫在期中考试前，作文改了四稿，思维品质有了很大提升。以前我总批评她，“读书越多，作文离题越远”。我批评的语气很生硬，态度也很严厉。但宗鑫认真思考，用心修改，她修改的速度之快，让我惊讶。说实话，我真的很佩服她学习的韧性。功夫不负有心人，改过几篇文章后，她的写作能力有了长足的进步，由以前的混乱、松散到相对严密。认真学习不一定能取得好成绩，但不用心、不认真，一定不能取得好成绩。鲁迅曾评价韦素园，“认真是他的致命伤”，而“不认真”却是我们的致命伤。鲁迅还说，“中国人一定要向日本学习他们认真做事的态度”。鲁迅讲这些话时，正是在日本大规模入侵中国的时候，他不因民族仇恨而掩盖日本人做事的优点。一个人真正懂得“认真”两个字的含义，他才可能在学习、工作中有所得、有所成。

【第二则】课堂话雪一：柳祭

五十年不遇的一场大雪让咱们延庆也出了名。这十一月的雪，飘在天上还算是空灵的，一落到身上、地上就黏黏沉沉地沾着你。延庆的几十万株柳树、杨树，成了这场雪的主要受害者。那些在秋风中婆娑起舞的杨柳，每一片叶子都成了捧雪的小手掌，每一条枝干都成了接雪的长手臂。它们就像那调皮的孩子，还不知道这雪的厉害。可两天一夜的大雪过后，它们的小手掌，它们的手臂，及至它们的头，都要被这一朵朵貌似轻盈的鹅毛压断了。果然，当雪停时，这个小小的延庆县城竟成了茫茫苍苍的古战场，满眼是断肢残臂，满眼是《国殇》里为国捐躯的“战士残骸”——在马路上，在甬道旁，当我们小心翼翼、惊慌不安地落荒而逃时，我们可感受到那痛苦的呻吟、无助的哀号？

天晴了，那刺耳的电锯声，声声震耳鼓。而后那可怜的残柳就成了无头的刑天，刑天还可以舞干戚呢，他们连干戚都没得舞了。

我又觉得，春天时柳树就像是婆娑起舞的少女，夏天时又像是丰腴的少妇，冬天时她们本应是毛发稀疏的婆婆。可是现在她们竟然一下子成了光头的老尼。

在雪灾面前，弱柳的生命显得多么的脆弱。但等来年春风起，这些无头的刑天、光头的老尼，又会迎着春风婆娑起舞。在时间面前，这样的灾难又何足道哉！生命都是脆弱而渺小的，也都是坚韧而伟大的！

【第三则】课堂话雪二：圆圆的月亮门

小时就背会了“大雪压青松，青松挺且直”，这次我清晰地看到了青松的灵活。在小区的楼前，在公园的道边，那三五米高的松树，竟弯弯的成了一道道圆圆的雪白的月亮门。它们的头呈360度地点着地面。有时，弯腰低头是为了更好地适应环境，是为了更好地生存。会弯腰的松树没有被电锯做截肢手术，而杨柳，尤其是柳树却不只是截肢了，还有断头的。生命的韧性，真的是在困苦中炼成的。人是这样，树也是这样。看来那“大雪压青松，青松挺且直”，只是松树的一面而已。

【第四则】课堂话雪三：英才？顽童？

英才与顽童好像是一对矛盾的概念，但在学生身上却那样泾渭分明地存在着。在演讲时，在作文时，这些全年级最优秀的学生可以指点江山，抨击时弊，忧国忧民，为官员腐败、为公民的素质、为国家的法治、为网络秩序而激扬文字。可是在延庆大雪时，他们又在网络上不自觉地创作起了“实名小说”。我成了他们笔下的扫雪英雄，悲壮地住进了医院。班里的任课老师都是爱岗敬业的模范，为了抢救试卷而奋不顾身。这篇小说样的“报告文学”一经众人转载，一时哗然，我的往届学生纷纷来电问安，我也赶紧上网声明：“陈师无恙，且健康漂亮!”于是，我到课上逗学生：谢谢你们只把我塑造成了英雄，没有把我塑造成烈士！这时你们顽皮、幼稚、恶作剧的一面就显露无遗了，高二学生，虽然已是青年人了，但还是少年的心智。这时一定忘了自己抨击时弊时的责任和使命了，忘了网络秩序了。

我又说，希望同学们能像青年毛泽东一样，成熟、稳健而昂扬，我们再背一背毛泽东16岁写的诗：“孩儿立志出乡关，学不成名誓不还。埋骨何须桑梓地，人生无处不青山。”一些同学的年龄比当年的毛泽东还要大一岁呢!成长就意味着对自己说的话负责，即使想玩一下，幽默一下，也要想想时间、场合，还有后果。

一个“伶俐鬼”不好意思地说：“老师，是我干的。”

另一个说：“是我转载的。对不起啊。”

我们老师把你们的恶作剧当个乐子，一笑了之。可我在接了一堆问安电话后有点恼了，才来批评你们这些顽童!

【第五则】言与行

课上一位教师用孔子的“谨言慎行”“讷于言而敏于行”来教导学生，还说新闻发言人就是慎于言的典范。但我们今天的学生也要这样吗？这样，学生只怕是连犯错误的机会都没有了，哪儿还能成长呢。从小学到高中，学生是越来越不想说话了。我们的高中课堂太沉闷了，中国的学生缺少了他们年龄段该有的朝气。课堂上要让学生说，使学生思维活跃，智慧闪光，心灵碰撞。我们的俗语中，“锯嘴的葫芦——没啮”“茶壶里煮饺子——有货倒不出”，这些老理也告诉我们应该正确认识说与行的关系。学生在课堂上更要积极表达自己的观点态度，不要怕出错。清华大学教育研究院在23所大学收集了2万份调查样本，对中国的高校和美国的研究型大学做了一番比较，数据表明，在“课堂提问或参与讨论”这一题项上，有超过20%的中国大学生选择“从未”，而在美国大学生中有3%；只有10%的中国大学生选择经常提问，而这一选项的美国大学生约有63%。不发言，不提问，已经成为中国大学生的短板。除了我们教师不能独霸课堂外，还要鼓励学生大胆说话，不要怕出错，从谨言、讷言到大胆发言，即使是有点矫枉过正，也是必要的。

第五章　一课一得

第一节　读书读人

两种人生，一样酸楚
——教《许三观卖血记》和《狗儿爷涅槃》有感

从余华《许三观卖血记》的许三观，到锦云《狗儿爷涅槃》中的狗儿爷，我们深深体会到：在“文革”的动荡中，普通百姓经历了怎样的令今天的“九〇后”难以想象的苦难。在两位作者那诙谐的冷幽默中，我们看到的是两种人生，感受到的却是一样的酸楚。

许三观、狗儿爷有相似之处，他们都有着普通劳动者的淳朴、善良，有着顽强的生命力，有着对美好生活的执着追求。但又因为两人人生经历各异，也有许多不同之处。

许三观为了给不是自己的亲生儿子的一乐治病，一路卖血去上海。十天之内就卖了四次，而每一次他都就着讨来的盐，喝上八大碗冰凉的河水，他觉得“多喝水，身上的血就会多起来，身上的血多了，就可以卖掉它两碗”，他还流着泪笑着对人说：“我一路卖过去，卖到了上海时，一乐治病的钱就会有了。”他这样卖血，也让读者的心泣血。

他就是这样一个朴实、憨厚的许三观。我们还忍心去责怪他为了多卖血而吃盐、喝水吗？在他的笑声中，在那小小的狡黠中，我们的心被他的辛酸浸润了，被他质朴的父爱融化了。

另外，许三观也是智慧的。他凭着本能，在动荡的年月用自己的一点小聪明顽强地生存着。这不仅包括他给三个孩子描述的精神佳肴；也包括老婆被批斗时给她送饭，把菜、肉埋在米饭下面，却对红卫兵小将说“像这种人是不配吃菜的”；他还在家里开关于老婆是“破鞋”的“批斗会”，把“老婆婚前的恋爱，自己的婚外情”直言相告，他以父亲的真诚坦白，让孩子在理解大人的过程中长大成人。

在他的生存智慧中，我们能感受到他的善良、他的顽强，他逆来顺受，却又有几分坚定、平和。而在那个疯狂的年代，他的坚定与平和又是多么的无奈呀。

而在狗儿爷身上，我们更多的体会到的是一个农民对土地、对自己生活方式的坚守。他不像许三观那样善于变通，更不像许三观一样有一份直面生活的狡黠。他更倔强，更执拗，谁抢他的命根子，他就要跟谁要横。所以在“合作化”的风雨中、在“文革”的风暴中，他疯了。

狗儿爷执拗，是因为他讨厌“吃饱饭，要浑蛋”，讨厌别人把门楼说成“四舅(四旧)”，讨厌那“风一阵，雨一阵，雷公电母要一阵(开批斗会)”的时代。他不能明白这日子是怎么了，他只知道因为自己要了横，地没了，媳妇也没了。

狗儿爷痴迷，在那个年月，作者要让一个倔老头活下来的唯一的方法，就是让他发疯。他对土地、对门楼、对小匣子中的那方印的执着，已到了痴迷的程度。这是一个农民对自己心中美好生活的坚守，是一个长工、一个佃户一生的追求。什么合作社、批斗会、割尾巴队、建石厂，在他眼里全是“风一阵，雨一阵”的胡闹。在他心中“有了地，没的能有；没了地，有的也没”。在任何艰难的条件下，他只要“有这水罐子，有这把镐头，去到天边儿也是条汉子，有土就扎根”。

我们可以看出，狗儿爷也有许三观的淳朴和坚忍，却没有许三观对环境的适应能力，更没有他的那种要我圆我就圆、要我方我就方、要我扁我就扁的生存智慧。他更为执着地守着自己的观念，守着自己的小农意识。因为在他眼里，这是生存的根基。因此，他也就没有了许三观的宽容，显得更为偏执和狭隘。过去做长工时被祁家吊起来打的经历，让他永远记着“阶级”的仇。

但他也有最朴素的同情、怜悯之心，在谈到儿女婚姻时，狗儿爷说：“要说咱陈祁两家，前半辈没有人情也有水情，让孩子离开你那块臭地，找个吃饭的地方，也不为过。”

当作了鬼的地主祁永年说：“革命小将一棒子下去，我就……对，罪该万死，狗命一条”，狗儿爷也流露出恻隐之心：“狗命，人命，总算是一条命，阎王爷给张人皮披披也不容易，怪可惜了儿。”

但狗儿爷的同情怜悯，还不能上升为一种宽容，所以他才让陈大虎和祁小梦跪下发誓，让他们“记住祁家仇，不见祁家人”，让儿媳妇与祁家永远断绝关系。而许三观在经历了人生坎坷后，对和自己没有血缘关系的大儿子，对妻子的婚前恋情，对自己的婚外情都有了一个清醒的认识，所以他才能以生命来呵护自己的亲人。

从许三观的一次次卖血，我们看到了一个小市民生命力的顽强与坚忍，也看到了他对环境的顺从和适应，看到了他的圆滑、乐观，但在他的笑中我们也品出了无限的悲凉。在狗儿爷身上，我们更多地看到了一个农民对固有观念的一份执着，以至于以“疯”为代价，而作者更是赋予他的“疯话”以丰富的内涵。狗儿爷虽然神智错乱，语无伦次，但我们从他对妻子、对菊花青的真挚情感，对土地、对门楼、对方印的执着态度，可见其用情之深，我们也由此看到他的质朴和单纯。在一个不正常的时代，疯子才是正常人，而那些天天都在斗人的人，才是真正的疯子。

从普通人身上解读我们民族的历史，在反思中看清我们民族发展的路标。这样许三观们、狗儿爷们的人生悲剧才有可能变成人生喜剧。

当日子好起来时，许三观却为了能让自己吃炒猪肝、喝黄酒更香些，还想去卖血，但他的血已经卖不出去了，他竟在街上哭了起来。

当那个高门楼变成白云石厂时，当狗儿爷的生活芝麻开花节节高时，当村民们的小日子要比当年老地主祁永年的日子过得还要好时，我们坚信狗儿爷也会和儿孙们一样笑逐颜开。

许三观、狗儿爷，已经成为那个时代我们民族的剪影，也给我们今天敲响了长鸣的警钟。

（2007 年 10 月）

祥林嫂，一个有三个家却无家可归的人

——教《祝福》有感

我们的民族有着悠久的历史和文化，竟不能给一个勤劳善良的女性带来温暖的人生。相反，却让她生活在混沌、冰冷、无爱的世界里，并一步步地走向死亡。这也就预示着，这样的文化中的一部分到了该永远退出历史舞台的时候了。

祥林嫂的悲剧是中国女性的悲剧，也是那个时代中国女性婚姻悲剧、家庭悲剧的形象化、具体化。直到 20 世纪 60 年代，评剧《刘巧儿》和吕剧《李二嫂改嫁》红遍中国，这类悲剧才算告一段落。家，才切实地给女人带来真实的温暖和幸福。

从她逃出婆家、被赶出贺家的不幸遭遇中，从她到鲁家打工所得到的赞赏、警告和鄙视中，从她怀着对家的渴望、恐惧走向生命尽头的困惑和迷茫中，我们痛苦地思考着这样一个问题："家"这一温暖幸福的代名词到底给祥林嫂带来了什么？

从小说中看，祥林嫂一生中曾先后有"三个"家：

我们首先认识的是祥林嫂的第二个家：祥林家。祥林嫂姓甚名谁不详，显然"祥林"是丈夫名，"打柴为生，比她小十岁"，她"年纪大约二十六七"，那她丈夫也就是十六七岁就死了。按那时的常理推想，祥林嫂大约十来岁就做了祥林家的童养媳，那时丈夫也许只有几岁吧。而她就成了婆家的小奴仆。总之，祥林嫂在比小丈夫大十岁的情况下，把一个小男孩哄成了青年，终于

成家了，他却又突然死了。祥林嫂连做大奴隶的资格也没了，她成了更有价值的商品——能给婆婆换小儿媳妇的商品。家境贫寒而又精明的婆婆自然知道贞节牌坊和传宗接代哪个更实惠、哪个更重要——这就是中国人机灵乖巧的地方，该用商业文明时绝不用道德伦理，为了家庭的利益，绝不在一棵树上吊死。祥林嫂的婆婆就是例子。儿媳不听话，逃了？那就带人把她抓回来。她并不畏惧鲁家在鲁镇的显赫地位，可见这个婆婆真的不简单，其泼辣干练非同一般，比《孔雀东南飞》中那刁蛮霸道的焦仲卿的母亲厉害多了。有这样的婆婆，我们可以推断在丈夫死后祥林嫂的生活会是什么样子。再加上婆婆不打算让她守节，还想卖她，所以她才出逃。这个家，给祥林嫂带来的没有什么温暖，有的只是十几年或二十年劳作的艰辛，有的只是丧夫的不幸和将被卖的恐惧。

那她的第一个家呢？即父母家。出嫁时，“中人是卫家山人，既说是邻居，那大概也就姓卫了。”祥林嫂的生身父母、兄弟姊妹呢？她父母在嫁女儿时是不是也赚了不少彩礼？或者说，是不是也嫁一个娶一个还有赚头？就像她的婆婆卖祥林嫂娶二儿媳妇一样？或许是家里太穷了，匆匆忙忙地嫁了小姑娘，给家里换几斗米，这都是可能的。总之，在女儿比这个男孩大十岁的情况下，他们竟把女儿嫁过去或卖出去了。女婿终于长大了，女儿终于有依靠了，但女婿又死了。她不堪忍受婆婆和小叔的虐待，自己“瞒着”婆家，大约也不敢让自己的亲爹娘知道，就逃出去打工了，但最终还是被抓回来让婆婆卖了。嫁出去的女儿泼出去的水，生死由她，爹娘也就管不了那么多了？还是当初父母拿了亲家的彩礼，就等于卖了女儿，断了亲情，不能干预，也不敢干预？这些我们都不得而知，但有一点是肯定的，嫁女儿时一定换回一份彩礼，因此“拿人家的手短、吃人家的嘴软”，连女儿的尊严和自己呵护女儿的权利也一次性地被婆家买断了。其场景如《红楼梦》中的贾迎春与贾赦、邢夫人一样。中国自古有云：生个女儿是赔钱货。这句话是大谬而特谬了，女儿和寡妇都是可以待价而沽的商品；还可以如《红楼梦》中的大奶奶李纨一样，是名门望族换贞节牌坊为家族捞得声誉的“古董”，李纨还有个孩子做安慰，做自己的保护伞，而祥林嫂什么也没有，只能让婆家卖了，是不是她的父母也认可婆家这样的交易呢？我们只有猜想了。总之，这第一个生养她的家，只为我们留下了祥林嫂出嫁前“大概也就姓卫”这样一个推断。可怜的祥林嫂，与鲁迅的另一篇小说《离婚》中的爱姑相比，她更加的不幸，因为爱姑还有个强悍的父兄可以依靠，可以闹上三年不离婚，最后“老畜生”也不得不赔些钱。而祥林嫂只能自己出逃来反抗被卖，只能自己拼命地撞香案来反抗再嫁，以一己之力来反抗买家和卖家。在祥林嫂丧夫、出逃、被卖前后，给她生命的第一个家庭却完全消失于无形了，至于给她温暖，给她帮助，更是无从谈起。而作者这样安排情节，就给我们带来了更大的想象空间。

第三个家：贺老六家。婆婆把她卖到“里山”，因为肯嫁进深山野坳里去的女人少，婆婆能得到更多的彩礼。祥林嫂虽说不愿意，寻死觅活地撞过头，但从她与柳妈的对话中我们能体会到她那两年或许是安宁的：

“我问你：你那时怎么后来竟依了呢？”

“我么？……”(这瞬间的犹豫，会让她想起什么呢？当然，也许什么都不曾想，只是心中波澜不起的茫然。)

“你呀。我想：这总是你自己愿意了，不然……。”

“阿阿，你不知道他力气多么大呀。”(在贺老六死后，祥林嫂再回忆当初，说不一定此时的她，也有一点自豪，为自己嫁了一个老实本分又有力气的男人。正是这个男人，让她放弃了守节的想法，这才有了他们可爱的阿毛。当然，也许她根本没有想什么，只是说，那个男人力气太大了，自己是出于无奈才屈从了，只是在强调这个客观现实，与一个有力气的男人，也可以有一个可爱的阿毛。总之，正是这样一个有力气的男人，让她放弃了寻死觅活的想法，过上了两年安生日子。)

“我不信。我不信你这么大的力气，真会拗他不过。你后来一定是自己肯了，倒推说他力气大。”

“阿阿，你……你倒自己试试看。”她笑了。(幸福的笑吗？那表情也许还有一点女性的娇嗔，只有在这一瞬间，我们才能想象一下祥林嫂那两年的生活可能是平静美好的。当然，祥林嫂的笑，也许只是对柳妈不断追问的无奈，她只得用这样的假设搪塞过去。)

从这段对话中，我们能看出，她在嫁到贺老六家后，“大约”是幸福的，可以肯定的是，她的生活一定是安宁的。但这种日子的前提是有丈夫和孩子。一旦只剩自己时，“房子是自家的”也就变成房子是大伯的了，她立刻变成上无片瓦下无寸土的外人。没有了阿毛的祥林嫂，也就没有了自己的保护伞，所以说，可怜的祥林嫂远没有可以守护兰哥的李纨幸运。

在这三个家中，她只是一个可以赚得彩礼的女儿或儿媳，或是一个可以传宗接代的工具，一旦这两种功能都失去了，也就只能被“扫地出门”了。

祥林嫂人到中年而死，一生经历的这三个家庭，又给她带来多少幸福呢？家的温情、温暖、温馨，她又享受过多少呢？

有三个家却无家可归的她，又在鲁镇的鲁家被抽剥了尊严，摧垮了精神。又在柳妈的预言中，在“我”的冷漠中，在鲁镇男女老少的鄙夷中，怀着对家的恐惧(死后想见儿子，又怕见两个丈夫)走到了生命的尽头。

祥林嫂既然得不到人们的“祝福”，那就在“祝福”的时候以自己的死，向这个丑恶的世界发出最后的诅咒。在鲁四爷“谬种”的咒骂声中，冥冥中的祥林嫂脸上是又多了一分罪恶感的忧伤呢，还是有一丝复仇的快意的笑呢？我真希望是后者。

祥林嫂曾拥有过三个家，却最终在年关的祝福中，在大雪纷飞的鲁镇消亡了。我们女性今天的幸福，正是在过往的无数个祥林嫂的不幸中孕育而来的。如果世上真的有灵魂、有来世的话，那祥林嫂在今天也许已有了幸福的三口之家了吧？

让我们为所有的女性和所有的家庭祈祷、祝福！

（2008 年 2 月）

第二节　读书品人

群英会

——《赤壁之战》人物赏析

战争的发起人——曹操

曹操作为战争的发起人，他"旌麾南指"时，本有明确的作战目标，但他欲望太强，贪心太盛，野心膨胀，才使他兵败垂成。

从文本看，鲁肃"到夏口，闻操已向荆州，晨夜兼道，比至南郡，而琮已降，备南走……"从这句我们可以看到曹操此行的主要目的是征刘表，并一举荡平刘备。在《三国志·武帝本纪》中也有记载："秋七月，公南征刘表"，"九月，公到新野，琮遂降，备走夏口"，从中我们可以看出，曹操占领荆州的目的已经达到。下一个目标就是诛灭屡战屡败、屡败屡战的刘备。

在官渡之战前，刘备秘密参与了汉献帝以密诏除曹操的行动，事败后董承等被杀，刘备出逃。另在《三国志·武帝本纪》有记载，当时"袁绍十万，将进军许"，曹操却要东征刘备。诸将说："与您共争天下者袁绍，今绍来而弃之东，绍乘人后，若何？"曹操说："刘备，人杰也，今日不击，必为后患。袁绍虽有大志，而见事迟，必不动也。"于是曹操趁机给刘备以有力的打击，擒其妻子及关羽，刘备也逃到袁绍处。曹操再回到官渡时，袁绍仍按兵不动，我们从中可以看到曹操的识人之能。官渡之战后，曹操南征刘表，刘表的儿子不足畏，而刘备则是他主要的打击对象，志在必得，斩草除根。

"曹操之众远来疲敝，闻追豫州一日一夜三百余里"，从此句我们可以看出曹操灭刘备的决心。这已不是"煮酒论英雄"时网罗天下人才的曹公了，他要剪除一个羽翼未满的雄鹰。在裴松之注《三国志》中也记载：曹操派遣自己的精锐部队"虎豹骑"五千人，"一日一夜行三百余里"，在长阪追上刘备，并击溃刘军主力，"获其儿女辎重，收其散卒"。建安十三年(208 年)秋八月，刘表病死，刘备听说曹操打到宛城，就弃新野，走襄阳(荆州)，刘琮投降曹操。

此时，对曹操来说，如果他从荆州直扑逃往汉津的刘备，那他实现灭刘的目标则易如反掌。

但曹操却下江陵，奔乌林，与东吴于赤壁对峙，并下书给孙权："近者奉辞伐罪，旌麾南指，刘琮束手。今治水军八十万众，方与将军会猎于吴。"从这短短的战书中，我们能感受到曹操"奉辞"的傲慢，"伐罪"的骄横，"旌麾南指"时所向无敌的得意，以及他那"今治水军八十万众"的盛气凌人、不可一世的狂妄。当曹操给孙权发去这样的战书时，说明他此次南征的战略目标已经发生了转变，由征讨二刘到一举统一南方。"方与将军会猎于吴"，在曹操的心中，孙权也会慑于自己的声威，乖乖地投降，再把刘备的人头献上。

曹操南下的目标扩大了。

曹操真的被刘琮束手、荆州唾手而得的胜利冲昏了头脑，觉得拿下江东也只是顺手牵羊的事。他没有意识到孙权不是刘琮。刘琮还是个十几岁的孩子，荆州集团的投降，不可能吓倒孙氏集团，这从历史上孙坚、孙策、孙权与刘表不同的作风上就能看出来。这八十万众也只能是虚张声势，吓别人可以，自己不能当真起来。另外，孙权也不是袁绍，而他曹操却可能变成目空一切、骄傲自大的又一个袁绍。在官渡，他可以以少胜多打败袁绍；在赤壁，孙权也可以以少胜多战胜他，这就是此一时彼一时也。此其一也。其二，曹操的这封战书，在赤壁之战前孙、刘、曹三方的关系中，给自己带来了副作用。所谓"奉辞伐罪"，是把自己的政治优势当成军事优势来用。这封吓唬孙权的战书，反而让高度紧张的孙权和已到绝境的刘备坚定不移地走到了一起。曹操的谋士贾诩曾建议曹操要"暂缓东进"，但曹操求胜心切，这才把孙权、刘备逼到了一起。《三国志·鲁肃传》中记载，当曹操听说孙、刘联合来对抗自己时，"权以土地(备求都督荆州)业备，方作书，落笔于地"。

曹操是这次战争的发起者，在他戎马倥偬的军事生涯中可谓战绩辉煌。《武帝本纪》记载了他"破黄巾，擒吕布、灭袁绍、深入塞北，直抵辽东，纵横天下，颇不负大丈夫之志"，但赤壁却给他留下了抹不去的阴影。是自我膨胀毁了他，人在逆境中往往高度警觉，在顺境中却往往自以为是。因此在人生最顺利的时候，也常常是最危险的时候，这是曹操的"黑色赤壁"给我们留下的无限思索。以至于把曹魏尊为正统的陈寿，在作《武帝本纪》时，对赤壁大战也只有短短的几句话："公至赤壁，与备战，不利。于是大疫，吏士多死者，乃引军还。"竟然都没有孙权什么事了，可谓惜墨如金。而在描述官渡之战时，陈寿可谓用墨如泼。赤壁一败给曹操留下了永远的遗憾，公元213年、222年、223年，曹操、曹丕父子虽然先后三次挥鞭南指，但都无功而返，只得徒唤无奈。曹操在临终前曾留下这样的话："孤纵横天下三十余年，群雄皆灭，只有江东孙权、西蜀刘备，未曾剿除。"

盲目地扩大战略目标，目空一切，骄傲自大，是曹操赤壁战败的根本原因。

战争的最大受益人——刘备

从赤壁之战的结果上说，刘备是最大的受益人。战前他无立锥之地，四处逃亡，兄弟离散。更有甚者，四次都丢了妻儿老小：两次被吕布俘获，一次为曹操俘获，长阪这次如果不是赵云，妻儿又险些为曹操俘获。当阳长阪之战，让他再次跌入人生的谷底。而在这谷底中却有两位政治家相助：一是一心为主的诸葛亮，二是助人也助己的鲁肃。

在刘备一败再败时，江东从唇亡齿寒的角度做出了最快的反应，而刘备更是及时抓住了这根救命的稻草。

此时，对孙权来说，三分天下，操已有其二，北方“数雄已灭，唯孤尚存”，曹操又怎能让他“一枝独秀”下去呢？当刘备三顾茅庐，诸葛亮为刘备做《隆中对》时，周瑜也向孙权推荐了鲁肃，鲁肃也为孙权做着谋天下的大计，《三国志·鲁肃传》记载：“肃窃料之，汉室不可复兴，曹操不可卒除。为将军计，唯有鼎足江东，以观天下之衅……剿除黄祖，进伐刘表，竟长江所极，据而有之。”这可以说是又一篇“隆中对”。此后，在江东的众多文臣中，孙权给鲁肃以优于张昭的礼遇及最真诚的信任。因此在曹操旌麾南指之时，鲁肃迅速向孙权进言，在曹操还没有想是不是顺手牵羊拿下江东呢，鲁肃已想着“合纵”抗曹以争天下了。对于强大的曹操，诸葛亮和鲁肃虽各为其主，但为了共同的利益，他们早已心有灵犀。至于鲁肃问：“豫州今欲何至？”备言：“与苍梧太守有旧，欲往投之。”只不过是一代枭雄在落魄中“有处”可去，借以维护自尊的一条淡淡的底线而已。最终孙权让鲁肃来，刘备让诸葛亮往，孙、刘联盟已只剩下时间问题了。

而在曹操自江陵将顺江东下时，诸葛亮对刘备说：“事急矣，请奉命求救于孙将军”，从“急”“求救”可以看出，此时对刘氏集团来说，已到了生死存亡的关键时刻。

在《三国志·刘备传》也谈到当阳长阪之败，“先主弃妻子，与诸葛亮、张飞、赵云等数十骑走，曹公大获其人众辎重”。《三国志·赵云传》也有记载，“及先主为曹公所追于当阳长阪，弃妻子南走，云身抱弱子，即后主也，保护甘夫人，即后主母也，皆得免难”。对刘备来说，这份狼狈不能再重演了，于是刘备立刻同意诸葛亮“遂与鲁肃俱诣孙权”。刘备在荆州访得诸葛亮，是他的第一幸运。而在一败再败的困窘中，能及时地抓住东吴伸来的橄榄枝，听从鲁肃的建议，遣诸葛亮渡江，又体现了他战略家的眼光，是他的第二幸运。在历史的转折点上，刘备只是提前迈了一小步，却改变了自己的人生。

而赤壁大战之后，正如诸葛亮所预言的那样，“操军破，必北还，则荆吴之势强，鼎足之形成矣”。刘备也在战后借得荆州，有了进军益州的资本。从此以后，刘备这位大器晚成的一代豪杰，才真正结束了妻离子散、颠沛流离的日子，走上了割据一方、称雄天下的坦途。当然这“荆州”也成了孙、刘两家不断冲突的导火索。正所谓没有永远的朋友，只有永恒的利益。

可以说是诸葛亮、鲁肃这两位政治家成就了刘备的霸业，当然也巩固了孙氏的江东，实现了鲁肃所料的“鼎足江东以观天下”“竟长江所极，据而有之”。荆州最终收入江东版图，这是后话。

在文本中对刘备的描写并不多，却见他的识人之能，用人之智。听从两位政治家的建议，使他有了人生的转机。在历史上，能赏识并拥有人才的人，才是最优秀的人才，也是最可怕的人才，这也许正是刘备能使曹操与之“煮酒论英雄”，让鲁肃称他为“天下枭雄”的真正原因吧。

战争中压力最大的人——孙权

和曹操相比，孙权还显得稚嫩，赤壁之战时他才 27 岁，而曹操已经 54 岁，这也是曹操轻敌冒进的原因之一。在江东众位老臣面前，孙权自己也是第一次面对这样的危局。所以当张昭大谈“迎操”时，他心中不满，也只是“起更衣”。他与刘备相比，刘备是光脚的不怕穿鞋的，再失败无非是再逃亡一次。而偌大的江东，他孙权要是败了，又能去往何处？何况曹操确实是如此强大。战，缺乏实力；降，又怎能心甘？孙权心中很矛盾，很不安。

在与鲁肃有了那次“隆中对”之后，孙权就开始灭黄祖，占夏口，欲进兵荆州，实现“竟长江所极，据而有之”的国策，以向争霸天下的宏图迈进。就孙权之志，他怎么可能轻易屈服呢？但他需要一个支点，一个强敌不是不可战胜的理由，需要有人帮他下这最后的决心。

听鲁肃的形势分析，联合刘备“共治曹操”。文章开始，就是鲁肃给孙权分析荆州的地势，“荆州与国邻近，江山险固，沃野千里，士民殷富，若据而有之，此帝王之资也”，足见荆州之险要、之广阔、之富庶，对称雄天下之重要。再分析荆州的实力派：利用刘表的军事力量，利用刘备的领导才干，共同抗曹。于是孙权同意鲁肃率先出使，向刘备发出联盟的信息。之后，孙权还颇有气度地同意了鲁肃的建议，“借荆州”给刘备。当时“备诣京见权，求都督荆州，惟有肃劝权借之”。另外，孙权还进行了感情投资，主动与刘氏集团联姻，嫁妹与刘备(后来还想为自己的儿子求娶关羽之女，关羽性情傲慢，不但不同意，反痛骂使者)，从这些我们都能看出，孙权不仅有战略家的眼光，还有政治家的气度。而我们再回首战国末期，秦逐一扫荡六国统一天下时，六国那各持怀疑之心的所谓合纵，只不过是乌合之众罢了。尤其是以楚国、齐国为首的事秦之心、苟且偏安之策，燕、赵、韩更是各怀鬼胎，没有真诚的合作，最终只能一个个的独立面对强秦的虎狼之师。以史为鉴，我们就更能感受到孙权的大度和远见，看到他政治家的心胸、军事家的策略。

听鲁肃的忠告，“早定大计”。在张昭等人的一片投降声中，鲁肃的一句“将军迎曹，欲安所归乎”，让孙权立刻有了生死攸关的危机意识，刘琮、二袁、吕布的下场，就是自己的前车之鉴。以前孙权还可以称臣进贡耍花招，而当年曹操也是为了笼络孙权，收天下民心，才上表汉献帝封孙权为讨虏将军，领会稽太守。而今可是曹操大兵压境，号称八十万众“方与将军会猎于吴”，这回可是再无退路可言了。孙权叹息地对鲁肃说：“今卿廓开大计，正与孤同。”如果说，在赤壁一战中，刘备是在寻找与曹操争雄天下的根据地的话，而年轻的孙权则是在寻找与老谋深算的曹操争雄天下的平等意识，即心灵“根据地”。在周瑜病逝之后(赤壁之战后两年)，曹魏和东吴又有过数次争锋，孙权在这次战争中所树立起的雄心和胆略，再也不是赤壁之战前曹操心中的“黄口竖子”，曹操、曹丕父子只剩下望江东而徒唤无奈了。

听鲁肃的建议，“诏瑜还”。如果说鲁肃为孙权解决了战略问题，那具体的战术问题就要由周瑜来解决了，毕竟这打仗的事是要靠将军。

听周瑜的建议，孙权找到必胜的信心。在赤壁之战中，曹操派蒋干来东吴劝降，在《三国志·周瑜传》中记载，周瑜执蒋干之手道：“大丈夫处世，遇知己之主，外托君臣之义，内结骨肉之恩，言必行，计必从，祸福共之，假使苏秦、张仪、陆贾、郦生复出，郦叟复出，犹抚其背而折其辞，岂足下幼生所能移乎?”可见周瑜对孙氏的忠诚。而孙策、孙权兄弟更是对他信任有加。文中还记载，“坚子策与瑜同年，独相友善，升堂拜母，有无通共”。而孙策临终时还嘱咐他“内事不决问张昭，外事不决问周瑜”。孙策死后，“太妃又使权以兄奉之”。当曹操大兵压境，周瑜的建议对孙权来说当然是至关重要的。

周瑜被诏回后，当天、当晚两次进见孙权。第一次，先从曹操出师不义的角度进行分析：“操虽托名汉相，其实汉贼也”，他挟天子以征四方只为了一己之私，正如曹操所言，“苟天命在孤，孤为周文王矣”，汉相是名誉，汉贼是事实；然后再分析孙权的优势：神武雄才、父兄之烈、地方数千里、兵精足用、英雄乐业，使孙权在与曹操的对比中找到自信。再进一步阐述曹操自来送死的理由：国中有后患，平定马超，真正扫平北方的边远势力，是赤壁大战两年后的事了；军中有内忧，北方之人“不习水土，必生疾病”，而这也正是曹操失败的一个重要原因。在《三国志·武帝纪》中记载：“于是大疫，吏多死者，乃引军还。”听了周瑜的这番话，孙权“因斫前奏案”，这一“斫”立刻表明了孙权破曹的雄心。“是夜”，周瑜再来时，则是针对曹操军中的内忧做进一步阐述的，为的是化解孙权心中这“八十万众”的烦忧。这八十万人，在周瑜的眼里只不过是肥皂泡、纸老虎而已。而周瑜的见解与诸葛亮的观点又多有相似之处：如北方之人远路跋涉、不习水战、必生疾病，荆州之民不能诚心归服等。周瑜一日两拜，来解君忧，可见他们君臣关系之亲密。于是有了“权抚其背”的肺腑之言，“是天以卿二人赞孤也”，由此可见周瑜与鲁肃在孙权心中的地位。总之，鲁肃从战略上分析了孙、刘两家联合打败曹操的可能性，而周瑜一席话，又从战术上具体分析了曹操的八十万众是可以战胜的必然性，这为孙权吃了一颗定心丸。

听诸葛亮的建议，则进一步激发了孙权王者的尊严感、荣耀感及捍卫江东的责任感。诸葛亮本是怀着一颗寻求救命稻草的心态来的，但他的不卑不亢的态度却极大地激发了孙权的战斗豪情。你孙权“何不按兵束甲，北面而事之”？我主刘豫州“王室之胄，英才盖世，若事之不济，此乃天也，安能复为之下乎”！有了这样的对比，也就激将成功。孙权勃然曰：“吾不能举全吴之地，十万之众，受制于人。”对孙权来说，诸葛亮只是盟友，不能让曹操的气势和刘备的胆略把自己吓倒，这是面子问题、尊严问题，更是江东的形象问题。他代表的是自己的父兄，是江东的百姓。但要想让孙权真的下定决心与曹操决战，还要靠他自己的心腹之人——鲁肃、周瑜。

总之，在赤壁之战中，孙权是一个核心人物。孙、刘两家的英才都围绕在他的周围，他们以政治家、军事家的眼光，以战略、战术的智慧，以文臣武将、亲人挚友的不同身份，对他展开不同方式的进谏或游说。而孙权与众人谈话时，开始很谨慎，不露锋芒。而一旦主意已定，就拔刀斫前奏案，“敢有复言当迎曹者，与此案同!”还口口声声骂曹操为“汉贼”“老贼”，与曹操势不两立，态度十分坚决，可见他的决心和勇气。谨慎而果决，在孙权身上是统一的，而这些又是由他的处境和地位所决定的。孙权的正确决策，正是赤壁之战得以全胜的根基。

在赤壁大战中，孙权的慧眼识人，虚心纳谏，足以为历代王者所效仿。正如他的兄长所言：“选贤任能我不如卿，决机于两军阵前卿不如我。”而此后的事实证明，孙权不只在重周瑜、用鲁肃、选吕蒙、任陆逊上大有识人之智，就是决机于两军阵前，孙权也不逊色于兄长。在赤壁大战后，不死心的曹操在建安十八年(213 年)，亲统大军四十万再次伐吴，孙权也亲统大军七万拒之，曹操又一次铩羽而归，留下了“生子当如孙仲谋”的慨叹。

赤壁一战，不只成就了刘备，也成就了孙权。从此孙权才真正称雄江东，实现了鲁肃所预言的与曹操隔江抗衡并伺机北进的国策。而江东也走上了近百年的和平发展的道路，成为在三国中持续时间最长的一股政治力量。孙权在位长达 52 年(公元 200 年—252 年)，为东吴的繁荣和发展做出了巨大贡献。他还先后派遣水师去夷洲(今我国台湾)，派使者出海远航，曾到达过高句丽(今朝鲜)、林邑(今越南)、扶南(今柬埔寨)，还出使南洋诸国，与印度建立联系。这些活动使东吴的政治声誉远播海外，在中外文化的交流中起到了积极作用。在他死后孙亮给他上的谥号为“大皇帝”，也有历史学家称他为“大帝孙权”。《三国志・吴主传》中陈寿有言：“孙权屈身忍辱，任才尚计，有勾践之奇才，英人之杰矣。”

在赤壁决战中，我们看到了年仅 27 岁的江东之主孙权成长、成熟的过程，看到他从犹豫徘徊到坚决果断的心路历程。在这一过程中，我们更见他慧眼识人、虚心纳谏的王者风范。宋神宗编撰《资治通鉴》的目的就是“鉴于往事，有资于治道”，这部史书是君王的教科书，而孙权，就是帝王们学习的好榜样。我们从《赤壁之战》这一文章中，就能窥知《资治通鉴》的风采。

联盟的首倡者——鲁肃

在曹操、刘表、刘备的混战中，鲁肃能以政治家、战略家的眼光迅速为孙权拨开眼前迷雾，为江东的眼前利益和长远利益深谋远虑。

鲁肃对荆州地势的分析，对刘表集团的分析，见解深刻。鲁肃对曹操南征的动向，对刘表、刘备的内部矛盾，更有准确的把握，“肃请得奉命，吊表二子……及说备使抚表众，同心一意，共治曹操”。“吊表二子”是借口，联合刘备是根本。而当鲁肃“到夏口，闻操已向荆州”，他就干脆直奔刘备而来，“晨夜兼道”“肃径迎之，与备会于当阳长坂”。可见他的“速往”，可见他的急切，更见他未雨绸缪的智慧。

鲁肃首先倡议建立孙、刘联盟，不只体现了他的政治才华、外交智慧，更见他一手托两家的赤诚之心。他在劝说刘备时说“今为君计，莫若遣腹心自结于东，以共济世业”，又对诸葛亮说“我子瑜友也”。更为难能可贵的是，鲁肃不只为了江东的利益，他也能真诚地为刘备考虑，在刘备向孙权提出借荆州为发展基地时，东吴也只有鲁肃一人劝孙权借地于刘备。可以说赤壁大战的胜利是建立在孙、刘两家真诚合作的基础上的，而促成这一合作的关键人物正是鲁肃。若没有政治家的心胸，只想着自己小团体的利益的话，赤壁之战谁输谁赢也就难说了。可见，利益均沾，互利互惠，才是最真诚的合作。

更为重要的是，鲁肃能在曹操大兵压境时，冷静地、设身处地地为孙权谋划。当张昭等极力主张降操时，“肃独不言”，他不和张昭等争辩，只是在“权起更衣”时“追于宇下”，可见他的深沉稳重。“今肃迎操……累官不失州郡，将军迎操，欲安所归乎？”这些肺腑之言，让孙权在投降派的喧嚣中坚定了作战的决心。

另外，在孙、刘联盟的建立上，鲁肃和诸葛亮相比，鲁肃的作用更大。荆州一败，刘备已是山穷水尽，诸葛亮是到江东求救的。而鲁肃却是在曹、刘混战中早早地伸出了合作之手，给刘备带来了希望的曙光，更在战略上为孙权指明了争霸的方向。正是因为孙、刘的军事联盟，才奠定了三国鼎立的政治格局。鲁肃是这一格局的首倡者，而后又与诸葛亮一起成为这一格局的发展者和维护者。

总之，鲁肃在与孙权的两次对话中，或深谋远虑，或感人肺腑，都能入情入理，高屋建瓴。鲁肃在分析荆州形势时，深刻透彻，未雨绸缪，直言“今不速往，恐为操所先”，可见鲁肃的政治远见。鲁肃在劝孙权“不能迎操”时，处处为孙权考虑，推心置腹地向孙权陈述利害，把一个政治家的形象刻画得鲜活生动。鲁肃是一位待人真诚的君子，更是一位有眼光、有心胸的政治家，但绝对不是《三国演义》中所描述的那个软弱怯懦的老好人。日后在荆州的问题上两家冲突不断，鲁肃的宽容与关羽的骄横更形成了鲜明的对比，这也正体现了鲁肃对孙、刘联盟的长远考虑。只可惜关羽不懂这一点，并为此丢了性命。这说明，关羽只能征战沙场，做个将军，而鲁肃才是真正的战略家、政治家。

还有，在赤壁大战中，鲁肃可以说是贯穿全文的线索性人物，使《赤壁之战》内容丰富且不散乱。这篇文章的材料散见于《三国志》和《江表传》的有关部分，作者把零碎分散的史料贯串成为完整的篇章。尤其是在孙、刘建立联盟的过程中，以鲁肃为线索，以孙权为核心，诸葛亮渡江来游说，周瑜返京推波助澜，最后孙权以“周瑜、程普为左右督”，“鲁肃为赞军校尉，助画方略”。这样，逐层展开，脉络清晰，结构严谨。对于赤壁之战，孙、刘双方在运筹帷幄之中，就已经决胜于千里之外了。

一句话，在孙、刘联盟建立的过程中，鲁肃是关键人物，更是东吴联刘抗曹的倡议者、决策者和执行者。作者正是以鲁肃为经，才编织出了大战之前三方斗智斗勇、精彩纷呈的历史长卷，可以说，没有鲁肃，就没有孙、刘联盟。

联盟的推动者——诸葛亮

诸葛亮还在隐居时，就对刘备可拥有三分天下有着清晰的认识。但这种认识又得用实力来证明，毕竟当时人人称赞的刘备，还只是光有“人气”而没有实力的“流亡者”，而曹操、孙权已是称雄天下的霸主。与他们鼎足天下，连刘备自己也不敢奢望。但正是这份感知未来的预言，使我们看到诸葛亮作为战略家和政治家的见识和胆识。

在赤壁之战中，诸葛亮只说了两次话：

一是劝说自己的主公刘备。

“事急矣，请奉命求救于孙将军”，极简短的两句话，把事情交代得非常清楚。一个“急”字，概括了当时的形势。这时已经不再有任何吝惜人才之心的曹操，对剪除刘备不会有任何的顾虑。从刘备在荆州时拥有徐庶，曹操以让人不齿的手段挖走徐庶，挟其母以要其子，我们就知道，曹操对刘备拥有人才怀着怎样的大不安。更何况此时的刘备又有了诸葛亮。在文学作品《三国演义》中，罗贯中曾这样描述长坂坡刘备的危急境况：曹操下令军中曰：今刘备釜中之鱼，阱中之虎；若不就此时擒捉，如放鱼入海，纵虎归山矣。而在诸葛亮的脑海中，曹操一打刘备，刘备失关羽和妻儿；二打刘备，再失妻儿。这三打又将如何呢？这在诸葛亮的心中该是怎一个“急”字了得。这“奉命”“求救”两个词，生动形象地再现了刘备君臣山穷水尽的政治危局。于是诸葛亮“遂”与鲁肃“俱诣”孙权。

二是游说江东之主孙权。

对于到了东吴的诸葛亮，我们不但看不出求救者的一丝卑微的神态，还从诸葛亮的话中感受到一种“盛气凌人”的威压。“海内大乱，将军起兵江东，刘豫州收众汉南，与曹操共争天下”，此时被曹操打得抱头鼠窜的刘备经过诸葛亮的这一包装，虽还无立锥之地，却已经提前与孙、曹鼎足了，这正是诸葛亮作为政治家的气魄。而他在提高自己主公的政治地位的同时，也把孙权放到了曹操的对立面。进而赞曹操一统华夷的雄风，叹自己主公英雄无用武之地的无奈，然后话锋一转“愿将军量力而处之”。称霸北方的曹操是英雄，逃遁至此的刘备也是虽败犹荣的英雄，而孙将军您又该如何打算呢？您以前的对操政策如果继续沿用的话，“外托服从之名而内怀犹豫之计”，则“祸至无日矣”，而刘备则是如齐国田横一样守义不辱的王室之胄。诸葛亮先把刘备与田横比，再把刘备与孙权比，这两比刺激了“神武雄才”的孙权。孙权果然“勃然”大怒，“吾不能举全吴之地，十万之众受制于人”。孙权并主动出击，追问诸葛亮“豫州新败，安能抗此难乎”，其言外之意乃“我尚有数万之众，你刘备又凭什么与我合作呢?”而诸葛亮在报上自家的实力时，话锋一转，就谈了强大的曹军的劣势，他的分析与周瑜又是英雄所见略同。在两家真诚合作的基础上，曹操必败。而战后“操军破，必北还；如此则荆、吴之势强，鼎足之形成矣”。孙、刘合作，成就的不仅是我们主公刘备，更有从此可与曹操隔江对峙、固守父兄基业的将军您。诸葛亮的这一番话主要用了两比、一析、一总结。两比，拉平了刘备与孙权同曹操在政治上的差距；一析，则告诉孙权，强大的曹军是可以战胜的；一总结，则谈了战后的政治格局，这一点又与鲁肃不谋而合。

总之，诸葛亮与孙权的对话，时而词锋犀利，时而有礼有节。劝说孙权联刘抗曹，他直言曹军的强大，也不讳言刘备打了败仗，并采用激将手法智激孙权。这样诸葛亮一个长于辞令、不卑不亢的政治家、外交家的形象就跃然纸上。让吴主孙权从“勃然”到“大悦”，为刘备奠定了孙、刘联盟的根基，使刘备开始了人生的转折。而诸葛亮作为政治家的眼光还不仅局限于此，在关羽被孙权所杀，刘备兴师伐吴大败之后，诸葛亮再次与东吴结盟，还在孙权称帝时遣使祝贺，联吴抗曹是诸葛亮一生都在践行的外交政策。对于三分天下魏有其二的事实，相对弱小的西蜀采取这样的对策，无疑是明智的。就这点而言，一向骄横的关羽不懂，一味意气用事的刘备也不懂。

指导学生，不要被《三国演义》中塑造的那个被神化了的诸葛亮所迷惑，空城计、草船借箭、舌战群儒等事，或是移花接木，或是子虚乌有。但《资治通鉴·赤壁之战》中诸葛亮出使东吴所表现出的外交才能、军事谋略，却让我们真切地感受到他高瞻远瞩、深谋远虑的政治智慧，与他未出山之前作的《隆中对》遥相呼应。

联盟的最高军事统帅——周瑜

周瑜为什么要一日之内两见孙权呢?

我们先看第一见:“肃劝权召瑜”。当周瑜从番阳匆匆赶回,见孙权即称曹操为“汉贼”,而“将军以神武雄才”,且天时地利人和皆在我东吴,这一比就凸显了东吴的政治优势。再论曹操的国中后患、军中内忧,这与诸葛亮所论相同。从“况操自送死”的锐气,到“将军擒操,宜在今日”的激励,再到述说自己“保为将军破之”的决心,这层层深入的透彻分析,让孙权摆脱了投降派的阴影,激发了“今数雄已灭,唯孤尚存”的雄武之气,才有了“拔刀斫前奏案”的果敢。

这一见作用有二,一是周瑜的对孙权的影响是鲁肃无法做到的,从他的身份和地位看,从劝谏的力量看,均非鲁肃所能及。二是让孙权从“起更衣”的阴影中走出来,精神为之一振。

行文本应在这里收住了,但“是夜瑜复见权”。周瑜为何要“是夜”再来呢?

因为朝堂之上抗曹的气势有了,但曹操的八十万大军却不只是有了气势就能战胜的,根本问题没有解决,这才是让他们君臣,让孙权彻夜难眠的根本原因。因此,第二见中,周瑜开门见山地说“诸人徒见操书言水步八十万而各恐慑,不复料其虚实”,这对曹操军队“虚实”的分析,又与诸葛亮相同。周瑜、诸葛亮,当这两个不同立场的人得出了相同的结论时,孙权才真的放心了。尤其是他孙家与周瑜的不一般的关系,以及哥哥的遗言“外事不决问周瑜”,也就是说“决外事”不能问张昭,这样孙权才真的立场坚定了,才有了“权抚其背”的动人瞬间,才有了“卿言至此,甚合孤心”的肺腑之言,才有了“独卿与子敬与孤同耳,此天以卿二人赞孤也”的至诚之言。而后,君臣二人立刻调兵遣将,誓与曹军决一死战。

这第二见,孙权从斫前奏案,到抚瑜背,让孙权不只有抗曹的决心,更有雷厉风行的抗曹的军事行动。这两见中,周瑜对孙权的劝谏可以说是两环相扣,逐步推进,让孙权疑云全消,这才信心满满,行动迅速。

总之,从一日两见中我们看到一个英气逼人、忠诚勇武的周瑜。从他说“操自送死,而可迎之邪”,我们看到了这位青年统帅的霸气;从他对曹操军队的深刻透彻的分析中,我们又能看到他卓越的军事才能;从他“是夜复见权”中更知他对东吴的一片赤诚;从“瑜得精兵五万,自足制之,愿将军勿虑”,更见他过人的胆识和非凡的自信。而权“抚其背”,更见孙权对周瑜非同寻常的情义。通过这些描写,一位踌躇满志、雄才大略、刚健英武的青年统帅的形象也就跃然纸上。

在赤壁之战中,孙、刘联盟是政治策略,而真的要在军事上指挥三五万军队与曹操几十万大军兵戎相见,且能克敌制胜,关键在于孙、刘联盟的最高统帅——周瑜,他才是这场战斗的第一功臣。这年周瑜只有三十四岁,也难怪八百年后，苏东坡随意找个地方，就“人道是三国周郎赤壁”地开始抒情，感怀自己对“雄姿英发，羽扇纶巾，谈笑间樯橹灰飞烟灭”的周郎的无限仰慕。

（2008 年 7 月）

（注：本文曾发表在北京版《高中语文教师用书·选修四》中《赤壁一战，三国鼎立》，收入本书有改动。）

此时无声胜有声

——品《鸿门宴》中的留白艺术

北京版高中教材选修一《鸿门宴》的“精读”指导中引用了这样的话：“有人说《鸿门宴》中‘没有一个人物是松懈的，没有一个片段是微弱的’”，这是有目共睹的，但我还想谈谈在不“微弱”的“片段”之外，太史公为我们留下的空白，这些空白又是如何不“松懈”地刻画项羽的。

朱光潜先生说：“凡是艺术的表现都是象征，凡是艺术的象征都不是代替或者翻译而是暗示，凡是艺术的暗示都是以有限寓于无限。”这些留白，其作用就是在暗示，以部分暗示整体，以项羽举手投足间的“空格”来暗示他的性格与命运；以瞬间的情景“缺失”，来唤起我们对项羽整个人生的思考。太史公正是以这种无声的刻画，实现了“以有限寓于无限”“以无声胜过有声”的表达效果，也给我们留下了无限宽广的艺术空间，任我们神思驰骋。

我们先看第一处留白，课文第 1 段：范增对刘邦有两句很精辟的分析：“此其志不在小”“此天子气也”。对范增的判断，项羽有什么反应？是同意，还是不同意？太史公不置一词。

先分析范增的话，他把沛公“居山东时”与“今入关”相比，昔日贪财好色，今则戒贪戒色，从沛公的变化看，范增断言“此其志不在小”。另外，他又以“望其气，皆成龙虎，成五彩”的天命说进行佐证，可谓虚实结合，很有说服力。对范增的远见，是赞成还是反对，项羽竟没有表态。我查阅了《史记·项羽本纪》全文，教材对这部分没有删节。是太史公疏忽了，还是故意不说？项羽对刘邦的判断与范增对刘邦的分析，有何差异？这就给我们留下了遐想空间。

从文本推断，项羽没有同意范增的“刘邦威胁论”。

当是时，“项羽兵四十万”，“沛公军十万”，他根本看不上刘邦，更不会觉得他能有什么天子之志！曹无伤来告密，他“大怒”的真正原因是：就凭你刘邦这点儿实力，还敢和我对抗？

查阅《史记·高祖本纪》，有这样的记载：

或说沛公曰：“秦富十倍天下，地形强。今闻章邯降项羽，项羽乃号为雍王，王关中。今则来，沛公恐不得有此。可急使兵守函谷关，无内诸侯军，稍征关中兵以自益，距之”。沛公然其计，从之。

十一月中，项羽果率诸侯兵西，欲入关，关门闭。闻沛公已定关中，大怒，使黥布等攻破函谷关。①

也就是说，在《鸿门宴》中刘邦说的“吾入关，秋毫不敢有所近，籍吏民，封府库，而待将军”，樊哙说的“故遣将守关者，备他盗出入与非常也”，全是假话。刘邦确实有欲王关中的军事行动，项羽早就“大怒”了，刘邦行动失败了。而刘邦的“守函谷关”正说明了范增的判断“此其志不在小”。而项羽把刘邦打得大败，轻而易举地进了函谷关，项羽就更看不起刘邦那点实力了，还能有什么“刘邦威胁论”可言呢？

再结合曹无伤的话进一步分析：“欲王关中，使子婴为相，珍宝尽有之”，刘邦单独与秦谈判了！并占有了全部珍宝！还想着之前楚怀王与诸将的约定，即“先入定关中者王之”。项羽又“大怒”了，“飨士卒，为击破沛公军”。项羽想第二次打刘邦，还是要彰显自己的威风，捍卫自己的霸王地位，显示楚怀王的“与诸侯约”不过是废纸一张。

这样看来，范增和项羽都想打沛公，但他们打的原因是有差异的，项羽只想治“表”，让刘邦俯首称臣，满足自己西楚霸王的虚荣心；范增要治“里”，忧虑于刘邦将是争夺天下的最可怕的对手。正是这看似微小的差异，使他们君臣意见相左，最终使刘邦从鸿门逃生。

项羽不赞同“刘邦威胁论”，所以他对范增的精辟论断及建议“急击勿失”，项羽无表情、不表态，太史公这不言之言，正体现了项羽的个性：自信、自负，轻视刘邦。项羽，就输在太“自我”上了。

我们再看第二处留白，课文第 6 段：沛公至军中，范增拔剑撞破玉斗，并怒斥“竖子不足与谋”。“竖子”，表面上是斥责项庄辈，而实际上暗讯项羽，因为这“谋”的对象主要是指项羽，宴席上“范增数目项王，举所佩玉玦以示之者三，项王默然不应”，项羽被范增如此挖苦，他的表情如何？太史公又不置一言。

我们是否可以这样推断：

结论一，项羽不愤怒，有人情味。

虽然他不同意范增的意见，但视之为“亚父”，“亚父”发脾气自己也只好忍着。但项羽的“人情味”也是相对的、有限的。在《史记·陈丞相世家》中，陈平施反间计时曾对刘邦说：

顾楚有可乱者，彼项王骨鲠之臣亚父、钟离眛、周殷之属，不过数人耳。大王诚能出捐数万斤金，行反间，间其君臣以疑其心，项王为人意忌信谗，

---

① 韩兆琦选注：《史记选注集说》，《史记·高祖本纪》，南昌：江西人民出版社，1986 年版，第 46 页。

必内相诛。[①]

刘邦施反间计后，项羽“果大疑亚父”，范增怒曰：“天下事大定矣，君王自为之！愿请骸骨归！”这时项羽可就不顾念什么“亚父”了，最终范增“疽发背而死”。项羽有限的人情味，以及更为有限的政治智慧，导致了范增的悲剧命运。

结论二：不后悔，也不惭愧。

项羽对自己没有采纳范增的意见而放虎归山，不悔，不愧。他大约觉得刘邦逃了也无所谓，只能说明刘邦怕自己，不值得这么大惊小怪的，所以也就没什么可后悔的。而惭愧，是觉得自己错了，反思己过时才会有的表情。没有反思、反省，当然就用不着惭愧。

其实，项羽应该反思，除了范增的判断，从鸿门宴上樊哙、张良这些虎将、谋臣不俗的表现，应该感受到来自刘邦的威胁，但单纯幼稚的项羽却该看的看不见，该想的想不到。

对闯帐的樊哙，他说“壮士！——赐之卮酒”“壮士！能复饮乎?”从编者加的标点，我们能体会到项羽英雄惜英雄的赤诚，能体会到他率性而为的天真。在此，这份率性是可爱的。

而这种率性也应该包括《史记·项羽本纪》中记载的“坑秦卒二十余万人”，“西屠咸阳城”，“烧秦宫室，火三月不灭”，这种率性却是血腥的、邪恶的。其实在《史记·高祖本纪》中还有这样的记载，怀王诸老将都认为：“秦父兄苦其主久矣，今诚得长者往，毋侵暴，宜可下。今项羽强悍，今不可遣。独沛公素宽大长者，可遣。”所以刘邦是“扶义而西”，才兵不血刃地拿下咸阳，而项羽却杀降屠城。项羽爱惜樊哙这样的英雄，却把众生视为草芥。因此，项羽未得天下，先失人心，他的率性有着天使与魔鬼的两面。元末明初著名诗人、文学家杨维桢在《史记评林》中说：“《孟子》云：‘为天下驱民者，桀与纣也。’籍亦为汉驱者耳，其能与汉争天下哉?”[②]可谓一语中的，项羽天使的一面令人同情惋惜，而其魔鬼的一面令人唾弃。

项羽魔鬼的一面没有得到有力的遏制，只是他个人的责任吗？对于范增，项羽的人情味确实有限，而范增的军事谋略与政治远见若与刘邦手下的人相比，也是有限的。难道项羽的人生悲剧与范曾没有关系吗?

清代学者袁俊德在《增评历史纲鉴补》中说：“范增于项羽虽未至言听计从，然尊曰‘亚父’，君臣非不相得者。乃入关以前，既不闻阻其坑秦降卒；

① 韩兆琦选注：《史记选注集说》，《史记·陈丞相世家》，南昌：江西人民出版社，1986年版，第125页。

② 韩兆琦选注：《史记选注集说》，《史记·项羽本纪·集说》，南昌：江西人民出版社，1986年版，第33页。

入关后，又不闻阻其屠毁咸阳，而斤斤于举玦舞剑以除沛公，所见亦末矣。”①看来，在范增怒斥“竖子不足与谋”时，他不知自己这仅限于暗杀的军事“智慧”，实在是太不光明磊落了，太不英雄了，实在难入项王这位率性而为的英雄的法眼，项王大约觉得“老匹夫，尔亦不足与谋也！”

另外，与对勇士樊哙的赞赏相比，项羽对谋士张良的表现则视而不见，当然也就想不到张良与项伯会有什么来往。在鸿门宴上，张良的言语、行动不多，却能在关键时刻为刘邦把握方向：在项庄舞剑时，是张良及时退席让樊哙进帐解围；在刘邦逃席时，又是张良从容为刘邦断后；而在鸿门宴前，项羽要击破沛公军时，更是张良为刘邦出谋划策。而事前，他叔叔项伯就是跑去找张良了，才引发了鸿门宴的一系列故事。可以说张良是“观一叶而知天下秋”的人物，他才是鸿门宴的总导演，而刘邦、樊哙只是出色的演员而已。这些，项羽能看到、能想到、能推测到吗？即使想到、看到了，也是视而不见，见而不思，思而不断，断错了也不自省。所以，太史公让范增发怒时项羽的表现再度缺失，任读者去自由想象。

此时，项羽也许能宽容范增的失态，但他一定是不悔、不愧的，更不懂反思的。当然，如果项羽真的反省了，《鸿门宴》也就得改写了，刘邦“立诛杀曹无伤”，就可以成为项羽再度发兵的借口。这样，不只《鸿门宴》要改写，恐怕连整个《史记》都要改写了。但历史没有假设，不知反思、刚愎自用、唯我独尊的项羽，当然也是千古英雄的项羽，在他缺失的表现的背后，是懵懂无知，还是犹豫彷徨，抑或是胸有成竹？我们不得而知。但在太史公的留白处，项羽的悲剧，以及范增的悲剧，却已经拉开了帷幕。

再看第三处，我用对比的方法谈谈自己的体会。

先看第三处留白的项羽“无话”。我们再回头品读课文第 2 段最后，项伯为刘邦说情，“项王许诺”。项王思考或判断的过程呢？缺失了！

“于是项伯复夜去，至军中，具以沛公言报项王”，项羽本可以直接责问：“君何以知之？”项伯“夜驰之沛公军，私见张良”，勾结刘邦，泄露项王的军事行动，该当何罪？项羽却一句不问，也不与范增商量就“许诺”了。相比之下，沛公就机敏得多，在张良把项伯带来前，就先问“君安与项伯有故？”这既是刘邦应有的警惕，也是君臣间的进一步沟通，在彼此信任的基础上，刘邦赢得了张良的忠诚。而刘邦的热情更打动了前来送信的项伯，使项伯成了刘邦安插在项羽身边的“007”，鸿门宴上得到他的死力相助，“项庄拔剑起舞，项伯亦拔剑起舞，常以身翼蔽沛公，庄不得击”。后来，在刘邦的老父要被项羽烹时，《史记·项羽本纪》记载了项伯说情：天下事未可知，且为天下者不顾家，

① 韩兆琦选注：《史记选注集说》，《史记·项羽本纪·集说》，南昌：江西人民出版社，1986 年版，第 33 页。

虽杀之无益，只益祸耳……项王从之。如果项羽被刘邦“吾翁即若翁，必欲烹而翁，则幸分我一杯羹”的话激怒，真的烹了刘翁，刘邦将会终生受到良心的谴责。因此，在刘邦一统天下时，“封项伯为射阳侯”，“赐姓刘”。项伯，项羽季父，在项王身边却做了刘邦的内应，这不只是刘邦攻关有术，还与项羽的了无心机、偏听轻信有直接关系。同样是做别人的内应，曹无伤则被项羽伤得丢了命，而项伯却在刘邦那里赢得了一世的荣华富贵，两人的命运可谓天壤之别。

《鸿门宴》中的这些留白，含蓄蕴藉、耐人回味，让我们从太史公笔下项羽那偶然缺失的表现背后，体会到了项王悲剧的必然性；也让我们在文字的缝隙中，体会到“寓有限于无限”的巨大魅力，感受到“此时无声胜有声”的充实与饱满，领略到太史公的别样风采！

（2013 年 8 月）

第三节　读书育人

阅读以立人

——《故乡人》的教学思考

课改了，教师再也不能做课堂的主宰了，该为自己的话语霸权叫停了。在《故乡人》的课堂讨论中，我发现了学生多元理解的魅力。

在讨论“金大力”的形象时，许多学生都谈了自己的看法：

他是个老实人、厚道人；他做事细致认真，有很强的责任感；他知足常乐，他有自知之明；他对名利很淡然——学生能从文中得出这些认识，并不困难，我只需点头称是即可。

但忽然有个学生站起来说：金大力很“睿智”，这说法倒真的让我心中一怔。学生进一步解释：金大力懂得吃亏是福。他是个傻人，但他更是个有自知之明、懂得知足的聪明人。

接着又有几个学生补充道：

他是个包工头，但他却是个只能干小工的包工头。在今天，赚昧心钱的包工头很多。而我们可爱的金大力，只安于赚两个小工钱儿，却也能天天“领导”大家去赚大钱。在今天失业的小工很多，而我们的金大力在当时却总有活干。今天倒霉的包工头也不少，但本事不大的金大力却能在当时持续地得到大家的认可。开茶馆的人未必家家都生意好，而常常把自家的水白送给别人的金大力家的茶炉子，却天天生意兴隆。

最后我总结说：用老子的话说，这就是“不争”的宽厚，是天酬长厚者。金大力的人品赢得了乡亲的信赖和尊重，这是万金也买不来的，因为人格无价。严格地说，这不是什么“睿智”，也不是什么“不争”的老子智慧，因为金大力没有长那么多的心眼，也没读过什么书，这是一种最质朴的人格力量，正所谓“桃李不言，下自成蹊”。

这时，有个学生说：“老师，我们后面黑板上的班训‘诚实、老实、踏实、扎实’就是写金大力这样人的了。”同学们笑了。

还有个学生说：“那我们前面黑板上的班训‘心静、干净、洁净、雅静’就是在说王淡人了。”大家笑得更开心了。

我说，其实最美的品德会穿越时空，看来我们和汪曾祺老先生已产生了心灵的共鸣。老师更希望“金大力”和“王淡人”就生活在我们身边，就是我们每一个人。让我们像他们一样，热爱生活，朴实做人，踏实做事，扎实求学。

此时，我也更深地理解了阅读与鉴赏的根本目的是什么，是为了“立人”。

（2007 年 10 月）

软弱之痛

——浅谈《孔雀东南飞》中焦仲卿人生悲剧的成因

在《孔雀东南飞》中，焦仲卿性格的软弱，对于爱情的幻想，是他不及刘兰芝更有光彩、更有魅力的重要原因。但人物的性格总离不开其成长的环境，当我们细细研读焦仲卿所处的家庭环境和社会环境时，你会觉得这个人物更丰富、更凝重，在我们掩卷沉思时，更有一种发自内心的伤痛。

焦仲卿对于爱情的幻想，源于他性格的软弱。与刚烈的刘兰芝相比，他的这种性格似乎更明显。在焦母发怒后，两人就对婚姻的发展趋势做出了不同的判断：焦仲卿认为，“卿但暂还家，吾今且报府。不久当归还，还必相迎取”，而刘兰芝则认为，“勿复重纷纭。……谓言无罪过，供养卒大恩；仍更被驱遣，何言复来还!”而在两人分别时，兰芝对自己被休回家的现状，又做出了冷静的分析：“我有亲父兄，性行暴如雷，恐不任我意，逆以煎我怀。”而焦仲卿却依然在梦中：“誓不相隔卿，且暂还家去；吾今且赴府，不久当还归，誓天不相负!”相比之下，我们更赞赏刘兰芝的清醒理智，而焦仲卿就显得很幼稚，对今后的生活充满了幻想。

其实，在对婚姻现状的理性认识上，焦仲卿并不比刘兰芝逊色，且更早就意识到他们婚姻的悲剧性，只是软弱的他无力回天。从焦仲卿与母亲的对话中，我们能看到他的勇敢和坚定：“女行无偏斜，何意致不厚”“今若遣此妇，终老不复取!”如此决绝的他，在残酷的现实面前，他又很难有两全其美的举措，也只能“长跪告”。而“槌床”大怒的母亲却说“小子无所畏，何敢助妇语”，在这种情况下，他再回到房中面对娇妻时，也只剩“哽咽不能语”了。至于他与刘兰芝说“卿但暂还家”，及在路上与兰芝告别时说“还必相迎取”，只是在母亲的高压下，对刘兰芝，也是对自己的一种无奈的安慰罢了。不如此宽慰自己的心上人，不如此给自己一线希望，他又能如何呢？

焦仲卿的软弱性格、悲剧命运又是如何形成的呢？我们把他与焦母、与刘兄、与刘兰芝做一下对比探究。

焦仲卿性格的软弱，与他母亲的专横有直接关系，与单亲家庭的亲情失衡有直接关系。

从刘兰芝“新妇初来时，小姑始扶床”的对话中，我们可以看出，多年来他们兄妹与寡母相依为命，而母亲的蛮横和暴戾自然非只一日，焦母长期的专横必将给儿子的心理带来阴影。一句“我自不驱卿，逼迫有阿母”，就是他的死穴，家有悍母，就必将导致家有弱子。再看刘兰芝的家庭状况，我们会有别样的感受。刘兰芝也是早年丧父，兰芝母亲则性情软弱，兄长却蛮横霸道。在兰芝的婚姻问题上，刘兄独断专行，母亲只能唯唯诺诺。封建伦理要求女子“在家从父，出嫁从夫，夫死从子”之类的说法，在刘家和焦家也要具体情况具体分析。仲卿母亲的专横与兰芝母亲的软弱，刘兄的蛮横与仲卿的懦弱，形成了鲜明的对比。兰芝的母亲可以“夫死从子”，而仲卿的母亲不但不从子，反而成了制造儿子婚姻悲剧的罪魁祸首。同时，我们也看到，焦母对儿子、儿媳变态般的刻薄或嫉妒，以及刘兰芝的母亲面对儿子独断专行的无可奈何，这在一定意义上都有“单亲家庭”亲情失衡的阴影。焦家和刘家，皆因老母长年寡居，儿女少失所怙，导致了母子性情异化。两个家庭可以说是其形异也，其质一也。一人专制、不顾念他人感受的家庭，只能制造亲人的悲剧，制造家庭悲剧，这在今天也很有现实意义。

焦仲卿性格的软弱，若与刘兄相比，除了家境的同与异，还可能和他们所受的不同的教育有关，与中国的家庭伦理、与传统文化有关。

“昔作女儿时，生小出野里，本自无教训，兼愧贵家子”，“汝是大家子，仕宦于台阁”，从兰芝和焦母的话中我们可以看到两家在门第上的差别，这必然带来仲卿与刘兄所受教育的差异。身为“庐江府小吏”的焦仲卿，是个中规中矩的读书人。在京剧《孔雀东南飞》中，焦仲卿由小生扮演，而刘兄则由丑角扮演。仲卿儒雅、懦弱，刘兄市侩、专横。从刘兰芝与兄长的对话中我们见识了刘兄的庸俗，“先嫁得府吏，后嫁得郎君，否泰如天地，足以荣汝身。不嫁义郎体，其往欲何云?”一个只知以名利地位来解读婚姻的势利小人便跃然纸上。

而焦仲卿的儒雅、懦弱，可能更多源于封建伦理中的“孝”的束缚。而对母亲无条件的“孝”，无条件的顺从，最终摧毁了自己的美好婚姻。当然，也许还有中国传统文化中那可怕的“七出”。“七出”一词虽到唐代以后才正式出现，但其内容则完全源自于汉代的《大戴礼记》中的“七去”，又称作“七弃”，其内容包括：不顺父母，为其逆德也；无子，为其绝世也；淫，为其乱族也；妒，为其乱家也；有恶疾，为其不可与共粢盛也；口多言，为其离亲也；窃盗，为其反义也。从文本内容看，不顺父母，无子，口多言，都可能成为焦母要赶走儿媳的借口。而焦仲卿对此却无可奈何。若换成刘兰芝的蛮横霸道的兄长，一个没有受过什么教育影响的人，会受这些伦理与文化的束缚吗？不会的。可见，这些绳索都是给老实本分的读书人准备的。

焦仲卿性格软弱，若与兰芝相比，还源于他们俩所承担的不同的家庭责任。

从两人殉情前的心态看，“我命绝今日，魂去尸长留！”“揽裙脱丝履，举身赴清池。”刘兰芝没有一丝的迟疑和犹豫，显得刚烈而决绝。而焦仲卿与刘兰芝相比就不同了，“徘徊庭树下，自挂东南枝”，他内心的痛苦可想而知。兰芝殉情，家有兄长赡养老母。而仲卿父亲早亡，自己是长子，家中只有小妹。因此在与兰芝诀别后，上堂拜阿母：“儿今日冥冥，令母在后单”，“转头向户里，渐见愁煎迫”。在爱情和亲情间，仲卿做着怎样痛苦的抉择：一方面是寡母的养育之恩、赡养之责；另一方面是自己的挚爱，是同生共死的誓言。当他最终选择爱情、选择殉情时，他心中经历了怎样痛苦的煎熬。他对母亲逼走心上人的恨，在此时却化成了难以抉择的痛。“府吏闻此事，心知长别离”，当他知道兰芝已经殉情，此时长别离的对象就是自己年迈的老母。这种难以割舍的亲情与责任，使他犹豫彷徨，可谓生为妻痛，死为母伤。但他最终还是“自挂东南枝”，这种在生命边缘苦苦挣扎的痛，使刘兰芝与焦仲卿的爱情悲剧更震人心魄。

另外，在我国文学史上，性格软弱，在爱情与亲情的重重矛盾中苦苦挣扎的读书人，又何止焦仲卿一人呢？民间传说中的梁山伯，以及宋代大诗人陆游，只不过是不同时代的一个又一个焦仲卿的翻版而已。如司马相如者，能有几人？封建伦理不知吞噬了多少幸福美满的婚姻，不知吞噬了多少年轻的生命，而那些制造悲剧的严父慈母们，也同样是这些悲剧的受害者。从“两家求合葬，合葬华山旁，东西植松柏，左右种梧桐”中，我们可以看出焦母那噬脐莫及的悔恨，及刘母那痛彻肺腑的悲伤。

《孔雀东南飞》是人物的性格悲剧（包括懦弱的焦仲卿、强悍的焦母、刚强的刘兰芝），是婚姻悲剧，更是家庭悲剧、社会悲剧。其在格外关注家庭教育、关注青少年心理健康的今天，更给我们带来许多启示。

（2008 年 5 月）

第六章　我手我心

第一节　书写亲情

流水账的欢歌

我今年四十一了，妈妈今年六十一了，爸爸今年六十八了，女儿今年十六了。人过中年的我已是两鬓斑斑，而已过耳顺之年的老爸老妈更是两鬓如霜。女儿还正是如花开般的妙龄。

我和爸妈都是女儿的保姆，一是物质方面的保姆，一是精神方面的保姆。

老妈每天都要给外孙女准备早餐：

面包、沙拉酱、生菜叶、火腿，煎好鸡蛋，再打好五谷豆浆(在头一天晚上泡好黄豆、绿豆、黑豆、红豆，加上黑芝麻)

再洗一个苹果、一个梨，拿一袋鲜奶，带一袋酸奶，让在学校吃午餐、晚餐的女儿补充营养。

老妈看着这一样又一样的好吃的，无限感慨地说："你一个星期吃的好吃的，是你妈、你舅、你小姨几年吃的了。"

老爸在旁边慨叹："就她现在吃的，那时咱俩有钱买吗？真的有钱你能买得着吗?"

是呀！七十年代，爸妈没钱，而且不是一般的没钱。

一对农民养三个孩子(在那时并不算多)，我们没有挨过饿，有玉米面饼子、有小米饭吃。虽说每年春天，爸都得到大队去借"棒子豆"(玉米)。可我们仨馋呀，一些细节永远都刻在我心里。

也不记得是过什么节了，爸用草纸包回一小长条的猪肉来，只记得妈在案板上切，我们仨在旁边看。看着看着，五岁的弟弟突然伸出小手从刀边抢过一片生肉飞快地塞进嘴里。这下子可把妈惊出了一身冷汗，也把七岁的我和三岁的妹妹吓傻了，现在打出这个场景来还不由得酸涩满眼。

每当逢年过节，爸爸买的猪肉总不够招待客人，妈妈与奶奶的关系又不融洽，她就不得不差我到奶奶那"借块肉"来(奶奶家劳力多，没有白吃饭又不断生病的孩子，妈说我们仨都是从小鬼儿那抢回来的，当然我也记得生了三个孩子的妈落下了一身病，家里只有爸一个整劳力），全是青菜叶不见点儿荤腥是说不过去的。而奶奶有一个肚子很大但口却很小的坛子，里面有很多早已煮熟了(把猪肉切成大方块，用线捆好再煮熟)的用盐腌着的总也吃不完的猪肉，我每次见了这个坛子就流口水。当然妈的这种借是从来都不还的，我想这也是妈在困窘中不得不耍点小赖的无奈吧。当然她也很有理，我也觉得很对：因为她招待的都是奶奶的客人，她出力，奶奶出块儿肉是应该的。而我就成了年节中她们这种尴尬关系的“牺牲品”，为了那一方块儿肉，我不得不常常“享受”奶奶的白眼。

而我们仨也有解解馋的时候，就是在亲戚或邻居们办红白喜事的时候。办白事时，妈会把家里留着打酱油、买盐的钱用来买剪纸钱用的草纸，再买上一包让我们眼馋的桃酥，去那家烧纸祭拜。即使是平时关系不太好的邻居也以“死者为尊”的老礼为上，不能因为穷而落了空儿。出殡的早上，爸会拿回几块儿供果，他也很会说话：家里的孩子夜里睡觉常咬牙，是给鬼神缠着呢，吃了供果就会好的。当然这也是村里的老说法了，村里大人都能理解。

用在红事上的花销要比用在白事上的大得多，爸妈常为此发愁，这叫借钱随礼凑份子。有时还不得不去邻居家借件整齐些的衣服，所谓整齐也就是屁股、肩肘没有补丁的。吃过酒席，他们会为我们带回点儿花生、瓜子、糖之类的，运气好也可能有炸豆腐、肉丸子啥的，要是什么都没有拿回来，可就有些不划算了。况且，借了别人的衣服，总不能两手空空地还去吧？可见，那年头一人坐席，就不知得有几双眼、几张嘴巴巴地盼着呢。于是办“事儿”那家的碗，就特别好洗。

办红白事的时候，真的是穷孩子解馋的节日，我们才不懂看爹妈为份子钱而发愁呢。

那时真的是太馋了，自已常常主动出去找好吃的，因为这张贪吃的嘴也干过不少坏事。

上学路上，掰过大队的葵花头(被看地的逮住了，还威胁我们要告诉老师。这样我就评不上三好学生了，把我吓得一夜都没睡好觉。第二天到学校发现平安无事，这才一颗心掉进肚里)；放学了，爬墙头摘过邻居家的杏；搂柴禾时偷过大队的苹果；弄草时挖过别人自留地的白薯。那时，看着这些好吃的，哪用得着洗呀，只在衣服上摩挲摩挲，连霜带土的一起吃。当然有时也能吃到荤腥，掏过麻雀逮过蚂蚱，用火烤着吃——那时，这些绝对都是纯天然绿色食品，无毒无害。

现在写来都觉得自已当年是不良少年了，只为了这张贪吃的嘴而顽劣。

那时，我爸妈确实没钱，真穷。

但爸爸却有一句非常豪迈的话：“只要你们想念书，我就会一直供下去，你能念多高，我就供多远，哪怕我砸锅卖铁！”那时他大约是已经看出来了，我这个大闺女是块念书的料儿。

更重要的是这“书”里有着他们夫妻俩的心病。

20世纪40年代，爸爸想读书，但也不能不放牛，只得上午读书下午放牛，但到第三个年头，刚买来的新书就不得不转卖给别人，说是省下钱来让我三叔去读。直到现在爸爸也会常常说起他一生中唯一的老师“赵连甲”(我猜这名字应该是这样写)，如何教他认字，如何教他打算盘。也正因为这段经历，在我学打算盘时，他就非常气愤，闺女都小学三年级了，为什么在算盘上竟如此笨，在学校都学什么了？他一边数落我一边翻出那陈年老账簿一样的、一翻一掉渣儿的算盘书让我学，我却一点也看不懂。于是他就再慷慨激昂地议论一番，好像学校有莫大的罪过似的。而我老爸自不念书后，就《三侠五义》《七侠五义》《包公案》《施公案》《刘公案》《彭公案》《隋唐演义》《封神榜》地自学起来了。小学时村里常停电，我们都躺在炕上，我、弟弟、妹妹三个小脑袋对着满脑子都是故事的大头儿爸爸，他一讲就是半宿，那时我觉得我的爸爸真的非常了不起！

20世纪50年代，妈妈也上学了，妈比爸强些，可以上一整年的学了。但冬天时没有棉鞋穿，脚就跟单鞋冻在一起了，走不了路就只得在家歇着。春天暖和了，姥爷又让她上地里干活，三天两头缺课，气性大的妈赌气不上了。姥爷说正好，让你弟弟好好上就行了。今年过年时，听已五十六岁的舅舅(县卫生防疫站干部)说，我妈学习可好了，但只念到四年级，就没再读下去。当然大姨就更不幸，她才念了两年。

到了70年代，就是1976年，那年的初春，我上了小学一年级，我多幸运呀，我可以高兴地说我不记得“文革”的什么事。我念书时，村里年年都给我免两元的学费，因为我学习好，还奖给我笔、本、铅笔盒，所以那时我也不觉得因为我读书家里有多艰难。

当我到延庆一中(那时叫延庆二中)上高中、弟弟上初中、妹妹上小学，我就知道什么叫穷了，因为他们没钱给我买一支钢笔。等我上了大学、弟弟上了中专，妹妹上了初中，每次开学前的几个晚上，我会躲在被窝里装睡且偷偷地抹眼泪，只听他俩商量着谁去借钱，找谁去借钱！我知道，他们常常要从村东借到村西。那时家家都穷，借到钱不是件容易事。妈妈常常是从村里的媳妇们那儿借起，爸爸则是在叔叔、大爷们那儿收尾。但他俩给孩子们借钱时腰一点也不软，婶儿、大爷们常常说：“我想和你一样给孩子们借钱供他们读书呢，可我这几个兔崽子也不给我争气呀。”于是爸妈就拿着借遍了几道街的钱骄傲地回家了。

现在已是幸福的2009年了，建国六十年了，我们家也与国家一起在变着，变得越来越舒心了。

这不又到周六、周日了，老爸老妈要回老家看看，弟弟在城里给老两口买了楼。弟弟今天没空开车送他俩回家，老妈找出公交卡，老爸更是把他的免费通行证挎在脖子上。

“你妈还要四毛呢，我——畅通无阻。”他得意地说。

“看把你爸美的。”老妈撇撇嘴，白了他一眼。

“这年头还是共产党好呀，咱俩每月那四百元钱不算啥(吹牛，我心里想：咋不算啥呢，相当于我一个月的班主任费了)，有咱孩子呢！看咱村里的那些养了一串儿子的，一年到头只有三十那天才给老家儿送去二百块(元)，还要在那儿吃一顿年夜饭，第二天一大早孩子又来要压岁钱。现在国家每个月都给二百块，有了这二百块，不知得有多少老家伙能结结实实地多活上几年呢。”老爸慷慨激昂地大发宏论。

我也很感慨，现在村里不穷了，这孝敬老家儿的事却解决得不好。

老两口终于收拾利索了，我女儿在那喊着：“您可把东西带齐了，手机、手表、钥匙都带上，衣服、包都穿好拿好。”再看我老妈：耳朵上的、脖子上的、手腕上的、手指头上的，都带齐了，一闪一闪的；我老爹更是干净整齐利落，且还有几分帅气呢！看着这要回乡下的老两口，我仿佛又看到了当年他俩借钱随礼、借衣服出门时的样子，现在再也不用借了。再说了，就这身行头当年也没处借去呀！现在出门，天天都跟去坐席吃酒一样。

国家，家，国就是家，家就是国，当国家的每一个小家，都过得舒服滋润时，那就是民安国泰之时。

大河有水小河满，小河的欢唱更成就了无边大海的浩瀚。我也仿佛听到自己写的这“流水账”，正哗啦啦地唱着，唱着最欢快的歌。

（2009 年 10 月）

（注：要说明的有二：一是本文是应学校要求写的建国六十周年的征文。二是有时我常想，自己一个村里的野丫头，如果考不上大学会怎样。村里只不过多了一个锄地的农妇，养几只鸡也没有邻居家的二丫头养得好。可见，知识确实能改变一个人的命运，而一个国家的富强，也确实能改变每一个国民的命运。）

清明断想

又值清明，我想我的恩师尹吉亮；我想我的老爸“二老陈”。

世上的人只有两个，男人和女人。而每个人的生命呢，是不是也只有两个，生理生命和职业生命？正如我想老爸，我想恩师一样，他们一个给我生理意义上的生命，一个给我职业意义上的生命。

清明，悼念逝者，倍感伤痛。正如鲁迅先生所说，回忆总有一种“刀刮鱼鳞”的痛。

四年前，教我高中语文兼班主任的尹吉亮老师因脑溢血突然走了，只记得那天春光明媚，而那明媚的春光竟成了刺眼刺心的记忆。课间，在校园里遇到师娘，她来学校为老师办相关的手续时我才知道这消息，没有任何送别仪式，老师就这样走了。

课上，讲毛泽东诗词，我给学生朗诵《蝶恋花》时，情不自禁地泪落连珠。

从小学到高中毕业11年，我当了11年的语文课代表，尹老师，是我高二、高三时的语文老师。我给老师收发语文作业，有同学不交，我就站到讲台上替老师训人——这大约就是我当教师最早的"实习期"了。周日，老师骑着那辆旧28自行车赶十多里路，到我家，和我老爸坐在炕头上，就着花生米喝着二锅头话家常，排齿序，老师属龙，老爸属蛇，老师长我老爸一岁，那一幕永远留在我心里。高三了，老师把我推荐给学校领导，我被延庆一中(那时叫二中)保送到北京师范学院中文系，那一年，我没有参加高考。这对一个从农村出来、家里又很穷的学生来说，是多大的幸运！

一天晚上，我喝多了，倒在床上号啕大哭，女儿惊慌地跑过来，才从我断断续续、哽哽咽咽的言语中知道，我想我的老师了。女儿站在床头，开始给我这个教语文的妈上语文课，做心理疏导。我这样哭闹了一个多小时，才在女儿的抚慰下安安静静地睡着了。

恩师身体非常好，却突然离去，这让我深感不安，甚至有些恐惧。

我急急地让老爸老妈去医院体检，我急急地给老爸老妈买来可以清理血液垃圾的保健仪器。可是，我老爸还是得了与恩师相同的病，只56个小时，人就走了。走的那天晚上，他还在给我做饭，他还和弟弟在窗口抽烟，弟弟还又给他搬来一箱二锅头——只是我再也不能陪老爸喝一口了，老爸再也不能说："闺女儿，再来一盅？"

一年前的3月20日，只记得那天春寒料峭，我，我们全家，在灵前守着，守着，给我老爸送行。

老爸走后，弟弟把几个照相机、几台电脑上所有的老爸的照片都找来，做了视频，妈妈哭着看，我们大家看着哭。时间，是多么残酷，它如风行水上，留下的是层层波纹，是圈圈涟漪。

一年前的3月2号，我迈出了人生的另一步，而18天后，老爸就走了，带着无数个问号，走了，带着无数的牵挂，走了。爸，再有几天就是你走的周年了(如果按阳历的话，已经过去一年零三十四天了)，女儿现在很幸福，真的，您放心吧！

还记得我上小学时，梦到你和妈都没了，我在学校上课一天都精神恍惚，下午放学回来，终于忍不住了，蹲在院子的猪圈前落泪。妈问我咋了，我说了，妈笑了，妈说傻丫头，一咒十年旺的。而今，你真的没有了，那天你被众人抬走了，一会儿你又被弟弟抱回来了——一个白色的大包裹，我摸着、托着这有点硌手的骨灰，那一瞬，该是我们爷儿俩最后的亲近了——我的老爸！

昨天，侄女缠着我说："大姑再在网上给我买几本书回来，要儿童文学的书啊。"

昨天，女儿练跆拳道回来，腰上有一大片青紫的瘀血，我忙问："今天伤的?"她无所谓地说："上周。"又说今天伤的是脚，我一看，她的脚果然肿得高高的。

昨天，我又看了《康熙王朝》的最后一集。69 岁的康熙指着一大片儿孙对童年的伴读魏东亭说："前一排有一个当世之君，后一排有一个后世之君，真好呀！我真羡慕他们呀！"

我也真羡慕他们呀：要书看的侄女，痴迷跆拳道的女儿，还有那个一写作业就得哭一场的外甥女，还有学校的小徐老师、小杨老师。

那天，我在电教组，把延庆一中的老教研组组长张翠苹老师 1987 年的录像课"中国石拱桥"看了又看。我惊叹，我们的课改喊了这多年，其实张老师的课堂早就改革了，我们只是在饶舌而已。在校门口，再看到早已退休多年的张老师和蔼慈祥的面容，看到她如银的白发，更觉得别有风度。

那天，在商场，看到我师父张铁英，她看着我手裹着膏药(用电脑时间长了，腱鞘炎了)，心疼地说："干活悠着点，你也快到更年期了，要爱护自己。"

两位张老师，两个老大姐，我的两个师父，两个职业领航人，她们都退休了，她们可以快乐地颐养天年了。我也已经四十五周岁，我的职业生命还有十年，也就是说，在讲台上，我已经站了二十二年了。曾经因为开学要当初一班主任整个暑假都战战兢兢寝不安席的青涩大学生，如今也是半头白发的大姐了。我曾经是刚毕业的小徐，也是工作了六七年才找到教学门径的小杨。是两位老大姐，是一中语文教研组，把一个懵懵懂懂的小陈从一个阶段领到另一个阶段。

清明，清明，也应是个让人心明眼亮的节日，让人梳理一下自己来路的节日，再展望一下自己的明天。是的，明天——

我真羡慕退休了的张翠苹老师、张铁英老师。我愿自己退休时，也能像张老师、张老师一样，得真从容、得大自在。

清明，我追思尹吉亮老师、董信义老师(一中语文的老教研组长)、魏富春老师(我的老年级组长)、张云英老师(我的初中数学老师和班主任，后在一中做生活指导教师)，还想同行、同学田玉茂，老茂走时才 42 岁，周五还和我一起做教研呢，周六人就没了。

清明，我追忆我的老爹。

昨天，我妈说："唉，想想二老陈，他真好呀，为儿女们好。咱们那邻居也得了脑溢血，送到北京花了十多万，人也没有留住。二老陈好呀，孩子们半夜送你去北京，你就让老天爷下雪，你就让'120'骑在马路牙子上，你不想去呀，你想给孩子们省点儿钱。"

死者，生者，生者，死者，这生生死死间该有多少牵挂呀。

人事有代谢，往来成古今。

去的是生命，去不了的是这份永远的情。

清明，清明，这一天阴阳交会，祖先留下这样一个祭奠的节日，是为了让我们活着的人更好地生，更好地有情有义地生，无论是在竞争激烈的职场上，还是在家长里短的日常生活中。

清明，有一颗清亮明澈的心，才能感受到生活中的丝丝温情、融融暖意，而这份情，足以超越死生。

（2013 年 3 月）

第二节　书写师恩

我的师父

给我自己的师父张铁英老师写师德材料，真的很惶恐。一中主楼的门厅写着"学高为师，身正为范"，我觉得这话就是张老师的写照。在我心中，她就是一中"德高望重"的代名词。从师二十年，与师父很熟，很亲，但越是这样，就越觉得写起来很难。只因她这么好，而我又那么笨，那笨人就实话实说吧。

门缝认师与门外评师

我认张老师为师父是偶然中的必然。记忆中刚工作还很青涩、倔强的我，没与张老师有什么往来，也没有任何交流沟通的印象，但在楼道过来过去的我，却常常从门缝里看到这样的场景：又下班了，那个高高瘦瘦的张老师还没走呢；211 办公室没有开灯，屋里光线很暗，她还在给一位年轻教师说着什么，真羡慕里面只给我一个后背的那个小老师。张老师很专注，很认真，大约也从来没有注意过在楼道、在门缝会有人观察她。从那时起，我就认定她是个好人、好老师、好师父。学校让我自己找师父，可我偏偏不与她同组，"不同年级又如何，不同年级也认"。我没有征求张老师个人的意见，就剃头挑子一头热地向校领导申请了。

这份冒冒失失的选择成就了我们二十年的师徒情缘。到现在我还记得二十年前张老师听我课时批评我的话："课堂语言不简练，不及你师姐徐红梅干净利落。一节课说了七个'给我'做什么什么，这不只是口头语问题，更是教学观念问题。"到现在我还记得十年前张老师教导我的话："金华，打电话时说话语气不能太生硬，要温柔些，不说'您好'不张嘴。"到现在我还记得五年前张老师鼓励我的话："五笔打字很好学，不难的。"今天，我终于可以让指头带着我的思维在键盘上飞翔了。到现在我还记得两年前张老师提醒我的话："到县里参与教师职评，对人不要过于苛刻，每人都有自己的长处，这也是一个很好的学习机会……"有时我会想，生我者，父母也，而带我教书、教我做人的是我的师父们。我有六个师父，张老师是第一个把我领进教书之门并时时遥望着我、牵挂着我的人。有人在你身旁常常呵护关爱你，提醒批评你，这是一种怎样的幸福？就像我妈常常骂我"这个笨丫头，干啥也不让人放心"一样。

我是从门缝认的师父，"便宜"吧？但要让我说说师父，我也真的只能"门外"评师了。二十年来，我没有与师父同办公室、同年级组的幸运，在心理上我与师父很近，但我们在空间上确实是常常要隔着一道门，隔着几堵墙，隔着两座楼。但我坚信，这种遥望，却让我们的心更近了。

马前卒与急先锋

我师父，张铁英老师，工作三十七年，在一线三十二年，做过二十年的班主任，做过多年的年级组长、教研组长、教学主任。带出 3 个市级优秀班集体，获得过市"紫禁杯"优秀班主任一等奖、县"长城杯"优秀班主任一等奖。她曾连续多年被评为北京市骨干教师，获得过北京市青年教学大奖赛一等奖。1997 年刷新了县中考语文纪录，2001 年刷新了县高考语文纪录，她上的《石钟山记》被推广到华北课改实验区。但我也知道她从三十多岁起就严重失眠，我还听工会曹主席说："铁英忙时竟见她一手拿着馒头、一手拿着芹菜嚼着吃。"她眼里只有学生和家长，只有学校和工作，这种可怕的"只有"严重伤害了或是说摧残了她的健康。

1998 年，张老师和自己初三的学生一起升入高一，接着当班主任，教高中语文，教学压力更大了，她的身体也更糟了。严重的糜烂性口腔疾病折磨着她，疼痛常常使她不敢漱口，凉水进到嘴里也奇痛无比，进食就更困难，身体迅速消瘦，血压也极不正常。安贞医院的专家让她住院 24 小时监护，再继续检查。她自己也说：我也很想歇着了，每天下班路上，我几次几十次跟自己说，不行了，明儿可不上班去了。可躺在床上，稍微缓过点儿来，就又想，明儿我不去上谁给我代课呢？论水平我的同事谁都比我强，教我的学生肯定比我好得多，可同事们的工作量本来就很满，把他们累着怎么办？再想想学生得适应老师，咱自己的孩子关键时刻怕换老师，人家的孩子不也一样吗！

就这样，第二天，她又强忍着病痛出现在课堂上。

她中专毕业上讲台，2001年拿到了研究生课程班结业证书。相伴她求学和工作的是：养育儿子、婆婆住院、公公卧床20多年(在张老师的悉心照料下，两位老人都活到九十来岁)，而后公公病故、两个哥哥病故、姐夫病故。还有，伴随她求学的是越来越不健康的身体：心脏、口腔、血压、腰椎、颈椎都频频告急……在亲手给亡故的一个又一个亲人穿好最后一次衣服之后，在掩埋了亲人的尸骨之后，在吃了一大把药片之后，她又走进了课堂……

既然选择了三尺讲台，她就要用血肉之躯，以“铁”的坚韧和刚强，筑起学生成才的阶梯。

这只是张老师无数次以惊人的毅力站到讲台上的一点儿记录，想起这些我的心就像被揪着一样疼。多年来师父都是学校的马前卒、急先锋，在她不断地为学校创造辉煌的时候，却没对自己保有最基本的关照，更没有了对自己生命的敬畏。她的这种“忘我”用哪一个词才能形容呢？我爱她，爱到心疼欲裂。而今，师父再有一年就退休了，她再次教导我“以我为戒，爱惜自己，人生很短也很长”，师父这是在以她的人生经历给我上最重要的一课——“健康生活，才能快乐工作”，但要见诸行动，真的不易，尤其是一中教师，这是张老师给我们一中教师最真诚的告诫。

一颗种子与幕后英雄

从1992年从师至今，我觉得自己就像孙悟空一样，总也翻不出如来佛的手掌。2006年我去湖北参加全国作文教学大赛，师父指导；2008年我上市课改实验教学汇报课，师父指导；2009年我参加市教学大检查，师父指导……也有时，我不忍心再去打扰她，不忍劳烦她去科技楼五层多媒体听课指导我，她上不了那五层楼呀！

我还知道为指导高建春上“阿房宫赋”，她忙到半夜。

我还知道为指导解维上市研究课，她又半夜失眠。

…… ……

她是一中语文组永远的师父，她是我们心中永远的老大姐，她是一粒饱满的沉甸甸的种子。连她的小徒弟都已当了师父，当了备课组长，她早就是那个传承一中精神与智慧的老祖母了。她的身体状况早就不许她上前台了，但幕后的她也常常忙得天昏地暗。她成了护花的使者，她成了育花的春泥。她今天干的依然是花的事业，也是永恒的叶的事业。

电脑专家与时尚达人

张老师说：“不断地学习，将会给自己的生命带来更大的自由。”今年她虽已五十四岁了，还在用自己的行动实践着她对学习的认识。一有空，她就学电脑维修、软件使用。不只语文教学有问题可以去找师父，如果在电脑操作上有啥不会的，也可以上三楼去请教师父，而无须上五楼去找电教组的老师。她说："经常学点东西，自己生活得也充实，省得老年痴呆，还会多少帮人一点忙，心里也快乐！"张老师对新知识永远好奇。

张老师真的做到了"日知其所无"，爱学习的人真的永远年轻。而我又常常觉得自己的心老了，学不动了，是安于做不思进取的懒汉，是四处找枕头的瞌睡虫，与快退休的张老师相比，她则是好学的时尚达人。在自惭形秽之余，我也该激发一点上进之心、进取之心，才不辜负我年轻的头脑。

张老师，在学生眼里，在徒弟眼里，在同事眼里，在亲人眼里，她首先是个好人、厚道人、实在人、不愿麻烦别人的人、常常想着给别人以帮助的人。因此她是个好老师、好师父、好同事，她还是个好妻子、好媳妇、好婆婆……

一个人要想举世誉之不易，而张老师就是这样一位赢得全校教职工赞赏的人。高高瘦瘦的张老师，高兴起来呀，那笑声绝对是声震屋瓦。她笑起来的那份爽朗，能感染你的整个身心；她笑起来的那份天真，就如几岁的孩子；她笑起来的那份蓬勃的朝气，又如二十岁的青年。她太完美了，美得让人惊叹。有人说，一个人十八岁时，她的长相是父母给的，美与不美与她无关；而当一个人四五十岁以后，她的长相就是自己修炼来的。那份美，骨子里就透着精神的芬芳。张老师就有这样的一种醉人的美。

你也想拥有这份美吗？那就像张老师这样修炼自己吧，她告诉我们：人活着，到底为了什么呢？为了自己的生存，为了家人能幸福平安，为了家庭能成为生命的港湾，为了享受工作中奋斗的过程及成功后的快乐，为了品尝战胜困难的甘甜，为了感受到达胜利彼岸的激动，为了能在自己力所能及的范围内为他人、为社会做出尽可能多的好事，为了晚年吃嘛嘛香，为了享受天伦之乐……人生犹如小说，不在于长短，而在于是否精彩。关于精彩，我牢记着名人的话：人生的意义不在于得到了多少，而在于奉献了多少。

我希望自己也能像师父那样，有一个充实而精彩的人生！

（2011 年 4 月）

写给天堂的你

今天是 3 月 8 日。

女士美丽如花的笑脸，男士粗犷嘹亮的歌声；胸前抱着大红的证书，手上捧着温馨的礼物——这个世界，美得让人应接不暇。

王校长说："一中的女教师是教学一线的大半边天。"

解维说："有这么多美丽的女士与我们同行，我们男士感到无比幸福。"

此时我忽然想起了老魏，与我们同行的男士中再也没有他了，再也没有那个浓眉细眼、卷发黑脸儿的老魏了；再也没有那个精神得一年都不吃个药片、四季都一身蓝色西服的老魏了；再也没有那个抱着一大摞卷子、沾了半身粉笔末儿的老魏了；再也没有那个腋下夹着个似“收水费”的破包，往来奔波于北京—延庆的永远都学而不倦的老魏了！他，在我们身边永远地消失了。

但他的影子永远在我们面前，他的精神永远在我们心中。

“三八”节的今天，老魏已经走了一百天了吧？年仅半百的他，却给我们留下了人生的一百分。是的，完美的一百分！

在他的学生眼里，老魏让人怕，让人爱，让人敬。

对于那些淘气的学生，老魏定会让他们老实认错，好好学习，定要让他们心服口服、心悦诚服。因为实心眼的老魏真能感天动地：为了抓那些网上的“瘾君子”，有时他就像个尽职尽责的片警一样，能大半夜地跑遍整个县城进行“拉网式搜捕”；而对于那些心里常惦记网吧的淘气鬼，有时他更能像个神探一样，一逮一个正着儿。学生服他，家长信他。在他那双犀利的小眼睛下，想不好好学，没门儿。

对于那些好学的、成绩差的、家里穷的，老魏就把他们带到家里，管吃住、管补课，不但不收一分钱，还得往里贴。

对于那些尖子生，他更是使尽浑身解数，竭尽全力地把他们推向北京、推向全国的各类大赛，让这些穷山沟的孩子去开眼界、见世面。可那时学生家里的经济条件差，老魏就全权负责了。生活一向朴素的他，这时格外大方。当然，更大方的不是老魏，应该是咱们魏大嫂子。

有时这个让人怕、让人爱、让人敬的老魏，还常常让学生无奈。

比如那年冬天的一个上午，天公不作美，天一直阴着，小西北风也总吹着，小雪花也时不时地飘几片。高三的学生心里那个美，今天年级组长老魏一定该发发慈悲了吧！晚自习一定可以不上了吧！

下午放学前，学生们看到小黑板上有通知，很高兴，都拥过去看。学生的鼻子差点给气歪了：因为今天下雪路滑，请同学们注意安全，所以今天晚自习照上。

学生们真的服了，服了“魏氏逻辑”，那就好好学呗。书山有路勤为径，勇者不输。

在同事眼里，他是个热心肠的、厚道的、率直的好老魏。他的口头禅是：“有事只管说。”也不管是教学上的事，还是家里的事，他有十分力决不会用九分力。

在领导眼里，他是个排头兵、多种兵、干活的急先锋：班主任、年级组长、教学主任，他都干得让领导放心、舒心。他有十分力，肯定用十二分或十五分的力。

后来他就去领导别人了，我只知道，他在我们身边的时候，是非常开心的，且身体非常结实。只是不知道他领导别人时，是否也这样开心。在打上这一行字的时候，我的眼泪在眼圈里转呀转。

老魏呀，你是累死的吗？为什么还没有熬到我叫你魏老的时候，你就这么快地走了？你才五十岁呀！

你走了，你的女儿没了好父亲，嫂子没了好丈夫，你的老泰山没了那个干活不知道脏和累的好女婿，你的高堂老母没了那个知冷知热的贴心的好儿子……

老魏呀，你为什么走得那么快呢？又为什么这么快地抢到了一个又一个一百分？是水满则溢、月圆则亏的人生宿命，还是天妒英才，老天不长眼？如果真是这样，那这老天爷也太小气了，我们恨这个不长眼的老天爷。

如果早知如此，我们一定会拖住你的腿，让你慢慢地走，慢慢地欣赏。

“三八”的今天，生活真的美好而绚丽呀，老魏！可是，我们身边再也没有真实的你了。

我把自己的这篇小文寄给天堂的你，老魏呀，一中的女老师都很想你，你想我们吗？

（2010 年 3 月）

第三节　考场写真

我们的作文(一)

2013—2014 学年度西城区高三第一学期期末作文题：

阅读下面对话，按要求作文。(50 分)

记者：如果将写作比作一种运动的话，你觉得它与哪个项目最相像？

作家：登山吧。不过有的登山者是去看如火如荼的红叶的，那里游人如织；有的登山者则要一睹险峻的冰峰，那里人迹罕至。

记者：这二者谁更可贵呢？你自己又属于哪一类？

作家：每个登山者都有自己认为更可贵的答案。我属于后一类人，也许各行各业都有像我这样的人。

上面这段对话，引发了你对生活怎样的思考、想象？请自定角度，自拟题目，自定文体(诗歌除外)，写一篇不少于 700 字的文章。

心待足时名便足

徐　娜

“红叶”与“冰峰”，一红一白，一热一冷，是作家口中的二重境界。如火如荼的红叶下，是如织游人欣赏的眼，赞美的话；而险绝奇峻的冰峰上，是人迹罕至的荒，蚀骨的凉。二者孰高孰低？选择了“冰峰”的作家却并未否定“红叶”，他说得很好——每个登山者都有自己认为更可贵的答案。

如果用这个问题问你，你的答案是什么呢？若换作是我，怕是不敢企及那一览众山小的冰峰之巅。能随游人一起欣赏艳若彤云的山间红叶，就让我觉得不虚此行了。

是否在你眼中，人迹罕至的冰峰是勇敢者筚路蓝缕以启山林的灯塔？游人如织的红叶则是庸人艳羡虚名浮利的俗物呢？这让我想起高情千载的陶渊明了，后人评价他“欲仕则仕，欲隐则隐”。更重要的是他不以入仕为羞，也不以归隐为高。因为在他每一个由仕到隐或由隐到仕转向的关口，都有着促使他做出转变的当下心境与需求。古人云：心待足时名便足。在事业追求中也好，在人生抉择中也好，促使你做出决定的应该是你自己的内心，而不是他人以为的高低。

心待足时名便足，你内心满足了，你所追求的名也就得到满足了。比如你是一个学生，如果你想要的是骄人的分数，那么在考试中名列前茅会给你带来巨大的满足；而如果你想要的是获得知识所带来的快感，那么在每节课上，或者在每次你解决一道难题之后，你就可获得与前者同样的满足。而这二者又孰高孰低呢？能名列前茅的毕竟是少数，而认真听课或是做出某道难题显然是大多数人都有过的体验。这时，我们并不能否定追求卓越者的艰苦付出，同样也不可轻视这只因解开一道题就心生满足的大多数，不是吗？

心待足时名便足，任由他人去品头论足吧！

孤独是一种境界

杨晓慧

不同的登山者有自己不同的攀登目标。有的志在“人间”，那里风景怡人，同道众多；有的志在“仙境”，那里景观独特，人迹罕至。登山如此，写作如此，人间何事不是如此？

任贤齐曾唱过一首歌，其中有这样一句歌词：“或者孤独才是可耻的”。现实生活中也是这样，常见一群人热火朝天地谈论某一个离群索居、特立独行的人，言语间很是不解，甚或不屑。其实我倒觉得，孤独是一种难得的境界。

这个世界的标准通常都是大多数人的标准，如有异类便会遭到排斥。若大家都去欣赏遍山的红叶，而你却要去看青石背后的小草，你便是异类；若大家都在一马平川的坦途上驰骋，而你偏要向险峻的冰峰攀登，你更是自讨苦吃。很少有人想一想，在某种趋势的裹挟之下，坚持自己有多么难能可贵。孤独者之所以孤独，是因为他们更坚持本心，而不去在意别人的看法。

马寅初老爷子在一片“人多力量大”的盲目叫嚣中，独自坚持“控制人口”的理论，并因之遭到批判；王小波坚持特立独行，而他的文风又如天马行空，即使作品不得出版也依然故我；张艺谋在文艺界“大唱颂歌”的风气中，顶着“专拍中国人的落后取悦外国人”的骂名，创作拍摄了《大红灯笼高高挂》《一个都不能少》等影片……他们不是去游人如织的地方看“如火如荼”的红叶，他们少有同道，更得不到怡人的风景——掌声、鲜花、奉承……可是他们坚持本心，坚持内心的选择。他们在某一段时间或很长一段时期里是孤独的，可正因为孤独中的坚持，才更显其可贵。

时间证明了马寅初居安思危的想法有多伟大，也证明了王小波是个多么难得的文坛怪才，更证明了张艺谋这个敢于直面过去，敢于正视现状，敢于反省不足的导演的价值。所以让我们对那些不走寻常路的“孤独者”们多一些理解、宽容和支持吧！攀越险峻的冰峰更需要常人难有的坚定、勇气和智慧，如果我们不愿、不敢为之，那么就为他们呐喊助威吧！

生活如登山，行行如登山，每一个人都有理由，有权利选择自己的方向和目标。那些敢于向冰峰攀登的人是勇士，他们的坚持、他们的孤独更是一种境界。愿我们都有此境界，这样人间才能处处是胜景。

向险峻的冰峰眺望

田立芬

王安石在《游褒禅山记》中谈道：“世之奇伟瑰怪非常之观常在于险远，而人之所罕至焉”，并深为不能游到洞之更深处，极游之至乐而后悔感慨。材料中，作家亦是那种定要一睹险峻冰峰的人物，前人亦有“无限风光在险峰”之说法。这些都告诉人们，到达一种追求的极致，不泯然众人是人生一种更可贵、更高远的境界。然而，就现实生活来看，这样的人固然存在，但更多的人恐怕都走到“游人如织”处而流连其中了。因为，险峻处需要更辛苦的攀登，也意味着失去远离人群的安心与安适，将要面对孤独，甚至危险。

现实中有太多的“游人如织”处让我们留恋。已经功成名就，事业、爱情、家庭顺风顺水的“四〇后”“五〇后”们，在同事、同学中既不凸显亦不寒酸，大可趋当下之大势：享受生活，陪伴家人，旅旅游，上上网，购购物，茶余饭后议一议相对好看的电影、电视剧；研究研究今年流行什么风尚，也跟着潮一下。工作多年练就的应对经验，让这小日子也流畅自如。善写言情小说的作家大可写完“爱琴海的故事”再写“都市恋爱童话”；擅长拍古装剧的导演大可拍完清宫戏，再拍明朝戏，反正中国有那么悠久的历史，剧情可编可篡，总有新老粉丝捧场，总能赚他个盆满钵满。

王安石不好好当他的稳当宰相而搞什么熙宁变法，终落得失败收场；冯小刚不好好拍他的贺岁片，拍什么《一九四二》，搞得如此沉重，票房还打不过《泰囧》；张海迪当个残联主席挺好，为什么还要那般执着地摧残身体写什么长篇小说呀！

是啊！没有王安石的变法，就不会有后来北宋统治者的一系列变革图新；博人一笑，赢得高票房的应时应景的作品大可继续，可是谁来严肃地呈现民族不可抹去的珍贵记忆与惨痛的历史教训；张海迪正因为是一个心灵篝火不灭的“登山者”，才让我们看到了用心跋涉的永不退却的张海迪，她那永远攀登的姿态，让我们这些身强体健的人感到惭愧。

因为生活中各种各样的原因，我们容易停留在“游人如织”处。这无可褒贬，但至少我们还该在这里向险峻的冰峰眺望眺望，即使不能再攀及顶峰，亦当给高处者以鼓励，给挑战者以赞赏。因为这时代，这家园，不缺平庸之士，而坚决迈向“险峰”者还不够多！至少做个眺望者、欣赏者吧！

转　化

陈金华

作家把写作比作登山的两种情况，记者又问作者哪种情况更可贵，问他又属于哪一类。似乎有非此即彼的诱导，我不赞成他这样追问。

其实生活中没有这么多对立的选择，调和、中和也是美，该看红叶时看红叶，该登冰峰时登冰峰，看时机，看实力。

生活中，太多人，包括你我都有做庸众跟风随大流的时候，这样才有时局，才有开风气之先的人士的追随者，先驱们才不会寂寞。大家都去看红叶，虽说游人如织，但就只有这两天的假期，我为什么不能去呀！花巨资登险峰，我没那个财力、物力、体力，让企业大亨王石之流去登珠峰吧，我们就看红叶，无不可。

这也正如有大片了，有明星来了，我们相约着都去看一样，我们不制造个“游人如织”的氛围的话，那大导演冯小刚的《一九四二》该有多寂寞，在今天这样一个娱乐至死的时代，他能拍这样沉重的文化历史的反思片，正是他登冰峰的杰作，我们不去喝个彩，也对不起冯导呀！这样看来能制造“游人如织”场景的庸众，也是会思考的，也是善解人意的。

登冰峰的独行侠和都来看红叶的游人，两者并不是非此即彼的对立关系。

另外，我还是教师，我这辈子没有什么登冰峰的可能了，但我要教育我的学生不能只满足于做个庸众，只会制造“游人如织”的氛围，也要有冯导那样引领风气之先的能力和气魄。

江山代有才人出，各领风骚数百年。

当年的《新青年》杂志，陈独秀、李大钊开风气之先；鲁迅，一声《呐喊》引领了一个时代，成为一个民族的丰碑……多少学子文人紧随其后，为民族启蒙前赴后继，这些登山者熔铸了我们民族前进的滚滚洪流。

而今，各行各业，都有自己的先行者，在孤独求索中开创先河，我们中华民族也由“中国制造”的庸众，开始转型到“中国创造”的先锋，“嫦娥”飞天揽月，“蛟龙”下海捉鳖。

而我的每个学生，将是这个创新时代、多元时代的一员。我希望他们在能独登冰峰时勇敢地去引领他人！有“虽千万人吾往矣”的气魄，有舍我其谁的豪迈；在赏红叶时也能大声地为勇攀冰峰者喝彩，能热情地为先驱们呐喊助威，以制造出烘云托月的人间盛景！

天才与孕育天才的土壤共生，两类登山人共荣。

（注：2014 年 1 月，延庆一中全体语文教师与学生同步考试，这是语文组的四位教师写的考场文，收入本书，特向我的三位同事致谢。）

我们的作文(二)

2014 年 12 月，张彬福老师工作室的全体教师，听了张老师的议论文指导课。课后，我们按照张老师的要求，认真地写了作文。下面选了两组，一组是写话题作文的，一组是写材料作文的。

在示范课中，张老师为了培养学生的联想、想象能力，作文材料中没有括号中的部分，这部分是课后我上网查阅填补的。

阅读下列材料完成作文：

一个农庄主在他的粮仓里放了老鼠夹子，老鼠发现了去告诉母鸡，母鸡看了看老鼠说：“这和我有什么关系，我很同情你。”母鸡说完走了。老鼠又跑去找肥猪，肥猪淡淡地说：“这是你的事，你自己小心。”说完慢悠悠地走了。老鼠又跑去告诉大黄牛，大黄牛表情冷漠地说：“你见过老鼠夹子能夹死一头牛的吗？祝你好运。”说完也骄傲地走了。（后来老鼠夹子夹到了一条蛇，晚上女主人到粮仓里检查时被这条蛇咬了一口并住进了医院，男主人为了给女主人补身体把母鸡杀了，女主人出院后亲戚都来看望，男主人把肥猪宰了招待客人，为了给女主人看病欠了很多钱，没办法男主人把大黄牛卖到屠宰场宰了。）

针对上述材料，你有怎样的思考和联想，请写一篇不少于 800 字的作文。

【话题作文】

风从哪里来？

宫光飒

老鼠的担心最终应验了，而这看似巧合的结局却带给我们无限的思考。

万事万物看似是独立的个体，各自在自己的世界中生存，可那千丝万缕的联系把我们织成了一个生活的网。你我皆在此中，逃不了，也躲不开，而联系也正是那无形的手，冥冥中牵引着我们，重视它才能让我们走向光明。

一棵树看似平常，我们需要它，伐而做屋。如果每一个人都如此而为之，整片的树林就会倒下，同时大自然最后的报复也让我们的木屋不复存在。一棵树的倒下与屋子的倾覆看似毫无瓜葛，而恰恰是因为我们的自私而忽视了联系的存在，这也让我们随之覆灭。

一个马蹄铁看似平常，但它却左右了一场战争的成败。一匹未钉牢马蹄铁的战马奔赴战场，成为指挥官的坐骑。在激烈的战争中，那块马蹄铁失落了，影响了战马的奔跑，使战马失蹄跌倒，而指挥官也因此坠马身亡。一场战争就这样荒唐地结束了，而这又能怪谁呢？忽略了联系，必然遭到惩罚。

一个风雨飘摇中的蜘蛛网看似平常，但却可以让人转败为胜。落魄的将军正是在蜘蛛不知疲惫地织网中获得了启发，重新振作，卷土重来，一击制敌，最终获胜。谁又能轻易否认那小小的蜘蛛网给人的作用呢？不管你来与不来，看与不看，蜘蛛网就在那里。蜘蛛就是这样忙碌，不会因谁的到来而改变。而正是这看似平行的两条线，最终从联系中找到了交点。

“你站在桥上看风景，看风景的人在楼上看你。明月装饰了你的窗子，你装饰了别人的梦。”联系让万事万物组合成了一幅动人的画面，或许你并未意识到你的重要性，但不可否认的是你让这种联系多了一个可能，也为那美丽画卷添了一笔。

风从哪里来？也许没人可以给出一个确切的答案。但它可以从任何地方来，可以是高山，可以是河，可以是一棵大树，也可以是一丛蒿草，可以是你，也可以是我。

【材料作文】

老鼠夹子夹到了谁

杜丽娟

老鼠夹子本与鸡、猪、牛毫无关系，它们却最终无一幸免地“被夹”。故事固然是巧合，但巧合中是不是存在着某种必然？

我们习惯于审视某事某物与“我”有无关系，可往往因为“我”的短视，造成惊人的后果。“事不关己，高高挂起”，最终却是“搬起石头砸自己的脚”。

《红高粱》中，当日本人尚未侵入村寨时，很多人以为与己无关，不主张抗战，畏惧“惹事”，能躲就躲，甚至有“投诚”以求自保者，我们谓之“汉奸”。可这种人在哪一个抗日剧中能有好结果？这虽是剧，是故事，是为了宣传爱国、正义，但其中同样有因果关系。看似国家之大与“我”一平头百姓无关，但国家兴亡不正是与每一“匹夫”的命运息息相关吗？老鼠夹子同样会夹到看似与事无关的你。

“城门失火，殃及池鱼”的道理大家都懂。千万不要在看似与“我”无关中酣睡于榻，当你明早“起视四境”之时，“秦兵又至矣”。

我们固然是世间一小小沙粒，但千千万万的沙粒却能形成破坏性极强的沙尘暴；我们固然是一朵轻飘飘的雪花，但当每一朵雪花落下，便会形成雪崩；我们固然只是一只并不漂亮的蝴蝶，但我们只要敢扇动一下翅膀，大洋彼岸就可能会产生飓风……

老鼠夹子到底夹到了谁？

作为教师，我们很少关心油价的升降与国际金融关系；作为学生，你们也很少关心国家大事、国际大事，也懒得关心校园大事，作业还写不完呢，哪有那份闲心！但正因为我们的不参与，运动场上、合唱舞台上，没有我们班级的名字；我们还能看到因为我们中的一员在卢浮宫前洗脚，在埃及古庙的神像上刻字，幼儿在香港随地小便……“中国游客”因此而“扬名于世”。

于是，与你无关的老鼠夹子，无情地夹到你我，我们底气不足，我们出行受歧视，我们人品、国格受怀疑，我们在异国他乡看到用汉字写的“请冲厕”的提醒，难道我们还没从“国人与狗不得入内”的巨大羞辱中醒悟过来吗？“老鼠夹子”与你与我与他真的息息相关啊！

话说到此，我们还能再问“老鼠夹子到底夹到了谁”吗？国人自醒吧！

众

陈金华

鸡、猪、牛对老鼠夹子的漠然，最终让它们付出了生命的代价。这样的故事，是不是天天都在我们身边上演？

鲁迅说：“无尽的远方与无数的人们都与我相关。”先生在提醒我们，人是社会动物，每个人都是人际关系这张大网上的一个点，36.5℃是全社会每个人共同的体温。爱的回声让每个人（也包括你自己）温暖，恨的蔓延也会让每个人受伤。

“众”字凝聚的能量是正是负，取决于你我他。别让动物们的故事，在我们身边演成连续剧。

不做观望者，要做参与者、行动者。

在十字街头，我们每个人都可能是那只可怜的战战兢兢的老鼠，孤独而无助。同时我们每一个人也可能是那些麻木、冷漠或高傲的鸡、猪、牛。

新闻里报道的那个小悦悦，18 个路人漠然而过，难道他们从前没有小过，将来不会老去，或某一天他们不会有个意外吗？

这 18 人所形成的“众”字，在向我们蔓延着一种不安、心悸。我们不妨假设那是我家的小孩，那是我认识的老人。

再次想起那个拾荒的老人陈阿婆，她抱起已经血肉模糊的小悦悦的一瞬间，我感到眼睛湿湿的。这事虽然已经过去两年了，但爱有永恒的温度，依然深深感染着我。

从你我他做起吧，感动不如行动，这样“众”字才能传递温暖、辐射爱心。

微博上，众人携手在和痛哭失声的妈妈一起寻找爱子；电台上，播音员发出“救救这个青年，他是熊猫血”的声音，众人都跑到医院伸出臂膊；电视中，无数的学子奔赴大西北，为支援边区教育贡献着自己的才智……

那个可怜的妈妈，那个亟待救助的青年，无数失学的孩子，这些无尽的远方的人们都与你们、我们、他们相关。

上个世纪初，鲁迅先生以他的笔雕刻着看客的背影：就像伸得长长的被掐住了脖子的鸭。他们一定是踮着脚尖、张大了嘴、伸着舌头、瞪着眼——看杀头、看枪毙。杀谁毙谁与他们无关。

于是鲁迅先生愤怒地说：“凡是愚弱的国民，即使体格如何健全，如何茁壮，也只能做毫无意义的示众的材料和看客，病死多少是不必以为不幸的。”

这个世纪初，《感动中国》《草根英雄》《好人 365》，让我们社会荡漾温情，不要再让冷漠麻木的暗流汹涌，让“众”字中的每个人，永远做温情的传递者。仁，两人爱人；众，三人博爱。

不做鸡、猪、牛这样的人，用行动体现我们的怜惜与悲悯。爱人，就是爱己。

（注：这三篇下水文收入本书，特向张彬福老师及宫光飒老师、杜丽娟老师表示最诚挚的谢意。）

我们的作文(三)

2015 年北京市高考作文题：

从下面两个题目中任选一题，按要求作答。不少于 700 字。

①在中华民族发展的历史长河中，从古至今有无数英雄人物：岳飞、林

则徐、邓世昌、赵一曼、张自忠、黄继光、邓稼先……他们为了祖国，为了正义，不畏艰险，不怕牺牲；他们也不乏儿女情长，有普通人一样的对美好生活的眷恋。中华英雄令人钦敬，是一代又一代华夏儿女的榜样。

请以“假如我与心中的英雄生活一天”为题，写一篇记叙文。

要求：自选一位中华英雄，展开想象，叙述你和他(她)在一起的故事，写出英雄人物的风貌和你的情感。将题目抄写在答题卡上。

②《说起梅花》表达了作者对梅花“深入灵魂的热爱”。在你的生活中，哪一种物使你产生了“深入灵魂的热爱”，这样的爱为什么能深入你的灵魂?

请以“深入灵魂的热爱”为题作文。

要求：自选一物(植物、动物或器物。梅花除外)，可议论，可叙述，可抒情，文体不限。将题目抄写在答题卡上。

深入灵魂的热爱

朱桂英

若有人问我：“哪一种物使你产生了深入灵魂的热爱?”我会明快地答曰：“富贵竹。”

它是一种酷似竹子而象征富贵吉祥的植物。细长翠绿的竹叶，直挺均匀的竹节，还有那浓密棕黑的根须，就是它全部的样貌。无法与百花媲美，不能和众树争锋，但它却能俘获我的心，深得我的喜爱，何也?

它极易成活，像我，给点儿阳光就灿烂，给点儿水源就生根。它刚入住我家时，我还心有不安。我虽然喜爱花草，但是并无使它们勃勃生长的本事，曾因凋陨在我手中的仙人掌而发誓再也不养花草了。看着富贵竹纤细瘦弱的模样，我在心生爱怜的同时，不得不为它的命运担忧。咨询过卖花的大爷，弄个瓶，放点水，插进去，富贵竹就能生活了。将信将疑地按大爷的指导安置好富贵竹，因工作繁忙，就无暇顾及它了。它安安静静地立在角落里，就那样生长着，日复一日，不知何时，猛一抬头，纤瘦的富贵竹竟然高大、强壮了许多，生根、抽叶、拔节，它以勃勃的生姿，向我展示着旺盛的生命力，仿佛诉说着：“没有你们的悉心照顾，我也一样能蓬勃生长!”

我被震撼了。小小的富贵竹以它独有的生命力走进了我的内心。当然，我对它的热爱，也源于从它身上看到了自己的影子：大学毕业，背井离乡，举家搬迁，能在我的工作地生根发芽，我的命运不就是眼前这富贵竹的命运吗？原来，我们同病相怜、心心相印啊！

富贵竹深得我心，还因它造福他人。它能入住我家，并不是出于我们怡神养性的目的，而是因为我家的房子刚装修完，需要它来净化空气。几年下来，它任劳任怨，默默无闻地为我家带来清洁的空气，维护着家人的身体健康，无形中，它成了我家的保护神啊！

什么是大富大贵？不是腰缠万贯，不是锦衣玉食，不是权势涨天，而是家人平平安安、和睦快乐！我似乎明白了富贵竹起名“富贵”的深意。生活在简单平易的环境中，亦不忘造福他人，为别人带来平安富贵！

比起“花开富贵”，我更热爱“竹生富贵”：

形似青竹不是竹，纤叶竹茎貌虽平。

不要人夸姿态好，只留富贵寄深情。

深入灵魂的热爱

周景环

我爱过故乡几近干涸的小溪，爱过儿时把玩的晶莹剔透的玻璃球，甚至还曾钟情于一个已被书写得几乎要烂掉的黑色日记本，然而这一切却与热爱无缘，因为在我看来，“热爱”之“爱”必须有足够的温度方可浸润灵魂，它可以在彷徨时予你慰藉，在寒冷时给你温暖。

于我而言，唯有故乡的那棵枣树吧！

那是一棵年龄不小的枣树，自从有了我的存在，它的生命就绽放在我的记忆中。老人们喜欢坐在村口的大石头上，乘着柳树“万条垂下”的阴凉，而我却偏爱呆坐在枣树下迎着刺眼的阳光，观望着这棵枝有刺，叶卵形，开小黄花的树，闪烁金光。这是它萌芽的时节，姿态是如此迷人。到了秋末，落叶离弃，干枯的枝干、光秃秃的枝丫、不大的小红果实，一切都昭示着它的卑微。爬上它的躯干摘枣儿吃是这个季节里最快乐的事情，或许是家里人从不给枣树浇水的缘故，红红的枣儿从来没有水灵过，枣儿干瘪得可怜，和那皲裂的树干倒是“相得益彰”。我央求爷爷不定时地去给它浇浇水，爷爷笑着对我说：“它不需要，每年的那点雨水就足够它生长了！”这是我第一次感叹那小小枣树的神奇，它结的果实卖不上什么价钱，拿到市场多数情况是无人问津，成为亲戚邻里间的“礼尚往来”之物都显得寒酸，但你绝想不到它的果实越干瘪，其彰显出的生命力就越强！在似水流年的日子中，我从枣树出发，寻找神奇！

也是因为这棵枣树的缘故，这二十多年来我始终偏爱生活中不起眼的事物，忍不住去探究它们身上是否也存在着某种神奇。我喜欢围着这棵枣树转圈儿，最喜欢的照片也是在枣树下咧开“豁牙子”傻笑的那张。不知何时，爷爷见我将浅碎时光都蹉跎于此，便种了些月季来装点，只是不管月季开得如何绚烂多姿，也无法阻挡我对那棵“干巴”树的关注。

故乡的枣树陪伴我的日子并不长，10岁出头的我便离开了山沟沟，离开了故乡的枣树，踏上求学的征程，爷爷也陪着我到了另外的城市。爷爷很爱吃枣，他说新疆和田枣是真甜，补血效果更是绝佳。直到一日，二大爷从家里的枣树上摘了些小干巴枣，不远百里地托人捎来，自那以后，爷爷几乎年年都唠叨要吃故乡的小枣儿。我笑着对爷爷说：“还是这‘干巴’枣儿有家乡味儿吧?”爷爷腼腆地笑着，并频频点头……能够魂牵梦萦的，不是最味美的事物，而是最熟悉的感觉。故乡的枣树，这便是你教会我的另一种神奇吧?

2014年年底，爷爷安然地在老宅度过了他人生的最后一刻，家里土质的墙壁裂了数道缝隙，院子里的月季因为没人精心照料也早已销声匿迹，只有那棵枣树仍岿然不动地伫立在原地，我一直以为深入灵魂该是用时间来衡量的，那一刻我才明了，这个衡量的标准应该是情感的浓度，而不一定是时间的长度。

爷爷的棺材停在了枣树下，这棵枣树枝有刺，叶卵形，开小黄花，闪烁金光，我坐在树下，静静地靠在棺材旁，用灵魂去冥想……

深入灵魂的热爱

胡修艳

大千世界，名花异草，数不胜数。无论是魏紫姚黄的牡丹、脱俗高洁的玉莲，还是名为蓝色妖姬的玫瑰和素有云裳仙子之称的百合，它们争奇斗妍，各具风骚。美的东西有谁不爱？然而，真正能够让我铭记在心、沁入灵魂的却是我家年年都种的小麦。那些种植在花园里供人观赏的奇花异草，是以它们的娇艳和芳香而赢得人们的青睐；而我喜爱小麦，却是因为它填饱了我们全家人的肚子，供养我和姐姐读完了大学，是因为它——家乡的小麦让我读懂了“成长”。

花园里的花草，是靠园艺师的精心修剪和百般侍弄，才露出它们娇艳的姿色；而我家的小麦，从被播撒在田里的那一天起，就开始承受来自外界的“压力”。麦种被撒在地里之后，要盖上薄厚适宜的一层土，然后就要在上边踩一踩，妈妈告诉我这叫“镇压”。只有这样踩一踩，麦子出土后才不会疯长，地下的根须才会繁茂牢固，长出的麦子才够敦实壮硕。我家的麦田里，不仅留下了爸爸妈妈的脚印，还有一排排小脚丫的印记。当来年的春风拂过大地的时候，麦苗已长得像韭菜一样：油绿油绿的，很是喜人。可就在这时却又该“轧”麦子了。翠绿的麦苗在大碾子的碾轧下，倔强地倒下，全身紧紧地贴着地皮。可没过两天，它的腰板却又直了起来，叶子还是那样的坚挺、油绿，而麦梗似乎更加茁壮、挺拔了。麦子正是经历了这样的脚踩、碾轧，才扎下了牢固的根基，蓄积了浑厚的力量。而那些在名园里、温室中生长的娇贵花草有过这样的经历吗？又有哪一株花草能承受住来自外界的这般“压力”？这是成长的“压力”。

由此我想到一个人的成长，不也正需要像麦子一样吗？我喜爱我家的麦子，就是因为从它的身上我看到了成长不是一帆风顺的事，成长之路不会一马平川，成长需要我们耐得住荆棘。

成长需要压力，收获更需辛苦。这是我从内心里喜爱我家麦子的又一个原因。

初夏，正是麦子成熟的季节。湛蓝的天空下，麦子们尽情地舒展着腰肢，麦穗在风里挤挤挨挨，饱满的脸庞荡漾着丰收的喜悦。然而，收割麦子却不像伸手掐花那么容易。伸手掐花，那一定是翘着兰花指，喜盈盈地笑着。而收割麦子却是乡下人公认的累活、苦活。且不必说与时令争先的抢收，单单是那坚硬的“麦芒”就足以让你浑身难受；若是麦子套种在玉米地里，就还需在针刺之余饱受密不透风的闷热之苦。“收获是辛苦的”，这是麦子带给我的又一启示。

我不愿意做温室里的花朵，在园艺师的侍弄下娇嫩地生长；我不愿意做展露娇态的花朵，在贪婪的眼光下被轻轻地摘下。我愿意且能够承受成长的压力，我懂得也能够在艰辛中收获。所以，我远离了名花异草，而将对家乡麦子的爱深深地、深深地留在了我灵魂的深处。

假如我与心中的英雄生活一天

陈金华

此时，我是岳将军身边的小马童。

今天，阳光明媚，连枝上的小鸟都唱着欢快的歌。这是我从军以来最高兴的一天。朱仙镇大捷了，我乐着乐着，就抱着路边的老榆树哭起来。

我追随将军五年了。那一年，我才十岁，只记得村子里来了许多金兵，只记得村子变成了一片火海，家门口的老榆树也烧成了焦黑的枯枝，从此以后我再也没有找到爹娘，我爬在瓦砾堆里，哭哑了嗓子。后来，村里来了岳家军。我一脸鼻涕，半脸血，头发里全是草籽和虱子。我瞪着红肿的眼睛，哭闹着要参加岳家军，要杀敌报仇，是将军收下了我这个孤儿。

我和将军站在朱仙镇北面的高坡上，回望军营，只听得军民们的欢呼声、战马的长鸣声、鼓乐声——汇成了欢腾的海洋。而将军却立马横刀，眺望远方，双目微蹙，面沉似水。我也把笑容憋了回去，默默地侍立一旁。只听得将军叹息道：“何时才能直捣黄龙府，迎请二圣还朝呀！”说到这儿，我看到将军肩头微微颤抖，“靖康耻，犹未血，臣子恨，何时灭！”我知道，他一定又泪眼婆娑了。

就在这时，远处一骑红尘飞驰而来，原来是探马追到了这里：“报，岳将军，圣上金牌使者到，调你立刻班师回朝。”

“什么?”我不相信自己的耳朵，“你说什么，我们血战沙场，眼看着就要收复汴京了，为什么要撤兵!”

将军也突然勒紧了缰绳，白龙马也像听懂了什么似的，一声长啸。

“回——营!”从这牙缝里挤出来的两个字，我听出了将军的满腔幽愤。

就在这时，官道上第二批使者、第三批使者又相继驰入军营，牛皋将军早已青筋暴起，眼中喷火，他抄起板斧，大吼着：“这些狗娘养的使者，老子砍了他们!”

“住手!”将军一声断喝!

牛将军像一座铁塔一样定在那儿。

“大哥! 元——帅!”牛将军把板斧狠狠地砍向身边的石头，立时火星四溅。

官道上朝廷的使者一批又一批，是十道金牌还是十五道，我这个小马童已经数不清了。

夜已三更了，将军伫立在大帐的地图前，看着沦陷区的万里江山，一动不动，已有一个多时辰了。我送来的饭凉了又热，热了又凉。

“将军，您就吃一口吧!”我近似哀求地说。将军回过身来，抚着我的头，柔声地说：“别陪着我了，你去睡会儿吧。明天还得……”说到这儿，将军喉头哽咽，热泪汹涌而出，我也哭着跑出大帐。

大帐的灯，彻夜长明，我蹲在帐外，默默地抽泣。我又听到了琴声，听到了将军的吟啸声：

“欲将心事付瑶琴，知音少，弦断有谁知!”

（注：这三篇文章是2015年6月高考结束后，延庆一中高三语文组教师做完高考题后，应我的请求写就的，收录本书，特向这几位老师表示感谢。）

第七章　教人教心

第一节　打开心结

“叔叔”与“父亲”

开学我做了高三(12)班的班主任。周一班会，政教处让各班做家庭经济状况调查表，填完表后，同学们陆续将调查表交到讲台上。一个女生却把我拽到一边，悄悄地说：“老师，我能不能不填父亲这一栏?”

话还没说完她就哭了，我心里一愣，刚看完学生简历，班里没有单亲呀?我刚想问个为什么，再看她，哽咽着，已泣不成声了。几位同学诧异地看着我们，我赶忙为她擦去脸上的泪花，轻轻地说：

“小瑾(化名)，不哭，不哭。一会儿陈老师找你，咱慢慢说，好吧?”

放学了，我把她叫到谈话室。

“老师，我现在的父亲是继父，但亲生父亲的位置谁也替代不了。”她硬硬地说。

“若是高考填表呢?”

“不填他。”

僵了——

她告诉我，生父在她小学三年级时就去世了，妈妈在她高一时再婚，又带来一个小女孩。她只叫他叔叔，或是连叔叔也不叫。

“叔叔待妈妈好吗?”

“好。”

“叔叔待你好吗?”

“还可以。”

“你不喜欢他?”

“很烦他，也不知为什么？就是烦。”

“你爱妈妈吧？心疼妈妈、体谅妈妈的难处吗?”

她点点头。

“从小学到高一，近十年了，妈妈一个人带你，很不容易。你很爱去世的爸爸，但父亲若在天有灵的话，他更希望你和妈妈幸福，希望你和妈妈有个幸福完整的家。不要让妈妈夹在你和继父之间为难、伤心。你现在有了继父，小妹妹现在有了继母，你们是不幸的，你们又是幸运的。缘分使你们走在一起，请珍惜你今天所拥有的。因为爱妈妈，所以能接纳继父。因为自己的不幸，因为同病相怜而爱小妹妹。跟独生子女相比，你能有个小妹妹，多好呀。你现在是长女了，应该担起一份属于自己的责任。让理智战胜感情，不要再任性，做一个懂事、孝顺的女儿。”我帮她翻好衣领，理理头发，扶着她的双肩，接着说：“小谨18岁了，该是个大姑娘了，是吧？”

她笑了。

在周记本上，她写了《我的父亲》，非常感人。我也写了两句话：“这是一份永恒的记忆，逝者常已矣，来者尚可追。在天堂的父亲希望女儿的明天更美好。”

期中考试语文试卷的作文是以“磨合”为题，在讲评时我从年级中选了一篇感人至深的《红丝带》印发给同学，文中写了“我”和继父的关系由僵持、对峙到相互接纳、互相关心、互相体贴的过程。作文的最后一段：

我和老爸的磨合给了我很多启示。我知道了，心田似海，有容乃大。这世上哪有不磨即合的事物，就算心有灵犀，也要一点才通。宽容既是磨合的润滑剂，又是那牵连真心的红丝带。在磨合中，顽石也会激出火花，沙砾也能磨成珍珠。用一颗宽容的心去面对各种磨合，智慧便从此生，亲情便从此生。

这篇作文是为全班选的，更是为小谨选的。她会做何感想？

作文讲评完了，我要求同学们以“磨合”为话题写篇记叙文。（试卷上多数同学写的是议论文）

小谨的作文没交给课代表，而是悄悄地放到我的办公桌上，文中有这样三段：

每天下班，您都会在厨房里忙碌着，为我准备晚饭。而我却坐在电视机旁津津有味地看着电视，全然不顾您的忙碌。您有时还匆匆地走到客厅，看一下表，安慰我说：“不晚，还来得及。”您怕我会迟到。今天，我才有一种愧疚感，因为您从没有要求我做什么。而三年来，我一直认为您给我做事是理所当然的，而我什么也不做也是理所当然的。我今年十八岁了，人可以永远这样任性吗？我现在开始也能帮您做一些小活儿，不知您察觉到了没有？

让我感到不安的还有，每天中午您吃完饭后就走进卧室，不发出一点声音，把整个客厅留给我。其实您在这儿，我也不会觉得怎么样，但您为了不打扰我，直到我上学去了，您才从卧室出来。

叔叔，我们之间的关系是很微妙的。尽管一开始它是那么的不牢固。但是因为我们彼此是真诚的，都是充满爱心的，您用真诚修筑它，使之更坚固，我从现在开始也在努力与您成为最好的朋友，我们之间磨合的情感基础就是“真诚”，我相信磨合后的生活会更美好。

看了她的作文我深感欣慰。

晚自习时我找了5名女生在谈话室面批作文，小谨是最后一个。

“陈老师为你高兴，你长大了，懂事了。但是我有个小问题，若把《红丝带》和你的作文相比较，除了有写作技巧上的差距外，我感觉她和父亲的关系更和谐，更亲密，她的继父似生父，你的继父是叔叔。”听了我的话，她也乐了。

她说：“老师，这样写是我的真实感觉，否则就是说谎，我不愿意。”

“陈老师并不勉强你叫叔叔爸爸。我非常理解你，你和《红丝带》的作者不同。她妈妈再婚时，她的年纪比你小，现在你已是大姑娘了，有自己的情感世界。但是陈老师真诚地祝愿：他们今天的父女关系，就是你们明天的父女关系。从作文中我能体会出，你长大了，懂事了。正和叔叔一起非常小心、非常谨慎地维护着这层‘微妙’的关系，其实你们都很累，是吧？”

她点点头。

“当你能和叔叔亲昵地撒娇、使性子时；当你能体会到妈妈和叔叔人到中年走到一起的不易时；当叔叔对你也能像对亲生女儿一样不再客客气气、小心谨慎时；当叔叔发现你的缺点和不足也能直言相告时——这份轻松和谐就是父女亲情。亲情不完全等于血缘关系，多少亲生父子对簿公堂，叔叔对妈妈好，对你好，这就是你们今生不解的情缘。叫‘爸爸’，有点说不出口是吗？”

她不好意思地点点头。

我刮着她的鼻梁逗她：“别忘了30岁以前，肯定会有位王子把你娶走，让你叫另一位叔叔或伯伯‘爸爸’呢，你也叫不出口？”

她不好意思地乐了。

“其实，爸爸也好，叔叔也罢，这个称呼既重要，也不重要。老师只是希望你和妈妈、和继父、和妹妹有种亲密而温馨的家庭氛围，这样你们的父女关系才不是脆弱的，就像你作文中写的那样，是稳固的，是和谐的。”

她点点头，会心地笑。

“我希望你和爸爸感情的磨合期越短越好。”

“老师，您真好！谢谢您！”

“下周三中央一台有个好节目《艺术人生》，看朱军怎样让高秀敏与何庆魁流泪，再看看高秀敏的亲闺女怎样站在继父一边，为他们老夫老妻劝架。”

“嗯，看下周三的《艺术人生》。”

看着她愁眉得展的样子，我为她高兴，更为自己高兴。

（2004年10月）

掀起你的"盖头"来

——引导学生解开性与爱的心结

我是北京远郊延庆县的一位语文教师，对于学生青春期的心理健康教育，尤其是涉及"性"，我常常感到紧张而迷茫。会因为自己的闭塞、保守、羞怯而影响对学生的教育吗？这样的担忧让我惭愧。而我的多数学生更是谈"性"色变，但这并不妨碍他们偷偷地或公开地谈恋爱。逃避是解决不了问题的，"掀起你的盖头来"，让我们师生坦然面对。

一

《邹忌讽齐王纳谏》中有这样两句话："我孰与城北徐公美?""徐公来，孰视之，自以为不如。"同学们还问："是可忍，孰不可忍?"中的"孰"是什么意思?

这三个"孰"字的用法截然不同。为了让学生把握汉字发展的规律，了解字义引申的过程，我在黑板上画了"孰"字的甲骨文。本来是随手画的，一不小心就随口讲了起来："图左边是男性生殖器的形状，右边是一个人用手指着的形状。两形会意，表示男子实施性行为。其本意是此行为是谁干的。"有庆贺男子成长之意，动词。① 说到这儿，我心里有点发慌，但还是硬着头皮讲下去："一层引申：疑问代词'谁'、'哪一个'，如'我孰与城北徐公美'；还有'什么'之意，如'是可忍，孰不可忍'。二层引申：第一次性行为之后，以示男子的成熟，再引申为果实、种子的成熟，后写作'熟'。三层引申：果实生长是否达到可食、可摘的程度，要仔细观察、判断，于是引申为'仔细'。如'徐公来，孰视之，自以为不如'。在我讲解甲骨文的意思时，课堂一片骚动，有低头的，有扭头的，有偷着乐的，有笑出声的。我心里也很不安，心想：下个班不讲了，只按书下注释一扫而过。

课后，我心里很是郁闷，祖先能以如此丰富的想象力造出这个字来，我却没有讲解的勇气，唉……

二

《焦点访谈》在世界艾滋病日办了一期特别节目，晚自习时，全年级的学生在教室观看。我在家看的，当11岁的女儿问我那个套子(安全套)干什么用时，我张口结舌，但我一咬牙，还是答应看完节目后给她讲讲。

第二天语文课，按照惯例应该交流对昨晚《焦点访谈》的看法，我想以"课时紧为由"避而不谈。但课前，课代表杨同学却将了我一军：陈老师"金口玉

① 参考任志鸿主编：《高中新教材文言文释译：高一》(上册)，海口：南方出版社，2004年版，第40页。

言”，说了不算可不好，再说中断交流有损于同学们看“焦点”的积极性。他还毛遂自荐，要在课上第一个发言。我心里发虚，但也只能硬着头皮答应他。

上课了，他刚站起来，同学们就笑，他却旁若无人，侃侃而谈：

“昨晚看《焦点访谈》，在看到安全套时，班里一片哗然，回到宿舍后，同学们仍是议论纷纷：有的说今天的焦点评议没法写、没得写、不写了，而且断定陈老师明天也不会找人交流看法，平时陈老师那慷慨激昂的风度肯定也没了(被学生说到痛处，我也有点不好意思)。从小学到初中，再到高中，同学们谈‘性’色变，畏之如虎，性成了公开的禁区，而同学们对谁与谁交了朋友却津津乐道。在家里，父母不讲，小时候出于好奇还追着问父母自己是从哪里来的，父母有的说从嘴里爬出来的，有的说从腋下钻出来的，等等，被几句谎话哄过之后，我们也就不再追问什么了。在学校上生理卫生课时，老师让自己看那几章。同学们因此更好奇，更紧张，但表面上却要装出‘正人君子’样，对此不屑一顾。回到家里，我们却要悄悄地上网，从一些不太好的渠道来了解自己。我们真的很怯懦，也很虚伪，我们已经到了需要正确认识自己的年龄了。”

听了他的话，我发现自己没有退路了，坦然地向同学们承认错误：

“对不起，真佩服你们的先见之明，寡人有疾，寡人胆怯。”同学们都乐了。“我和你们的父母、初中老师一样都错了。昨天晚上，我咬着牙给 11 岁的女儿讲了安全套的作用，为什么要咬牙讲呢？因为再不说就是对女儿的不负责，他们班里已经有女孩来月经了。今天杨同学将了我一军，我才忽然发现你们也是我的孩子，是比我的女儿还大，更需要了解自己、认识自己的孩子。对一位教师来说，一谈到青春期生理健康、性心理健康，就羞涩和怯懦，就遮遮掩掩，是不应该的。因为我首先应该承担的是一份责任(同学们用鼓励和赞赏的眼光看着我)。其实对正在成长的青少年而言，性无知不只是愚昧的，更是可怕的。在《今日说法》栏目中经常讲到一些少女因性无知而酿成终生悲剧，也有一些男孩子因无知而好奇，因性暴力而犯罪。因此我们教师要坦然面对学生的性成熟，让你们了解一些生理常识，帮你们大方、从容地查阅一些资料，注意青春期的生理和心理健康，以积极乐观、开朗平和的心态跨入青年的行列。学会与异性交往，尊重异性的生理特点，团结友爱。当我们能承担起自己成长和成熟的责任时，我们才能像昨天《焦点访谈》中那些大学生一样——要知道她们才比你们大两三岁——走上街头，积极地参与公益活动，为预防艾滋病，承担一份社会责任。”同学们报以热烈的掌声。

课后，用学生的话说，“感觉很爽”，真有如鲠在喉一吐方快的舒畅。其实成熟的又何止学生？

三

高二期末语文考试，以“牵挂”为话题写一篇作文，一位男生以《夺魂》为题目，写了自己对女友的牵挂，文中细腻传神地写出了自己欲爱不能，欲罢不止的单相思。真是“剪不断，理还乱，是离愁。别是一般滋味在心头”。他还写道：“灵魂已不再完全属于我，另一半在她那里，我也不想将它再召回来，随它去吧。为喜欢的人牵挂，我无怨无悔。”文章恰当地用了李煜、辛弃疾、徐志摩的诗。写得很美，很感人。没有这份情感体验，是写不出来的。我欣赏他的文笔，更欣赏他的坦诚。我给了他32分(满分40分)，在班里是较高的分数。在作文讲评时，我问他是否愿意为我们读读，他很大方地答应了。他读时，就有人或不好意思地低着头，或偷着乐，或大声地笑。等他读完时，同学们又报以热烈的掌声。我说：“同学们为什么会乐，为什么又报以热烈的掌声？因为他写出了少男少女心中那份美好的情感，因为理解他的情感，因为赞赏他的勇气。”大家又笑了。“其实，作为老师，能读到这篇文章，能得到如此的信任，我深感荣耀。在你们这个年龄，这是一份很美的情感体验，说明你们长大了。只是老师希望你们尽快地成熟，不只为自己的情感，也为自己的学业、自己的人生承担一份责任。情感上的任性，常常带来无可挽回的损失。感情的风波，会给脆弱的你们带来很多烦恼。因此，在没有能力为这份感情承担任何责任时，就留一份美好与温馨在心底。师长尊重你们的感情，你们更应该尊重自己的未来，尊重父母的辛劳，尊重你心中的那个她或他。学业的竞争是残酷的，高中三年如白驹过隙，转瞬而逝，学业有成才是第一要义。另外，是种子，将来春暖花开时总会发芽的；另外，人生漫漫，天涯何处无芳草？心急还吃不着热豆腐呢！”同学们开心地笑着，“丢魂儿”似的他也乐了。

伴着成长，“责任”会如影随形，当学生真的能体会到任何情感的任性和放纵都是自私和不负责任的，那时，也许他们就懂得什么是爱的真谛了。

对于高中学生来说，性心理健康问题和恋爱心理健康问题是青春期的必修课。坦然面对学生的性成熟，不回避；坦然面对学生的情窦初开，不棒杀。任何武断地“棒打鸳鸯两离分”的做法都是虚弱的，任何对性生理、性心理的回避都是对教师职业认识不成熟的体现。理解尊重是爱，教育疏导是爱，敞开心扉、零距离沟通更是至爱。学生要长大，教师也要成熟。在教中不断反思，才能真正体会到与学生共同成长的快乐。

“掀起你的盖头来”，让我们师生共同品味成长、成熟的快乐。

（2005年4月）

第二节　拥抱青春

花开，花不语
——升旗演讲

同学们：

大家早上好！

从15岁到19岁，这是一个花开的年龄。从高一到补习班，同学们都正处在生命的春天，“天朗气清，惠风和畅”。作为一中的心育教师，作为同学们的朋友，我只想说，切莫“花开，花不语”。

即使是在这美丽的春天，我们也不能躲避料峭的春寒。生命的成长的过程，就是在坎坷与崎岖中体会它丰富内涵的过程。成长的烦恼很多，郁闷的你可愿给我们一个倾听的机会？我们愿帮你打开心结。

如果你为学业而焦虑。高一的你，还找不到有效的学习方法；高二的你，正面临几科会考的压力；高三的你、补习的你，正在为练兵的成绩不够理想而一筹莫展。我只想说：在不同的求学阶段都有一片乌云遮挡着明媚的春光。没有烦恼的幸福是肤浅的，也是廉价的。关键是你怎样看待这份成长的经历。知心姐姐卢勤在谈到快乐人生时说：要把“太糟了，烦死了”的坏心情，换成“太好了，我知道了”的理性的思考，那你才真的长大了。同学们，其实我们人人都在烦恼并快乐着。你的师长、你的父母、你的邻居、你上学路上见到的所有的熟悉和陌生的人们，无不如此。苦与乐是相对的，享受成长的充实，品味成熟的快乐，这本身就需要一种悦纳自己的胸怀，绽放你的花一般的笑脸，悦纳自己，对自己不要太小气、太吝啬了。

如果你为家庭经济状况的困窘而抑郁。在班级、在宿舍、在校园的小天地里，你为衣食用度的寒酸而尴尬，为囊中羞涩而自卑。我只想说：坚忍不拔的意志，永不服输的精神，才是你取之不尽、用之不竭的财富。我还想说：贫穷，是最好的大学。高尔基、鲁迅都是在这样的大学中毕业的，贫寒的你可以让自己成为精神贵族。贫穷不能让你低下高贵的头，让精神贫乏的人去自卑、自怜吧。

如果你为青春期爱的萌动而烦恼。我想发自内心地真诚地说一声：祝贺你，因为你开始品味与异性交往的乐趣与情趣了。世上只有两个人，班里也只有两个学生。爱并尊重、欣赏异性，是一个社会文明的标志，也是你们从少年的懵懂中觉醒的标志。同学们，学会与你们学习生活中的另一半交往，这是你们和我们不容回避的重要课题。但欲速则不达，过犹不及，校园里卿卿我我的浪漫，和与异性同学从不交往的自卑和自闭是一样的伤人。生命的春天还只是花儿含苞待放的季节，它还没有承担凄风苦雨的耐性和韧性。玫瑰花下有刺，花上还有恼人的蜜蜂，也许你恋爱的时间很短，但你做儿女的时间却很长了。你总见过父母吵架拌嘴吧？气得一天不吃饭，两天不说话，三天上班没心情。婚恋中的甜和苦，永远是相生相伴的。在你的双肩还稚嫩的时候，不要让它们承载过多。也许情感的超前消费，会给你的学业带来永久的遗憾。因此我说，在与异性交流中学会交往，让自己的心理更健康，让自己的性格更完善，让自己脸上永远洋溢着灿烂的春光。而不是热恋中课堂上的心驰神往，也不是失恋中卧榻上的百转愁肠。身心健美，学业有成，是师长与父母的期待。同学们，不仅要懂得享受浪漫的温情，更要懂得尊重自己的未来，尊重"朋友"的未来，尊重师长的教诲，尊重父母的辛劳。伴着成长，"责任"会如影随形，任何情感上的任性和放纵，都是自私和不负责任的幼稚的表现。

如果……

如果……

也许还有很多"如果"吧，别把"如果"闷在心里。

如果你愿把打不开的心结告诉老师，我们会珍惜每一个倾听的机会，用爱的温情、用理性的光辉为你化开心中的寒冰。如果我们心育教师、我们班主任、我们所有的任课教师，能在同学们智商与情商的和谐发展中尽点绵薄之力，我们会深感荣耀，也倍感幸福。

交流和沟通，理解与信任，一双大手和一双小手；一个温馨的笑，一双明澈的眸子，我们在期待你们信赖的目光……

谢谢大家！

2006年10月

（本文发表在《心育与德育》2007年第2期）

我读书，我快乐
——第一届读书节倡议书

老师们、同学们，大家早上好：

今天我发言的题目是"我读书，我快乐"。

谈到读书的话题，我们再熟悉不过了。凡跨入一中大门的学子，没有哪一个不是有着十余年读书经验的。在你们每天背上书包走出家门的时候，"上学去吧，要好好读书"，这几乎是你们父母重复了千百遍的话；在你们每天背上书包走出校门的时候，"放学了，回家要好好读书"，这几乎是我们教师重复了千百遍的话。但在这样的叮嘱中，一些学生却患上了厌学、厌读症；另一些学生则是为了师长不得不读；但也有不少学生却能高高兴兴、快快乐乐地读着、欣赏着，也享受着。

是的，高高兴兴、快快乐乐地读，这是一种阅读境界。

我们自古以来就有很多嗜书如命、嗜书如狂的人。没有这份精神的愉悦，怎能有这份痴狂？我信手拈来几位有名或无名的先人们，让我们共同来体会这份痴情。

“余幼时即嗜学。家贫，无从致书以观，每假借于藏书之家，手自笔录，计日以还。天大寒，砚冰坚，手指不可屈伸，弗之怠。录毕，走送之，不敢稍逾约。以是人多以书假余，余因得遍观群书。”

这是我们都很熟悉的明代大儒宋濂。

“余幼年嗜书，四十余年未尝释卷，食以饴口，倦以为枕。士大夫家有异书无不借，借无不读，读无不终篇而后止。长恨无资，不能尽传写，间作数十大册，择其可用者手抄之，名曰《海录》。”

这是我们高三在月考时古文断句的考题。

“余幼年嗜书，年长嗜之更甚，何也？余亦尝自问：‘书者，文也。文者，何也?’对曰：‘文者，气也。乃人生之精髓，天地之精华也。’余曰然。‘嗜书者，采天地之灵气，撷万物之精华，皆源自书之美也。何谓书之美？心怡然而自得，口伊唔而自足，身不动而意动，处于斗室而神远走千里者，书之美也。’”

好一个“余尝自问”，这是两个自我的对白，我们也可以理解为一个书痴的呓语，彼非狂人而何？

正因为这如痴如狂的阅读人生，才有了引领我们民族文化不断发展的一位位先贤。

从老子这个小小的图书管理员留下五千言的《道德经》，到孔子在一堆古籍中删诗书、定礼乐、赞《周易》、成十翼、编《春秋》，到司马迁阅遍史册、踏遍千山成就千年不朽之《史记》，再到司马光在汗牛充栋的史籍中再立史学的又一座高峰——《资治通鉴》，等等。

那些为书而痴狂的人，也让我们后人、后世为他们而痴狂。正如京剧《孟母三迁》中那段唱词：“房大房小五尺床，人生人灭一瞬长，唯有诗书可济世，锦绣文章万年长。”

可见，读书最要紧的是，能帮我们培养一种“我为书狂”的阅读心境，培养一种阅读的心理需求，培养一种嗜书如命、愿为书痴、甘当书虫的心态。

有了读的乐趣，那你这个文科生一定能把数学书读得明明白白，“吃”透了，你也就不怕它了；有了读的乐趣，作为理科生的你也能在文史哲的教材中找到一份精神的享受。同学们，今天升旗仪式结束了，都回去翻一翻书包，看看自己的教材，开学已经有一个多月了，有些书是不是还寂寞地躺在桌斗里，有多少页还是干干净净的“卫生标兵”？快快备好你的五彩笔，为你的教材“梳妆”。脂砚斋读书时圈点了《红楼梦》，我们就诞生了最早的一位红学家；金圣叹读书时圈点了《水浒传》《西厢记》，我们就有了一位了不起的文学批评家；还有毛泽东、鲁迅评点的古今人物，就成了我们今天排行榜上的畅销书。让我们以这样的态度认真地阅读教材吧，那你定能学业有成。

如果说课内阅读还有太多的功利性，有分数排名的压力，有大学录取通知书的诱惑，那课外阅读就是我们每个人的“精神后花园”；如果说课内的阅读可以提高我们学业的竞争能力，那课外阅读则可以培养我们人生的闲情逸致。

在上学期，我们全校的语文老师给同学们推荐了阅读书目，共六大类：

从《论语通译》到《聊斋志异》，让我们走进经典，穿越历史长空；从《简·爱》到《荆棘鸟》，让我们解读世界名著，感受异域风情；从在《彷徨》中执着《呐喊》的鲁迅到从《围城》中从容走来的钱锺书，让我们与文坛巨擘对话，与智者同行；从当年明月的《明朝那些事儿》的历史烟云，到古华的《芙蓉镇》中“文革”的红海洋，让我们阅读当代名篇，感受时代风云；从百家讲坛的系列阅读到余秋雨、安意如、史铁生的精神之旅，让我们看文化散文，品百味人生；从曾国藩、周恩来到甘地、丘吉尔的名人传记，让我们来追寻大师的足迹，倾听历史的回声。

在今天这样一个信息时代，我真切地感到“吾生也有涯，而知也无涯”的困惑。在阅读中，更不要忽视了我们的精神健康。信息垃圾、文字垃圾也是会害人的。北大教授、博士导师曹文轩的一席话，对我们每一个人都是很好的提示：“书也是有辈分的，有的书生来就是爷爷辈，如《红楼梦》，如《鲁迅全集》，而有的书在它落草的那一瞬就注定了它永远都是孙子辈，不只长不大，且会早夭，消失如尘埃。”既然生命如此宝贵，那我们就从浩如烟海的书中，找出那些值得我们用青春时光来不懈解读的好书吧。

至于读书的姿态，我对于那些正襟危坐的读者常怀无限的敬意；但也对如古人那般在“枕上、马上、厕上”孜孜不倦地阅读的朋友多了几分赞赏；对于那些驻足于报栏前，摇摆于公交车上，仍津津有味地读着的朋友们，更多了几分羡慕。阅读就如空气，因为我们要呼吸，所以我们要阅读。我们常说，书籍给我们以知识，知识给我们以力量。但作为书生，我们可以无力，却不能无知。因为书可以帮我们医治心灵的愚昧，成就智慧的人生。

当阅读成为我们基本的心理需求时，阅读已给我们带来了无穷的乐趣、情趣、知趣、雅趣了。让我们在繁重的学业负担中，培养这份阅读的闲趣逸趣吧，在一份闲暇、自在中开始精神的畅游。

同学们，作为一名语文教师，我为校领导能为我们开辟这样的园地，提供这样好的平台，感到由衷的高兴。今天，是我们第一个读书节启动的日子。而自从你们迈进一中校门的那一天，就不只是为了圆一个大学梦，更是要让自己成为一个真正的中国知识分子，那就从培养我们终身阅读的习惯开始吧。是书，是中国五千年的历史和文化，铸就了中国文人的脊梁。同学们，那我们也从这里起步，为建立阅读型班级、学习型校园，为把自己打造成一个祖国未来的优秀的知识分子，让我们都来高高兴兴、快快乐乐地阅读吧！

（2009年10月）

第三节　感悟挚爱

胸　怀

这一周我和几位年轻教师在各班巡回授课。我讲议论文写作，几位年轻教师讲古典诗词欣赏。我们各自发挥自身的优势，应该说这种教学尝试对各班的学生都是有益的。但对于高二(17)班(年级的重点班)我却有些不放心。去年我因公外出，学校让年轻教师为这个班代课，老师反映学生不谦虚，有些狂，轻视年轻教师。昨天我在高二(17)班讲评高二(9)班(普通班)的周记，表扬(9)班写得深刻透彻，有文化内涵，竟然有五六位学生趴在桌子上当“卧龙”，根本没有听。还有两个作文较好的男生在议论：“依我看，写得一点也不好。”已经打下课铃了，我什么话也没说。

第二天早读时，学生宣读班级日志，批评昨天有学生在语文课上当“卧龙”。我接着谈了自己的感受：“昨天读(9)班的作文，当‘卧龙’也罢，给人家的作文吹毛求疵也罢，其实这两种行为本质是一样的。海纳百川，有容乃大，泰山不让土壤，江河不择细流。没有包容的心态，不懂得尊重别人、欣赏别人，就失去了丰富自己、完善自己的机会。昨天讲评完(9)班的周记，咱们班不少同学报以热烈的掌声，咱们班课代表还拿走了(9)班其他几位同学的周记。来咱们班取周记本的(9)班的几位同学回去高兴地说：‘(17)班同学夸我们周记写得好呢。’这赞赏的话肯定是咱们班课代表说的。他的作文水平在我们班是一流的，还能如此虚心。尊重和欣赏别人，善于学习和借鉴，不只是一种人生的智慧，更是一种气度。”

“下周我要去其他班讲作文，会有年轻教师来给咱班讲诗歌，这些课都是我们语文组本学期的教学研究课。他们虽然工作时间不长，但准备得非常认真。就每首诗而言，一定比我准备得充分，不要因为老师年轻就少了求学的谦逊。我也不是一下子就变成40岁的，你们现在才高二，也有大学毕业的一天，也有刚走上工作岗位的一刻，现在多一分对别人的理解和宽容，就是接纳将来青涩的自己，这也是成长和成熟的体现。平时常有年轻教师到咱们班听课，在名义上他们是我的徒弟，我工作15年了，这种名义上的徒弟不少于10位，但是你们知道我有多少位师父吗？学校正式给我认的师父就有5位，非正式的还有多人。徒弟向师父学习，师父也向徒弟学习，这永远是双向的。我刚参加工作时，张铁英老师是我师父，现在她已经五十多岁了。去年，工作了十多年的我忽然又想到师父那‘偷’点什么。也不打招呼就去听课，听完课，搬着凳子就走。张老师从教学楼一直追我到办公楼，问我有什么意见和建议。直到我谈了自己的看法，她才满意地离去。现在张老师已经病休半年了，她不只教我怎样当语文老师，更教我怎样为人处事，做一个有修养的人，做个踏实谦逊的人。”说到这儿，我已是哽咽不能语，既而泪流满面，孩子们懂事地为我送纸拭泪。“现在我既是张老师的徒弟，也是年轻教师的师父，而我的一些年长的徒弟也已经当了师父。在教师节的拜师会上，我的徒弟给我献花，给我鞠躬。我也给这些年轻人鞠躬，我又把花再献给我的师父。在人生的路上，人的聪明和智慧永远是相对的，愚笨是绝对的。他们在向我学时，我向他们学的也许更多。正如《师说》所言：‘无贵无贱，无长无少，道之所存，师之所存也。’一年来我们组的青年教师在教学上有了长足的进步。而我在他们的帮助下也不再是‘电脑盲’了。多年来，咱们延庆一中的师徒帮带，已熔铸成一种‘一中精神’‘一中文化’，那就是老中青三代教学教研、互帮互助、携手共进的育人风范。”

“社会是一所大学，人生是一本大书，人学是最重要的一章，读人是最重要的一课。我们常说：‘比地大的是海，比海大的是天，比天大的是人的胸怀。’圣人无常师，学无止境。多一分谦逊，你就多一个向人学习的机会。”

我“演讲”时学生静静地听着，这份安静让我心里踏实，明天我可以安心地去“周游列国”了。

做一个真诚善良的老师，做一个敏感细腻的老师，做一个愿意与孩子们敞开心扉交流的老师。在真诚地赞赏别人时，我们也在提高自己，何乐而不为呢？

（2007年10月）

爱，禁不起等待

有人说，父母会随着时间慢慢变老，他们的生命就像冰雕，一点一点融掉，一点一点消逝。我的爸爸就像冰雕一样化了，我生活中再也没有爸爸了，但爸爸也在我的生命中成为永恒。

此时，再想起那个夜晚，我的心还一阵阵地抽紧。弟媳那惊心动魄的砸门声还响在耳畔，撞在心里——还有，在那几天，女儿执拗的悲伤，妈妈红肿的泪眼，弟弟满脸的沧桑，妹妹无声的哽咽……

爸，你走快五个月了，我很想你，很想。很想时，我和妈妈先后生病住院。现在，我和妈都好了。

想你，更想你43年来给女儿带来的快乐、安全与幸福。

我是你的骄傲，你是我的保护神。

记得我小时候，你经常在外打零工，你一回来弟弟就跑过去让你抱，我很眼馋，也急着说："爸抱俩，爸抱俩。"你就一胳膊抱一个，那时我可快乐可幸福了。后来，弟弟总想欺负我，你"收拾"他两回他就改了。也正是从那时起，我的小心眼儿里就知道：我的爸爸很公道，不重男轻女。

好不容易你在村里干活了，却还要上大夜班，或是当村干部给人家调解矛盾，常常是半夜或一夜的不能回家。我家又住在村子最西头，且没有院墙，只有篱笆，一开门就是大野地。晚上，妈妈总害怕，我是老大，也跟着妈妈一起害怕。只有当你回来坐在炕沿和妈妈说悄悄话时，我才能笑着睡着。

后来我上了小学，学习好，你很得意，觉得女儿聪明，像你，我开始成为你的骄傲。

记得在上小学四年级时，一天我拿着数学作业噘着嘴，阴着脸，回来找你，还坚定地说："这道应用题我是对的，但因解题复杂，同学们懒得抄我的作业，他们就都抄了另外一个同学简单的答案，老师大约就少数服从多数了，给我打了大红叉，我不服!"可你只上过两个冬天的学，我那时是四年级，我就先给你讲，你竟然听明白了，还坚定地说："走，爸给你找老师评理去。"我眼看着你拿着我的本子进了老师的办公室，我的心也提到了嗓子眼，过了好一会儿，你高兴地出来了，"闺女，老师说了，你是对的!"我心里那个阳光呀，一直灿烂到今天。

那一刻，爸爸在我眼里就像个英雄。此时再想起这件事来，对我的老师更多了几分敬意，一个家长，一个没啥学识的农民，来找她理论，她竟能听进去，还虚心改正，她真的很了不起。因为她那时也是初中毕业就教书，虽说水平不高，但她人真好。前些天她在市场看到我妈，还热情地和她聊个不停，高兴地说："你的三个孩子我都教过。"听了这话，我真的很惭愧，我也很想她，有空儿一定看看老人家去。

还记得，在五年级时我被班里的淘气男生合伙欺负，你知道了，竟然说服班主任，进了班开上班会了。你说了什么我已不记得了，只觉得你是刚柔相济，软硬兼施。此后那些淘气的男生再也不敢欺负我了，他们都知道我有一个好厉害、好能说的爸爸。

还记得，我发了高烧仍坚持要到学校参加考试，你就用军大衣把我严严实实地包裹起来，让我稳稳地坐在后车架上。你推着自行车，踩着半尺厚的雪，深一脚浅一脚地走了三里多地把我送进考场。

更记得我和你使性子，也不知气着你没，但一定是没有向你道歉。你爱听戏，常常歪在炕上边听边哼两声。可我要安静地写作业，我又不敢说“你别听了”，就摔书拍本踢椅子，你很快意识到了，就一出溜地下了炕，上街抽烟去了。

直到我大学毕业，我一直是你的光荣，弟弟妹妹也是，我们都从村子里走出去了，有了工作。你最爱在邻居面前显摆的就是那一年，我拿到师大的录取通知书，弟弟也拿到了师专的录取通知书，你一下要为两个孩子办农转非。那些天你真是高兴，大概睡觉也能乐醒了，大约是觉得自己家的祖坟都冒了青烟了。可我更知道，之前每年开学，你和妈为了筹集我们三个上学的费用有多难，我们开学就是你俩的“年关”，你俩要跑遍大半个村子。有时你借遍了，不好再向男人开口，妈就出去借，向婶子、大娘们借。此时，打上这些字真的很心酸，但我也真的发自内心地感谢这个小村子，我们三个能读书，有村里叔叔婶婶、大爷大妈们的功劳。而这些高筑的债台，也是在我和弟弟工作三四年后才还清的。

我是你的骄傲，但我很快也成了你的心结。

我的婚姻让你忧心了二十年，我出嫁时你哭了，我离婚时你没有难过的样子。但你还通达地念着前女婿的好。

你还是我妈的骄傲，是大妈大婶们的开心果，是叔叔大爷子侄们的好二哥、好二叔。

你会木匠活，又长年当村子里的治保主任，盖房子找你帮忙，娶媳妇找你支客，有矛盾找你调解：今天张家兄弟打架，明天李家两口子闹离婚，后天王家子女不孝敬老人，你天天都有干不完的事，又因你公平公正，大家都信服你，在村里你人缘好着呢。另外，因为你老给人家说事儿，就爱嘴上逞强，但也会嘴上哄人，这让大家更喜欢你了，因为你既会晓之以理，又会动之以情。村里，老人儿亲切地叫你仲亮，叫你大兄弟，小一荐的叫你二舅、二叔。就连婶子、大娘们也都因了你这会逗人的巧嘴儿，被你给哄得笑口常开，笑脸常在(在你停灵那三天，村里九十多户来了七十多家，大家都来为你送行，特别是大娘婶子们，个个哭成个泪人)。这也让我妈对你又恨又爱，常常拿你没办法，就狠狠地说“二老陈的嘴巴上安了转轴了，常有理”。和我妈吵嘴时，你常常是嘴巴上占了便宜，身上却要挨上两下拧，青两块是常有的。有时我妈也很愤怒，在我面前抱怨：“你那个臭爹就会耍嘴儿，只想干体面活。一到了起猪圈、掏茅房什么的，他就说什么大队开会、公社有事儿。”也是，我们家的所有家具，从大小衣柜、酒柜、碗橱再到椅子、小板凳，你做过好几茬，但你确实很少干脏活。脏活都用来培养儿子了，我家虽说只有一个男孩儿，但弟弟从来不娇气，这也是“懒”爹才养出来的勤快儿子。

但在村子里、在众亲戚面前，我妈还是会骄傲地说：

“二老陈给我擀的面条比买的还好呢。他和面有劲呀，切得又细，这都是当年我刚过门儿时调教得好。”

“逢年过节，来个人啥的，炖鱼炖肉的，从不用我！”

“这么多年了，也吵过闹过的，但他从没有动过我一根手指头。”

…………

当然，你也有不说理的时候，我也有不孝顺你的时候。

小时候，你怕我们读了书长了本事就不孝敬你，你就借着那三两二锅头冲着我们使性子：“将来你们都成家立业了，要是对我和你妈不好，我就和你妈拿个棍子要饭去，让你们丢人！”

这话果然好使，现在我们仨长大挣钱了，都争先恐后地孝顺你。后来，你还告诉我：“你刚刚拿到工资就给我买了一大块猪头肉，我是一顿饭就给它干掉了。”可我早忘了。

你爱抽烟，但我从来不给你买(都是儿子和女婿买)，你一抽我就抗议，还带动女儿一起抗议。当然你也没有因为我们的抗议而有所改变，还振振有词地说：“等大夫跟我说别抽了，我才不抽呢。能抽能喝能吃，是福气！”

可是你再也不用听大夫唠叨了，就干净利落地走了，大夫没机会说了。

你走后，我妈说：“你爸说，自个儿大轮船也坐了，飞机也坐了，天南海北地也逛几遭了。这金镏子也戴了，皮袄也穿了。这烟也没少抽，酒也没少喝，这肉更是天天吃着。自己承认自己是个享福的人了。”说到这儿，我妈就伤心起来，说你讲这话是想走了，不管她了。

爸，你人真的走了，在你“五七”的时候我就在纸片上乱糟糟地写了这个流水账，它在笔筒里插着，它在书包里装着。不全是我没空把它打出来，而是我要找一个整理我们爷儿俩记忆、整理我们全家人记忆的闲暇时间，也好好地和你做一个阴阳两隔的沟通。

妹妹做梦说，你会开汽车了，还开着车来接我们去玩呢。

我昨天做梦，看到你搂着一大摞的人民币，还开心地笑呢。

醒了说给我妈听，她说你又缺钱花了，让我七月十五上坟时给你多送点。

爸，我和你说了这么多的话，你的遗像就挂在我的身后，你一定能听到吧。先前我很害怕在我妈面前提到你，一提她就哭。现在我要故意地说上两遍，有时她会恨恨地说：“臭二老陈再也不给我干活了，再也不伺候我了。”“现在日子多好，你爸没福气呀！”

爸，在没有你的日子里，我妈正在学着适应。以后，我，还有你那没有见过面的姑爷，都会替你好好照顾她。

我只想说，如果还有一个踽踽独行的佝偻的生命等待我们去爱，那是一种幸福，那就快点行动吧。

人生百年，我们降生到一个家庭中是多么巧的一件事呀。人都会死，但要让你身边的人因为你的存在而快乐、幸福，这也是个很不容易的事。珍惜呀！我爸是个表现良好的人，在他七十岁的人生中，也一定觉得自己是个幸福的人吧。

那才四十多岁的我呢？老爸就是我的榜样。

人说，女儿是父亲前世的情人。老爸，我写你，我懂你了吗？

老爸的突然离开，让我明白了一点：人生无常。我们谁也不知道什么时候开始进入自己人生的倒计时！

爱，就行动起来！爱，禁不起等待。

（2012 年 8 月）

大爷，一路走好

2 月 17 日，周五。我在县教研室参加活动，接到一个陌生的电话，得知与我们一中师生同行了十年的胜利街的袁大爷去世了。没有什么悼念的仪式，老人家入土为安了。

家中有老是一宝，老人家曾是我们延庆一中历届(12)班的一宝，是我们一中大家庭的一宝。今天，老人家就这样走了，他走得很安详。他只是记挂着曾经记挂他的一中的孩子们——一个个雷锋班的班主任，这其中也有我。

我有幸与老人有近十年的交往，从 2003—2004 年我从刘明君老师的手里接过高三(12)班——刚创建的雷锋班开始，到 2007—2009 年高一(12)班为期两年的雷锋班服务结束。照顾老人家的时间是有限的，而与老人的交往却从未间断。在学生高考庆功宴上，在考进大学后每年的聚会中，都有我们爷儿俩在，我们爷儿俩似乎成了孩子们的主心骨。今年正月初六，已上了大学二年级的孩子们又聚在一起，他们却没有请来袁大爷，原来老人家住院了。聚会后，我和学生又到医院看望老人家，袁大爷紧紧攥着我的手，我也为老人轻轻擦去嘴角的痰迹。我拿出几百元放到老人手里，学生们也给袁大爷留下了自己的零用钱，老人一个劲儿地摆手推让。谁想这“一别竟成终古，于今再无会因”。

老人家在我的心里是个情商很高的人，不能说我们给他送去多少温暖，应该说，他让我们每个去看他的人都有别样的收获——那就是乐观、开朗、豁达，还有对生活的爱。我们每次去，他都是一脸笑容，满面春风。他招呼着我们坐，吃糖，吃花生，吃橘子——他收拾得干干净净的屋子，让你没有伸手帮助他的机会。他会开心地给学生指屋里一个个的小钟表、小玩具，说这个好玩吧，那个漂亮吧，这些都是我在拾垃圾时捡的，这么好就扔了多可惜。他的眼睛乐成了一条缝，而我的心里酸酸的，但更有一分敬意。靠国家、大队的补助，他完全可以很好地生活，但他坚持要这样自力更生。

还有，他种花、种草，养流浪猫、流浪狗，这些小生命都是他的孩子，其实他心里不孤单，因为他心中有爱。

袁大爷那小小的屋子是一个爱的平台，是一个传递爱、辐射爱的磁场，袁大爷是那爱的核心，是爱的源泉。因为他，同学们也懂事多了。

逢年过节时，孩子们会为袁大爷送来月饼、元宵，三十那天还来包饺子，馅儿和面都是他们自己准备的，成团地围着袁大爷，说着笑着，满屋子的节日气息。

天冷了，就有送手套、袜子、鞋帽的，还有毛茸茸的毯子、厚厚的褥子……

天热了，就有送水果的，送饮料的……

还有龙头拐杖、龙须面，贴好春联，换好纱窗……

我也为袁大爷送去好嚼的驴肉，估量着身材买来T恤衫，袁大爷穿着还挺合身。

我的眼神有限，记性不好，挂一漏万，但有一点是不丢的，那就是学生在这里长大了，知道心疼人了，知道眼里有别人了。

所以我要说，当我们给别人送去一缕春光时，我们心里一定有满怀春情。被爱是一种享受，爱人是一种快乐。

老子说："圣人不积，既以为人己愈有，既以与人己欲多。"

这两天看朱德庸的《大家都有病》，他的话刺激了我："长期的违反人性，大家就会生病。当我们'进步'太快的时候，只是让少数人得到财富，让多数人得到心理疾病罢了。是的，这是一个只有人教导我们如何成功，却没有人教导我们如何保有自我的世界……我们周围所有的东西都在增值，只有我们的人生悄悄贬值。世界一直往前奔跑，而我们大家紧追在后。可不可以停下来喘口气，选择'自己'，而不是选择'大家'？也许这样才能不再为了追求速度，却丧失了我们的生活，还有生长的本质。"

这些话，让人心惊！是呀，手机上的日历在一天天地刷新，我们生长了吗？让我们的人情、人性更温暖了吗？

雷锋出差一千里，好事做了一火车，忙着的他，心是热的。而我们天天也都在忙，忙着上学下学，忙着上班下班，忙着开会研究，忙那永远也忙不完的事儿，在忙中人却苍白了，没有爱的能力了。心里没了温度，言行也就没了热度。

停下来吧！慢点吧！看看谁需要我搭把手，让三月的风吹暖我们的心，让36.5℃成为我们社会永恒的体温。

（2012年3月）

附　录

延庆名师用语文传递大爱

张　灵

延庆一中的陈金华老师是北京市语文学科带头人，23年的从教经历让她对语文教学有着自己独到的理解。在她看来，语文不仅是教给学生阅读、写作的能力，更是帮助他们塑造向上、向善、向美之心。陈老师珍视与学生相处的每分每秒，不放弃任何一个教育契机，她与学生交朋友，帮助他们解决成长中遇到的困惑与难题。在这位延庆名师的引领下，学生们的高中生活变得丰富而生动，也因此留下了一份珍贵的回忆。

厚积薄发　书写教育智慧

在陈金华老师的职业生涯中，“勤奋”二字一直贯穿始终。即使是当了多年教师，面对教学工作她丝毫没有怠慢之心。一篇旧课文，不用心读上两遍，新课文不读三五遍，她走上讲台会非常不安。如鲁迅《彷徨》的压卷之作《离婚》，她读了五遍才敢上讲台。

教师的职业是神圣的，她以踏实勤勉的态度，以执着进取的精神，书写着自己的教育智慧。她要求学生要养成终身阅读的习惯，在她的影响下，学生和她比着读书、比着背书。学生读《红楼梦》如痴如醉，走上讲台侃侃而谈；读《论语》、背《孟子》、看《老子》、品《易经》兴味盎然。她的学生王恒志，一个寒假就背会“四书”中的《大学》。陈老师的语文课堂成为师生心灵飞翔的殿堂，更是她诠释师德的第一阵地。

从教23年来，陈金华老师有10篇教学论文、案例发表在教学刊物或教学丛书上，有10余篇论文或案例获国家或市级一等奖，写下了30万字的教学设计及教学思考，撰写了20余万字的教辅资料。这份对教学工作的执着和认真，也为陈金华赢得了北京市语文学科骨干教师、市级学科带头人、北京市师德标兵、延庆名师等一系列称号。

大爱有痕　赢得心灵回声

高中生正处于青春期，对于这个阶段学生的心理健康教育，尤其是涉及“性”的知识时，很多老师都感到紧张而迷茫，陈金华也曾面临这样的困惑。

一次，班里组织观看《焦点访谈》，这期节目恰好是关于预防艾滋病的，里面提到了安全套的用法。第二天语文课，按照惯例应该组织学生交流对前一晚《焦点访谈》的看法，陈金华觉得话题过于敏感，想以“课时紧”为由避而不谈。但课前，课代表杨旭却将了她一军：“陈老师，说了不算可不好，中断交流有损于同学们看《焦点访谈》的积极性。”他还毛遂自荐，要在课上第一个发言。

杨旭的举动让陈金华有些意外，看到学生能如此坦然地面对“禁区”，她也只好硬着头皮让他试试。发言中，杨旭谈到了同学们对于性既好奇又羞怯的种种表现，呼吁大家坦然面对成长。学生的这一番话让陈金华十分感动，反观自己面对性教育问题时的畏难情绪，她决定与学生们“好好谈谈”。她首先检讨自己面对性教育问题时采取回避的态度是不对的，作为老师应该帮助学生正确了解生理常识，正视青春期的心理健康。“对正在成长的青少年而言，性无知不只是愚昧的，更是可怕的。”

那次与学生的坦诚交流也让陈金华意识到：坦然面对学生的性成熟，不回避；坦然面对学生的情窦初开，不棒杀。任何对性生理、性心理的回避都是对教师职业认识不成熟的体现。理解尊重是爱，教育疏导是爱，敞开心扉、零距离沟通更是至爱。学生要长大，教师也要成熟。在教学中不断反思，才能真正体会到与学生共同成长的快乐。

仁者爱人　展现言传身教

多年的教学经验让陈老师认识到：对教师而言，最重要的不是知识的传授，而是人格的感召和精神的传承，让生命与使命同行。在她的教育智慧中，洋溢着“仁者爱人”的情怀。

陈老师带的班，喊“老师好”的声音最响亮，给老师鞠躬姿势最标准，接送老师上课下课抱电脑、拿水杯、送钥匙，腿跑得最勤……这些都源于学生们对老师深深的爱。榜样的力量是无穷的，当老师拿出十二分的真心对待学生时，也必然能得到学生们相同的回应。

陈金华带的2007届高三(12)班(一年)和2010届高三(12)班(2007—2010年)，像接力一样连续四年到延庆镇胜利街看望孤寡老人袁爷爷。学生车晓旭一个学期去了十多次，怕袁爷爷被蚊子咬，他就给老人换纱窗，俨然成了老人的亲孙子。同学们也给爷爷带去了各种各样的生活用品，还有的同学在外出旅游时特地给爷爷买回龙头拐杖。逢年过节，带月饼的，买元宵的，包饺子的，贴春联的，热热闹闹，其乐融融，就像一家人。陈老师也给老人家买来合身的T恤衫、炖烂的驴肉和童子鸡，老人生病时，她还送上自己微薄的工资。

在这个集体中，学生学会如何用一颗善良的心去关爱他人。即使是上了大学，学生每次聚会都要叫上袁爷爷。班里那本厚厚的“爱心日记”，记录了孩子们和老人的点点滴滴，更见证了学生心灵的成长。

(注：本文是《京华时报》记者张灵的采访报道，发表于2014年8月12日《京华时报》。)

做有情怀的语文老师

——访首师大文学院杰出校友陈金华

崔 诺

陈金华，首都师范大学(原北京师范学院)1987级学生，现为延庆一中语文高级教师、语文教研组组长，两次被评为县“长城杯”优秀班主任，两次被评为县优秀教师，2007年被评为北京市骨干教师，2010年、2014年连续被评为北京市学科带头人，2012年被评为延庆名师、北京市师德标兵。

在采访之前，有幸听了陈老师做的精彩讲座，讲述她的讲台人生，分享她的语文教学经验和带班经验，让我对陈老师有了初步的了解。带着对陈老师的敬意，开始了这次采访。

提起母校，陈老师说，她感谢两个母校。一个是延庆一中，当年她在那里，没有什么强大的家庭背景，只凭借成绩被保送到北京师范学院读书，她感谢延庆一中的公平待遇，让她走出乡村看大千世界；一个是北京师范学院(陈老师喜欢这样称呼自己的母校，这个名称里有太多她的回忆)，这里是她的讲台人生起航的地方。她说自己不过是个村里姑娘，在读大学前，没读过什么书，正是北京师范学院给了她这样的机会，让她徜徉在书海中体会百味人生。这里亦有她的恩师。尽管23年过去了，她还能毫不犹豫地说出徐子余老师的名字。徐老师教她古典文学。那时徐老师年事已高，身体状况非常不好，对工作却极负责。陈老师的毕业论文是关于《红楼梦》里袭人与晴雯的比较，徐老师不能来学校就把陈老师叫到家里亲自指导。陈老师感激徐老师的这一片苦心，她坦言自己这么多年来对古典文学保持着浓厚的兴趣，最爱读的书正是《红楼梦》，读过一遍又一遍；平时也爱读古典文学，现在每天都读点《道德经》；她说是大学的古典文学课奠定和夯实了她的专业基础，在首师大读的那些书让她初次踏上讲台时没有慌张与不安，而是用自己的学识引领着学生一点点地步入知识的殿堂。

继而我们聊到她的工作——做一名光荣的语文教师。陈老师说这个工作不能让她大富大贵、有权有势，但至少，她爱这个工作，她认同自己的工作。她认为一个语文老师能给予学生的绝不是作为文字工具的狭义的语文，而是能培养学生情怀的大语文。她在自己的教学工作中，坚持着这样的信念：她要让学生通过学习语文，通过她这个语文老师，去认识自己，认识世界。一篇课文在她的讲述中，不只是生动的，更是有意义的。她讲史铁生的《我与地坛》，不只是讲史铁生写的人生故事，亦分享她自己的真实体验，以自己的亲身感悟将故事中的情境现实化、具体化，让每一个学生都能体会到，从而去反思，去改正自己。她说爱是不能等待的，更不能留有遗憾，当爱的人健在，就多为他们做些力所能及的事。她还有太多精彩的课堂举例。例如她讲“文革”，举的是张志新的例子，我回忆自己的高中课堂却怎么也想不起这个名字，于是问她，为什么要这么做，这也不是高中课本上的内容，拿出那么多时间和学生一起读书、讲解是为什么。陈老师笑言，学生应该知道真实的历史，知道那个时代有这样的风采人物，他们为自由、为真理在所不惜，他们应该成为学生的榜样。教学生不要隐瞒，要真诚，要说自己想说的话，而不是“古人来开会，洋人来凑景”。一个语文老师要给学生做出这样的榜样——求自由、寻真知、敢质疑、善思考，陈老师说到激动处，甚是激昂。

谈到对当代大学生的建议，陈老师以“尊敬、崇敬”概括之。在家尊敬父母，感激他们给了我们生命，发自内心地爱他们、关心他们。对于陌生人，也设身处地地为他们着想，哪怕是公交车上给人让座这样的小事，实际上就是一种尊敬；还要培养一种崇敬之情。她觉得，我们每一个平凡人，都要有高山仰止的向上之心。她说自己作为一名教师是很平凡的，但是她一直有这样一种态度，去努力学习不平凡的人的精神。陈老师举了司马迁、苏轼的例子。她爱极苏东坡的温情、司马迁的担当。她说这是当代人缺少的，应多向这些古圣先贤学习。她还提出遵从孔夫子的教诲“敬天敬地”，再加上“敬人”，以“敬”为美，情怀自然就有了。那时，我们也不会再因为被别人说“没素质”而无地自容。

对于首师大，对于文学院，陈老师亦有话说。她说希望首师大越办越好，越来越强，培养更多的优秀学子走向讲台，愿意留在讲台上，并让学生发自内心地喜欢；今年她能被评为杰出学生代表，她感到很骄傲，感谢母校给了她走向讲台的动力和支撑，也感谢母校给她鼓励；首师大培养出了许多优秀的老师，她更为母校感到骄傲。祝福母校生日快乐！

（本文的作者是首都师范大学2013级硕士生，本文刊发于2014年10月《首都师大》校庆专刊。）

华己度人用金心

桂彩丽

鲁迅先生说："我解剖别人，更时时解剖自己。"金华老师教语文，做教育，先用诗书华丽自己，再用金针去度弟子、徒弟、亲人。

记得那次，她讲史铁生的《我与地坛》。金华老师让学生"素面朝天"：读！读后交流，学生有感动，有质疑，有激辩。而老师说到动情处，随手拿起自己写的一篇阅读心得忘情地读了起来。我看见学生眼中晶莹的泪花，是感动着老师的感动，是感动着史铁生的感动，抑或二者兼而有之？只记得座无虚席的一中报告厅，听课老师亦掌声雷动！我分明看到忘情诵读背后那一颗火热的心，我分明看到多少个不眠之夜，金华老师灯下一遍遍细读《我与地坛》《病隙碎笔》，我分明看到金华老师在稿纸上一笔一画地书写自己的心曲：一个人身体可以残疾，心灵必须高贵！

作为教研员，多次有幸听金华老师的作文教学课、阅读教学课，听她讲孔孟之道、讲鲁迅专题、讲梁衡散文、讲高考复习课……每一节课，我们看到学生的成长；每一节课，我们看到金华老师的成长——由推倒老师的智慧墙，让学生享受畅所欲言的阳光，到教学相长的共生课堂。

青年教师听课后，或有这样的感慨："讲得真好，可是我学不了。"

其实，人皆可为金华。你看，她每次备课，查了多少资料，做了多少笔记，拜了多少师父，又作了怎样细致的学情调查报告……真可谓："课堂小舞台，备课大文章"。

没错，语文教学是一门艺术，要用语文的思维方式去构建，去进行听说读写的扎实训练，正如金华老师为我们呈现的课堂实录那样。

但是，语文首先是教育，它连接着学生的健康生命。所以，金华老师不会回避考场作文的应试心理调适，不会回避学生作文与直面现实的关系，不会回避经典文学的当下意义与困惑，甚至不会回避学生成长中的性教育与早恋问题，正所谓"生活有多宽广，语文教育就有多宽广"。

而且，语文教育首先是自我修炼与自我教育的过程。我们看金华老师《我的师父》《大爷，一路走好》《爱，禁不起等待》，可见其谦逊、友善、孝顺。作为同龄人，我在金华老师对父亲的深情回忆中潸然泪下！

老子曰："为学日益，为道日损。"

功夫须日有所"进"，方可为师；性情须日有所"损"，方可练就大家之"范"。

"进"易解；"损"更易解，"去伪饰，有真意"。

金华老师的"损"以"日进"出之，并将自己的课堂、日志实录之，对她可温故；对青年可借鉴，幸甚！

布封说："天才，就是坚持不懈的意思。"

福楼拜说："用心去写吧！"

那么，让我们坚持不懈，用心去教，用心去写吧，像金华老师那样"华己度人用金心"。仅以此言贺金华老师成其书，并希冀其年年有新书，与青年教师同仁共勉！

（2015 年 6 月）

后　记

我的一点教学观察和教学思考，终于结集成书，还能位于校园文化建设的行列，心里很高兴。

这些内容，是我近十年的教学感悟。近五年来，在各位师长、同仁的不断帮助下，才梳理成册。在此，金华特向帮我完成此书的恩师、领导及兄弟姐妹们表示最诚挚的谢意。

首先，感谢我们一中王少华校长，感谢首都师范大学张彬福教授。四年前，王校长勉励一中骨干教师："要整理自己的教学经验，要雁过有声"，这就成了我将自己的教学感悟结集成书的最早的动力源泉。三年前，我参加了首都师范大学张彬福教授指导的"北京市远郊区县市骨干教师、市学科带头人高级研修班"的学习，在张教授的悉心指导下，我的书稿一改再改，才终于条分缕析泾渭。

其次，我要特别感谢延庆县语文教研室的三位教研员和几位市骨干教师。市骨干教师张国安老师、谢谊老师；延庆二中的市骨干教师张合金老师；延庆一中的市骨干教师杜丽娟老师，他们为我书中的案例部分做了详细的点评，提了很多宝贵的意见和建议。张国安老师还为本书做了最后的编辑整理工作。

另外，延庆一中语文组的多位教师，为我的语言"把关"，给每一个细节纠错，工作量很大，向这些兄弟姐妹们道一声："辛苦了！"他们是：王红蕾老师、罗璐老师、徐娜老师、徐敏老师、谢樱溟老师、毛乐老师、陈曦老师、朱桂英老师、杨晓慧老师、闫向军老师、张庆霞老师，还有调离延庆一中的郭春娟老师、陈美玉老师，他们帮我加工润色语言，功莫大焉。

还有鼓励我、督促我完成此书，并帮我出版的一中领导杨红霞校长、高建春主任，在此一并表达我的谢意。

自 1991 年 7 月，我大学毕业来延庆一中教书，从一个青涩幼稚的大学生，到今天忝列市学科带头人之位，是这方沃土育我成长。若我的拙作能给刚刚走上讲台的年轻的语文教师带来一点儿启发的话，我就心满意足了。更欢迎大家对我书中的不足处、错误处，提出批评，给予指正。谢谢！

陈金华

2015 年 6 月